Yeats 叶芝

The Man and and the Masks

[美] 理查德·艾尔曼 著

曾毅 译

Richard Ellmann

真人与假面

上海译文出版社

目 录

前言   001

1979 年版前言   001

第一章　引言   001

第二章　父与子   010

第三章　序曲   032

第四章　云与沫   063

第五章　与"唯物主义者"的斗争   090

第六章　罗巴蒂斯与阿赫恩：硬币的两面   112

第七章　迈克尔·罗巴蒂斯，以及金色黎明   136

第八章　欧文·阿赫恩，以及民族主义者   156

第九章　寻求统一   181

第十章　风格的形成　　　　　　　　　　　　　213

第十一章　青春的结束　　　　　　　　　　　243

第十二章　新的分裂　　　　　　　　　　　　253

第十三章　精神与物质：走向和谐　　　　　　292

第十四章　一切都变了，无可挽回　　　　　　325

第十五章　隐秘的叶芝主义：梦境之花　　　　347

第十六章　航向拜占庭　　　　　　　　　　　378

第十七章　真正掌握自然之物　　　　　　　　405

第十八章　现实　　　　　　　　　　　　　　432

第十九章　结语　　　　　　　　　　　　　　454

注释体例　　　　　　　　　　　　　　　　　467
原版索引　　　　　　　　　　　　　　　　　469

前　言

　　本书部分基于已出版的资料，部分基于约五万页未发表的叶芝手稿——叶芝夫人以无比的慷慨允许我在都柏林查阅它们。这些手稿包括自传笔记、诗歌草稿、信件、日记和其他文件。我亦受惠于洛克菲勒基金会——他们为我提供了一笔战后奖学金，让我得以将十三个月的时间花在爱尔兰和英格兰。

　　我也有幸与叶芝的众多亲友故旧交谈。在这些人中，我必须向以下诸位致以特别的谢意：一直为我提供帮助的弗兰克·奥康纳（Frank O'Connor）；给了我许多重要建议的肖恩·奥法莱恩（Sean O'Faolain）；向我讲述回忆的杰克·B. 叶芝（Jack B. Yeats）和莉莉·叶芝（Lily Yeats）。我要感谢的还有克利福德·巴克斯（Clifford Bax）、托马斯·博得金（Thomas Bodkin）教授、C. M. 鲍勒（C. M. Bowra）教授、奥斯汀·克拉克（Austin Clark）、西德尼·科克雷尔爵士（Sir Sydney Cockerell）、C. P. 柯伦（C. P.

Curran）、埃德蒙·杜拉克（Edmund Dulac）以及杜拉克夫人[1] 海伦·博克莱尔（Helen Beauclerk）、T. S. 艾略特（T. S. Eliot）、诺曼·海尔（Norman Haire）、伊迪斯·沙克尔顿·希尔德（Edith Shackleton Heald）、约瑟夫·霍恩（Joseph Hone）、茉德·冈·麦克布莱德夫人（Madame Maud Gonne Macbride）、埃里克·麦克拉根爵士（Sir Eric MacLagan）、H. M. 麦吉（H. M. Magee）、W. K. 麦吉 [W. K. Magee，笔名约翰·埃格林顿 (John Eglinton)]、埃塞尔·曼宁（Ethel Mannin）、约翰·梅斯菲尔德（John Masefield）、T. 斯特奇·穆尔夫人（Mrs. T. Sturge Moore）、吉尔伯特·默里（Gilbert Murray）教授、P. S. 奥赫加蒂（P. S. O'Hegarty）、伊丽莎白·佩勒姆夫人（Lady Elizabeth Pelham）、伊迪丝·西特韦尔博士（Dr. Edith Sitwell）、约翰·斯帕罗（John Sparrow）、詹姆斯·斯塔基博士（Dr. James Starkey，笔名谢默斯·奥沙利文 [Seumas O'Sullivan]）、詹姆斯·斯蒂芬斯（Jame Stephens）、L. A. G. 斯特朗（L. A. G. Strong）、艾索尔特·斯图尔特夫人（Mrs. Iseult Stuart）、妮内特·德瓦卢瓦（Ninette de Valois）、艾伦·韦德（Allan Wade）、欧内斯特·沃尔什（Ernest Walsh）以及威灵顿公爵夫人 [多萝茜·韦尔斯利 (Dorothy Wellesley)]。诺曼·霍姆斯·皮尔逊（Norman Holmes Pearson）当时在伦敦是我在战略情报局（Office of Strategic Services）里的长官，是他让我得以于 1945 年首次拜访都柏林。彼得·奥尔特（Peter

---

[1] 原文如此。海伦·博克莱尔是杜拉克一生的伴侣，但两人并未成婚。——译注

叶芝：真人与假面

Allt）、杰拉德·费伊（Gerard Fay）、埃尔斯沃思·梅森（Ellsworth Mason）和罗杰·曼维尔（Roger Manvell）同样善意地帮助了我。迪亚尔米德·拉塞尔（Diarmuid Russell）则友好地允许我引用他父亲未发表的一些信件中的内容。

当我在耶鲁大学以另一种形式（博士论文）提交本书时，耶 viii 鲁大学的威廉·C. 德韦恩（William C. De Vane）院长为我提供了指导和鼓励，而这本书也于1947年在耶鲁大学获得了约翰·艾迪生·波特奖（John Addison Porter Prize）。当我在都柏林圣三一学院为获得学位而同样以另一种形式撰写本书前面几章时，我曾得到 H. O. 怀特（H. O. White）教授的帮助。我的兄长欧文·B. 埃尔曼（Erwin B. Ellmann）慷慨地为本书草稿提供了富有价值的批评。小查尔斯·N. 费德尔逊（Charles N. Feidelson, Jr.）曾在本书修订过程中帮助我解决一些困难问题；安德鲁斯·万宁（Andrews Wanning）、约翰·V. 凯莱赫（John V. Kelleher）和玛丽·多纳休（Mary Donahue）曾阅读本书手稿，让我得以避免许多错谬。爱尔兰国家图书馆馆长 R. J. 海斯博士（Dr. R. J. Hayes）和他得力而友善的员工支持了我在爱尔兰的工作。当我居住在都柏林时，联合艺术俱乐部也慷慨地让我成为会员。我希望在此对他们表示感谢。

R. E.

写于马萨诸塞州坎布里奇

1948 年 4 月 2 日

前言   003

1979 年版前言

　　《叶芝：真人与假面》一书写成于诗人去世八年之后。当时他 的许多友人仍然在世，更重要的是他的妻子仍然在世。乔治·叶芝后来去世于 1968 年 8 月 23 日。在我看来，此时应是追忆这位杰出女性的合适时刻。也许我应该讲一讲我们的第一次见面。推动我来到英格兰的，是第二次世界大战的浪潮。我在海军中服役，并在战略情报局临时履职。欧洲战场胜利日之后，中立的爱尔兰政府放松了对美国军人访问爱尔兰的限制，看起来正是给叶芝夫人写信的好机会——我想要询问她是否能见我一面，谈谈我三年前开始的一项关于她丈夫的研究。她以从不回信闻名，当时的我却幸运地对此一无所知。她回信了，表示同意。于是我于 1945 年 9 月在伦敦找到我履职的战略情报局部门的长官——诺曼·霍姆斯·皮尔逊。他曾是我在耶鲁时的校友，后来成为那里的教授。我向他申请一周假期，而他的回答是："休两周好了。"

在拉斯迈恩斯[1]的帕默斯顿路 46 号，看见叶芝夫人书房（从前属于她丈夫）的第一眼就让我深感震惊。书架上是叶芝的工作用书，其中许多都是满页评注。书柜和文件箱里是他的全部手稿，由他的遗孀精心整理。无论是一首诗、一部戏剧或一篇散文的早期草稿，还是叶芝曾经写过或收到的一封信，她都可以轻易立刻找出。在听到我的赞扬后，她表示自己不过是一只搜集碎片的母鸡。在这些碎片中，有叶芝写给格雷戈里夫人（Isabella Augusta, Lady Gregory，1852—1932）的所有信件。这些信被按年整理成许多小包，用丝带扎牢。我向她问起叶芝与乔伊斯的初次会面，她便拿出《善与恶的观念》（*Ideas of Good and Evil*，1903）的一篇未发表前言，其中有叶芝对此次会面的描述。我表达了对叶芝所属的魔法修道会"金色黎明"[2]的兴趣，这或许令她意外，但她却打开一个柜子，取出他的器具、徽记和仪礼规程。如此丰富的资料让我目瞪口呆，只能表示说我愿意在战争结束后再次拜访。她回答道："翘首以盼。"就这样，1946 年到 1947 年我便在都柏林度过，在这些书籍和文件中埋头工作。

　　显然，我不可能每天都到叶芝夫人家去敲门，但她对后勤问题同样有办法。她取出一只旧行李箱，在里面装满我想要查阅的手稿。起初，她还对其中一份文件感到担忧——那是叶芝自传的未发

---

[1] Rathmines，都柏林南部的一个郊区。——译注
[2] 金色黎明秘术修道会（The Hermetic Order of the Golden Dawn），详见第七章。——译注

表初稿——要求我早早归还。我觉得自己应该马上抄写一份，却发现叶芝的笔记十分难以辨认。除了熬个通宵之外，我别无办法。天快亮时，我突然意识到：在这个不眠之夜中，我开始体会到叶芝的节奏，开始能够辨认他特有的状态变化。于是，我终于得以及时归还手稿，缓解了叶芝夫人的焦虑。

对叶芝夫人的善意，我无论如何感激也是苍白的。这善意不限于手稿的借阅，有时甚至延伸到它们该如何理解。例如，我曾经向她提到叶芝的诗《螺旋》（The Gyres）中的"古老的石面"（Old Rocky Face）可能指月亮，因为月光的照耀覆盖了人类历史的所有阶段。然而叶芝夫人却记得：在创作这首诗的时候，她丈夫正在钻研德尔斐神谕，并为神谕通过岩石上的一道裂缝来传达的意象而兴奋不已。她确信诗中描写的正是德尔斐神谕，而不是月亮。无疑，她是正确的。另一次，我不无尴尬地向她问起：叶芝曾在好几首诗中将血液的突然涌动与为期28天的月亮周期联系在一起，她是否认为这种涌动可能与月经周期有关。毕竟，弗洛伊德曾向他的朋友弗利斯（Wilhelm Fliess）灌输一种理论——基于同样的理由，宇宙的两个基本数字分别是 23 和 28。然而叶芝夫人在这一点上的态度十分明确。"我们结婚时，W. B. 对这一切所知甚少，"她说，"事实上，直到《灵视》（A Vision）[1] 中这一部分完

---

[1] 本书中 vision 一词在指通灵式的冥想行为或这种冥想能力时，多译作"灵视"，灵视所见则译作"幻象"或"异象"。参见第九章（原书126页）。——译注

成之后很久，他仍然不太清楚这些事。"大约三十年过去了，我现在终于能看出，叶芝所想象的，是一种类似性侵犯式的流血，而非我此前提出的习惯性过程。

在这一年中，我逐渐了解了叶芝夫人，也开始明白了一点：尽管努力隐藏自己，她仍然扮演了重要的角色，同时又保持着泰然。有一次，我对她引用了叶芝父亲的一封来信中的一句话。那封信写于 1918 年，正值她身患流感，面临死亡威胁之际。老叶芝[1] 在信中说：如果她死去，威利[2] 将会完全垮掉。"我还没读过那封信，"她说，"何况，他的说法并不准确。"她愿意承认的只有一点——对叶芝来说，身边有一位比他年轻得多而又能与他对话的人，是有好处的。然而叶芝本人却以一种更准确的口吻这样写道："我如何能忘记 / 你带来的智慧，还有你给我的慰藉？"[3] 她为他提供了一个宁谧的家；她理解他的诗；她喜爱身为男人的他。此外，她也能给他帮助。例如，她曾提出建议，认为叶芝的戏剧《窗玻璃上的字迹》（*The Words upon the Window-Pane*，1930）里的灵媒应该数一数自己得到的降神报酬——这正是叶芝所需要的现实主义细节。

或许出于一种对她本人客观态度的无意识反应，我不无迂腐地将他们之间的结合称为"这场婚姻"，这让她觉得颇为好笑。在

---

[1] 原文为 J. B. Yeats。本书中凡需要区别叶芝父子二人姓名处，J. B. Yeats 或 John Butler Yeats 多译作老叶芝。——译注

[2] Willie，威廉·巴特勒·叶芝（William Butler Yeats）的昵称。——译注

[3] 出自《土星之下》（Under Saturn）。——译注

对我谈到"这场婚姻"时，她相当坦诚。她初遇叶芝是在 1911 年，当时是十八岁，因为她生于 1892 年 10 月 17 日。就算叶芝当时注意到了她，在他眼里她最多不过是"一个女孩 / 栖在母亲家中某处窗前"[1]。当时，她已经将母亲的期待弃若敝屣——母亲希望她能进入一种忙于舞会和交际的中上层生活，她却想当艺术家。她的艺术生涯没能延续多久，但她利用自己的自由，开始探索那些在母亲看来不宜于女子的领域，例如哲学和神秘主义[2]，正如她在早些时候就已读过乔治·穆尔（George Moore）那些"违禁"小说。神秘主义是她与叶芝的共同兴趣。他鼓励她在 1914 年加入了"金色黎明"，并在她入会时担任她的"司祭"（Hiereus），也就是引导者。她很快就跨越了入会的初期阶段，被引入"内部团体"（Inner Order）——叶芝本人也只是在不久之前才进入这一会阶。接下来，随着战争的爆发，她的兴趣转移了，先是成为医院里的一名厨师，后来又成了护士。她很享受前一份职责，对当护士则不那么热情。

　　叶芝与她母亲和她们的朋友都很熟悉，但过了好几年，他才 xii 对她产生了更强的兴趣。我们已经知道的是，叶芝之所以在这段时间积极参加降神会，必定是因为他心中怀有结婚的计划：他会

---

[1]《哈伦·拉希德的恩赐》（The Gift of Harun Al-Rashid）。——译注
[2] 作者在讲述（广义的）神秘主义内容时使用了 mystic、occult、esoteric 和 hermetic 等不同词汇及其变化形式。这几个词的含义各有侧重，在需要区别的情况下，译者分别译作秘契 / 神秘、神秘、秘传 / 隐秘和秘术，不一定妥当。——译注

首先向灵媒询问关于死后世界的秘密，接着便会问到自己此生有多大可能与旧日的心上人茉德·冈结为夫妻。鉴于茉德·冈此时已经结婚，并改宗了天主教，这后一个问题便只能是理论性的，直到1916年。在这一年，复活节起义让茉德·冈成了寡妇：与她分居已久的丈夫约翰·麦克布莱德（John Macbride）是被处决者中的一员。在叶芝眼中，麦克布莱德的形象一直是"一个自高自大的笨蛋醉鬼"[1]。当听说麦克布莱德拒绝戴上眼罩，并声言"我一辈子都与枪为伴"时，叶芝的评论是：麦克布莱德还不如说自己一辈子都与酒杯为伴。起初，出于对麦克布莱德的厌恶，他将这场起义看作完全的错误，并曾就这个问题与茉德·冈激烈争论（根据茉德·冈的女儿艾索尔特的说法）。随后，他逐渐认识到这次血腥牺牲的重要性，甚至也承认了麦克布莱德在其中的作用。在《1916年复活节》这首诗中，他并未放弃自己反对起义的理由，也没有放弃自己对麦克布莱德的厌恶，但此时他已将起义者们的"迷惘"归于"过度的热爱"，而这种热爱是他可以完全同情的一种病症，配得上任何一年的复活节。

叶芝似乎觉得自己负有向茉德·冈求婚的道义责任——尽管他很清楚接下来要面对的困难。正如艾索尔特·（冈·）斯图尔特向我讲述的那样，"我母亲说不上有多少判断力，但她至少知道自己不该嫁给叶芝这个不适合她的人"。于是，叶芝有一段时间开始考

---

[1] 出自《1916年复活节》（Easter 1916）。——译注

　　　　　　　　　　　　　　　　　　叶芝：真人与假面

虑与艾索尔特结婚的可能性。他在艾索尔特小时候就认识她，也十分倾慕她的惊人美貌。（在《灵视》的性格图谱中，艾索尔特处于第十六相——正是美貌女子聚集之处。）艾索尔特与她母亲差异很大。在生命中的这一阶段，她虽然接受了茉德·冈的政治观点，却已开始感到厌倦。多年之后，她将在格伦达洛（Glendalough）的家中收留一名纳粹间谍。身为年轻女性，她的兴趣在于文学和艺术。她与叶芝一起阅读诸如佩吉（Charles Pierre Péguy）这样的法国作家，并对叶芝正在创作的东西深感兴趣。根据她向我讲述的回忆，1916 年，叶芝曾对她说自己重读了济慈和雪莱，正为自己从前认为他们有值得欣赏之处而感到奇怪。他写给她的那首诗题为《致一位年轻的美人》（To a Young Beauty）。在诗中他告诉她不要去追逐这些诗人，而是应该阅读兰多（Walter Landor）和多恩（John Donne）。十五岁时，她在日记中承认自己爱上了叶芝（她亲口向我说起此事），并向他求婚，但是遭到拒绝。现在他却想起她来，并说自己可以带她逃离她母亲周围的激进政治氛围，而且尽管他已经年老，却仍会让她在容易相处的人群中生活。"你不会说你爱我，对吗？"她问道。叶芝自己并不确定，因此不会宣之于口。艾索尔特·斯图尔特告诉我：她曾想过像母亲一样把叶芝留在身边，但叶芝却变得非常坚决。他们按照约定，在伦敦的莱昂斯角楼（Lyons Corner House）见面讨论此事。她试图支吾过去，但叶芝只问"行还是不行"。面对这样的选择，她只能说不。多年之后，叶芝曾不无怀念地对她说："要是我和你结了婚该多好。"她的回应则是：

xiii

"好在哪？我们用不了一年就会分开。"

　　此时叶芝开始认真考虑乔吉·海德-利斯（Georgie Hyde-Lees）。她在智识上胜过茉德·冈和艾索尔特，也更容易相处，因为她拥有另两人欠缺的幽默感。即便没有"能让陌生人眼神发直的美貌"，她也不乏魅力，因为她的眼睛明亮而充满探寻，而她的红润肤色——用叶芝向一位朋友描述她时的说法——也让她有一种野性之美。她对叶芝关注的问题感兴趣，也爱上了他——这更是她的优势。叶芝认为自己必须结婚已经有些年头。1914 年的一桩事件也向他发出了警报——一名曾与他有染的女子以为自己怀了孕。尽管事实证明这名女子搞错了，格雷戈里夫人仍然提出建议，认为结婚是个不错的主意。（多萝茜·［莎士比亚·］庞德[1] 曾对叶芝夫人提到叶芝和格雷戈里夫人有一阵想要结为夫妻，但叶芝夫人从未有勇气问他此事是否属实。）在格雷戈里夫人看来，最佳人选是艾索尔特：她喜爱艾索尔特的纯真，也认为她会因为纯真而更易于掌控。然而，多萝茜·庞德的母亲——叶芝的友人奥利维娅·莎士比亚——则倾向于乔吉·海德-利斯，这部分是因为她在海德-利斯身上看出了一种野性或奇特之处。关于自己从前的情感纠葛，叶芝对海德-利斯小姐开诚布公，将自己描述为在遭遇无数不幸之后终于抵

xiv

---

[1] Dorothy Shakespear Pound（1886-1973），英国艺术家。她是小说家奥利维娅·莎士比亚（Olivia Shakespear）的女儿，也是诗人埃兹拉·庞德（Ezra Pound）的妻子。——译注

　　　　　　　　　　　　叶芝：真人与假面

达港湾的辛巴达。他们的关系越来越亲密。1917 年 8 月，她放弃了护士工作。当叶芝向格雷戈里夫人坦承自己将和乔吉（很快他就会把她的名字改为乔治）结婚时，他曾问及自己是否应该带她来库尔（Coole）拜访。格雷戈里夫人的回答是："我更希望你们结完婚再来，那时就没法改变什么了。"

面对如此不吉的预言，叶芝与海德-利斯小姐仍于 1917 年 10 月 17 日完婚。然而，根据叶芝夫人对我的讲述，就在婚礼之后的头几天里，她发现自己的丈夫情绪"忧郁"。他们当时住在阿什当森林旅馆（Ashdown Forest Hotel）。她明白他的状况，也理解他会觉得自己错误地娶了她而不是艾索尔特——随着时间的流逝，后者的抗拒也许已经不那么强烈。叶芝夫人开始考虑自己是否要离开他。她努力找些事情来让自己分心，并想到了尝试自动书写[1]。尽管金色黎明并不认可这种做法，叶芝却对它相当熟悉。她的想法是伪造一两个句子，以抚慰叶芝在艾索尔特和她自己之间的纠结，然后在过程结束后承认自己的行为。于是，到了 10 月 21 日，也就是他们结婚之后的第四天，她催动一支铅笔，写出了一句话。我记得这句话的内容大致如下："你的做法对猫和野兔都好。"她相信叶芝会将猫解读为她警醒而又怯弱的自我，将野兔解读为奔跑如风的艾索

---

[1] automatic writing，一种据称可以在无意识状态下写出语句的心灵能力。相信者认为写出的内容源于潜意识或超自然世界。科学界和怀疑者则认为这是一种自我暗示作用。——译注

尔特。[《愚人的两支歌》(Two Songs of a Fool)便讲述了一个与此相似的动物寓言。]叶芝立刻被这句话迷住了,然后终获释然。他的忧虑消失不见,却没有意识到:妻子猜到了他忧虑的原因,靠的也许并非超自然力量的帮助。

随后发生了一件奇怪的事。正如她后来对我讲述的,她自己的情感投入——她对这位不同于常人的丈夫的爱,以及对自己婚姻的担忧——必定带来了异乎寻常的感受力,因为她突然感到自己的手攥紧起来,并以一种不可抗拒的力量开始动作。一些她自己从未意欲也从未想到的句子在笔下流出,仿佛来自另一个世界。随着种种意象与念头在笔下成为实体,叶芝也超越了对自己婚姻最初的释然。他在此见证了更为强大的启示:他娶的女子是德尔斐的神谕者。在茉德·冈和她女儿看来,叶芝似乎被这场向来被她们称为"乏味婚姻"的结合埋葬了。然而,与他正在经历的一切相比,没有什么事不是乏味的。叶芝的兴奋之情渗入了他正在写的长篇颂诗——《哈伦·拉希德的恩赐》。他在这首诗中延续了自己对辛巴达的刻画所开启的意象,然而这一次却将自己塑造为宫廷诗人库斯塔·本·卢卡(Kusta Ben Luka)。

苏丹哈伦·拉希德按照惯例,在春天又迎娶了一名新娘,并为此得意。他催促不断老去却仍单身的库斯塔·本·卢卡像他一样结婚。然而库斯塔毫无急迫之意。他说,爱情与季节并无关系,就算对苏丹来说不是这样,对他来说至少是这样的。他渴望的,是找到长久持续的爱情。苏丹代表着叶芝本人更为世俗、耽于情欲的一面，认为更好的是无法持续的爱情，是一种短暂而兽性的东西，因为那是人对永恒不变的灵魂的嘲讽。然而苏丹明白库斯塔的心思与他不同，于是他为诗人找来一名女子——她同样"渴望了解那些古老而晦涩的秘密"：

> 而她本人也像那青春之泉
> 洋溢着生命……

如果这是真的，库斯塔表示："那我就找到了生命最好的恩赐。"他迎娶了这名女子。婚礼过后不久，他的这位妻子在床上直直坐起，口吐神秘之言。说话的不像是她本人，更像是"镇尼"[1]的声音。

库斯塔既惊喜，又焦急（叶芝定然也曾如此），因为他担心妻子会以为他爱她只是因为这种类似自动书写的"夜半之声"，以及它所揭示的东西。他坚称事实并非如此。

> 那声音引出　　　　　　　　　　　　　　　　　xvi
> 一种智慧之质——从她的爱情
> 的与众不同之中。各种征兆，各种形状；

---

[1] Djinn，前伊斯兰教时期阿拉伯人和伊斯兰教神话中对精灵一类超自然存在的称呼。——译注

一切，一切螺旋、方块与半夜之物

都不过是一种新的、对她身体的言说，

沉醉于她苦涩而又甘甜的青春。

超自然之物从自然之物中汲取了力量，并给以确认。

　　除了智识兴奋和情感投入，叶芝还得到了巨大的精神安宁。这种安宁一直延续到五年后的爱尔兰内战爆发。他喜欢成为丈夫的感觉，也喜欢成为父亲。他们很快有了女儿，接着又有了一个儿子。他出版于 1919 年的诗集《库尔的野天鹅》（*The Wild Swans at Coole*）收入了不少关于他的新生活和新想法的诗。另一部诗集《迈克尔·罗巴蒂斯与舞者》（*Michael Robartes and the Dancer*）问世于 1921 年，是他对妻子的精心致敬。其中与诗集同名的作品及紧随其后的《所罗门与巫女》（Solomon and the Witch）以一种雅致的风格赞美了他们的婚姻中智慧与爱的结合。在这两首诗之后，另外几首诗以不同的方式探讨了从自动书写中搜集的信息。《致女儿的诗》（A Poem for My Daughter）宣告了安妮·叶芝（Anne Yeats）的诞生。最后一首——《将在城中塔的石上铭刻》（To Be Carved on a Stone at Thoor Ballylee）——则骄傲地将丈夫与妻子联结在一起：

　　我，诗人威廉·叶芝，

　　用古老的木板与海绿色的石板，

> 还有戈特铁匠铺 [1] 的铁件，
>
> 为我的妻子乔治重建此塔。

在这雄壮的诗行中，乔吉的更名得到了回报。

　　同时，叶芝也得到了一个证明他已脱离过往生活的机会。1918年，茉德·冈把自己位于斯蒂芬绿地 73 号的住宅租给了叶芝——她本人已被英国当局禁止进入爱尔兰。然而她偷渡入境，化装成一名乞妇，出现在叶芝家门前，请求他的收留。此时正值乔治·叶芝身患严重流感。叶芝明白茉德·冈在家中的出现必定会造成波澜，于是他不肯收留她。尽管医生向她建议说她的出现可能让病人遭遇危险，茉德·冈仍拒绝离开，因为这是她自己的房子。叶芝变得暴怒起来，直到茉德·冈做出让步，从他家中撤走。他清楚自己真正的忠诚所属。

　　他满怀激情，想要为从自动书写中得到的零星启示赋予系统化的形态——《灵视》正好为这种形态提供了合适的名目。比起他早先那些将诗学传统与秘契传统混同起来的努力所取得的成果，如今他所热切追求的象征更加完整。他向妻子问起她在婚前读过的书，例如威廉·詹姆斯的作品、黑格尔的《历史哲学》，还有克罗齐的作品，并亲自阅读它们，以搞清楚她的自动书写是否对这些著作的无意识反映。令他高兴的是，自动书写与这些著作无关：

---

[1] Gort forge，位于爱尔兰戈尔韦郡的戈特。——译注

> 无父无祖的真理——并非来自
>
> 我读过的无数书籍中任何一本，
>
> 也非来自她或我的头脑——
>
> 自生的、高贵的、孤独的真理，
>
> 那些可怕而无法抚慰的笔直线条
>
> 贯穿无知无觉的徘徊梦境……[1]

自动写作的宏大话语中使用的词汇包括一些非常用词，如"漏斗"（funnel）和"盘旋"［spiral，被他改作了"螺旋"(gyre)］，还有家中宠物的名字（叶芝一家养了许多宠物）——那些通灵的声音将这些名字用于它们自身。他坚持要求妻子每天保持两到三个小时的自动书写；时间通常是从下午三点到六点。这对她来说是一项重负。此外，她也害怕这可能会仅仅成为他的又一种痴迷，正如他在婚前对"鬼魂"的痴迷一样。这前一次的痴迷已经让老朋友们不再参加他在沃本街 18 号的周一晚间聚会。成为先知西比尔并非她自愿，因此她数次中断通灵，要求他重返诗歌写作。然而他的诗也显现出通灵的作用。如《月相》（The Phases of the Moon）这样明确具有象征学意味的诗得以问世。此外她还感觉到：若非自动书写的缘故，他便不太可能将《再次降临》（The Second Coming）想象为理性的灭绝。他的日常行为也受到影响：要按照自动书写的要求将人

---

[1]《哈伦·拉希德的恩赐》。——译注

叶芝：真人与假面

们置于各自应属的月相中，需要倾听人们的话语，观察他们的行为方式；为了这个目的，他对外部世界展现出更大的兴趣。这种兴趣惊人地投合他的性情。

有一段时间，他对自动书写所传达的信息不加限制地全盘接受。妻子可以在睡梦中做出口头回答并无须书写，这让他也开始尝试这种通灵方法，不过次数比另一种方法要少得多。有的问题似乎用两种方法都无法解决。例如，如叶芝夫人对我的讲述，叶芝一直未能确定自我在多大程度上受守护精灵（daimon）控制；此外，他有时认为反自我是一种精灵（spirit），有时又不这么想。

叶芝从一开始就认为，有朝一日，必然要用一本书来穷尽这全部的启示，而该使用何种方法来呈现则令他焦虑。叶芝夫人希望他不加介绍，直接呈现这些材料，但叶芝的头脑过于精密细微，无法做到这一点。毕竟，在他的大部分写作生涯里，他一直使用优雅的词句来表现那些本来可能让读者望而却步的观念。因此，自动书写刚刚启动几个星期之后，他就开始编造一个流传神话，即关于英格兰历史学家吉拉尔杜斯·坎布伦西斯[1]与库斯塔·本·卢卡的合作的精巧故事。［来自他早年所写故事中的两个人物——迈克尔·罗巴蒂斯和欧文·阿赫恩（Owen Aherne）——也被纳入其中。］他将《天使与凡人之镜》（*Speculum Angelorum et Hominorum*，其中

---

[1] Giraldus Cambrensis（约 1146—约 1223），英国历史学家、教士"威尔士的杰拉德"（Gerald of Wales）的拉丁文名字。——译注

Hominorum 应为 *Hominum*；这个错误在水平更高的拉丁语学者眼中看来未免好笑）归于吉拉尔杜斯，又把一种编入了自动书写主要符号的舞蹈的发明权归于库斯塔。他请友人埃德蒙·杜拉克为吉拉尔杜斯刻了一尊木雕像，其面容明显以叶芝为原型。鉴于这尊雕像在 1918 年 1 月就完成了，因此故事的主体必定在他婚后的头两个月里就已构想出来。

xix 　　《灵视》的第一版直到 1926 年初才得以面世。此后不久，叶芝意识到书中的许多内容与自动书写原稿太过相近，需要进一步阐明。他决定为这本书出第二版，并在这一次说出自动写作的事。叶芝夫人对此坚决反对。根据她对我的讲述，他们婚姻中第一次争吵——也是唯一一次严重的争吵——就发生在此时。叶芝赢了，但他在采用现实主义叙述的同时，也将神秘化的变体收入书中。1937 年问世的第二版包含了许多新的想法，也有许多疑问。当艾伦·韦德问起他是否相信《灵视》之时，叶芝的回答尽管准确，却不无推诿之处："哦，我在那里为我的诗寻找意象。"这本书徘徊在哲学与虚构之间，殊难界定。

　　《灵视》的第一版付梓之后，叶芝听到了埃兹拉·庞德的评论：未满四十岁之人都不应被允许读这本书。话中的暗示是它适于衰老之人。叶芝心中明白，这本书恰恰包含了庞德不喜欢的那种抽象图解。作为回应，他决定将这本书献给他的这位朋友，并为此写了《给庞德的包裹》(A Packet for Ezra Pound)。无论是否乐意，庞德都不得不在这本书中占有一席之地，因为《灵视》的规划

　　　　　　　　　　　　　　　　　　　叶芝：真人与假面

中包含了它的一切可能对手。尽管一份被称为"七点提议"（Seven Propositions）的存世文件显示叶芝在生命的最后十年中又将自己关于终极的思索向前推进了一步，但在这本书修订完成之后，他便已经可以放手去做其他工作。他还阅读了大量哲学书籍，希望能够确证自己的理论并将之扩展。有时他也会拿秘契主义开玩笑，但正如他的妻子所指出，这样的做法与对秘契主义的严肃态度并不矛盾。在叶芝夫人看来，我关于自动写作乃至普遍意义上的通灵现象的态度似乎都太过怀疑主义了。她曾问过我："难道你根本不相信鬼神的存在吗？"我的回答是："我只相信自己心中的鬼神。""你的问题就出在这里。"她的口气意外严肃。

我至今仍对鬼神无甚了解，但我能看出：叶芝心中的玄学冲动与他作为一名诗人的伟大是不可分割的。如果没有了这种冲动，他的诗便剩不下几首。在其他人眼中尚未超出现实范畴的一些体验， xx 在叶芝看来却是形而上的，比如回忆带来如同味觉一般的甘苦滋味，又比如人可以毫无来由地放射光芒。叶芝的诗作中，有一首题为《踟蹰》（Vacillation），描述的就是这样一种体验：

> 五十年生命，来了又去，
> 我孤身一人，独坐在
> 伦敦一间拥挤的店铺，
> 面前是一本翻开的书，一只空杯，
> 在大理石的桌面上。

在这街市之中，我注视

自己突然光芒闪耀的身躯；

在差不多二十分钟里，

我惊喜莫名：仿佛

我身受福佑，亦可赐福与人。

据叶芝夫人说，此事的确曾在叶芝身上发生；并且部分因为他只有
一次这样的体验，他将它看得极为重要。不过，似乎他后来又曾有
过一次经历，这一次发生在乡间。他在《格伦达洛的溪流与太阳》
（Stream and Sun at Glendalough）中曾有描述：

是什么来自太阳、溪流

或是眼睑的运动射出光芒

穿透我的身躯？

是什么让我活得有如那些仿佛

自生之物，让我获得重生？

这些感觉通道之外，还有其他（或许来源不那么明确的）体验——
两个世界在其中交汇，为存在赋予完整性，让人洞察事物的核心，
知晓将来之事。

从叶芝夫人的零散回忆中，我了解到一些关于叶芝形貌的事
情。例如有一天她提到他的双手：就其外表面而论，叶芝的手掌相

当大；手指呈锥形，有着很细的方形指尖和圆形指甲。在艾比剧院（Abbey Threatre）那幅肖恩·奥沙利文（Sean O'Sullivan）为他绘制的肖像中，叶芝的形象却不够准确——指尖被画成了圆形，指甲则是尖的。她也向我讲到在他们结婚之前叶芝如何因为上报收入太少而受到税务局调查。直到 1900 年之后很长时间，他每年上报的收入都只有几百镑。为此，乔治·拉塞尔[1] 还曾作为品格证人受到传唤。最后官员们道了歉，解释说他们此前难以相信一个在报纸上频繁出现的人挣的钱会这么少。她还谈到叶芝晚年对蓝色衬衫的偏爱，以及人们如何错误地猜测他穿蓝衫是为了表示对爱尔兰法西斯组织蓝衫党（the Blue Shirts）的支持，而事实却是蓝色很合适搭配他的白发。的确，他曾与蓝衫党的首领约恩·奥达菲（Euin O'Duffy）将军会面，但叶芝夫人注意到："两人自说自话，无法理解对方。"在向其他友人描述奥达菲时，叶芝总是将他称为"那个虚张声势的家伙"。这个标签中的贬义足以表明称呼者对其毫无兴趣。因为，尽管叶芝有这样的会面活动，但正如他在 1905 年写给约翰·奎恩（John Quinn）的信中所说，他从未停止主张"每个人以自己的方式看待世界的权利"。当这项权利受到侵犯时，他会毫不犹豫地抨击掌权者，因此他绝不会接受一个威权主义的政府。

她向我说起过叶芝的幽默感。有时这种幽默感表现为喜欢恶

---

[1] George William Russell（1867—1935），笔名 A.E.，爱尔兰诗人、艺术家和神秘主义者，叶芝的好友。——译注

作剧。例如：在二人第一次共同前往库尔拜访时，他允许妻子带上了他们的猫。格雷戈里夫人的生活可以说是由各种禁忌构成的；她二十四岁时就因为自己太过沉溺其中而戒掉了打猎。家中绝不能有任何动物也是她不可触犯的规矩。因此，叶芝夫妇不得不等到女主人入睡后，才能将猫带进室内，还必须在清晨她起床之前把猫带出去。叶芝夫人问他为何不提前告诉她。他的回答是："我就想看看她会怎么说。"他喜欢强迫友人乔治·拉塞尔和他一起玩槌球，然后把自己的时间都用来阻止拉塞尔在第一道球门之后拿到自己的球。拉塞尔的唯一办法是在早上九点半来访，因为叶芝不会在这个时候强迫他参加娱乐活动。在丈夫爱讲的故事中，有一个让叶芝夫

人觉得不那么有趣。他曾以托利党人的讽刺口吻向弗兰克·奥康纳说起这个故事：叶芝夫人在政治上的左倾程度似乎与他的右倾程度差不多，因此她不喜欢自家的邻居，认为他们是法西斯分子的同情者。有一天，她走出门，发现自家的一只"民主派"母鸡不见了，便以为是邻家的"警察"狗吃掉了它。她给邻居写了一封信，并很快收到回信——"狗已处死"。她还未从这条消息带来的震惊中走出，那只"民主派"母鸡却再次出现。她想给邻居回信，叶芝却说"那也救不回那条法西斯狗啦"。还有一件不那么严肃的轶事：叶芝在信中总是称她为"我亲爱的多布斯（Dobbs）"——多布斯是对体型肥胖的男子的称谓，而叶芝夫人本人也略为丰腴。不过，他从未在交谈中这样称呼她。

　　叶芝夫人觉得丈夫极富"人性"。他在《库尔公园，1929年》

（Coole Park，1929）中对自己的描述：

> 那里，一个怒气冲冲、假作雄壮的家伙，
>
> 　　尽管他内心怯懦

是准确的，正如她向我确认的那样——他是个羞涩的人。有一次，当弗兰克·奥康纳身陷一群陌生人的聚会，而她前来搭救时，她说自己看出了他的羞涩，因为当时奥康纳将手插进头发的姿势与她丈夫身处同样境地时一模一样。为了让自己渡过这样的困境，叶芝建立了一种固定模式[1]。正如他向她抱怨时所说，他只能如此，因为人们看他[2]的眼光总像是在参观动物园。他曾告诉妻子：格雷戈里夫人十分敏感，却不知道他也是敏感的人。

孩子们出生后，他也许已经太老了，没法与他们亲昵——尽管也有记载说他曾在孩子很小的时候陪他们玩耍。他倾向于偏爱安妮，而非迈克尔。有一次，他出门时拒绝其他人同行，却带上了安妮。迈克尔一边爬上楼梯，一边望着他的背影远去，在抽泣中问母亲："那个男人是谁？"然而叶芝晚年的信件表明他的确爱着他们，也为他们骄傲。在一封信里他提到"高大而优雅"的迈克尔如何刚刚在一次数学比赛中得奖，在另一封里又提到身穿新衣的安妮如何　xxiii

---

[1] "模式"原文为 patter，应为 pattern 之误。——译注
[2] "他"原文为 her，应为 him 之误。——译注

向他炫耀。1937 年，在捷克斯洛伐克遭到入侵时，叶芝曾向当时十六岁的儿子解释形势。讲完之后，男孩突然说道："但是，你说得不对。"接着纠正了他的错误。叶芝大吃一惊。

在叶芝的诗歌和生命中，茉德·冈的影子无处不在，因此我多次拜访这位伟大的"旧日火焰的余烬"[1]。她通常被称作麦克布莱德夫人（而我出于无知，曾称她为"太太"，直到她的友人埃塞尔·曼宁严厉地责备了我），当时已经八十二岁了，身高六英尺，瘦削而威严。她接待了我，将我当做一名上门拜访的年轻人，而我同样将此视为一次礼貌拜访。现在我可以看得更清楚了——她身上有许多神秘之处。在爱尔兰脱离英国统治的历程中，她占有特别的位置。她的家族和出生地都在英格兰，她却自称是爱尔兰人，而她给出的理由尽管可信，却也不免令人好奇。她对这个自己选择的祖国的感情在许多方面都值得赞美，但其中又掺入了一种狂热色彩，让她在德雷福斯案时代陷入反犹主义，在希特勒时代又抱有一种对纳粹的同情。希特勒打算进攻英国，这正是她长久以来期待的事。要将自己的努力神圣化，她本该不得不成为烈士，就像罗森堡夫人那样，但她活了下来，并披上了黑衣。她的黑衣不是为了悼念她那

---

[1] "vestige of an ancient flame"，语出《埃涅阿斯纪》4：23——迦太基女王狄多用"我能感觉到旧日火焰的余烬"（agnosco veteris vestigia flammae）来描述自己对埃涅阿斯的爱情。——译注

叶芝：真人与假面

位被处死的丈夫——她在结婚两年后就与他分居——而是为了悼念同样遭到分割的爱尔兰。长寿为她带来了光辉。叶芝赋予她一种不朽，而这种不朽或许她并不应得。逐渐地，就像从前那些为她的美貌而倾心的人一样，一些年轻人只因醉心于叶芝对她的描绘而像我一样登门拜访。她终老于他的诗中，却非本心所愿，因为她从未真正喜欢过他的诗。约翰·斯帕罗告诉我：他有一本叶芝的书，是诗人本人题写给茉德·冈的；其中她唯一特意剪掉的，正是印有叶芝写给她的诗的书页。

　　茉德·冈声称叶芝写给她的全部信件都已经在爱尔兰的"劫难"中毁掉了，不过至少还有一些后期信件仍完好保存在都柏林一家银行的金库里。她并不认同叶芝对二人关系的描述，而我也大部分认同她的说法。叶芝认为茉德·冈从未坚定拒绝过他，她却认为自己从未给予他抱有希望的理由。根据叶芝的第一份自传手稿，茉德·冈曾与他缔结"灵婚"，也许她已经忘记了。叶芝在诗中这样写道：

　　　　因你未守庄重许下的誓言，

　　　　他人便成为我的朋友。[1]

当她写信通知他自己嫁给了约翰·麦克布莱德时，叶芝觉得她背叛

---

[1] 出自《郑重的誓言》(A Deep-sworn Vow)。——译注

了这个誓言。不过他仍压下了自己一开始感到的震惊与痛苦。他是一位太过优秀的诗人，也是一个太过宽容的男人，不可能不明白美丽自有特权，而这特权中也包括残忍。他的许多诗歌既清晰呈现了自己受到的伤害，也煞费苦心地表达了自己的宽恕。

先前，出于茉德·冈作品造成的印象，我一直以为叶芝是一名从未得到回报的爱人。然而有一天，当我在都柏林阅读叶芝在1908年留下的一份神秘主义日记时，我读到了当年晚些时候他写下的一段话——当时他与茉德·冈都住在她位于诺曼底乡下科勒维尔（Colleville）的住所，其中隐隐暗示她觉得他们不能继续下去了。我问叶芝夫人这是什么意思，她回答道："我不会主动提供这条信息，不过既然你已经自己发现了它，我可以向你确认，当时W. B. 和茉德·冈是一对恋人。"后来我又从叶芝晚年爱过的一名女子——伊迪斯·沙克尔顿·希尔德——那里听到了同样的说法，因为他也对她承认过这件事。于是我终于明白了《一个男人的青年与老年》（A Man Young and Old）中所言之事的含义。他在诗中的一段里这样写道：

他的回忆

我们应该藏在他们视线之外，

只以神圣形象出现；

身躯残破，如同棘刺

在酷烈北风下摧折，

让人想起被埋葬的赫克托耳

和生者一无所知之事。

女人们毫不在意

我的所做或所言。

她们宁可抛下她们的爱宠

去听蠢驴嘶鸣；

我的手臂仿佛扭曲的荆棘

但也曾有美人睡卧；

部族的翘楚以之为枕

得享巨大的快乐——

她曾让伟大的赫克托耳陨落，

曾将特洛伊夷为废墟——

竟向这耳朵高喊：

"如果我尖叫，就冲撞我。"

至少对叶芝而言，青春情感在秋日的这次盛放有着某种与其短暂不成比例的重要性，让他觉得自己早年对茉德·冈的毫无肉欲意味的追求终得证明。

我尝试从茉德·冈的视角来想象她与叶芝之间的关系，现在已经能够更好地理解它。叶芝不知道的是，茉德·冈在1889年对叶芝一家进行那次意义重大的首次拜访时，她已陷入与某个法国人的热恋之中。一年之后，即 1890 年 1 月，她便成为一个名叫乔吉特（Georgette）的小男孩（不是小女孩）的母亲。孩子的父亲是一名已婚男子——报纸编辑吕西安·米勒瓦（Lucien Millevoye）。他在政治上的极端主义吸引了茉德·冈。米勒瓦热情拥护布朗热将军[1]的政治野心，而茉德·冈则在欧洲各地传递秘密消息以支持他的事业。然而，1889 年，布朗热失势，逃离法国。于是茉德·冈转向爱尔兰独立运动。叶芝对她一见倾心，邀请她加入自己的种种活动，又找出他们可以一起参加的新活动。他对米勒瓦的存在一无所知，并觉得她已经接受的灵婚最终也许可以变成现实。

让茉德·冈悲伤的是，乔吉特死去了，时间我想应该是在 1893
年下半年。她询问叶芝和他的朋友乔治·拉塞尔，想要知道亡童的灵魂会有什么样的命运。拉塞尔宣称它通常会在同一个家庭中重生。叶芝注意到了她的情绪，并在未发表的自传中表示自己想告诉她：拉塞尔认为很有可能发生的事只是一种猜测。这个猜测驱使她和米勒瓦一起进入亡童的墓穴——他们希望在那里让逝去孩子的灵魂重新进入另一具身体。他们的女儿艾索尔特正是因此而生。这件事的戏剧性无法掩盖其中的悲哀。正如叶芝所知并言明，茉德·冈

---

[1] General Boulanger（1837—1891），即法国军人、政治家乔治·布朗热。他曾在十九世纪八十年代领导一场短暂而声势浩大的威权主义运动，几乎颠覆法兰西第三共和国。——译注

的际遇在许多方面都表现出一种招引不幸的天真。他在《一尊青铜头像》（A Bronze Head）中提到了自己在想到她时的喃喃而语——"我的孩子，我的孩子！"至于她的情人米勒瓦，他对茉德·冈的态度相当糟糕，但直到1896年的一天，他带着一名新情人来看艾索尔特，茉德·冈才与他分手。

艾索尔特生于1894年8月6日。在大概一年多时间里，茉德·冈留在法国，全心照料女儿。在这段时间里，叶芝遇见了莱昂内尔·约翰逊（Lionel Johnson）的表姐奥利维娅·莎士比亚。莎士比亚夫人是一名律师的妻子，婚姻并不幸福。当时她已经生了一个女儿，名叫多萝茜，而多萝茜将在日后嫁给埃兹拉·庞德。在其未出版的自传中，叶芝总是用《罗布·罗伊》（Rob Roy）中的名字戴安娜·弗农（Diana Vernon）来称呼这名富有魅力的女子。在本书中我也使用了这一化名。叶芝夫人确信多萝茜·庞德不会介意我使用她母亲的真名，但也觉得：鉴于埃兹拉·庞德正因其战时活动而身陷泥潭，为征求许可而去麻烦她未免不妥。与莎士比亚夫人的这段感情并不复杂，也令叶芝长久心怀感激。如他在诗作《友人们》（Friends）中所言，她让他不用承担"青春那梦幻般的重负"。不幸的是，几个月后，茉德·冈来信说她梦见了他。这封信给叶芝带来的焦躁不安尽在莎士比亚夫人眼中，于是她结束了两人之间的关系。他们后来又曾非正式地复合，并终生保持好友关系。

直到茉德·冈在1903年结婚，叶芝才真正获得了性自由。接下来他有了许多情人，其中包括演员弗洛伦丝·法尔（Florence

Farr）和一个名叫梅布尔·狄金森（Mabel Dickinson）的按摩师；正是后者的可能怀孕让叶芝受到惊吓。他明显的性兴趣曾导致他和友人约翰·奎恩——一名纽约律师和收藏家——发生争吵。奎恩指责叶芝在自己的情人多萝茜·科茨居留巴黎期间向这位小姐示好。叶芝以一种爱德华时代的方式否认了指控。"如果她是你的妻子，你可以这么说，"他对奎恩说，"然而她只是你的情人，所以我根本没有！"未婚的奎恩并不觉得这个回答好笑，在此后数年中和叶芝断绝了往来。

到了暮年，尤其是在 1927 至 1928 年间因为马耳他热[1]而长期患病之后，叶芝为自己禁欲的年轻时代感到痛悔。他在诗集《旋梯》（*The Winding Stair*）中写下了有关情欲回忆的诗作。到了 1934 年，他感到自己的性能力已然衰退，便求助于诺曼·海尔（Norman Haire）主刀的施泰纳赫手术[2]。与叶芝的幻想相比，手术的实际结果并没有那么富于戏剧性。在几年时间里，叶芝的性欲和诗歌热情（他向来认为两者彼此关联）都"神奇"复活，直到那场最终将他送进坟墓的疾病来临。我觉得本书无权讲述叶芝晚年的情事，但他在生命中的最后阶段确有几次恋爱。叶芝夫人了解这种爱情对他的重要性，也明白自己身为诗人妻子的角色，更多地选择支持他的爱

---

[1] Malta Fever，即布氏杆菌病（brucellosis）。——译注
[2] Steinach operation，奥地利生理学家欧根·施泰纳赫（Eugen Steinach）发明的一种输精管半结扎术，旨在消除疲劳、减缓衰老和增强性能力。——译注

情而非阻挠。"在你死后,"她曾这样告诉他,"人们会书写你的爱情,但我什么都不会说,因为我会记得你是多么骄傲。"

除了茉德·冈之外,她有时也会对我提到叶芝带入他们婚姻的另一桩负担,也就是他与他父亲之间一生的紧张关系。在叶芝看来,他父亲对他的影响大得难以估量。这种影响从他小时候就开始了。当时老叶芝突然注意到威廉不会阅读,便亲自教导他,并且经常使用体罚。其他几个孩子——莉莉(Lily)、洛莉(Lollie)和杰克(Jack)——则可以自由发展(尽管老叶芝总是会自己接待那些上门拜访的年轻人,让女儿们得不到结婚的机会)。威利才是他特别关注的对象。他对这个儿子从里到外了解得清清楚楚,只需要用一句话就能戳破他自我保护的盔甲。这种压力包括大量身体上的惩罚,至少在叶芝进入少年时代前如此。杰克·叶芝曾在他和哥哥的 xxviii 共同房间里见证父亲的野蛮。当时他对威廉大喊道:"记住了,在他道歉之前,不要和他说一句话。"老叶芝经常斥骂儿子直至深夜,原因可以是他的中学成绩,可以是他不愿去圣三一学院,可以是他在神秘主义活动上挥霍自己的天分,甚至包括 1903 年他将自己的出版商换成菲舍尔·昂温(Fisher Unwin)的决定。直到老叶芝在 1908 年前往美国并留在那里,直到于 1922 年去世,父子之间的争吵才得以结束。老叶芝与乔治·叶芝曾于 1920 年在纽约相见,并相处愉快。他也非常欣赏儿子受这桩婚姻启发而写出的诗——它们符合他关于艺术必须植根于经验的理论。

老叶芝一直认为儿子的固执来自他身上波利克斯芬家族——也

就是他的母族——的基因，好像这种性格在叶芝家族中从未出现过一样。然而没有人比他本人更加固执：无论是他要成为一名艺术家的坚持，还是他消除威廉心中顽固的玄学冲动的决心，都体现出这一点。到了晚年，他变得比从前更能恬然欣赏儿子的成就，会说："老普里阿摩斯本人不怎么样，但他有赫克托耳这样的儿子。"他为儿子所做的，是让他得以接触那些在十九世纪九十年代被过早否定的观念，并在二十世纪使用它们。其中一种是：诗歌与艺术是高于其他一切事物的真理形式。老叶芝对这一观念加以改进，明确认为二者与生活不可分割。另一种则是：一个人既不应像佩特（Walter Pater）那样认为经验有其自身的价值，也不应让经验变成道德或宗教原则的附属品。他应该追求的，是老叶芝称为"存在的统一"（Unity of Being）的东西——在这种统一里，个性（personality）的所有特点才能谐然而鸣。

他的儿子在这些理论上追随他，不过又在其中增加了大量额外的复杂性。老叶芝过于担心儿子会将神秘理论用在一切事物上，但他其实不用如此焦虑。叶芝在《灵视》中建立的体系本身就有一种反体系的色彩。这个体系表面上是决定论的，却包含大量自由意志成分。尽管偏好存在的整体性，这个体系仍然在世界里为圣人对自我性（selfhood）的摧毁[1]留出了位置。关于个性和历史的教条陈述

xxix

---

[1] 应指威廉·布莱克（William Blake）关于破除自我性以获得超越的想象，参见布莱克《耶路撒冷》（*Jerusalem*）5：22。——译注

与一种认识论意义上难以捉摸的神秘之间有一条边界，而叶芝的体系正好位于这条边界上，并让它整个振动起来。根据叶芝夫人的说法，叶芝对它有时相信，有时怀疑。叶芝在这个体系的一个部分中（即第十七相）描述了他这样的人——他们总会超越自身所在的体系，如同爆开的豆荚。

叶芝的晚年时光令人哀伤——他一直心怀重获新生的愿望，却又受到病痛的打击。在去世之前三年，他曾对妻子说活着比死去还要艰难。在更加接近终点的时候，他又曾表示："一定要将我葬在意大利，因为在都柏林的话人们会举行葬礼，还会让伦诺克斯·鲁宾逊[1]当主祭。"她告诉我叶芝需要一百年才能完成自己的作品。我的猜测是：他要钝化自己所见的两种在世界上永恒作用的力量——其中一种认为现实如同潮汐般变动不居，另一种则认为现实有如蜂窝或鸟巢，坚韧而稳定。"让万物消逝。"《踌躇》中的一位世界征服者如是说，而在《灵视》中，叶芝又不无称许地引用了艾索尔特·斯图尔特即兴而唱的一首歌："主啊，请留下些什么。"这些力量与他在《哈伦·拉希德的恩赐》中加以对比的两种爱的形式是相关的，一种嘲笑永恒，另一种却追求永恒。1938年5月，他为伊迪斯·沙克尔顿写了一首四行诗。在诗中他提出了一种"对一切的解释"：

---

[1] Lennox Robinson（1886—1958），爱尔兰剧作家，爱尔兰文学复兴运动后期的领袖之一。——译注

无物从乌有流入乌有。

同样的话也回响在他的两部晚期剧作中：《炼狱》（*Purgatory*）中的老人在剧终时说道："两次杀人，都是枉然。"而《鹭鸶蛋》（*The Herne's Egg*）中最后一场演说里则有这样一行："大费周章，却一无所获……"然而，在他的另一件晚期作品、题为《螺旋》的诗中，叶芝又坚持认为整座楼台都将从"任何丰富又黑暗的空无"中得到重建。他可以将无物想象为既空无，又蕴蓄。我认为，他越来越痛切地见证了两种冲动之间的碰撞：一种想要抛弃精细的区分、细微的情感和分门别类的事物，另一种却想不惜一切代价留住它们。在他的封笔剧作《库胡林之死》（*The Death of Cuchulain*）中，最后的合唱发问：

> 难道，那些让人非爱即憎之事，
>
> 才是他们唯一的现实？

此时叶芝已经开始构建一种超越《灵视》的理论：关于物质世界千变万化的装饰其实只是精神以及精神之间不断变化的联系的投影。这也许正是他生前未能完成的探索之一。在他生命的最后一批信件中，有一封既是对怀疑主义的屈服，同时也是对它的最后反抗："人可以呈现真实，却无法认识它。"

叶芝夫人的观点与叶芝本人的相当不同，足以保护他，使他免

叶芝：真人与假面

于陷入自满。大多数时候，她都尽力让他最后的诗作成为可能。她了解他痛苦的灵魂，也明白他可以荒唐而难于相处，也可以机智而善解人意。她还知道，叶芝可以一时夸大其词，一时又改变主意，并帮助他避免过许多愚蠢的举动。正是因为她的缘故，叶芝才得以塑造出其主要诗作中的象征和观念体系。她丈夫有一种总是能让她意外的特质。因为我未曾提到这一点，她便向我指出了它。那是一种异于常人的、关于事物将来会在人们眼中如何呈现的感觉能力。叶芝心中很可能知道：她会在他故事里处于中心。如果说他在她身上留下了印记，她对他也是一样。

在写完这本幸而得到她肯定的书之后，过了一些年，我又为叶芝的友人詹姆斯·乔伊斯写了一部传记。我询问叶芝夫人我是否可以将这本书题献给她，她也没有反对。"我是该写'献给 W. B. 叶芝的夫人'，还是'献给乔治·叶芝夫人'，还是献给'乔治·叶芝'？"我问道。她的回答是："这该由你决定。"我最后选择了"献给乔治·叶芝"，以明确我希望自己在本书中成功呈现出来的东西——她的独立、她的敏锐，还有她的幽默。与叶芝的婚姻既壮阔美丽，也处处布满旋涡，而她以一种镇定自持，一种宽宏，还有一种近于高贵的态度走完了这段旅程。

R. E.

牛津大学新学院

1978 年 6 月 27 日

第一章　引言

> 后世之人将对我众说纷纭，
> 而他们所说的无非幻想。

——叶芝《哈伦·拉希德的恩赐》

威廉·巴特勒·叶芝去世于最近那场战争爆发前夕。自那以 　1
后，许多批评家已将他视为这个时代最重要的诗人。我们很难将
他置于某个次要的位置。叶芝生于 1865 年，去世于 1939 年。在
漫长的一生中，他不仅是一场文学浪潮的重要开创者，也对爱尔兰
民族戏剧的诞生贡献良多。他将辛格[1]和格雷戈里夫人引入创造性
的行动；他强烈地影响了其他许多作家，还发展出一种新的、至今
仍吸引着年轻人的诗歌写作方式。他在主题和风格上不断突破，不
断求变；他倾心奉献于自己的技艺，拒绝接受年岁赋予自己的淡泊
之权。他以这样的方式让自己的一生长如几世，让现代诗歌的发
展——乃至现代人的发展——与他个人的发展不可分割。不过，尽

---

[1] John Millington Synge（1871—1909），亦译作沁孤，爱尔兰剧作家，十九世纪
爱尔兰文学复兴运动的领袖之一。——译注

管每个诗歌读者都至少对他的早期诗作有所了解，但是关于这位诗人的具体面目，关于促使他走上这条道路的原因，绝大多数人却只有一种模糊的印象。"影之诗人"[1]前进的步伐太快，让他的读者们难以追赶。当他扬帆离开湖中岛因尼斯弗里，开始追求严峻的拜占庭那更不易分享的愉悦时，拒绝随他启程的人也不在少数。

从前关于叶芝的著作通常要么是批评性的，要么是事实性的传记，未能沟通这两端。这样的著作越多，叶芝的形象就变得越难以捉摸，因为批评家、友人和传记作者各自创造出的图像彼此不相关联。我们有时看到的是一种焦虑的浪漫叹息穿过"八十年代"和"九十年代"的苇丛，有时看到的又是"二十年代"那种入世的、现实主义的坦率。叶芝是创立和管理艾比剧院的生意人，是暮光中徘徊的苍白凯尔特青年，又是在深夜念诵咒语的神秘主义者。我们可以把他看成光环笼罩的诺贝尔奖得主和爱尔兰自由邦参议员，也可以选择他后来的身份——一位性欲旺盛的老人和奥义书（*Upanishads*）的翻译者。这些形象彼此难以调和，而世人一直以来的做法也并非调和它们，反而要么努力证明其中一部分并不重要，要么将这位诗人的一生割裂成许多彼此无关的事件。

叶芝本人要为此负一部分责任。他写下了大量关于自己的文字，然而自传体的缪斯女神引诱他只是为了背叛，让他陷入对自身

---

[1] 这是 A. E.（乔治·拉塞尔）描述叶芝的说法，*Some Irish Essays* (Dublin, Maunsel, 1906), 35—39.

经历之意义的极度困惑。他生命中的许多时间都花在尝试理解自己头脑里的深层冲突上。是什么将一个沉溺在幻想中的行动派和一个艰于行动的幻想家割裂开来？这也许是触动他最深的问题。他并不清楚哪些品质是纯然叶芝式的，因此他故作姿态，刻意表达态度，却又想要知道姿态与态度是否不如被它们掩盖的东西真实。他感觉自己的身体被几个不同的角色占据，又害怕自己不够真诚，于是徒劳挣扎，想要将这些角色融合起来或者彻底分开。有时，他会屈服于诱惑，采取权宜的简化手段，并且假装这样足以解决所有问题。

在叶芝走向文学成熟的过程中，他耳边回荡着的是维利耶·德·利勒-亚当的隽语："至于生活，自有仆役为我们料理。"[1]因此书写自传对他来说并非易事。尽管此事与他的本性格格不入，他仍努力投入其中，希望这能让自己摆脱那些疑虑和关切——它们让人有可能对他的时代妄加猜测。然而这种对未来的责任感驱使着他，让他不停寻找种种模式和图像，让他对自己的生平大加斧凿，直到它取得在他看来必要的寓言式意义。一如他必须为自己发声，他也必须为自己这一代人发声，并揭示二者的真相。

此外，叶芝还有一种建构神话的倾向。"除了巴尔扎克的小说和波怛阇利（Patanjali）的格言，我一无所知。我也曾了解其他事 3

---

[1] 出自法国作家德·利勒-亚当（Villiers de l'Isle-Adam, 1838—1889）的剧作《阿克塞尔》（*Axël*）。叶芝将这句话作为诗集《秘密的玫瑰》（*The Secret Rose*）的题词。——译注

情，但如今我已是健忘的老人。"他曾在一篇文章中这样写道。接着，他突然意识到自己都说了些什么："我想要写下这句谎言，必有缘故，因为这句话已经在我头脑里回响了好几个星期。"[1]他打破这些关于自己的神话通常并不像创造它们时那么快。他曾经学习过希伯来语字母表，认识过几个希伯来语单词，于是他就会神色严肃地声称"我的希伯来语已经忘光啦"。根据克利福德·巴克斯（Clifford Bax）的回忆，当他在这位诗人垂暮之年见到他时，叶芝的话让他惊讶不已："啊哈，我记得你；他们把你裹在毯子里带到我的房间，就像克勒俄帕特拉那样。"[2]他这样说的唯一根据不过是巴克斯曾经戴着一双厚厚的手套拜访过他。在与埃德蒙·戈斯（Edmund Gosse）和吉尔伯特·默里交谈时，叶芝解释了自己不再信任某个熟人的缘故：当这个人在房间里踱步的时候，叶芝碰巧看到他身后跟着一头"绿色的小象"。"于是，"诗人补充道，"我就知道他这个人坏透了。"[3]他对朋友的赞扬也同样夸诞。格雷戈里夫人有一本改编爱尔兰传说的书，被他称为"我这个时代的爱尔兰产生的最好作品"[4]。他的《牛津现代诗选》（*Oxford Book of Modern*

---

[1] "Introduction to the Holy Mountain", *Essays 1931 to 1936* (Dublin, Cuala Press, 1937), 88.

[2] 传说中，埃及女王克勒俄帕特拉曾让人将自己裹在毯子里，从而得以秘密拜见恺撒。——译注

[3] Desmond MacCarthy, "W. B. Yeats", *Sunday Times*, February 5, 1939.

[4] Lady Gregory, *Cuchulain of Muirthemne*, with a preface by Yeats (London, John Murray, 1902), vii.

叶芝：真人与假面

Verse）中充斥着奇怪的偏爱；他还将自己年轻时所爱之人赞为特洛伊的海伦。叶芝是这样一个神话建构者，因此他的自传不可能没有疑点。

另一个困难在于，叶芝书写自己时已届暮年。尽管他相信

> 人到倚杖而行的年纪
> 便可以抛却虚饰[1]，

但他面对的问题曾经同样困扰歌德。歌德为此将其自传称为《诗与真》或《真与诗》[2]——"这并非因为其中有任何错谬或虚构的讲述，而是因为他用以呈现事实的成熟想象力别无选择，只能为事实笼上一层平静、庄严和公正的面纱，使它们与他当初的浪漫体验全然不同。"[3]与叶芝共同经历了许多事件的茉德·冈曾这样评论：他的《自传》很少提到他年轻时那种澎湃的激烈与热情。[4]那个无所节制的少年已被埋没，变成了持重的老人。

叶芝的标准形象之所以晦昧不明，最后一个原因在于：他对　4

---

[1]《那些舞蹈的日子已经逝去》（"Those Dancing Days Are Gone", CP, 306）。
[2] 歌德自传的副标题有两个版本，一为"真与诗"（Wahrheit und Dichtung），一为"诗与真"（Dichtung und Wahrheit）。此处原文为 *Poetry and Truth, or Truth and Poetry*，其中 or 亦写作斜体，应系印刷错误。——译注
[3] George Santayana, *Persons and Places* (London, Constable, 1944), 155.
[4] Maud Gonne, "Yeats and Ireland", *Scattering Branches, Tributes to the Memory of W. B. Yeats* (London, Macmillan, 1940), 21. Stephen Gwynn, ed..

魔法、神秘主义、心灵研究和秘契（mysticism）——也就是整个"反正统"（*tradition à rebours*）——的执迷比他允许自己表现出来的更多。这部分是因为庄严的秘誓，部分也是因为他对嘲讽敏感，坚持认为在公开写作中只能使用自己思想中最符合传统的部分。多年时间里，他一直有意隐藏或只是部分披露自己的众多主要兴趣。因此，读者若是想要完整理解任何一篇独立作品，必须经过某种引入仪式，才能接触到他那些只存在于手稿阶段的观念。

因为，叶芝虽然在公开场合表现得缄默，在私下却相当不慎重。在书稿、日记和信件中，他几乎坦白了一切。从这些材料中我们可以得到另一幅图像。这幅图像将他生命中各相歧异的碎片和插曲糅合起来，为我们揭示出一个截然不同的、去除了表面虚饰的叶芝。

然而，这幅图像在叶芝的故乡没有几个人能辨认出来，因为在都柏林他总会成为轶事的话题。这些谈论将他简化成一个浮夸而毫无生气的人——无法写出一行好诗，甚至无法存在。然而，在那一圈更像是哥特复兴式而非哥特式的可怕城壕和阴森高墙之内，住着另一个人。他的朋友弗兰克·奥康纳对这个人有如下评论："每次我离开那个老头，我都像捡了一笔钱那样高兴。"

接下来的部分里将尽可能完整地呈现叶芝观念的发展。我们会询问他何以成为一位象征派诗人，又为何以爱尔兰为他的主题；我们会尝试确定他对神秘主义和民族主义的兴趣背后隐藏着什么，以

叶芝：真人与假面

及这些兴趣如何影响了他的作品。如今不时会有人提出一种观点，认为对诗人成长过程的研究只需要在文学传统中进行，然而无论我们是否愿意，我们都需要回答许多初看起来超出文学范畴的问题：他的家庭环境如何？他在哪里长大和接受教育？为何他结交一些人，却不结交另一些人？他漫长而艰难的爱情生活对他有何种影响？他的婚姻如何改变了他的创作？ 5

当然，我们也不能忘记——诗人拥有托马斯·纳什所说的"第二灵魂"[1]。作为人的他与作为诗人的他联系紧密，但这种联系却并不简单。哪怕一首诗在开篇讲述的是真实体验，它也会发生扭曲、提升、简化和变形，因此我们只有在加上许多限制条件之后，才能声称是某种特定的体验启发了某首具体的诗。然而，有时我们也有可能根据一种体验来探索一首诗的发展，得以贴近观察那种创造过程。在其他时候，这种方法就会将我们引向更一般性的结论：为何叶芝会在某个特定时间接受某种特定手法、主题和风格。为了看清发展过程中那些往往难以描述的细微之处，我们只能在诗人的生活与创作之间来回跳跃。并且，当以其他方式更容易弄明白诗人的想法时，我们偶尔还需要偏离年代顺序。

没有人希望得出一幅美化的图像。我们已经不再把诗人视为与

---

[1] Thomas Nashe（1567—约1601），英国伊丽莎白一世时代的小册子作家、剧作家、诗人和评论家。关于诗人拥有"第二灵魂"（double soul）的说法，参见其流浪汉小说 *The Unfortunate Traveller; or, The Life of Jacke Wilton* (1594)。——译注

众不同的生物，而诗人们也不希望被人如此看待。在叶芝本人的一篇演讲中，他就明确地请求人们为他书写坦率的传记。当时他正谈到莱昂内尔·约翰逊；根据保存下来的粗糙笔记，他是这样说的：

> 我对他的谈论是非常坦率的。也许他本人并不（希望）被人如此谈论，但我却希望自己死后人们能以如此的坦率待我。我并不认同丁尼生所支持的那种维多利亚时代中期的观念，即诗人的一生只与他自己有关。从本质上来说，诗人就是一个生活在赤诚中的人，或者说，他的诗作越是杰出，他的生活就越是真诚。他的生命就是一次生活的实验，而后来者有权了解它。说到底，让一位抒情诗人的一生为人所知是有必要的。只有如此我们才能理解他的诗歌并非无根之木，而是一个人要说的话；只有如此我们才能理解：在任何艺术中有所成就，在或许漫长的岁月里与众不同，探索无人走过的道路，在他人的想法得到所有人支持时坚持自己的想法……让自己的生命和与自己的灵魂亲近得多的话语坦然面对全世界的批评（，绝非无关紧要之事）。[1]

作为一个人的叶芝有时也许显得怯懦小气，而这些品质也并非没有影响到他的诗。然而他也可以是一位英雄。从头到尾追述他的一

---

[1] 伦敦的一次"当代诗歌"主题演说的未发表笔记，1910 年口授于都柏林。

叶芝：真人与假面

生，我们就会得出结论：他是众多真正文学英雄中的一员，在与过去的软弱和陈词滥调作战时从未吝于付出最大努力。他的一生就是连续不断的作战，而他在有机会选择更容易的道路却转而投入最艰难的战斗。正如他自己所说："我们为何要纪念战殁者？一个投身进入自己的深渊的人也可以有同样奋不顾身的勇气。"[1] 我们将会看到他一次又一次展现这样的勇气。

---

[1] 伦敦的一次"当代诗歌"主题演说的未发表笔记，1910年口授于都柏林。

第二章　父与子

> 除了被怒火或情感吞没之时，一个赤
> 诚的人总是不得不与自己搏斗。他有太多
> 想法需要形成，却得不到帮助和导引，只
> 有依靠自己的良知；然而，在犹如迷宫的
> 黑暗洞穴中，良知只不过是一点微光。
>
> J. B. 叶芝《早年回忆》

I. 从教区牧师之家到画室

在三代人的时间里，叶芝家族的历史呈现出一种辩证式的发展过程。牧师威廉·巴特勒·叶芝（1806—1862）是一位极为正统的爱尔兰教会牧师。他的长子约翰·巴特勒·叶芝（1839—1922）成长为一个彻底的怀疑论者。第三代的长子——诗人威廉·巴特勒·叶芝（1865—1939）——则在上述正题与反题之外建立了一种与众不同的信念，介于祖父的正统信仰和父亲的非正统怀疑主义之间。

关于那位牧师我们所知甚少。尽管受到朋友们的劝说，他却从未将自己的布道词付梓，也没有留下任何文学遗迹。据说他是一个不同寻常的人，我们也知道他拥有杰出的朋友，例如爱尔兰议会党

叶芝：真人与假面

主席帕内尔[1]的前任、天才却脾气古怪的律师艾萨克·巴特（Isaac Butt）。[2]这位牧师叶芝先生的父亲是爱尔兰西部斯莱戈郡（Sligo）德拉姆克利夫（Drumcliff）的教区牧师，小时候由父亲教育，后来进入圣三一学院，并领受圣职。他成为唐郡（Down）富庶繁荣的塔利里什（Tullylish）的教区牧师。他的教民们因为他的虔诚高尚而尊重爱戴他，会讲述他在一次霍乱疫情中冒着生命危险看望和安慰垂死者的故事。[3]

从我们掌握的关于这位牧师的不多事实中，我们可以挑出一些与叶芝家族的智识历史相关的内容。这一时期，新教牧师们——尤其是那些更具智识者——正在反抗十八世纪的自然神论倾向，寻求在自己的宗教中注入更多情感。与长老会一样，爱尔兰教会里的年轻成员已经转向了福音派。他们重视教民个体，不断鼓励他们审视自己信仰的本质，让虔信成为他们生命中常在的力量。牧师叶芝先生自己的信条基于巴特勒[4]《类比》中的理性原则，却按照福音派的方式布道。然而，他的儿子称他的福音主义为"端正的"[5]，很可

8

---

[1] Charles Stewart Parnell（1846—1891），爱尔兰民族主义政治家，英国下议院议员，十九世纪后期爱尔兰自治运动的领袖。——译注

[2] EM, 35-36。（译按：参考文献缩写来自原书，参见译文最后的"注释体例"）

[3] 同上，42页。

[4] Joseph Butler（1692—1752），英国主教、神学家、哲学家，著有《自然宗教与启示宗教之类比》（*Analogy of Religion, Natural and Revealed*，本书中简称《类比》）。——译注

[5] JBY, *Letters*（Hone），214; EM, 6.

能不失为一种准确的描述。在其热忱的正统宗教观念之外，这位教区牧师的生活方式却颇为离经叛道。据说，当他刚从圣三一学院毕业，开始任职副牧师时，他在教区中以高超的技巧骑马，以致激怒了上司。后者给他写信，声称自己雇的是一名副牧师，"而不是一名骑师"[1]。尽管受到正式的告诫，他仍拒绝放弃运动，乃至跳舞。[2] 他的放诞曾让他一天之内撕破了三条马裤——只因为他坚持要穿得够紧。[3] 后来还有一种真实性不明的传言，称他举行的酒会也相当出色。

鉴于他对自己的长子约翰有着强烈的影响，我们还可以再多讲一点关于这位不同寻常的教士的事。尽管他的教区位于阿尔斯特（Ulster），牧师叶芝先生却一直爱着自己生长的故乡德拉姆克利夫，也不曾忘怀他上大学时所在的都柏林。他心怀一种至今在爱尔兰仍然常见的偏见，不曾改变自己的"旧脑筋"，从不认为自己是个北方人。事实上，他对贝尔法斯特尤其有一种深深的厌恶，并将这样的观念传给了儿子：作为工业化北方的首都，贝尔法斯特乃是一切思想罪孽的渊薮。[4]

在子女教育的问题上，这位教区牧师有许多理论。他相信父亲对他的家庭教育对他的智识成长是一种阻碍而非助力。不过他的妻

---

[1] EM, 39.
[2] 同上，73 页。
[3] AU, 64.
[4] EM, 15-16.

子还是说服了他，让他担负起对自己长子的教育。然而，他的教育努力可悲地失败了。在其颇为有趣却并不连贯的自传片断《早年回忆》（*Early Memories*）中，约翰·巴特勒·叶芝提到：教区牧师先生曾在暴怒中掌掴他的脸，然后又与他握手，表示希望他并未受到伤害。[1]

这场实验失败之后，约翰在九岁时被送到利物浦附近的克罗斯比（Crosby），进入埃玛·达文波特小姐（Miss Emma Davenport）管理的一所学校。此地的福音主义可不那么"端正"了。地狱被当成一条用来让孩子们守规矩的皮鞭。达文波特小姐确保学生们对地狱"极度恐惧"[2]，用《旧约》中上帝的报复来恐吓他们。孩子们睡觉时枕头下都塞着《圣经》，并且被要求早上一睁眼就要阅读它。"那是虔信的年纪，"约翰·巴特勒·叶芝在谈到生命中这段时光时说，"我相信《圣经》中的每个字都是上帝的话，都来自校长整日谈论的那位强大的神。"[3]

孩子们在达文波特小姐的学校完成学业之后，牧师叶芝先生武断地决定他们必须在鞭笞之下学会规矩。他本人无法使用这种教育手段，于是他把孩子们送到一个以鞭打学生闻名的苏格兰人开办的学校。"那个苏格兰人让我的天空失去了太阳"[4]。J. B. 叶芝后来写

---

[1] EM, 5.

[2] JBY, *Letters* (Hone), 232.

[3] EM, 6-7.

[4] 同上，10 页。

道。这段训练比教区牧师先生所预想的更加过火，因为校长颇具独立观念，不像达文波特小姐那样正统。他强调的是桦木树条的力量，也就意味着他不怎么重视上帝的力量。约翰似乎失去了在家中从教区牧师先生那里得到的关于听从内心诚命的精神支持。"在我永远离开那所学校时，"他说，"我感到自己心中的道德已经荡然无存。那里空空如也。外在的控制已经消失了，而过了很久之后，内心的控制力才成长起来，填补它留下的空白。"[1]

尽管正统的道德和规训因为缺少支撑而开始坍塌，这个男孩仍然保持了对宗教的尊重。他一直没有放弃信仰，直到他在1857年进入圣三一学院——在那里，怀疑主义开始在他心中扎下根来。

10　在圣三一学院读书时，约翰·巴特勒·叶芝读到了巴特勒的《类比》，也就是他父亲生命中最重要的那本书。教区牧师先生经常提到它，并宣称自己是世界上仅有的准确理解了这本书的两个人之一。因为他对运动和跳舞的热爱，德罗莫尔（Dromore）的教长本打算拒绝授予他圣职，但他成功运用自己对《类比》的精深了解说服了对方。因此，这本书堪称教区牧师先生的信仰支柱。约翰对这一点非常清楚，却在突如其来的惊异中"得出结论：启示宗教不过是一种神话和虚构"；"这本书让我父亲成为一名骄傲的正统信徒，却打碎了我的一切正统信仰"。[2] 如果他的回忆可靠的话，

---

[1] EM, 34.
[2] 同上，72—73 页。

他的叔叔亨利·叶芝（Henry Yeats）在1857年曾"突然以惊恐的语气对我说'约翰尼，你是个无神论者'，然后慌忙跑出了房间。他后来又回来向我道歉，然而我毫不在意，因为我刹那间已经意识到他并没有说错"[1]。

根据约翰·巴特勒·叶芝的讲述，他当时并没有为自己的思想变化找到理由，只是出于"诗意和艺术的直觉"[2]。然而，他在圣三一学院又受到约翰·斯图尔特·密尔（John Stuart Mill）的影响，学会了用逻辑来支撑自己的直觉。密尔为他打开了此前被宗教教育关闭的每一扇矛盾之门。然而，叶芝并没有与父亲争论，也没有告诉他自己已经不再相信上帝，而是继续遵从父亲想要让他成为一名律师的愿望。[3]不过，来自家庭的塑造逐渐分崩离析，心怀新信念的J. B. 叶芝应该就是在这段时间开始考虑放弃身为律师的光明大道。1862年，父亲去世了，让他摆脱了孝顺之责，而他得到的遗产也足够让他能够在好些年里保持经济独立。第二年，他迎娶斯莱戈郡的苏珊·波利克斯芬（Susan Pollexfen）为妻。波利克斯芬家的人性子安静、相信直觉、情感深沉，而他正要为自己健谈、好辩、观点鲜明的头脑寻找一个对立面。

从1863年到1867年，正是在这关键几年间他逐渐脱离了旧

---

[1] J. B. 叶芝写给 W. B. 叶芝的未发表信件，1919 年 3 月 26 日。
[2] EM, 73.
[3] 同上，1 页。

路，但其中各个阶段留存下来的记录很少——尽管他的公开经历足
够清晰。1865年，也就是他大名鼎鼎的长子出生那年，身为都柏林
法律学生辩论社主席的约翰·巴特勒·叶芝向社团发表了一篇惊人
的演说。这个社团的成员早已习惯在任何问题上维护不同立场，以
此锻炼辩论能力。然而叶芝却提出了振聋发聩的建议：辩论不应该
仅仅以辞令为目的，而是应该出于对真理的真诚追求。[1] 对一个即
将成为律师的人来说，这篇演说不同寻常。从中我们可以看出，为
不论是否清白的代理人辩护的前景已经不再吸引他。关于这一点我
们并无确证，但此时他必定已经开始考虑将自己从小的爱好——艺
术——作为事业。这一职业从本质而言就是孤独的和个人化的，将
会把他从公共生活中剥离出来。那种公共生活是他父亲作为一名教
区牧师的生活方式，本来也会成为作为律师的他的宿命。

　　第二年（1866年），J. B. 叶芝获得了律师资格。因为拥有地位
尊崇的赞助人，只要他愿意，他本可以轻易成功。然而，在1867
年6月前后 [2]，他完全放弃了律师职业，在二十八岁上前往伦敦，进
入希瑟利艺术学院（Heatherley School of Fine Art）学习绘画。旧
网终于被完全撕破。根据他后来的宣称，此时他生命中第一次感到

---

[1] J. B. Yeats, *An Address delivered before the Law Students' Debating Society of Dublin*, November 21, 1865 (Dublin, Joseph Dollard, 1865).
[2] 该日期有写给爱德华·道登（Edward Dowden）的未发表信件为明证，亦可参见 J. B. Yeats, *Essays Irish and American* (Dublin, Talbot Press, and London, Fisher Unwin, 1918), 9。

　　　　　　　　　　　　　　　　　　　　叶芝：真人与假面

"我主动成为了一个脱离羁绊的人、个体和存在，成为了一个独立者，而此前我只是一个齿轮，置身于某种神秘的机器中，很可能被它碾为齑粉"。[1]

　　与大多数叛离父亲道路的情况一样，这一次也远称不上完全。约翰·巴特勒·叶芝可以拒绝父亲的宗教，却未能摆脱父亲的脾性。尽管他改变了说法，但他还是承担着福音主义关切的重负，同时还要面对个人信念的问题。他也意识到：教区牧师本人尽管对大众履行牧师之责，现实中的他仍然是个孤独者；他之所以正统，并非出于传承，而是出于确信，从而绝无半点虚伪。"无论是面对感伤主义者还是道德主义者，他都不会以谎言来取悦他们。若说我还有些诚挚思考的天分，"他的儿子表示，"那都来自他。"[2] "我父亲将事物理论化，并解释它们。这一点令我惊喜——并非因为我有某种脑力上的自负，只是因为我喜爱理性，那时如此，此时亦然。"[3] 从某些方面来说，他父亲也是一名艺术家，会在向他们复述事件时加以润色；"他不断对生活加以排列和重整，让自己得以置身童话世界"[4]。然而，最重要的一点是，他从未像他周围那些驯顺的头脑一样，在正统中寻求慰藉只是因为它是正统。[5]

12

---

[1] J. B. 叶芝写给 W. B. 叶芝的未发表信件，1916 年 4 月 9 日。
[2] EM, 38–39.
[3] 同上，2 页。
[4] 同上，38 页。
[5] 同上，41 页。

然而，尽管父亲教会了他思考，约翰·斯图尔特·密尔也为他树立了理性人的典范，对约翰·巴特勒·叶芝来说逻辑推理却并非一种福分，因为它已经对他的艺术造成了阻碍。他的理论思考无助于热情和自信，反而促使他不断自我要求、自我修正，织就"一张灰色的理论之网"[1]。他来到伦敦时，拉斐尔前派运动正值巅峰。每个有天分的年轻人都要拜会罗塞蒂（Dante Gabriel Rossetti），而寓言画和叙事画正大行其道。莱顿（Frederic Leighton）和米莱（John Everett Millais）来到希瑟利艺术学院举行演说，传播新的福音。叶芝为自己的起步也许晚了十年而焦虑，狂热地学习这一新风格的技巧。"我深受罗塞蒂影响，喜爱他的一切夸张表达。若是在任何一个寻常模特身上找到罗塞蒂笔下女子的红发、弯曲的嘴唇或是柱形脖颈……我便如痴如醉。"[2] 他模仿沃茨（George Frederic Watts）的人物画技巧，[3] 又因为太过努力临摹米莱的木刻画而损伤了自己的视力。[4] 他偏好的是最为情感丰沛的主题，正如我们从一封写于1869年1月15日的未发表信件中所见。他在信中向爱德华·道登讲述了自己取得的进展：

　　　　我已经创作了两幅相当粗糙的构想图，准备把它们画出

---

[1] EM, 28.

[2] J. B. 叶芝关于自己的艺术学校岁月的未发表文章，写于纽约，时间不详。

[3] J. B. Yeats, *Essays Irish and American*, 78.

[4] J. B. 叶芝写给艾德温·埃利斯（John Edwin Ellis, 1848—1916）的未发表信件，1868 年 8 月 27 日。

来。一幅取材于勃朗宁的《刚朵拉》（[In a] Gondola）[1]，其中那位爱人在遇刺后说出这样的话——"不要理会那些懦夫，只要小心你的秀发，别让我的鲜血染污它"——不过恐怕我记得不是很准确。[2] 另一幅的主题是约伯。约伯的妻子对他说："你仍然持守你的纯正吗？你弃掉神，死了吧！"[3] 我把她画成一个高大强壮的女人，下巴突出，表情因为嘲讽和情绪而扭曲。她的岁数当然是中年，这样可以让她的狂怒更加可怕。她的面颊上会有泪水不断缓缓流下。我最喜欢的就是最后一点。我还没画约伯，但我想我应该把他画成一个从头脑和想象的沉思与情感中而不是从心灵的自然刚强中汲取力量的人，有一张亲切而哀伤的脸——就像密尔的面容——与他妻子那纯然野性的粗犷力量形成对比。此外我也觉得这样一张脸更符合约伯的真实性格。

13

他的概念技巧很快就引起了注意。也许罗塞蒂看到的正是那幅描绘约伯和他的妻子的作品；他派来三名信使带叶芝去见他，然而这位艺术家并没有前往。勃朗宁也前来拜访，祝贺他为《在刚朵拉上》

---

[1] J. B. 叶芝原文如此，完整诗题为《在刚朵拉上》。——译注
[2] 勃朗宁诗中这两句略有不同："不要理会那些懦夫！／只要小心挪开你的秀发／免得我的血染污它！"（Care not for the cowards, care/Only to put aside thy beauteous hair/My blood will hurt!）。——译注
[3]《圣经·旧约·约伯记》2：9，译文据和合本。——译注

所画的构想图，但叶芝当时并不在家，后来也没有回访。[1]他将自己在这两件事上的决定归于怯懦，但我们或许还可以从中看出某种不情愿：他不愿因为接受任何正统（哪怕是艺术上的）而危及自己的个性。1868年前往安特卫普和布鲁塞尔的旅行或许让他对英国同代艺术家的信心产生了动摇。在下一年的通信中，他开始批评罗塞蒂一派用感官刺激取代了情感。[2]

他对寓言画和叙事画的信念逐渐消退，于是他转向肖像画。这个领域与他对拉斐尔前派原则的怀疑没有太多冲突，也能让他的心理学技巧发挥作用。然而过于严格的理论几乎总是他无法逾越的障碍。他从不满足，不断寻找个人风格，就像在寻找点金石，却又总是无法找到。正如他的儿子所写的那样："他不会一寸一寸地去完成一幅画，而是让一切保持流动——每一点细节都彼此相关。他终生窘迫，因为他越是急于成功，他的画作就越会在无数次枯坐中陷入最后的混乱。"[3]有时候，如果时间紧迫让他无法润饰，他反而能出人意料地成功。他那些陈列在都柏林国家画廊的肖像作品就算称不上风格独特，至少也表现出了强大的生命力和感受力。

他的影响力并不在艺术上，而是在智识上。这位老人让每个见到他的人印象深刻：他对一切事物都有自己的看法，也有足够的口才来支持它们；哪怕在他的看法并不准确时，他也表现得机

14

---

[1] EM, 27-28.
[2] 写给爱德华·道登的未发表信件。
[3] DP, 54.

敏睿智。爱德华·道登、G. K. 切斯特顿（G. K. Chesterton）、范怀克·布鲁克斯（Van Wyck Brooks）等人都证实了他的人格魅力和影响力。然而他最重要的遗产却留给了自己的长子。后者四十四岁时在给父亲的信中表示自己"不无惊讶地"意识到"我的生命哲学在多大程度上完整地承袭自你——只有细节和应用方式的不同"。[1]这种感觉并非一时兴起。在回复一位记者对自己七十岁生日的祝贺时，诗人这样写道："惠函收悉，至为感谢。关于你提到的我曾经的尝试，我的意思是，我尝试创造标准，尝试实践和表达因为意外而对我成为可能之事。至于何为意外，我认为大体上是指我父亲的画室。"[2]

II. 怀疑主义者的宗教

要确定约翰·巴特勒·叶芝的智识框架，我们必须像他在构建它时那样小心翼翼地探索。推倒了来自父亲的宗教支柱过后，他表示自己的头脑正处于一种"心满意足的否定状态"[3]。到了晚年，他又宣称"如果一种信仰无所依凭，你就无法摧毁它的基础"[4]。对于一个在上世纪五十年代晚期和六十年代早期进入成年的不可知论

---

[1] 未发表信件，1910 年 2 月 23 日。

[2] 写给阿瑟·鲍尔（Arthur Power）的未发表信件，1935 年 6 月 20 日。

[3] EM, 72.

[4] J. B. Yeats, *Essays Irish and American*, 18.

者，最明显的救赎莫过于跟随马修·阿诺德，进入一种经过细致修正的伦理体系。这正是同样来自虔信家庭、与 J. B. 叶芝在圣三一学院同时期就读的爱德华·道登所选择的道路。道登本来也已经准备听从规训，但与叶芝一样——或许正是受到叶芝影响——他也背弃了父亲的信仰。在一封致友人的信中，道登不无讽刺地提议：他们应该合写一本题为《我如何失去信仰》的书；这本书不应仅仅是否定性的，"也应该描绘一种在某种程度上取代了旧信仰的积极信条的发展过程。（当真正的桅杆已经落入水中）依靠应急桅杆来航行如今已是司空见惯"[1]。道登依靠应急桅杆航行，朝向以终极品格高度和歌德式完人为目标的伦理观点前进。[2]然而这条道路并不属于 J. B. 叶芝。

他选择了自行开辟新路，并立即批评道登的思维方式太过滞重、太过道德化，也太过知识分子气。早在一封 1867 年 8 月 4 日致道登的信中，他就提到自己对良心并无多少敬意，因为它只会导致懦弱，并由此提出应该用自我表达来代替它。[3]在一封写于 1869 年 12 月 31 日的信中，他坚持维护**个性**的价值——与更为抽象、更遵从律令也更道德化的品格相比，个性独立于并漠视法律、信条和传统：

---

[1] Edward Dowden, *Fragments from Old Letters* (Second Series, London, Dent, 1914), 71（写信日期为 1875 年 1 月 5 日）。

[2] JBY, *Letters* (Hone), 97.

[3] 未发表信件。

亲爱的道登——在我看来，生而为人者，不应让他的智性听从情感之外的任何声音（艺术家作为最富人性之人，自不待言），而是应该成为洞悉一切情感的人。我认为，无论是羞耻、愤怒、爱恋、怜悯、蔑视、尊崇、仇恨，还是别的任何感受，让它们臻于至强，让它们全都激发出来（你会发现这是两件不同的事），才是唯一正确的教育的目标。一种包含大公性（Catholicity）的信条或观念应该成为一切感受的食粮；它是某种强烈而又广泛发展的天性的产物，又能促使一切其他天性苏醒。艺术关乎维持和激发个性。变得强大就意味着变得幸福。在将情感视为教育中唯一重要之事的时候，我所指的并非激动。对一个完全情感化的人来说，感受的苏醒至少应当是一种和谐，其中有每一条感受之弦的颤动。激动则只是一种情感化不足的天性的特征，只是一两根弦的颤动发出的刺耳声音。这也正是埃利斯 [1] 所说的"狂暴不倦的情感"的意思。

　　在你看来，智性是教育中唯一重要之事。对于我们（至少我是如此）以及每一个理解这种信条的人来说，情感才是唯一重要的。你忠实的

——J. B. 叶芝草就 [2]

---

[1] J. B. 叶芝的老友、英国诗人和插画家约翰·艾德温·埃利斯。——译注
[2] JBY, *Letters* (Hone), 48.

在阅读这样的篇章时，我们不能忘记一点：J. B. 叶芝是一个熟练
的辩士和争论者，也正因为如此而乐于以足够激进的方式来表达自
己的观点，以刺激对手发出有力的反驳。道登对智性的尊重在他看
来是多余的，因此他对之发起挑战。若是与别人通信，他却会暗示
智性并未被他的体系排除在外，而是他的个性概念中的重要组成部
分。然而，他在此处表现出的对智性的厌恶也并非不重要。在剥
除了种种变形之后，这种厌恶可以上溯到他父亲对十八世纪唯理主
义自然神论的反对和对福音主义的偏好。事实上，J. B. 叶芝的整
个思想中都有一丝"新福音"的意味，尤其是在他成为艺术家之
后。之前他热衷于谈论约翰·斯图尔特·密尔和孔德这样的理性主
义者：对大学阶段的他来说，他们就是他的牧师。然而，到了伦敦
之后，他谈论得更多的是他在拉斐尔前派影响下读到的布莱克和惠
特曼。个人主义与反叛之力曾驱动从小就被包裹在功利主义哲学襁
褓中的密尔，让他在二十岁出头时走向诗歌以寻求释放。这种力量
也对叶芝产生了影响，而叶芝对它的回应比密尔更加强烈，因为他
未受某种严格体系的束缚，也无须从事正式的写作。因此，他决意
将智性留在它应有的位置，也认为单纯出于智性的创造——如法律
或体制化宗教——都是有害的，因为它们是达成和谐的障碍。情感
优于智性，正如个性优于品格。这种将两个抽象概念加以并置对照
并做出取舍的习惯做法正是他的思维方式的特征。由于受过逻辑和
法律训练，他喜欢运用二分法，将整个世界划分归类，然后进一步
细分。每一个分类都是他的思维结构中的一部分——尽管他的非正

16

式风格有时会让人觉得他并不自洽。他的第一种二分基于喜爱与厌恶，这主要是习自他的父亲；他更精微的思考则往往开端于一种将这些情绪从偏见转为原则的尝试。他从教区牧师先生那里继承了对斯莱戈的深厚感情以及对贝尔法斯特的彻底厌恶，以此作为自己思考的基石。[1] 斯莱戈代表的是情感，贝尔法斯特则代表以最令人不快的形式出现的智性。他本人处于两者之间，因此并未被斯莱戈完全接纳："在个体人才有价值的时候，我却是个社会人。"波利克斯芬家的人性格沉静，相信直觉，与他的理论化思考全无关系，也惊讶于他的开朗。然而，通过与波利克斯芬家族成员的婚姻，他将自己的社交能力与他们那种"重如大山的沉默掩埋之下"[2] 的精神结合起来，并由此通过他的诗人儿子"为海边的崖岸赋予了唇舌"[3]。这样的断言无非是一些印象，却是他的审美理论——如"艺术品是孤独者的社交行为"[4] 之类妙语——的一大基础。

约翰·巴特勒·叶芝不断寻找内在的人，不断反抗牧师式的和律师式的生活方式，因此他总是在对世界的进一步划分中赞美诗人："诗是孤独灵魂的声音；散文是社会化头脑的语言"[5]；诗人"只能在自己的头脑中避世生存"；"诗人知道太多，绝不会取悦任何

---

[1] EM, 48-49, 81，以及其他多处。

[2] 同上，92 页。

[3] 同上，20 页。

[4] J. B. 叶芝讲述自己艺校岁月的未发表手稿。

[5] EM, 20.

意见体系"[1]。在评价诸位诗人时,他认为莎士比亚远远高于弥尔顿,因为弥尔顿有太多意见。[2] 出于同样的理由,他也赞美罗塞蒂回避那些属于贝尔法斯特的人的做法,因为他"沉浸于艺术与诗歌之中,无视那些随风而散的意见"[3]。

在 J. B. 叶芝看来,莎士比亚的时代是最理想的——那时"每个人都生活在幸福中"[4]。法国革命带来了现实主义,也带来了不幸。莎士比亚不会对现实主义有兴趣,因为他已经发现生命的要义在于必须忠于"你自己的本性"[5]。糟糕的是,现代的英国人与莎士比亚时代的英国人毫无相似之处。他们崇尚商业,以帝国而不是自己的乡土为傲,头脑中满是冰冷抽象的国际主义。爱尔兰人更具传统的自然特征,心怀爱国主义而不是抽象的国际主义,而爱国主义是一种远为深邃的感情,因为它是情感的而非理论化的。

然而我们也不用在 J. B. 叶芝那里寻找对同胞毫无保留的赞扬。他继续贯彻自己的二分法,认为老爱尔兰要优越于新爱尔兰,因为老的贵族阶层由真正的绅士构成。在十九世纪早期,"没有哪里的绅士能与爱尔兰绅士比肩"[6]这句夸耀并不完全只是一句空话。主仆之

---

[1] EM, 23.

[2] 同上,24 页。

[3] 同上,28 页。

[4] 同上,37 页。

[5] 同上,87 页。(译按:引文出自《哈姆雷特》第一幕第三场中波洛尼乌斯[Polonius]的独白)

[6] 同上,48 页。

　　　　　　　　　　　　叶芝:真人与假面

间友爱融洽，因为人们认为奉献是荣耀之事。他年轻时代的爱尔兰与莎士比亚时代有许多共同之处："交谈、悠闲，还有浪漫与欢笑的灵魂"，除了思想自由，应有尽有。然而，尽管思想自由在后来成为现实，但那时"对物质成功的迷恋以及它所讲求的冷酷逻辑"已经摧毁了花园。[1]旧日体系的仅有遗迹只能在西部的农民身上找到：他们"可以在孤独中自得其乐，并变得诗化（如果我可以用这样一个词来描述的话），因为他们的宗教、传说和民族历史，也因为他们生活在这变幻无穷、覆盖南北东西的天空之下——这天空已经成为一种永恒的装饰，有如广阔剧场中的布景"[2]。至于这种对爱尔兰贵族和农民的描绘本身就相当"诗化"、与肖恩·奥法莱恩或弗兰克·奥康纳所描述的爱尔兰几无共同之处，这一点我们几乎不需要补充。

不过，我们在前文中的系统化总结并不完全公正。威廉·巴特勒·叶芝在其《自传》（*Autobiographies*）提到：他也曾对自己所认为的父亲的社会政治原则加以条理化，最后得出了一种与伊丽莎白时代的等级制相去不远的"各行各业在法律规定下的平衡"，但当他把这一结论拿到父亲面前时，老叶芝立刻基于自由与自由贸易的立场表示反对。[3]这看似是一种自相矛盾，事实上却不是。这位艺术家信仰贵族制，却又是约翰·斯图尔特·密尔的信徒。在前一方面，他拥有的是承袭自家族的偏见；在后一方面，他拥有的是后来习得

---

[1] EM, 82.

[2] 同上，80 页。

[3] AU, 236.

的信念。随着情景的不同，他或是援引偏见，或是援引信念，并相应地对各种事物加以重新阐释。他的陈述从来没有绝对化的意图，他的总结从来不能脱离语境为真，他根据情景提出的观点也不能被误认为一种政治纲领。道登将 J. B. 叶芝的分类法描述为一种与他的画作相似的东西——"永远处于生长和消融之中"[1]。他的文学天分在他的非正式通信中得到了最好的表达。在这些信件里，他会直接与人对话，如同交谈，而不像是在纸上写字。变动不居的世界不会为理论所束缚。他写给儿子的信中关于诗人的描述也适用于他自己：

> 一个诗人可以在早晨宣称自己相信婚姻，在晚上宣称自己不再相信婚姻，在早晨宣称自己信仰上帝，在晚上又宣称自己不再信仰上帝，并且应该毫无顾虑，因为关键并不在于他是否保持了理智上的一致，而是他是否保持了灵魂的完整。我使用"灵魂"这个词，意在以它来囊括我们用感觉、激情、嗜好、对过去的记忆、对将来或喜或忧的期待等概念所指的一切。这个灵魂——这个既是内在也是外在的自我——以强力来保持它的完整，让我们必须允许它做出任何改变、任何实验、任何冒险。我们没有任何理由束缚它，而这也不会导致混乱，因为每个人的灵魂自有其秩序准则。至少我是这样认为，每个对我们

---

[1] Edward Dowden, *Fragments from Old Letters* (Second Series, London, Dent, 1914), 24.

　　　　　　　　　　　　　　　叶芝：真人与假面

这一种族及其命运抱有信念的人也是这样认为。[1]

最后一句中那种诉诸人身的论证（*argumentum ad hominem*）是这位熟练辩士的常用手法。还有一段也值得在此引用，因为我们距他的真实想法已经不远了：

> 信仰有两种，诗的和宗教的。当一个人的内心找到某种思考的方法或方式，或是事实排列的方法或方式（只有在梦中才有可能的那种），让他可以表达并呈现一种绝对的自由，仿佛他的整个内在和外在的自我都在一种完全的满足中扩展，他便获得诗人的信仰。在宗教信仰则没有这样的自由意识。宗教是对自由的否定。它将一种和平强加于各相攻伐的感受。它通过某种完全外界的东西，例如对地狱的恐惧，将一些感受束缚起来投入囚笼，以使另一些感受取得控制。人类此前发明的一切伦理体系都是类似的对自由的否定。因此，真正的诗人既不是道德的，也不是宗教的。[2]

这就是他的秘密吗？他无法安于自己的怀疑主义，同时又反对信仰，于是将诗推崇为独立于这两者的智识形式。拥有信念是宗教信徒和体系编织者的厄运；缺乏信念是怀疑主义者的诅咒；然而，随自己

20

---

[1] *Excerpts from Further Letters of J. B. Yeats* (Dundrum, Cuala Press, 1920), 22. Lennox Robinson, ed..

[2] 同上，22—23 页。

的心意和选择来决定是否拥有信念则是诗人更完满的自由的源泉。J. B. 叶芝所致力达成的，是一种关于价值的心理理论。在他看来，诗人与艺术家的目的就在于"永生个性的创生、成长与扩张"，而这些个性就是他们的艺术作品。他所谓的"个性"（personality）一词指的是"人在一种情绪的引领下进入的统一状态——并非静态的统一（那就成了性格），而是有生命的，闪耀如星，与他自己完全和谐。良心平静而又警觉，灵魂与身体的欲望完全一致；全都处于强烈的运动之中"[1]。在另一处，他又将个性定义为"完整的人、伟大的整体、一支军队——而不是游击队"[2]。艺术品是否有价值，取决于艺术家的个性是否完全投入其中。

然而，尽管这些定义可以支持"关于价值的心理理论"的标签，在对它们加以反复阅读之后，我们会发现这张网并不能真正局限他。因为他在写到个性时热情太过丰沛。这个词在他的头脑中的地位是如此重要，有时甚至笼罩着一层奇异的光晕，正如他关于诗人"个性闪耀如明星，其中一切元素都融为一休"[3]的宣称，或者以下这个更加惊人的例子：

> 个性无所谓正确，也无所谓错误——因为它是神圣的，超越了智识与道德。它保持纯净，除了人性之外别无一物，而我

---

[1] EM, 29.
[2] 未发表文章。
[3] 写给其子的未发表信件，1916 年 4 月 9 日。

们热爱它，因为它与我们的自我一体，也与无所不在的神圣一体——至少这一点我深信不疑，并要坚持这一主张……诗是神圣的，因为它是个性这个身陷囹圄的可怜囚徒发出的声音。[1]

正如上面这一段所示，在将一切简化为心理学名词之后，他毫不费力地给心理学加上一层神学意味。在他笔下，"无所不在的神圣"这样的词可以轻易在字面意义与修辞意义之间滑动，而他也永远不会放弃来回游移的权利。

　　将他的全部思想视为对他儿子的一种启示并非全然异想天开。约翰·巴特勒·叶芝已将草丛清理干净，并证明了诗歌有权继续存在——因为它呈现知识的方式不属于科学，也不属于哲学猜想，并且独立于真理、谬误和宗教。他也指明了下一位诗人应当思索之事的所在方向。**信仰、怀疑、风格、个性、情感、智识**，这些事物是他的思想所围绕的核心，也是他儿子生命中的魔法咒语。在加以严格限定之后，它们都依附于个人的意识，而评价这种意识之发展的唯一可靠标准就是完满。余下的艰难任务是对这些理论中令人困惑的暗示加以筛选和形式化，而由于种种心理因素在很长时间里只是助长了与父亲之间的冲突，而非增进他们的契合，这一任务对儿子来说更加复杂化了。

21

---

[1] JBY, *Letters* (Hone), 150.

第三章　序曲

我亦曾居于乐土（Et ego in Arcadia）

22　　　当 W. B. 叶芝自传的第一部分《童年与青春的幻梦》（*Reveries over Childhood and Youth*）于 1911 年面世时，他最老的朋友乔治·拉塞尔抱怨说这根本算不上是自传，只不过是一堆按时间顺序罗列的图像。"他关于童年的回忆是世上最空洞的作品，完全是表面化的。写得还算不错，却毫无生命力可言，除了少数闪光之处，便是一片死气沉沉。书中的男孩既可以成长为一位诗人，也可以成长为一个杂货店主。若它是一系列小说的第一部，而在第二部里主人公出于某种理由放弃了文学思考，变成一名商人，没有人会感到意外。"[1] 他的反对并非全无道理。出于某些在后来会变得清晰起来的理由，叶芝觉得将"心灵中肮脏的废品站"[2] 袒露出来是不可能

---

[1] John Eglinton［W. K. Magee］, *A Memoir of AE, George William Russell* (London, Macmillan, 1937), 111.
[2] 《驯兽的逃逸》（"The Circus Animals' Desertion"）, LP, 81。

的，也没有太大吸引力。然而，一个主题有力地贯穿了那些零散的图像，那就是他对父亲的依赖，以及他试图摆脱这种依赖的不断努力。根据一位曾经见过这部书的手稿的友人的说法，要不是戈斯已经确定了书名，叶芝很可能会将它命名为"父与子"[1]。

父子之间的紧张关系并不鲜见，但在十九世纪下半叶这种现象却格外显眼。维多利亚时代的道德和宗教并无太多信念支撑。作为它们的维护者，父亲需要负很大责任，而儿子的反抗在这一时期的文学中则流淌不绝，有如瓦格纳式的主导动机（*leitmotiv*）。父亲或是被弑，或是遭到攻击，或是消失，或是成为寻觅的对象。我们会想到马修·阿诺德：他终生受到不安内心的困扰，因为他无法感觉到一位主宰世界像托马斯·阿诺德[2]管理拉格比公学和他本人那样高效的父神的存在。我们还记得他接连不断地写书，只为将神留在天堂中。"谁不渴望父亲的死亡？"伊凡·卡拉马佐夫高声呼喊。从乌拉尔山到多尼戈尔[3]，从屠格涅夫到塞缪尔·巴特勒（Samuel Butler），再到戈斯，同样的主题反复出现。乔治·穆尔在《一个年轻人的自白》（*Confessions of a Young Man*）中毫无顾忌地宣称自己在父亲死去时感到了自由和解放。辛格将弑父的尝试作为其《西方

23

---

[1] W. B. 叶芝在 1914 年 12 月 26 日写给父亲的信件，JBY, *Letters* (Hone), 203。
[2] Thomas Arnold（1795—1842），英国教育家、历史学家，马修·阿诺德的父亲。他在拉格比公学（Rugby School）担任校长期间实施的改革对英国公学教育产生了巨大影响。——译注
[3] Donegal，爱尔兰最北的一郡。——译注

世界的浪子》(*Playboy of the Western World*)的主题。詹姆斯·乔伊斯在《尤利西斯》中讲述了斯蒂芬·代达罗斯拒绝自己的父亲，转而寻找另一位父亲的故事。而乔伊斯最感人的一首诗也以这样的呼号作结："被遗弃的父亲啊，请原谅你的儿子。"[1]叶芝在一部写于1884年的未发表剧作中初次面对这一主题，在1892年的诗作《库胡林之死》中再次返回，在1903年将同一个故事改写为剧本[2]，翻译了两版《俄狄浦斯王》——第一版在1912年，第二版在1927年。此外，他在去世前还创作了另一部关于弑父的剧作——《炼狱》。

对叶芝来说，要反抗一位在智识上如此全面强势的父亲，他需要面对一个复杂的问题，因为老叶芝本人也是十九世纪标准价值观的反抗者。儿子被扔到了反对革命的位置上，就好像今天巴黎的先锋派希望摆脱上一代的束缚，却发现上一代指的是达达主义、超现实主义，是反叛的，因此不得不从保守派的角度对它们展开攻击。这样的立场对年轻人来说总是艰难的。正因为其艰难，叶芝在寻找自我表达的出发点时遭遇了巨大的困难。

从他年纪大到可以理解自己家族的情况开始，叶芝眼中看到的就是一位慈爱却在智识上占据统治地位的父亲：整个家庭都充斥着他的个性和观点（尽管他本人会用不那么有争议的词来替代后者）。

---

[1] 出自詹姆斯·乔伊斯写于1932年的《看，那男孩》(Ecce Puer)。——译注
[2] 即《巴勒海滩上》(*On Baile's Strand*)。

老叶芝几乎没有任何财务责任感，因此经济压力时常成为这个家庭的难题。正如他对自己的描述——"永远保持希望"，他毫无生意头脑，会不收一分钱就为每个朋友或者任何"漂亮的头颅"画油画或素描。他总是相信问题的解决办法很快就会出现——要么是他即将掌握风格的秘密，要么是他即将得到一位富有法官的肖像订单。他画室中那些未完成的肖像都可以证明他是一名勤奋的艺术家，却不能证明他有能力养家糊口。

在这个家庭中，父母二人的角色构成鲜明的对比：男人终日滔滔不绝，女人却难得开口。描述家中的母亲苏珊·波利克斯芬·叶芝是一件困难的事。她对任何事情都很少表达看法，却最喜欢在厨房里与一些渔夫的妻子谈论鬼怪故事。她感觉敏锐、情感深沉，却不擅表达，总是认为自己的出生地——斯莱戈的浪漫乡野——是全世界最美的地方。她也将这种情感传递给自己的孩子。[1]那些与老叶芝有关的地方，比如都柏林和伦敦，在她和孩子们眼里从来没有同样的魅力。如果从未离开斯莱戈，她的生活会更幸福，因为她从未在都柏林和伦敦找到家的感觉。城市里没有人讲鬼怪故事。事实上，她也一直未能习惯丈夫那些艺术圈和文学圈的朋友。他们使用的词汇让她难以习惯。他们总是以一种理论化的、苛刻的眼光看待生活，这也让她在潜意识中反感。据说叶芝夫人对艺术毫无兴趣，也从未装作感兴趣。没有人知道她是

---

[1] AU, 38.

24

否走进过丈夫的画室。以自己安静的方式，她代表了另一种生活，在那里一个无知农夫比一个无所不知的艺术家更有价值。她也取得了丈夫对她这一立场的尊重，因为她在孩子们心中培养出了对她家乡的爱。她并非热忱的信徒，但她也没有接受老叶芝的怀疑主义。她按自己的想法带孩子们去教堂，教他们祈祷，让他们受坚信礼，并没有遭到丈夫的反对。

叶芝一家人家无余财，在伦敦、都柏林和斯莱戈之间来回迁徙，其中斯莱戈是叶芝生命中头十年的主要居住地。这个男孩心里定然清楚：母亲的亲族以异样的眼光看待约翰·巴特勒·叶芝和他的职业，怀疑他对金钱的淡漠、对不可触摸的灵魂的寻求以及他的缺乏成功是出于不负责任的怪癖。波利克斯芬家的人从小就接受信仰，是不算热忱的新教徒，也是统一主义者。老叶芝却不同。尽管他成长于英裔爱尔兰人家庭，却是个怀疑主义者和民族主义者。在这样的气氛中，他显得不合时宜，而与他肖似的长子同样如此。

威廉·巴特勒·叶芝在《幻梦》[1]中的一段文字里透露了真相，坦承自己对儿时的记忆除了痛苦便剩不下多少。[2]在那段时间里，他从一开始就不快乐。他的长相就与众不同，不仅身材纤弱，而且肤色晦暗，让人觉得他要么是外国人，要么快要死于肝病。人们经

---

[1] 即《童年与青春的幻梦》。——译注
[2] AU, 13.

常误以为他来自印度。他的视力不好，后来甚至有一只眼睛失明。在他的一部未发表的自传体小说中，书名"斑点鸟"（The Speckled Bird）指的就是他自己，同时也是对《圣经》的引用："我所承继的，如同长斑点的鸟，天堂中别的鸟都攻击它。"[1] "我想知道，"他写道，"其他鸟儿为何如此愤怒？"[2] 他的笨拙和孱弱让他无法成为擅长运动的波利克斯芬一家的宠儿。让父亲恼火的是，叶芝既没有学会如何把马骑好，也缺乏父亲用于弥补骑术不佳的身体勇气。波利克斯芬家人无法教叶芝学会阅读，开始认为他的缺陷不仅存在于身体，也存在于头脑中。

为了逃避波利克斯芬家人对他的笨拙的不满，也为了逃避对自己身体的不足的痛切感觉，这个男孩在幻想和孤独中找到了自己想要的东西。他独自在斯莱戈的山洞间漫游，日复一日在梦想中度过。后来，他在给凯瑟琳·泰南（Katharine Tynan）的信中提到这一段岁月：

> 真正对我影响最大的地方是斯莱戈。那里曾有两只狗，一只皮毛光滑，另一只是卷毛。我终日跟随它们，对它们的爱好一清二楚，无论是在它们捕捉老鼠的时候，还是在它们拜访养兔场的时候。也许是它们教会了我如何梦想。从那时起我便开

---

[1]《圣经·旧约·耶利米书》12：9。本书此处与《圣经》英文钦定本和英文新世界本均有差异，此处按本书原文译出。——译注
[2] 未发表手稿。

26   始追逐自己的思绪，就像不管滑溜和卷毛这两只狗去哪里我都
      跟着一样。[1]

父亲善于交际，谈锋极健，对自己的看法充满自信，对未来满怀希
望，这对严重缺乏这些优点的男孩有着巨大的影响力。约翰·巴特
勒·叶芝意识到儿子的顺从，决定对他加以塑造。他接管了儿子的
教育，发现他到了九岁还无法阅读，学东西也很慢，于是他就像自
己的父亲对待自己一样打他耳光。在接下来的课程里，他采用了一
种更有效的办法，用"道德堕落"和"与令人讨厌的人相似"[2]这样
的话来恐吓他。叶芝心中由波利克斯芬家人灌输的清教徒良心对此
做出了反应，充满对自己罪过的懊悔。在恐惧中，他学会了阅读。
然而他的懦弱并无改观，他的头脑也仍然不得安宁。因为他内心深
处的叛逆，这种不安宁甚至可能变得更加严重。他一直未能学会顺
利学习也就不足为怪。

　　为了挽救自尊，男孩四处寻求自卫手段。他的主要自卫对象
只能是父亲，而他在母亲所接受的宗教情感中找到了办法。对上帝
的思考占据了他的头脑，而他的强烈宗教感也是与生俱来。有一天
他父亲拒绝前往斯莱戈的教堂，这让他开始对信仰产生了好奇。尽
管叶芝当天仿效父亲也留在家里，但他却开始寻找能够反驳父亲的

---

[1] Katharine Tynan, *The Middle Years* (London, Constable, 1916), 57.
[2] AU. 38.

怀疑主义的证据，正如他后来在《自传》中所述。[1]当他观察蚂蚁四处奔走时，他会问自己："这些蚂蚁信仰什么样的宗教呢？"[2]在九岁或十岁前后，他向农夫们问起小牛如何出生，没有得到回答，于是他认为自己找到了证据。他的结论是：只有上帝才能理解这个奥秘，因此上帝必然存在。[3]这些是他反抗父亲的怀疑主义的最初迹象，而反抗将会把他引上十分不同寻常的方向。他向理解一切的上帝祈祷。

在童年的大部分时间里，叶芝都在斯莱戈与母亲、弟弟和两个妹妹共同度过，因为他父亲通常在伦敦，只能偶尔来探望他们，同时为斯莱戈的真实生活注入来自城市的智识刺激。叶芝九岁的时候，也就是1874年，他与家人一起前往英格兰。[4]老叶芝便在接下来的两年里接管了儿子的教育，再次因为教育目的而让后者频繁陷入恐惧状态。叶芝和母亲共同盼望回到斯莱戈。他的受教育体验甚是糟糕。在忍受了父亲长达两年的教学实践之后，他在十一岁时（1877年1月26日）进入哈默史密斯（Hammersmith）的戈多尔芬学校读书，开始自己最初的正规教育。[5]他的头脑沉湎于幻想，让他难以在课业上表现良好；至于运动方面，他更是一

27

[1] AU, 28–31.
[2] 叶芝写给凯瑟琳·泰南的信，1888年4月20日，收录于 Tynan, *Middle Years*, 35。
[3] AU, 31.
[4] Hone, 23.
[5] 该日期见于戈多尔芬学校校友协会（Godolphin School Old Boys' Association）的主席写给约瑟夫·霍恩（Joseph Hone）的一封信。此信由后者收藏。

无是处。这是他第一次在一群同龄男孩中生活，而他们则嘲笑他的笨拙，欺凌他，因为他瘦弱、成绩不佳，也因为他不是英格兰人。出于逆反，他变得更加爱尔兰化，也更加苦闷，开始寻找课堂之外的冷僻知识。

　　为了让自己免于来自其他同学的小小暴政，叶芝与学校中最优秀的运动好手哈利·西里尔·维西（Harley Cyril Veasey）交上了朋友。这样一来，维西便出面替他作战，逐渐也教他多少学着如何保护自己。然而两人之间并非是英雄与崇拜者之间的关系：叶芝也努力做出一副在智识上比维西更成熟的姿态，用头脑和学识赢得了这位运动员的尊重。尽管在与父亲的关系中他已经开始试着将信仰宗教作为一种自卫方式，在维西面前他却以父亲的怀疑主义作为伪装，并用自己在家里听来的那些来自赫胥黎和达尔文的论证来让这个信仰正统的朋友难堪。他可以轻易地暂时忘掉自己每天晚上如何虔诚祈祷。另一种给维西留下印象的方式是假装自己可以不倦奔跑。于是，每次跑到终点，当那个年纪更大的男孩气喘吁吁时，叶芝却会做出一副不知疲乏为何物的轻松模样。他将精力投向科学，尤其喜欢研究昆虫，又通过在野外昆虫学调查中陪伴维西来吸引他，让自己的冷僻知识显得尽可能令人难忘。他父亲很高兴看到他对科学的热情，买来地理学和化学方面的初级读本供他学习。[1]1880

---

[1] 老叶芝写给道登的未发表信件，1878 年。

年，当这个年轻的科学理性主义者不顾母亲的期望，拒绝前往教堂时，父亲也支持他拥有自己做决定的权利。[1]然而，在叶芝的怀疑主义之下涌动着一股迷信的逆流。同时，正如他的善跑部分是伪装出来的，他对科学的兴趣也并非全心全意，而是精心算计过的，目的在于让自己相信自己拥有智慧（他后来也承认了这一点）。[2]他仍旧同时朝不同方向奔跑，而期待他成为科学家的父亲则为他可能会转移注意力而焦虑。

1880年下半年，叶芝一家在经济压力之下迁往距离都柏林几英里的霍斯（Howth），结束了在伦敦的生活。对英格兰的这段探访给叶芝留下了很糟糕的印象，也让他为回到爱尔兰感到高兴。据他自己的说法，来自父亲的影响在此时达到了顶点。老叶芝继续他坚持了六七年的做法，给儿子朗读诗歌。他的教学法从前曾让叶芝对叙事诗和散文发生兴趣，如麦考利（Thomas Babington Macaulay）的《罗马异事》（*Lays of Ancient Rome*）、司各特的《最后的行吟诗人之歌》（*Lay of the Last Minstrel*）和《艾凡赫》（*Ivanhoe*）。现在他则会从莎士比亚、雪莱、罗塞蒂和布莱克的作品中挑选诵读内容，不过只会选其中最富情感的戏剧或诗作。科里奥兰纳斯的骄傲演说、《卡吕冬的阿塔兰塔》（*Atalanta in Calydon*）中把命运女神的卷线杆当做玩具的男孩、《罗斯·艾尔默》（Rose

---

[1] 老叶芝写给道登的未发表信件，1880年7月24日。
[2] AU, 78.

Aylmer）、《解放的普罗米修斯》(*Prometheus Unbound*) 的开场白，还有《曼弗雷德》(*Manfred*) 中的慷慨陈词，都是他挑选出来的典型篇章。他告诉儿子说文学的最高形式就是剧诗（dramatic poetry），因为这种形式的生命力和激情最为充溢，也最少受到信仰的污染。[1]

在这种趣味和规训的影响下，叶芝的性格逐渐成形。他不是杂货店主的儿子，而是艺术家的儿子，与那些和他没有共同趣味和共同背景的男孩保持着距离。从十六岁到十八岁（1881 年 10 月到 1883 年 12 月），他在都柏林的伊拉斯穆斯·史密斯中学（Erasmus Smith High School）读书。这段时间里，他以傲慢来掩盖自己的怯弱。在学校辩论社的一次会议上，他曾宣称自己站在柏拉图和苏格拉底一边。[2] 他佩戴拜伦式的领巾，并模仿他和父亲 1879 年看到欧文[3] 在《哈姆雷特》中展现的英雄步姿。[4] 或许是为了进一步模仿欧文，他开始采用一种古怪的、有节奏的说话方式，让那些讲述他的轶事的人难以再现。

作为一名学生，叶芝的表现并不出色。因为古典文学成绩很差而科学成绩不错，他便假装唾弃前者而推崇后者。当时同在这所中学的约翰·埃格林顿曾写到，当时的叶芝会大谈赫胥黎和斯宾塞，

---

[1] AU, 80-82，另参见 FD。
[2] FD.
[3] Henry Irving（1838—1905），维多利亚时代英国著名的戏剧演员。——译注
[4] AU, 58, 102.

　　　　　　　　　　　　　　　叶芝：真人与假面

并发誓说自己是彻底的进化主义者。[1]校方对他感到为难，而令他们更恼火的是，叶芝还把象棋带进课堂，并在全校散播如何偷偷下棋的诀窍。有一次，他把一整堂漫长的拉丁语考试的时间都花在将卡图卢斯的一首短诗译成英文韵体上，为此险些遭到鞭打。[2]校长确信他将一事无成。

同时，叶芝的白日梦习惯也在继续，没有消退的迹象。如他后来所描述，这种习惯助长了他心理上的"软弱"，[3]而这种软弱又阻止他专注学业。到了十五岁，"像蛋壳绽开一样"[4]的性觉醒开始了，他的幻梦更加令他痴迷，让他只想独自沉浸其中，安眠于洞穴、杜鹃花丛或霍斯城堡的乱石间。在梦中，他幻想自己是圣人、魔法师或诗人，时而扮作曼弗雷德，时而扮作阿塔纳斯王子[5]，时而扮作《阿拉斯托尔》(Alastor)中的主人公。最吸引他的，是他对魔法师的幼稚幻想。[6]这种幻想在少年时代并不鲜见，但对他却有特别的迷惑力。这个笨拙、怯懦、瘦弱的男孩将自己的沉醉幻想集中在一位可以通过自己的精神掌握世界的魔法师身上。后来，他曾好奇自

---

[1] John Eglinton, "Yeats at the High School", *The Erasmian*, June, 1939, 11－12 (published by the High School, Dublin).

[2] F. J. Gregg, "Going to School with the Poet Yeats", *New York Herald*, December 2, 1923, 3.

[3] 为 *The Listener* 杂志就"我的启程"(How I Began)一题而写的文章的未发表手稿。

[4] AU, 76。在其《自传》未出版的第一稿(FD)中，叶芝称此时他是十五岁。

[5] 雪莱诗作《阿塔纳斯王子》(Prince Athanase)中的主人公。——译注

[6] AU, 57, 78.

己写诗是不是为了"找到治愈自己的病弱的秘方,正如便秘的猫会去吃缬草。我含羞忍辱,总是书写骄傲而自信的男女"[1]。他孤独无力,于是在自己心灵中刻画孤独而无所不能的英雄。

霍斯岩石嶙峋的海岬中部有一个三岔路口。叶芝每天有不少时间都在距离路口不远的一片树林中度过。他最初的审美理论便是在这里形成。诗的作用在于为人提供一处远离尘嚣的避难所。"这片树林让我第一次思考一首长诗应该是什么样。我将它想象为一个人在逃离生活烦忧时的徜徉之地。诗中的人物应该像遍布霍斯树林的阴影一样虚幻。他们的任务是减少孤独,却不破坏其中的宁静。"[2]他开始用斯宾塞体来写一首关于罗兰爵士的史诗,将自己的理论以诗体呈现。诗人应当平静、和谐和哀伤地描写爱,而不应热情洋溢地刻画战争和苦难。他应该让自己的诗句充满隐喻,这样它们才能携着珍宝缓慢行进:

> 熟透的七月即将结束
> 我的故事迎来灿烂的黄昏——
> 它不是充盈着苦痛、让人想起艰难岁月
> 或疮痍大地的诗篇——一首歌应该是
> 一条画满图案的彩色航船

---

[1] 为 *The Listener* 杂志就"我的启程"一题而写的文章的未发表手稿。
[2] 写给凯瑟琳·泰南的信,1899 年 1 月 31 日,收录于 Tynan, *Middle Years*, 51。

在她的漂泊中，指引方向的船员

是忧伤的爱和变化，或者说一对姐妹

因为她们总是相互凝视

总在彼此耳畔低语。[1]

这首诗来自叶芝创作生涯的前两三年，表明了他对好几种风格的混合尝试。不出所料，他最喜欢的场景是独白。这期间他有几次戏剧写作尝试，通常使用斯宾塞式的人物（如骑士、牧人、牧女和女巫）和场景（如花园、岛屿），并且往往持雪莱式的态度。主人公总是"骄傲而孤独"，对庸众不屑一顾，是普罗米修斯式的，也是哀伤的。

垂暮的孤独者

人们说我骄傲孤独，是的，我骄傲

因为我的爱与恨都坚定

在睁眼便扰攘不休的人群中是永恒之物

是从不改变的高贵灵魂

这嘲笑我的人群，他们的爱与恨   31

在大地上漂泊不定，找不到归宿

---

[1] 未发表手稿。

是两个虚幻的幽灵，在众多门前乞恳

啊，它们比风扬起的泡沫还轻

往昔我也曾频频坠入爱情，然而

我爱过的人，她们炽热的心总会

变得冰冷，或是变成仇恨。我却总是

始终如一，是从不改变的高贵灵魂

多少次，当我爱时，我却宁愿恨

当我恨时，我却为爱找到驻足之地

然而，我虽已在暮年，却不曾改变

而他们比风扬起的泡沫还轻

所以，我永远骄傲，也永远哀伤

高贵的灵魂永不改变，直到安眠之日

而在众人中，爱与恨永无归宿

啊，它们比风扬起的泡沫还轻。

第一场

西普里安（说道）：

我住在这湖水环绕的热带岛屿上

从未有人见过此地

从未有舟楫抵达它的神奇水滨

千百年前我曾怜悯人类

将躁动和叛乱的火花撒遍世界

要他们起来反抗沉眠的神族

然而人是疯狂的，以为他们受到神佑

以为悲苦只是生存的代价

以为奥林波斯山上的宙斯良善而正安睡

以为那盗匪之族中的魔鬼心怀仁慈

尽管他们生生世世都在悲泣

虽然身负永生的诅咒

我却生来与凡人一样心肠

经历了这无穷无尽的岁月

也厌倦了远离万国的苦难

许久以前我就越过高山

在尘世的涌动间寻找平静

我找到一处小小的泉源

它正怨愤谷间没有仙女

于是我对它说出有魔力的咒语

它听到这山精的语言

长大起来，变成闪光的湖面

然后我再次念咒

水中便升起一座庄严的岛屿

32

島上鲜花明媚耀眼

我则伫立在水流退去之地。[1]

与雪莱的英雄一样，他的英雄也开始反抗。

　　大约就在他写下这些诗行的时候，也就是他十八岁半前后，叶芝离开了中学。他父亲以为儿子会沿袭家中三代的传统进入圣三一学院，但年轻的叶芝拒绝了。如他后来所承认，他向父亲隐瞒了自己拒绝的真正理由。[2]那并非像他很可能曾经宣称的那样，因为圣三一学院太过老朽，与他觉醒中的灵魂难以合拍，而是因为他的古典文学和数学成绩达不到入学的标准。其实他本应乐意进入这所大学读书。正统教育的缺乏就像一种负疚的良心，将让他困扰一生，也将导致他对学识的过度推崇。

　　拒绝了圣三一学院之后，叶芝提出自己可以把艺术作为职业，同时以诗歌为副业。父亲鼓励了他，送他进入都柏林的都市艺术学院（Metropolitan School of Art），从 1884 年 5 月读到 1885 年 7 月，[3]接着又在 1886 年初送他进入皇家海伯尼亚学院（Royal Hibernian Academy School）。叶芝在这一时期的画作没有一件留存下来，但

---

[1] 此处引用的两首诗均是叶芝写于十九世纪八十年代的早期未发表诗作，参见 George Bornstein, ed. *Under the Moon: The Unpublished Early Poetry*. New York: Scribner, (1995)。——译注

[2] AU, 98.

[3] 据都市艺术学院的档案（今存于都柏林国家艺术学院）。

从他后来所画的一些黯淡飘忽的粉彩作品来看，他从未达到过精通水平。[1] 他并不满意，因为他喜欢类似透纳（Joseph Mallord William Turner）的《金枝》（Golden Bough）那样的浪漫主义作品，但当时主宰各个艺术学院的是反浪漫主义的法国印象派画家的准则。叶芝希望能以他父亲放弃的拉斐尔前派手法来作画，却又软弱地模仿起父亲的肖像画风格。"（我）太怯懦了……无法摆脱。"他这样写道。[2] 如果有勇气，他会更愿意像自己在诗歌写作中所做的那样，在绘画中创作有如织锦的作品。

33

　　叶芝将法国印象派与父亲联系在一起，而法国印象派的绘画是以现实生活为对象，因此在叶芝头脑中他们又进一步与赫胥黎和密尔的理性主义相关。他父亲在谈到理性主义时不无赞同，而他内心中的反叛之力已经开始涌动，叶芝便在自己周围寻找一种可以对抗父亲立场的权威。在艺术学院里，他找到了一个比他更坚定抗拒这个属于赫伯特·斯宾塞和左拉的世界的同盟者，那就是乔治·拉塞尔（再过几年，此人便会采用 A. E. 这个笔名）。尽管会遇到许多波折，但拉塞尔注定将成为叶芝的一生挚友。此人在艺术学院中是一个异数。在本应该和其他学生一起画模特时，似乎有一种超自然力量引导着他的画笔，让他画出了一个来自天外的生灵。在拉塞尔眼中，稠密而分子化的宇宙消失于另一个自

_____

[1] 这些画作现由叶芝夫人收藏。
[2] AU, 100-101.

由而空旷的宏大宇宙面前，而这个新宇宙中的居民是一些精魂，与皮维·德·夏凡纳（Puvis de Chavannes）画中的贤者不无相似，却又笼罩在柯洛（Jean-Baptiste-Camille Corot）式的雾霭中。对叶芝而言，拉塞尔就像是上天的恩赐，是对法国画派和他父亲的准则的积极反驳。目光不再垂向大地；关于魔法师的梦想不再荒谬；父亲的领域之外别有力量。老叶芝不喜欢儿子与拉塞尔的友谊，但两个同样反抗现实、同样充满幻想的青年却一见如故。叶芝开始以一种"僧侣式的恨意"[1]厌弃科学，将之与父亲的怀疑主义、与自己的少年时代联系起来——此时的他对这二者已是满腔愤怒。当约翰·埃格林顿提醒叶芝他在中学时曾说过"如今只有两个人的文章值得一读，那就是马修·阿诺德和赫伯特·斯宾塞"时，叶芝恼火地否认自己曾对斯宾塞有过任何兴趣。[2]拉塞尔每天都能看见异象，于是叶芝便鼓动他向幽灵提问，好从它们那里获得对自己信仰的确认，以及可以让他用来打败恺撒的论证。两人竞争起来，都开始创作关于魔法师的长篇诗剧——这些魔法师可以像雪莱一样通灵，也可以高踞在亚洲的王座上宣告自己对现代文明的轻蔑。

34

除了幻梦必须得到书写、必须在书写中得到赞美之外，他们没有太多诗学理论。若想在叶芝这几年的手稿中找到对象征主义的清

---

[1] AU, 101.
[2] 作者与埃格林顿的对谈。

晰应用，很可能会徒劳无功。这位诗人此时仍用梦想裹紧自己，作为一种自我保护，只是模模糊糊意识到这些梦想或许有一天也可以被用作进攻的武器。有时他似乎已经接近了寓言，但并未真正抵达。在这批风格不一的诗作中，有一首刻意晦涩的作品可以作为一个有趣的例子在此举出，因为它表现了年轻诗人对自己的嘲笑，提醒我们——他有着出色的幽默感。这首诗出现在他写给一名熟识女孩的信中：

亲爱的玛丽·克罗南（Mary Cronan），

　　此处呈上你索取的诗作。我写的诗很少有行数少于几百的，但在仅有的那些里，这首是最短的，也最容易读。它的主题源于我上两次去基尔洛克路（Kilrock）的经历——恐怕你对这一点不会感兴趣，因为你还不习惯我的种种怪诞——在成为经典、进入考卷之前，它们不会得到公正的对待。

你忠实的，
W. B. 叶芝

　　又，你会发现，我的远大目标就在于直截了当和极度简洁。

　　　　一朵花开了，便是世界的中心

　　　　花瓣和叶片如同月白的火焰

　　　　你将花采下，它便失去颜色

　　　　取之不尽的青春与声名

　　　　众人都要追逐；少有人尝试

秘奥之油与秘奥之瓶。[1]

尽管诗人做得不太成功，但看起来他的远大目标的确是"直截了当和极度简洁"——这些也是他父亲会赞美的优点。然而他不断地提高自己的技艺，同时也尝试更宏大的作品。在他的戏剧《薇薇安与时间》(*Vivien and Time*)的序诗（写于1884年1月8日，也就是他十九岁生日之前五个月）中，句法有时仍然佶屈聱牙，句义也无甚可观，但这首诗已经比他此前的所有作品都要流畅：

> 我筑起梦幻的宫殿
> 　用的石头来自古老
> 欢歌的时光——它们已入黄土
> 　冰冷而无声无息。

> 在这梦幻之地，大理石
> 　筑成每一道沉默的墙，
> 森然而立，是幽影的带子
> 　环绕幽影的厅堂。

> 那些伫立的柱间

---

[1] 未发表手稿。

> 有许多美好的雕像
>
> 用的是梦境的大理石
>
> 雕琢以梦想者的爱
>
>
> 我在那看到一尊石像
>
> 被往昔的侍女围绕
>
> 每只手上都有一条美丽的丝带
>
> 如此安静，智慧而冰凉。[1]

在这部剧作中，他对魔法师的使用更加戏剧化。他把女主人公交给了正在趋近的时间之灵，有些不情不愿，却也有一丝在道德上必须如此的意味：

第二幕 第二场

城堡中的房间，同第一幕第二、三场。时间是夜晚。魔镜前点着一支暗淡的细烛。女王独自一人。

女王：花茎雪白的水仙已经沉睡了

　　　三个夏天，我也已大口痛饮

　　　美好的魔法之杯，直至当我啜饮

　　　那只在梦中见过、书中读到过的、

---

[1] 未发表手稿。

可怕 [1] 的禁忌之酒，我的灵魂生出 [2]

强大而不见影踪者的形象。

现在 [3] 它变化了，美妙的蜕变

变成一根颤动的长弦，在颤动中只说出

一个狂野的字眼，一个狂野的字眼

力量，比嫉妒本身更快的力量

唯一能浇灭我无尽干渴的琼浆

啊，这个字，就像海洋用歌声召唤水流

你也召唤着我，让我为你而迷失自己，

挣脱凡人的感觉和凡人的思想

尽管我仍怜悯那短命的种族——

人的种族。他们屈膝于每一次突然的

欢悦、悲伤或讥嘲，在屈膝时

还说屈膝是人性。好吧，

我远远算不上人，因为我不会屈膝

除非泉水停留峭壁边缘却不跌落

除非花瓣在太阳面前紧闭不开。

（她悚然而惊，颤抖起来）

---

[1] 可怕（dread），原文为 dred。——译注
[2] 生出（grows），原文为 gros。——译注
[3] 现在（now），原文为 no。——译注

叶芝：真人与假面

一个强大的灵魂正穿过沙漠

它调转方向，从城市的大门进入

我浑身血脉都感到它的力量。

它比转瞬而逝的梦境还要迅捷

现在它通过了哨卫，已经到了门口

它来了。[1]

诗中对这位美丽却过于自负的女王的态度是双重的，表明诗人此时更加审慎地看待对权力的追求。他父亲喜欢这个剧本，把它拿给道登看，以证明这个年轻人已经找到了自我。[2] 从一封信件中，我们可以确定：威利和一帮朋友曾将《薇薇安与时间》付诸彩排，甚至可能在霍斯一位名叫赖特（Wright）的法官家中演出过。[3] 扮演薇薇安的女孩劳拉·阿姆斯特朗（Laura Armstrong）很可能是青年叶芝的初恋。

1884 年里，叶芝的写作比从前或之后的任何时候都要轻松。他热情洋溢，完全投入了戏剧创作。下一部戏剧《爱与死》（Love and Death）完成于 1884 年 4 月，取材自老叶芝在其拉斐尔前派时期的一幅画作，是他这一批作品中写得最糟糕的，却也最雄心勃

---

[1] 未发表手稿。

[2] JBY, *Letters* (Hone), 52–53.

[3] 劳拉·阿姆斯特朗写给叶芝的信件，以及作者与约翰·埃格林顿的对谈。

勃。剧中，一位天神和一个凡人是孪生兄弟；关于凡人的副线情节构思很差，但在主线中，一位国王的女儿爱上了天神，为了让自己成为女王以配得上他，她杀死了自己的父亲。天神终于现身，然而没有凡人能在见到他的光辉后活下去，因此女王毁灭于自己的爱情。[1] 到了全剧最后，舞台上的每个人都死了。这样的死亡率堪比托马斯·基德[2] 的作品。叶芝在这部剧作中的探索成为他后来使用父子对抗这一主题的开端。在那对互为对方的永生／凡人镜像的孪生兄弟中，在女王性格里理想爱情与肉体谋杀的混合中，叶芝后来关于分裂自我或双重自我的理论已经现出了雏形。

从此时开始，他的发展变得迅速起来。整个 1884 年中，他都致力于驯服自己粗陋的韵律。诗剧《莫萨达》讲述了一个摩尔人女巫被其少年时的恋人在不知情中送上火刑柱的故事，表明叶芝仍旧喜欢将其场景设置于最异于日常的环境中，但却不再像《薇薇安与时间》里那样让魔法师面对远古的凶暴力量，而是将她交给了天主教廷的审判官。[3] 他将在接下来的十年里不断使用这种对置，以呈现他所谓的精神秩序与自然秩序之间的战争[4]，而一切组织化的教会在他看来都代表着后者。然而，这些对将来主题的隐约尝试仍旧是

---

[1] 未发表手稿，另参见 AU, 91–92——叶芝在此通过描述改进了这部剧作。

[2] Thomas Kyd（1558—1594），英国剧作家，以其《西班牙悲剧》（*The Spanish Tragedy*）开创了当时的复仇剧潮流。——译注

[3] *Mosada, A Dramatic Poem* (Dublin, Sealy, Bryers, and Walker, 1886)，诗人出版的第一本书。

[4] 《秘密的玫瑰》献辞（*The Secret Rose*, London, Lawrence & Bullen, 1897, vii）。

原始的、未成形的。他的诗意想象将事物归类，建立关联，却还没有开始对它们加以变形。那些戏剧化故事完全适合塞进拉德克利夫夫人（Ann Radcliffe）的小说，却被他拼凑在一起以使情感强度达到最高点。所以我们在剧中会看到魔法咒语、受信任的朋友的背叛、不知情的审判官宣判的死刑、下毒、死亡场景，也会看到这对恋人的身份的迟来揭晓。在全剧最后，主人公因为爱人的死而伤痛不已，又太过骄傲和孤独，不愿向侍从吐露自己胸中的波澜。

　　叶芝的早期诗歌创作在他1884年的第四部戏剧中臻于顶峰。这部作品就是《雕像之岛》（The Island of Statues），完成于当年8月。[1] 叶芝于此成功地创造出一部图画式戏剧[2]；剧中有斯宾塞式的牧羊人，也正如其副标题"一个阿卡狄亚童话"（An Arcadian Fairy Tale）所示，与这个世界全无关联。在经历许多波折之后，一对牧人男女成功打败魔法之岛上的喀耳刻（Circe），找到能让变成雕像的人复活的花。复活之后，雕像们得到两个选择：继续在阿卡狄亚生活，或是回到人间。他们选择了留在阿卡狄亚。在收场诗中，诗人赞扬了他们的选择，为之辩护，并将文学推举于生活之上，将音乐推举于科学之上。

38

---

[1] 这个日期见于一份手稿。1885年4月至7月间，该剧以连载形式发表在《都柏林大学评论》（Dublin University Review），其跋诗则发表于1885年10月。
[2] Picture play 可以指十九世纪末出现的一种以画片形式将布景、人物和剧情投影到幕布上的演出形式，是电影的前身［如亚历山大·布莱克（Alexander Black）上演于1894年的作品《杰瑞小姐》（Miss Jerry）〕。叶芝的《雕像之岛》问世更早，故此处或不取此义，可能指该剧的图画式风格。——译注

《雕像之岛》与《追寻者》(*The Seeker*) 跋诗

一个拿着海螺的萨提尔（Satyr）的独白

阿卡狄亚的林木已枯萎，

它们古老的欢乐也已不再；

古昔时，世界以梦为粮；

而今灰色真理是她的彩色玩具；

然而，这个世界病弱的孩子们啊，

在一切变换不定、跟随柯罗诺斯[1]

古老的呕哑旋律跳起忧郁舞蹈、旋转着

掠过我们的事物中，唯有文字真正美好。

那些武勇的君王曾经嘲笑文字，

如今他们归于何处？耶稣在上，

那些古老的王者如今又在哪里？

他们都对言语不以为意；

然而如今在阿提卡人[2]记录

逃遁的喀迈拉[3]的诗篇中，

被学童口齿不清的念诵

---

[1] Chronos，希腊神话中的时间之神，不同于宙斯之父克罗诺斯（Cronus）。——译注

[2] Attic，指古希腊人。——译注

[3] Chimaera，希腊神话中的一种怪兽。——译注

偶尔提及便是他们的光荣。

整个世界本身或许就是

一个突然燃烧起来的词，

在宇宙的梦境里，它是

喧嚣空间中被听见的一瞬。

所以不要崇拜尘土般的功业，

不要尝试——因为这同样真确

——饥不择食地追求真理，

免得你千辛万苦只换来

新的幻梦，新的幻梦。在你内心之外，

真理并不存在。所以，不要寻求

模仿那些逐星之人；

他们通过镜片，追寻

星辰旋转掠过的轨迹——

也不要听从他们的话语，

因为这同样真确——冰冷的星灾[1]

已撕裂他们的心肠；

他们关于人的一切真理已死。

去，去那低吟的大海之滨　　　　　　　　　39

---

[1] Star-bane，不确定指何物。傅浩先生译作"星毒"，参见《叶芝诗集》（河北教育出版社，2003）第3页。——译注

寻找聚集回音的扭曲螺壳，

向它的口唇讲述你的故事，

它们会成为你的安慰者，

为你烦忧的语词披上韵律，

将它们重新讲述片刻，

直到这吟唱在忧伤中归于沉寂；

因为忧伤与欢愉本是姊妹，

而唯有文字真正美好。

所以，开口唱吧，因为这同样真确。

我要走了——我要去一座墓丘，

上面有摇曳的水仙与百合，

也暗藏毛茸茸的蜜蜂，

还有鸟儿的反复吟唱

飘荡在林中可爱的空地上。

再见，我知道我得离开了，

我得去安慰那不幸的小鹿[1]

（它已被葬在静寂的地下），

给它唱欢乐的歌谣，直到天明。

它欢快嘶鸣的日子美好却已不再，

我至今还梦到它如何轻踩草地，

---

[1] 小鹿（fawn），另有版本作 faun，指罗马神话中的林中精灵。——译注

像幽影一样走在露水间，

被我喜悦的歌声深深打动——

我歌唱的是古老大地的如梦青春。

可叹！它不再做梦了——你要快入梦境！

因为山崖上的罂粟花开得美丽：

做梦吧，做梦，因为这同样真确。[1]

细读之下，这首诗呈现出一种奇特的犹疑。它树立了两种形式的真理：一种是"灰色真理"，来自科学或其他世俗知识；另一种是"你内心"中的真理。两者的分别到这里还算清晰，而诗人的偏好无疑站在内心真理一边。然而，诗人还告诫我们不要去饥渴追求灰色真理，以免千辛万苦只换来"新的幻梦"，同时却又鼓励我们做梦。这意味着梦同样也分为两种，而第二种更为可靠。这场论辩在此开始令人困惑，而接下来的部分则更进一步。这首诗在一定程度上认为文字与梦境也许是等同的。如果文字与梦境都出自诗人的话，这种观点看起来还算传统，但接下来它就提出了一种更激进的理论：世界本身也许只是"一个突然燃烧起来的词"。然而，如果整个世界就是一个词，那么诗人此前抨击的"尘土一样的功业"也就成为这个词的本质的一部分，与梦境一样。简而言之，如果一切

40

---

[1] *Dublin University Review*, I (October, 1885), 230-231。（译按：本书中引用的版本发表于1885年，文字上与后来的一些版本有出入。）

无非文字，那么"唯有文字真正美好"这句宣言就变得毫无意义。叶芝认为文字并非仅仅是事物的符号，而是事物本身，也是构筑整个宇宙的材料。在亚当赋予它们名字之前，飞禽走兽并不存在。这样的立场对年轻的诗人来说太过大胆，于是他在全诗余下的部分里退缩了，回到食忘忧果者的世界，认为诗歌与做梦都是极为美好的安慰剂。不过，那关于文字、梦境和世界（更抽象的说法则是语言、想象和现实）之间关系的令人困惑而惊恐的看法暗示一场风暴正在扬起，将会让阿卡狄亚变得不再适合那个面色黝黑、额发垂覆的男孩居住。

第四章　云与沫

1884 年到 1888 年间，叶芝脱离了自己的童稚时代。当年轻诗 41
人凯瑟琳·泰南在 1885 年见到叶芝时，觉得他"终日梦想，举止
温柔"[1]，然而她没有察觉的是叶芝正猛烈地扩张他的兴趣与行动边
界，在狂飙突进之际又努力无视内心的困惑感。他一度能够让生活
与诗歌保持简单，现在他却淹没在纷乱而变得难以控制的观念、不
确定性和激情中。在 1888 年下半年写给泰南的一封信中，叶芝描
述了几年时间里发生的变化：

> 我可以确定《[雕像之]岛》在同类作品中还算不错。当
> 时我过着一种诗意的和谐生活，从不思考太难的问题，总是那
> 么和谐、狭窄、平静，对他人几无兴趣，却深深受到各种更细

---

[1] Tynan, *Twenty-five Years: Reminiscences* (London, Smith, Elder, 1913), 143.

微的自然之美的触动。《莫萨达》就是那时写的，《时间与薇薇安》也是，不过你还没有看到。那时我做的每一件事都难有激情可言。《岛》是那段时间的最后一部作品。在离开"岛"之后，我便航行在无垠的海面上。在任何地方所见之物都不再有清晰的轮廓；一切都是云雾泡沫。《莪相》（Oisin）和《追逐者》便是这一阶段仅有的可读作品……我知道自己早先的诗相当一致，细节中从来不会有云翳，因为我讨厌那种朦胧的现代风格。云翳的出现大概是在四年之前。当时我正在完成《岛》。它们一拥而至，让纳西娜[1]失去了影子。正如你所见，其他作品都是一片晴空，狭窄而又平静。[2]

是什么造成了他诗中的这种气候变化？我们已经远远瞥见了那些云翳中的一部分：对父亲灌输给他的怀疑主义感到的不安、未能追随父亲进入圣三一学院的负罪感、不同意父亲绘画风格的那些原则却无力摆脱的无能，还有在想象与科学之战中与乔治·拉塞尔的结盟，以及他对自我肯定和自我表达越来越强烈的需求。现在他的能量燃烧起来，向三个方向同时喷涌——"一以文学之形式，一以哲学之形式，一以对民族性的信仰"。[3]

在这三个方向中，哲学形式最为重要，也最不寻常。"直到开

---

[1] Naschina，《雕像之岛》中的牧女。——译注

[2] Tynan, *Middle Years*, 47.

[3] Yeats, *If I Were Four-and-Twenty* (Dublin, Cuala Press, 1940), I.

始学习心灵研究和神秘哲学，我才摆脱父亲的影响。"[1] 他的摆脱并不完全，至少没有像变成一个虔诚的基督徒那样完全，不过程度也已经相当大，足以让他和父亲开始争吵。叶芝希望为他模糊的叛逆感寻求智识上的支撑。结识乔治·拉塞尔之后，他很快陷入了对神秘信仰的研究。在这两个急迫的年轻人周围还聚集了另外几个人：一个是叶芝的同学查尔斯·约翰斯顿（Charles Johnston），一位来自阿尔斯特的新教徒议员的儿子，本来准备成为传教士；一个是克劳德·赖特（Claude Wright），将把一生的大部分时间献给神智学（Theosophy）；还有一个是查尔斯·威克斯（Charles Weekes），后来会创作秘契诗歌。此时的爱尔兰教会和长老会都已失落了它们原先的福音主义，只能提供一种枯涩的宗教，让这些年轻人中的每一个都倍感焦渴。"一个爱尔兰人只要离开他的牧师，目光就会变得无比长远。"[2] 他们全体开始学习欧洲的魔法、神秘主义和东方宗教，并在一条肮脏的小街上租下一个房间，作为他们新成立的"都柏林秘术学会"（Dublin Hermetic Society）的会所。[3] 他们自视为一小群拥有无限潜力的获选者。当时，爱尔兰这样的国家里充斥了各色各样的阴谋与反阴谋，而面对如此局面，他们也有自己的谋划。

---

[1] AU, 109.

[2] Yeats, "A New Poet" (review of A. E.'s Homeward: Songs by the Way), Bookman, VI (August, 1894), 147–148.

[3] 同上。

秘术学会于 1885 年 6 月 16 日召开初次会议，担任主席的是叶芝。[1] 他的开幕致辞笔记有一部分留存了下来，让我们得以瞥见他的想法。他宣布学会此次召集是为了讨论东方哲学的神奇，为会议拉开序幕，接着宣布会议的第一篇文章将描述最近的一些神秘现象，其他文章则将讨论神智主义者所尊奉的圣人（Mahatma）是否真的存在。接下来致辞者开始进入主题：

43

> 然而难道欧洲的科学没有回答所有这些问题吗？难道不是已经有了欧洲所有教师、所有学校都无法用任何定律解释的观测事实吗？他们努力想要用思辨排除这些事实的存在，就像在伽利略望远镜的年代，热那亚教授们想要用学者的玄学思辨将星星逐出天空。这样的观测事实的确是存在的。我们的头两篇文章就会讲到它们。但是我们为何要在灵魂的永生问题上花这些力气？因为灵魂是否永生是一个重大的问题。难道神学没有回答它吗？没有！在当今时代，人们想要证明和实验，神学却给我们童话故事和传说。它能证明什么呢？新的科学原理不断被发现，让只会高喊"驱逐他们！"的母教会（mother church）为之战栗。科学回答了这个问题吗？科学会告诉你人的灵魂是一种不稳定气体，可以溶于甘油。只要你愿意，你也可以接受

---

[1] 关于此次会议的一份通知登载于《都柏林大学评论》(*Dublin University Review*, I[July 1885]，155）。

这样的解答。那么，唯灵论是否解决了它？唯灵论在不那么荒谬的时候，会告诉你：年复一年，闹鬼的楼梯上的脚步声会越来越轻；年复一年，神秘的气息会越来越淡；每过十年，幽影的活力都会少掉一些，直到它稀薄得只有最敏锐的眼睛才能看到它暗淡的轮廓，然后它便会消失，永远灰飞烟灭。

如果你们愿意，如果你们不愿追随我们进入东方思想的迷宫，也可以接受这样的解答，然而我要警告你们：许多恶龙、许多不怀好意的妖怪暗藏在通向真理的道路上等待灵魂到来。对奇迹的饥渴就是其中之一；抽象之龙则是另一个——它无休无止地吞噬着生命的自由骄傲。这条龙困住了伊曼纽尔·康德，迫使他每天散步，计算自己的步数，并且努力想要通过紧闭的嘴来呼吸。[1]

我们不可被叶芝关于陷阱的巧妙警告欺骗，进而认为他会像他父亲那样持怀疑主义态度。他确信科学依据失败，并对另一种发现真理的途径满怀希望。他在等待证据，但他的等待并不耐心，还怀着一定程度的故意轻信。和年轻时的歌德一样，叶芝"全无信仰，却又害怕怀疑主义"，是一个寻找教义的狂热者。

在首次会议之后的几个星期里，学会成员讨论了第四维度、自然力（Odic force）、"秘传佛教"以及其他类似的东西，还请来一位

---

44

[1] 未发表手稿。

名叫莫西尼·M. 查特吉（Mohini M. Chatterjee）的婆罗门神智主义者为他们讲课。"他们终日争论绝对存在与万能溶剂的问题。我想他们没有一个人阅读报纸，而且敢肯定其中有些人连总督的名字都说不上来。"[1] 他们向诗人而非科学家寻求真理，并且凭着对雪莱和柯勒律治的信任，在想象力中找到了对这样一条信念的支持——人仍能见到奇迹。

关于该如何回应父亲和父亲的那个世界，叶芝在这个学会中找到了答案的端倪。如他所说，他已经把诗的传统——故事、人物与情感的组合体——变成了新的宗教。[2] 如今在他的影响下，秘术学会发出宣告："凡是伟大诗人在他们最高明之时所肯定的，就是我们能达到的最接近权威宗教的东西；他们的神话、他们的水与风的精灵，都是确然的真实。"[3] 叶芝后来提到，他的一个不可动摇的信念就是"无论哲学变成什么，诗都是唯一的永恒之物；我们应该着手将它置于某种整齐的秩序中，不把任何东西视为诗人的编造而加以拒斥"。[4] 根据这条信念的暗示，诗就成了知识的高级形式。他父亲也许会赞成这一点，却会强烈反对儿子构建一种新宗教的努力——那样他将会被束缚在一种人为的模式中。

---

[1] Yeats, "A New Poet", *Bookman*, VI, 147-148.
[2] AU, 142.
[3] 同上，111 页。
[4] Yeats, *Essays* (New York, Macmillan, 1924), 79.

诗人的模糊概括所表现出的，更多是反叛的精神，而非真正的反叛。他以热烈弥补他所缺乏的确信，以激情弥补他所缺乏的知识。偶尔他的怀疑也会以一种变化过后的形式浮现，他在1885年9月发表的剧诗《追逐者》便是一例。诗中的主人公是一个年老的骑士，为了寻找一个林中精灵，已经"在由幻梦引领的漫游中度过了六十年时光"。最后他终于完成了追寻，在精灵面前鞠躬，请求得到回报：

现在，请大声告诉我吧！
从小时候起，在瀑布旁边
我父亲的家中，你的声音
就在我心中回荡，像长纹的蝰蛇。
你对此心知肚明；你在舞步中
召唤我上前；

你让我变成
战场上的懦夫。所有人都高喊：
看哪，来自瀑布的骑士，他的心
被精灵偷走了，换成了一只
偷偷摸摸的野兔的心。而我默不作声，
心中明白你用爱的语言将我拣选
远离那热爱纷争的无梦之族，
穿越非人的悲惨，一路抵达

45

超人的幸福，直到——说呀！说呀！[1]

然而，那精灵其实并非什么不可言说的力量，而是一个长着胡子的女巫，被人称作骂名。

> 骑士：我找的不是你。
>
> 人影：沉溺于爱的人啊，召唤你的声音是我所发。[2]

叶芝对待神秘追寻的态度类似猎狮人。后者会在开枪前停下来提醒随从：狩猎乃是一种危险的运动，甚至可能是愚蠢的。尽管如此，神秘主义仍是他"秘密的痴狂"。[3]

　　神秘主义之外，叶芝宣泄精力的第二个方向是热烈的民族主义。在 1885 年，一个人很难不被当时不断高涨的爱国狂热影响。立场坚定的爱尔兰共和兄弟会（Irish Republican Brotherhood）的爆破手们把英国各地的火车站炸得天翻地覆。帕内尔已经统一了国会中的爱尔兰党，正向格莱斯顿[4]施加巨大压力。后者在 1886 年提出了爱尔兰自治法案。叶芝与积极民族主义者的初次接触（因为他父

---

[1] Yeats, "The Seeker", *Dublin University Review*, I (September, 1885), 120-123.
[2] 同上。
[3] AU, 97.
[4] William Ewart Gladstone（1809—1898），英国自由党政治家，曾四度出任首相。——译注

叶芝：真人与假面

亲尽管是一名坚定的民族主义者，却未曾积极参与这场运动）很可能是通过圣三一学院一个民族主义者群体的领袖查尔斯·休伯特·奥尔德姆（Charles Hubert Oldham）。在 1885 年，奥尔德姆成为《都柏林大学评论》的主要创办者——叶芝的最早一批诗歌就发表在这个刊物上。同年晚些时候，他又组织了一个名叫当代俱乐部（Contemporary Club）的讨论群体。叶芝很快便在这个群体中开始了他的公共演说实践。这两个机构都没有公开的政治目标，但都有民族主义倾向。

不过，对他影响最大的却是约翰·奥利里（John O'Leary）。此 46 人在英国坐了五年牢，之后又长期流亡法国，于 1884 年下半年回到爱尔兰。他在 1867 因参加反英武装起义而被判叛国罪。当法官问他有什么话要说时，他发表了雄辩的演说，宣称既然英格兰并非他的祖国，英格兰法庭便无权裁判他是否叛国。他在五年服刑期间遭到野蛮的虐待，但他当时和后来都从未抱怨。当他最终被允许回到都柏林时，他出众的仪表、对个人尊严的注重、正直的品格和虽然运转徐缓却真诚无畏且同时颇具挑战力的头脑让他成为一个聚集民族主义者的中心点。年轻人尤其为他所吸引，称他为"爱国老兵"和"那位老人"，但其实正如他在《关于芬尼亚党人和芬尼亚主义[1]的回

---

[1] Fenians and Fenianism。芬尼亚（Fenian）一词来自旧爱尔兰语中表示"士兵"的 fianna 一词和传说中的爱尔兰定居者 Fene 人的混合，后指活跃于十九世纪和二十世纪初的民族主义组织芬尼亚兄弟会（Fenian Brotherhood）和爱尔兰共和兄弟会的成员，也泛指爱尔兰民族主义者。——译注

忆》中所笑称，他当时只有五十四岁。[1]

与大多数见证了帕内尔崛起的民族主义者不同，奥利里不相信可以通过议会努力来确保爱尔兰自治，也对迅速独立的可能性不抱希望。他喜欢将自己描述为对任何涉及直接暴力行动的事务都"毫无执行能力"。[2] 如果说他也有仇恨的话，他仇恨的对象也并非英格兰，而是英格兰人对爱尔兰的统治。据说他有时甚至断言英格兰人的性格可能优于爱尔兰人的性格，但爱尔兰人无法变成英格兰人。他反对恐怖主义和一切不公正的手段，表示"即使是为了救国，有的事也不能做"。[3] 他的主要目标之一是建立一种全民的道德感——也许是因为出于个人对自律和尊严的重视，他很喜欢这个词，经常使用它。

他的民族主义与众不同，还在于他对爱尔兰文学有一种深厚的、可以说是独到的兴趣。他的芬尼亚主义活动中很大一部分是编辑一份芬尼亚报纸。此外，尽管他本人的文学风格堪称糟糕透顶，他却总是尽力保持报纸专栏上的高标准。"我们反对爱国者有创作恶劣诗歌的权利。"他曾这样宣称。[4] 在结束了囹圄生涯和流亡，回到爱尔兰之后，奥利里认为自己的任务主要应该在教育方面，于是

47

---

[1] John O'Leary, *Recollections of Fenians and Fenianism* (London, Downey and Co., 1896), II, 25.
[2] 来自作者与莱德·冈·麦克布莱德夫人的对谈。
[3] AU, 118.
[4] O'Leary, *Recollections*, II, 78.

投身于更广义的民族主义事务。他在 1886 年发表的两篇演说——一为"爱尔兰人应当知道什么？"，一为"爱尔兰人应当如何感受？"——都是这样的例子。在第一篇中，他建议爱尔兰人应该学习经典，了解英国历史（"向敌人学习并无害处"）和爱尔兰的地理、历史、诗歌，此外还有爱尔兰民间传说——最后这一点尤为难得，因为这一主题在当时还被目为新奇。关于爱尔兰人应当如何感受，奥利里宣称一个爱尔兰人首先应该觉得自己是个爱尔兰人，其次应该认为爱尔兰的统一必须得到保证，最后是应该为爱尔兰做出一定牺牲。[1] 这些简单而非政治化的规训，加上奥利里的道德力量和他的革命历史的支撑，对叶芝产生了相当大的影响。此前叶芝一直认为民族主义运动只是政客们的事。

面对聚集在自己周围所有这些热情如火的年轻男女，如道格拉斯·海德（Douglas Hyde）、凯瑟琳·泰南，还有后来的茉德·冈，奥利里借给他们书籍，并鼓励他们。他借给叶芝的书是托马斯·戴维斯（Thomas Davis）的诗集。他承认这些诗并非杰作，但同时又表示正是它们让他转向了民族主义运动。叶芝由此知道诗歌——哪怕是戴维斯这些在他看来平庸的诗歌——也可以对一位英雄产生这样大的影响，他为此深受鼓舞。他幼时从母亲那里承袭了对童话和民间故事的兴趣，如今这种兴趣又得到奥利里的权威认可。通过

---

[1] O'Leary, *What Irishmen Should Know, How Irishmen Should Feel* (Dublin, A. & E. Cahill,［1886］).

奥利里，他还加入了一个青年爱尔兰社团。后来他不无夸张地说："我自那时起投入的全部工作"都起源于社团中的辩论、"与奥利里的对话，还有他借给我或赠给我的那些爱尔兰书籍"。[1]

现在，将凯瑟琳·泰南的头两部作品（分别问世于 1885 年和 1887 年）加以比较，我们就可以更好地理解都柏林的年轻作家们因奥利里的归来而产生的变化。第一部是《路易丝·德·拉瓦利耶》（*Louise de la Vallière*），其中除了两三首短诗，完全可以说是在英格兰写成的。然而，第二部作品《三叶草》（*Shamrocks*）的内容就几乎全以爱尔兰为主题了。

叶芝也经历了同样的变化。1886 年初的他正致力于一部新悲剧的初稿。这部作品有不同的名字，有时是《盲，森林史诗》（*The Blindness, The Epic of the Forest*），有时是《野橄榄的赤道》（*The Equator of Wild Olives*）。[2] 据他说，他选择月球上的一座环形山作为这部戏剧的场景，但他的记忆或制造神话的习惯欺骗了他，因为手稿中的场景是在西班牙。在奥利里的影响下，凯瑟琳·泰南也建议叶芝应该尝试爱尔兰主题的作品。不久以后，他就开始创作《莪相的漫游》（*The Wanderings of Oisin*）。这部作品将为爱尔兰的文学复兴定下基调。

较之我们现在回顾所见，在当时，是否要使用爱尔兰素材

---

[1] AU, 125.
[2] 未发表手稿。

是一个远为值得争论的问题。塞缪尔·弗格森爵士（Sir Samuel Ferguson）那种以爱尔兰为题材的乏味叙事写作已经坚持了多年，而斯坦迪什·奥格雷迪（Standish O'Grady）也在不久前（1882年）出版了一些古老传说的散文版。然而当时的标准观点是：使用爱尔兰题材并非明智之举。圣三一学院的道登教授便是这种观点的支持者之一。当奥布里·德维尔（Aubrey De Vere）向道登寻求意见时，道登建议他选择圣托马斯·贝克特[1]而非某个爱尔兰主题："就事实而论，无论这种做法是否应该，选择爱尔兰神话或早期历史题材总会将诗的完整愉悦局限在一个小圈里。"[2]对一个年轻诗人来说，选择加入文学民族主义运动而非以更传统的英语素材来创作诗歌，需要热情和决心。叶芝雄心勃勃地做出了选择，准备迎接战斗。1886年10月，在一篇对塞缪尔·弗格森爵士诗歌的评论中，他鲁莽地攻击了道登著名的世界主义观点：

> 如果说爱尔兰没有产生伟大诗人，那并非因为她的诗歌血脉已经干涸，而是因为她的批评家们辜负了她，因为每个族群都是一个整体，都要依靠彼此，依靠所有人……

---

[1] Thomasà Becket（约1118—1170），英格兰国王亨利二世时期的大法官和坎特伯雷大主教，因反对亨利二世干涉教会的行为而遭到刺杀。他在1173年被教宗亚历山大三世封为圣人。——译注

[2] Letter from Dowden to DeVere, August 22, 1874, in *Letters of Edward Dowden and His Correspondents* (London, Dent, 1914), 68.

我怀疑，像道登教授这样的爱尔兰批评家中的翘楚，要是他能把自己为已被过多讨论的乔治·艾略特所写的精巧篇章分一部分给某个类似本文讨论对象的人，他不仅会更多地关心祖国的利益，最终也会关心对所有爱尔兰人来说都至为宝贵的、他本人的尊严和声望……

49我并不是要向教授阶层发出恳求。除了初次为自己的薪水感到担忧之时，这些人似乎从来不会关心自己祖国的事务——至少在爱尔兰是如此。我也不是要恳求那些丑陋的"西不列颠主义"[1]群体。我呼吁的对象是在爱尔兰大地上群集遍布的年轻人。爱国主义情绪让他们进入忘我激情的世界。在这个世界里，英雄之举将成为可能，英雄诗歌也不再虚假。[2]

这次抨击并不像看上去那样激烈：叶芝批评道登缺乏民族主义情感，却很清楚他的辩护对象弗格森只在使用爱尔兰题材时才是民族主义的，在政治上则是个统一主义者。我们应当渐渐习惯在这个年轻人的激进主义中发现漏洞，那是他精心留下的。他与道登很快重归于好，但这篇文章却是一个新的叶芝的初次亮相——这是一个热情洋溢的青年，时刻准备一吐为快，也时刻准备用剑刺入敌人的血

---

[1] West Britonism。西不列颠人（West Briton）是爱尔兰民族主义者对爱尔兰人中亲英派的蔑称。——译注

[2] Yeats, "The Poetry of Sir Samuel Ferguson", *Dublin University Review*, II (November, 1886), 923–941.

肉。他已经做出选择，要带着自己怯懦、羞涩的天性闯进世界以克服它，而不是把它藏在霍斯的树林中。他更愿意创作"负责任的文学"（*La littérature engagée*）。

1886年3月，叶芝发表了他第一首以爱尔兰为主题的诗，《两个巨人：政治诗》（Two Titans, a Political Poem）。全诗以一个幻象为框架：

> 一块巨石浮现，上有闪电回旋
>
> 　　以叱咤的光，击伤黑暗；
>
> 波浪，巨大的世界漫游者，
>
> 　　日夜用锤将它轰击。
>
> 两个身影，蹲踞在这黑石上，
>
> 　　被扭结的铁链缚在一起；
>
> 一个是灰发的青年，双颊上从无
>
> 　　血色，抑或早已失去；
>
> 一个是女巫，表情狞恶，有如
>
> 　　做梦的猎犬。

诗中的青年与叶芝不无相似之处，但无疑代表爱尔兰；而根据下文的描述，女巫指的则是英格兰：

> 她动了起来，脑中感受到

50

电光的闪耀——看哪，看她——

　　卑鄙的欢愉，和更卑鄙的苦痛

塞满了她的青春；憎恨收买又出售

　　她的灵魂。她移动时，成团的泡沫

爆裂在她斑驳的皮肉、飘飞的长发

　　和巨大的四肢上。难耐的饥渴

无法浇灭，在她空洞的目光中闪烁，

　　在她周围，是她往昔欢乐的幽灵，

靠着苍白的双足，缓缓而行；

　　一群喃喃而语的家伙拖着猩红的车，

那是她已消失的荣耀，在这大海之上

　　沉思徐行。

有一阵子，年轻人将锁链从她身边拖离，于是

　　他低声欢呼，亲吻那岩石

　　　　坑穴中的雨水，朝古老的大海长笑，

　　又摇晃着脑袋，唱起歌谣。歌中有爱，

　　　　有花，也有幼小的孩童。

然而电光再度亮起，他再次被贪婪的女巫拖回身边。女巫幸灾乐
祸，看着他的嘴唇一开一合，在"失败/的暗淡面颊上"印下一个

神秘的吻。[1] 被叶芝不固定地称为"永恒黑暗"的神或命运让年轻人复活过来，以使失败获得荣耀。

这首可笑的作品之所以值得一提，主要在于它的政治派别色彩，和它作为《莪相的漫游》之前驱的意义——1886 年稍晚些时候，叶芝便将开始后者的写作。如杰拉德·曼利·霍普金斯所言，诗中的寓言"牵强而难以设想"[2]。不过这是叶芝第一次运用一种扩大的隐喻，因此这首诗不能仅仅被视为一幅画面。其中更隐秘的一层含义——如其副标题"政治诗"所示——要求得到承认，却又似乎被刻意模糊了，仿佛诗人并不希望读者理解得太过透彻。就一首政治诗而论，《两个巨人》的非政治色彩显得奇特。心怀一种将会终生困扰他的、糅合了确信与节制的态度，叶芝每向前走一步，就会往旁边走一步。两个巨人中，一个代表着弱小的青春，另一个代表强大的岁月。我们可以在他们身上发现一种无意识的、对诗人与父亲之间的矛盾的指涉。那神秘的一吻并无实质的对象，暗示了叶芝刚刚开始意识到的情欲挫败感。不过，话说回来，这是他第一次

51

---

[1] Yeats, "The Two Titans", *Dublin University Review*, II (March, 1886), 265–266.
[2] 1886 年，霍普金斯正在都柏林。当年 11 月 7 日，他在给考文垂·帕特莫尔（Coventry Patmore）的信中提到了叶芝的《莫萨达》和《两个巨人》："我对这部《莫萨达》评价不高，不过好在当时没人要求我称赞，因为他们认为我还没有读，而我当时已经读过另一首作品，并且本来可以'夸夸'它。那是一个牵强而难以设想的寓言，讲的是海中一块礁石上的一个年轻人和一个斯芬克司（他们怎么上去的？吃什么？我们还可以提出其他问题。有人认为这种批评太过乏味，然而常识在任何地方都是适用的……），不过其中也有些不错的句子和鲜明的意象。"*Futher Letters of Gerard Manley Hopkins* (Oxford, 1938), 225–226。

表达对爱尔兰的密切认同——甚至到了用一名年轻男子而不是用传统的凯思琳·妮·霍利亨 [1] 来比喻祖国的地步。

1886 年初，叶芝已经既是民族主义者，也是神秘主义者了。他尚未下定决心要成为诗人。这一年，他在法律意义上进入成年，在诗艺上也趋于成熟。在父亲监督下在都市艺术学院和海伯尼亚学院度过了一无所成的三年之后，叶芝不顾父亲的期望，突然放弃了艺术。[2] 他的这个决定很可能是趁那位艺术家前往伦敦争取一些肖像画委托时做出的。这意味着这个年轻人不再努力模仿父亲的模式，准备独自奋斗了。他拒绝了圣三一学院，又拒绝了艺术，也就等于将更为稳妥的选择抛在了一边，只能靠写作开辟道路。要跨出这样坚决的一步，他的自信——或者不如说鲁莽（我们不能忘记他长久以来的懦弱表现）——必定有了相当大的增长。

他的诗歌力量在 1886 年 10 月得到了展现：当时他的两首诗发表在了《都柏林大学评论》上，后来分别被他题为《印第安人论上帝》（The Indian upon God）和《悲伤的牧人》（The Sad Shepherd）。然而他第一部有分量的长篇作品则是《莪相的漫游》。这部作品动笔于 1886 年，完成于 1888 年，并在奥利里的帮助下

---

[1] Cathleen Ni Houlihan，意为"霍利亨的凯思琳"，文艺作品中常被用来象征爱尔兰民族主义的神话形象，有时人格化为爱尔兰本身，常被表现为一老妇。——译注
[2] 叶芝在面对皇家海伯尼亚学院和都市艺术学院工作皇家调查委员会作证时描述了艺术训练的枯燥乏味。参见该委员会的报告（Report［Dublin, His Majesty's Stationery Office, 1906］, 60-61）。

52

于 1889 年 1 月出版。叙事诗对他来说是一次新的旅程。他在给凯瑟琳·泰南的信中表示：从写出《雕像之岛》以来，自己关于诗歌的想法已经有了巨大变化，因为《雕像之岛》只是一个地方，《莪相》却是"一系列事件"。[1] 他的眼界与雄心都有了长足的增长。尽管使用了爱尔兰语原文的翻译版本中的许多元素，[2] 他仍在《莪相》中留下了自己的个性印记，并让这部作品成为——用歌德的话来说——他宏大的生命自白中的一部分。这首诗在名字上是爱尔兰式的，其中的场景在某种程度上也是爱尔兰式的；就其他方面而论，它在风格上属于拉斐尔前派，在手法上却是象征主义。诗中精心呈现的画面让人想起罗塞蒂或伯恩-琼斯（Edward Burne-Jones）的画作：

> 他的爱人如此娇怯美丽
> 胜过伊曼 [3] 宫殿周围、月桂树篱
> 枝叶间盘旋而啼的鸽子，
> 总是害怕听见弓弦的颤鸣。

---

[1] Tynan, *Middle Years*, 51.

[2] 参见 R. K. Alspach, "Some Sources of Yeats's *The Wandering of Oisin*", *Publications of the Modern Language Associations*, 58 (September, 1943), 849–866。阿尔斯波（Alspach）并未就叶芝在原文献基础上加以改动的理由给出看法。

[3] Eman，又写作 Emain，即爱尔兰语中的 Emain Macha，也就是今北爱尔兰阿马（Armagh）附近的纳文堡（Navan Fort）。此地有盖尔人时期的王都遗迹。——译注

她的眼神温柔如同露珠，悬在

青草低垂的叶尖上；

她的嘴唇好像西沉的太阳，

悬在厄运难逃的航船上，预示风暴将临。

她的头发金黄如同香橼，

用银色的丝带束起。

白衣从她身上垂下，直至脚尖，

上面闪耀着红色织成的

许多美丽而奇异的生灵，

还有翱翔七海的飞鸟。

她的衣衫用发光的海螺做胸针，

就像夏日的溪流中的波纹，

随着她柔软的胸脯而起伏。[1]

《莪相的漫游》分为三个部分，每一部分都是一段独立的旅程。叶芝的生活同样可以分为三个主要阶段：斯莱戈、伦敦，还有都柏林附近的霍斯。第一个阶段中，叶芝追逐两条狗，和渔夫们交谈；第二个阶段中，他与英格兰同学们搏斗；到了第三个阶段，他用树林将自己封闭起来，陷入幻梦。在全诗的第一卷中，莪相与其他

---

[1] Yeats, *The Wandering of Oisin and Other Poems* (London, Kegan Paul, Trench & Co., 1889), 2–3.

叶芝：真人与假面

芬尼亚同胞一起在斯莱戈周围狩猎；青春之地[1]国王的女儿尼娅芙（Niam）引诱莪相随她前往她的王国。他在那里发现了一个只有年轻人的世界，又在狩猎和捕鱼中度过一百年。也许我们可以把这一百年的时间称为斯莱戈时期。

接下来，莪相开始第二次旅程，前往一座不同的海岛。岛上"幽影中伫立着一个 / 高塔成林的黑暗世界"。[2]在爱尔兰人的眼睛里，这个世界象征的无疑就是英格兰。此地有海中古神玛那南（Manannan）的城堡，但古神的地位已被一个"棕色的恶魔"取代。恶魔囚禁了一位美丽的夫人。类似《两个巨人》中那个被缚的年轻人，她也象征着爱尔兰。莪相与恶魔战斗了一百年，但是恶魔的形态千变万化，无法被最终打败。在这第二个百年结束后，莪相与尼娅芙来到最后一座岛上。此处是遗忘之岛。莪相被一根缀满铃铛的树枝催眠，陷入梦境，像霍斯树林中做梦的叶芝一样。又过了一百年之后，他才突然从梦中惊醒。莪相决定回到爱尔兰拜访他的芬尼亚同胞，然而他刚刚踏上陆地，就变成了老人。

在这部诗作中，叶芝第一次毫无疑虑地使用了象征。除了莪相的一生与他自己的生活之间的整体象征联系，他还引入了一些具有强大力量的个别象征。在第一卷中他借用的爱尔兰传说有被幽灵

---

[1] Kingdom of Young，指尼娅芙的父亲所统治的 Tir-nan-Og，意为"青春之地"，是凯尔特神话中脱离尘世的所在。——译注

[2] Yeats, *The Wandering of Oisin and Other Poems* (London, Kegan Paul, Trench & Co., 1889), 22.

猎犬追猎的无角鹿，还有被英俊少年跟随的持金苹果的少女。在第二卷里，除了以恶魔与女士这样的象征来呈现英格兰对爱尔兰的压迫，还提到了看守通往第二座岛屿的道路的"两座巨大石像"，其中一座凝视星空，另一座则守望汹涌的海面，它们代表的是人的精神一面和肉体一面。[1] 叶芝并未期待人们能够识别出这些象征。正如他在给凯瑟琳·泰南的信中所言，"在《表相》的第二部分，我以象征主义为掩护，说出了几件只有我自己掌握着钥匙的秘密。浪漫故事是为读者准备的。他们甚至不会知道哪里有象征。他们不会发现。如果他们真的发现了，就破坏了诗中的艺术。然而，整首诗是充满象征的——如果说其中除了云雾之外还充满着别的任何东西的话。"[2] 然而，在这本书出版之后一个星期，也就是各方评论开始浮现之时，他再次给泰南写信，似乎对自己的秘传写法不满——"表相需要一位解读者"[3]。

54

关于这首诗仍有一个难解之处。如果说叶芝只从古老传说中撷取适合自己的象征主义目的的内容，而表相在许多方面就是叶芝本人的话，为何主人公会在刚刚触及爱尔兰土地时变成老人？同样的，既然《两个巨人》里的年轻人在某种程度上也是叶芝式的人物，为何他会有灰白色的头发？诗人在 1888 年 9 月 6 日——也就

---

[1] *Wandering of Oisin*, 23.

[2] Tynan, *Middle Years*, 47.

[3] 同上，53 页。

叶芝：真人与假面

是他刚刚完成《责相》的时候——写给凯瑟琳·泰南的一封信能够帮助我们理解诗中的这种早衰：

> 我对这本书不抱太大希望。我担心自己并没有表达清晰。我有一些不得不说的话，却不知道我是否把它说了出来。一切看起来都是混乱的、不连续的、不清晰的。不过我知道一件事——我不是什么随随便便的蹩脚诗人。我的一生就在我的诗中。为了创作这些诗，可以说我已经将自己的生命在臼中捣烂。我在其中掺入了青春、友谊，也掺入了和平和尘世的希望。我曾独自站在一边看着他人尽情欢乐，只是评论褒贬，就像一面没有生命的镜子，让万物在上面投下影子。我埋葬了自己的青春，在它上面建起了一座坟茔——由云构成。[1]

这一宣言包含了一种历史意味。何以这个年方二十三岁的年轻人的口气就像一个他已经进入了暮年？然而叶芝的表达虽然华丽，说出的却是真相。因为他仍旧觉得幻梦才是他的本性；当他把梦境抛在身后时，他觉得自己也与自己的行为脱离了关系，成了旁观者。对一切事情他都要预先长久思虑。藏在气势汹汹的道登批评者和精力无穷的秘术学会组织者这样的外表之下的，还是懦弱与敏感，他对此非常清楚，但他已决定要掩盖自己的弱点。像其他年轻男女那样

---

[1] Tynan, *Middle Years*, 45.

自然天成地行事就意味着暴露自己是个懦弱的梦想家。然而如果不去自然天成地行事，又意味着放弃自己的青春，意味着像老年人一样与生活脱节。现实让他变得枯萎，正如莪相的枯萎。

　　"他有一种奇特的能力，"凯瑟琳·泰南说，"能够置身事外，像一个观众那样旁观人生的游戏。"[1]叶芝永远像站在外面那样审视自己的行为，让自我意识增长到一个极端的程度。在《莪相的漫游》中，他提到那些"略带虚荣地端详／海潮中自己的倒影"[2]的飞鸟。在发表于 1886 年 10 月的《至为悲伤》[3]中，连露珠也有了自我意识：

　　　　然而它们什么也没有听见，因为露珠

　　　　永远在倾听自己滴落的声音。

他的自我意识并非那喀索斯（Narcissus）那种对自己倒影的沉醉凝视，而是《印第安人的歌》（An Indian Song）中那只鹦鹉的自我意识：

　　　　一只鹦鹉在树上晃动

　　　　为它在明亮大海中的影子而愤怒。[4]

---

[1] Tynan, *Twenty-Five Years*, 247.
[2] *Wanderings of Oisin*, 115。（译按，原书将此条出处加在下文中出自《至为悲伤》[Miserrimus]的两行诗上，有误）
[3] "Miserrimus"，即前文中《悲伤的牧人》的原题。——译注
[4] 同上，64 页。

叶芝对父亲的战争逐渐与他和自己的战争融为一体。这种冲突与他的民族主义、神秘主义和诗歌创作结合起来，造成了本章开头所引那封信件中他向凯瑟琳·泰南所抱怨的那种精神混乱状态。

要控制这样一个世界不再容易了。叶芝意识到他现在写的诗都是关于"渴望与怨艾"的作品，而他想写的却是"洞察与知识"[1]。然而要做到这一点，他必须达成一种条理化程度远远超过眼下状态的生活秩序，还必须塑造自己的直觉，将它变成隐藏力量和智慧的源泉。一切秘密在他看来都与自己相投合，因为秘密能产生力量。关于象征主义的第一种想象就是：象征主义不会将其运用所倚仗的那些秘密完全揭示出来。然而叶芝并未安心，他描述诗中无处不在的裘相象征的那封信件表明：他仍对是否应该让世界知道他使用了象征手法没有信心。某天他会希望只有他一人能理解那些象征，过几天他又会觉得应该向公众解释它们。

如果停止审视叶芝的不安，我们就会怀疑他认为象征主义或许是不那么合理的手段。他与象征主义的接触来自对父亲的理论的拓展，而非如埃德蒙·威尔逊（Edmund Wilson）在《阿克塞尔的城堡》（*Axel's Castle*）中所说的那样，来自阿瑟·西蒙斯（Arthur Symons）对马拉美派的介绍，因为叶芝在创作《裘相》时还没见过西蒙斯。老叶芝教给儿子的是生活中和艺术中一样，唯一的标准就是个性的完满或完整，从而为他铺好了道路。因此，外部世界的重

56

---

[1] Tynan, *Middle Years*, 39.

要性可以轻易地被降低，其作用仅仅是给自我带来刺激。从这一点出发，距离那种认为外部世界可以被用来代表精神状态的理论就已经不远了。

但是老叶芝本人并非象征主义者，而我们也尚未确定他的儿子何以成了一个象征主义者。老叶芝的性情之复杂并不逊色于这位年轻诗人，所以任何简单的回答都无法令人满意。不过，在各种因素里，叶芝在与父亲的争论中总是失利这一点也许与他培养出自己的意象创造能力有关。他很快就发现：图像不同于逻辑命题，是无法反驳的。弗兰克·奥康纳曾经描述过：在其晚年与乔治·拉塞尔的争论中，叶芝会突然从自己脑中的幻景中找出一幅图像，例如"但那是在孔雀尖叫之前啊"，以此困扰并压倒对手。[1]当他还仅仅是个不良于阅读的少年时，这种办法必定更有必要，也更有效。第二个因素在于他对自己不满，同时对自己的不完美也有清楚认识。通过象征，尤其是传统象征，他可以把他的作品变得不那么个人化、不那么容易识别。后来他曾提醒菲奥娜·麦克劳德[2]：神话必须是"客观的"、"其来有自的和独立的"，而不应该是"一种主观的、产生于某个单一头脑的观察事物的内在方式"。[3]

因此，对象征的使用具有某种逃避的意味。歌德的头脑许多方

---

[1] 见于弗兰克·奥康纳收藏的文章手稿。
[2] Fiona Macleod，威廉·夏普（William Sharp，1855—1905）赋予自己的另一重人格，参见第六章。——译注
[3] Elizabeth A. Sharp, *William Sharp* (London, Heinemann, 1910), 335.

面都与叶芝相似，他对象征的这一特征也一清二楚。当他二十三岁时，他曾对一位朋友说自己"总是用比喻说话，无法直白地表达自己；然而，到年纪再大一些时，他希望自己能按一个想法本来的样子来思考并表达它"。[1] 然而如果说叶芝接受象征主义部分是为了弥补心理上的弱点，他无疑也很清楚象征的价值不仅仅在于补偿。随 57 着他进入成熟，他想要的便不再仅仅是保护自己的头脑不受侵犯，而是去探索逻辑学家和拘泥于字面之人无法接触的、更多更深的秘密。他阅读神秘主义作者的作品，因为他们在一切中都看见象征。出于同样的大致目的，他也在寻找那些声称自己可以通过魔法掌控外部自然世界的人——就像诗人通过象征来掌控它那样。叶芝将会为他自己和他的方法找到正当的理由。他正确地觉察到象征主义问题超出了诗歌和审美理论的范畴，也明白要想使用魔杖，就得掌握一切魔法。

---

[1] George Henry Lewes, *Life of Goethe* (Everyman), 118.

第五章　与"唯物主义者"[1]的斗争

58　　　神秘主义所研究的，是太过深奥危险、无法放心交给普通人的秘密，它本身就是一个有魔力的词。尽管驱使叶芝离开父亲的怀疑立场的是一些个人原因，但若非一场神秘主义运动正在发生的话，他也不太可能转向神秘主义探索。在欧洲和美洲，到处都有年轻人像他一样坠入半秘契思想的诡谲旋涡，而这些人通常还缺乏他的谨慎。他们拒绝接受那些信奉科学主义、唯物主义、理性主义和往往伪装虔诚的长辈想要交给他们的宇宙。科学已经否定了关于世界和人的创生的传统观念，也意味着一种对一切传统立场的威胁。达尔文剥夺了世界的意义，而很少有人能像萧伯纳那样坚信拉马克

---

[1] 本书中 materialism 一词视上下文不同，在表达形而上学意义时译作"唯物主义"，在表示对英格兰所代表的"庸俗现代文明"的批判时译作"物质主义"。——译注

　　　　　　　　　　　　　　叶芝：真人与假面

（Jean-Baptiste Lamarck）的观点——长颈鹿之所以有长脖子，是因为它想要。马修·阿诺德内敛而又绝望地向人们保证基督教可以改变，却没有激起多少热情。

　　基督教看起来已经分崩离析，而科学展示给西方人的，无非他们本性卑微可鄙的证据。于是，一种自称历史悠久并且来自欧洲之外的新信条由一个古怪的俄罗斯贵妇发展起来。这个新潮流自称神智学，宣扬一种与其三个组成部分的当前状况截然不同的"科学、宗教和哲学的结合体"[1]。其发起者是布拉瓦茨基夫人[2]。她遍涉各种新的进化理论，然后坚定地声称人类从来不曾有过猿的阶段。"现代科学只是一种遭到扭曲的古老思想，别无一物"，她宣告说。[3] 同时，她也对所有现存的宗教——尤其是基督教——发起攻击，并指控教士们应当为现代的唯物主义负责。"身穿黑袍的牧师"歪曲了 59 原本正确的信条，只留下它们的空壳，用来喂食那些因为灵魂的饥饿而两眼深陷的人。现代宗教同样只是对古老思想的扭曲，别无一物。哲学并非她的主要靶子，但布拉瓦茨基夫人与赫伯特·斯宾塞之间也有漫长的斗争。

　　为了找到被扭曲之前的古老思想，她支持比较神话学这种新

---

[1] 这是《秘密教义》（*The Secret Doctrine*）一书的副标题；参见下条。——译注
[2] Madame Blavatsky（1831—1891），即 Helena Petrovna Blavatsky（HPB），俄国唯灵论者、神智学会的创始人之一，著有《秘密教义》。——译注
[3] H. P. Blavatsky, *The Secret Doctrine* (3rd Point Loma Edition, Point Loma, Calif., Aryan Theosophical Press, 1926), I, 579。她对进化论的态度并不明确。

学科所使用的类比方法。从 1860 年前后开始，宗教神话史研究大量涌现。马克斯·穆勒（Max Müller）对东方智慧文学的翻译作品在这一时期问世；达尔布瓦·德·朱班维尔（Marie Henri d'Arbois de Jubainville）对凯尔特人文献的研究正在进行；詹姆斯·弗雷泽爵士（Sir James Frazer）不久就会出版他的《金枝》（*The Golden Bough*，1890）。布拉瓦茨基夫人早早地被卷入这股潮流之中。她的第一本书《揭开面纱的伊西斯》（*Isis Unveiled*，1877）肯定了各种宗教的基础信念之间的相似之处，并将这种相似归于一种秘密的信条，视之为各种宗教的共同来源。与穆勒、朱班维尔和弗雷泽不同，她并不需要依赖书面文献为自己提供知识。她自称自己了解一种口头传统，因为真正的、秘密的教义从来不会完全消失，哪怕世界已经堕落。在更早的时代，总有一个精英群体了解这种传统。例如，波墨（Jakob Boehme）和帕拉塞尔苏斯（Paracelsus）甚至已经揭示了这奥秘的一角。她声称：在西藏的高山堡垒中，如今仍有一个古老的僧团（brotherhood）保护着这种秘密的智慧。常被她称为"上师"的这些僧团成员对宣传自己的教义没有兴趣。对他们来说，能保护已有的知识，或能让它增长，就已经足够了。只要他们愿意，就可以震惊整个世界，因为他们的精神力量已经极为强大，远远超过那些使用所谓新"通灵术"的人所能想象的程度。事实上，他们也多次计划向外界揭示一点秘密。当布拉瓦茨基夫人在西藏跟随他们学习时，他们就向她展示了一些东西，后来又通过通灵术继续向她呈现。其中

　　　　　　　　　　　　　　　叶芝：真人与假面

两位上师——库-呼米（Koot-Hoomi）和摩尔雅（Morya）——尤
为慷慨地表示他们愿意通过神智学会的良善工作将一部分秘密教 60
义交给世人。随着这些奥义的逐渐揭示，世界将会慢慢朝向早有
预言的更高灵性前进。

　　布拉瓦茨基夫人在向世界宣示她多方拼凑起来的教义的同时，
还掺入了各种虚妄的神话，让神智学的影响力进一步加强。若是这
种体系不那么虚妄，便不会激起那样大的热情。要想吸引新信徒，
就必须有从西奈山搬来的法版（Tables of the Law）。这股混合了奇
异与古老两种特征的潮流变得越来越强，原因在于：它抨击无神
论，同时又支持反教权主义；它抨击科学，又在一切可能的时候小
心地将科学语言和定论当做自己的武器，并且只在谨慎挑选的战场
上作战；它坚守宿命论，却又兜售进步的希望；它像马克斯·诺尔
道（Max Nordau）那样猛烈谴责现代人类，却又向他们许诺一种接
近神的可能性。灵性的进化恢复了被自然进化剥夺的希望，唯物主
义则受到彻底唾弃。

　　布拉瓦茨基夫人将她的主要著作称为《秘密教义》，其中的信
条之所以值得一提，是因为它们让叶芝第一次接触到一种系统化的
宇宙学。无论我们对布拉瓦茨基夫人有什么别的看法，她的确尽力
想要将整个世界纳入掌心，对人类和宇宙都加以极大的概括，比
教会的教条更容易让叶芝相信，也更有吸引力。布拉瓦茨基夫人
的信仰有三条主要原则。第一条：宇宙中有一种"无所不在、永
恒不灭、至大无外、绵延不变的法则，关于它的一切思考都不可

能"。[1] 这与阿诺德博士的个人上帝概念相去甚远，而在实践中神智主义者对神也毫不在意。第二条：布拉瓦茨基夫人确认存在一条关于周期、流动、回流，或者——用她有时会采用的说法——极性（polarity）的原则。根据这一条，世界是由对立面构成的矛盾体；
61 类似摩尼教的看法，善与恶是生命赖以存在的一对矛盾，但它们并非唯一的对立；到处都是敌我交战，有时一方胜出，有时另一方胜出。第三条：她宣称所有灵魂在本质上与普遍的超灵是一体的；这就意味着只要条件合适，任何灵魂都可以分享超灵的力量；此外她还主张"每个灵魂都必须按照循环与因果的法则经历周而复始的转世旅程"。[2]

这最后一条教义需要一些解释。根据神智学著作的说法，灵魂由七种元素构成，或者说具有七重本质，其进化过程需要经历在七颗行星上的存在，每一颗行星上都有不同比例的物质和精神，只有地球上二者比例相等。一共有七个种族、七个支族（branch race）和七个根族（root race），而灵魂需要经历每一个阶段，一共有大约八百次转世，就像"穿在一根线上的珠子"。[3] 天堂和地狱都真实存在，但只被视为两种状态，而非两个地方。

---

[1] H. P. Blavatsky, *The Secret Doctrine* (3rd Point Loma Edition, Point Loma, Calif., Aryan Theosophical Press, 1926), I, 14.

[2] 同上，17 页。

[3] Charles Johnston, "Esoteric Buddhism", *Dublin University Review*, I (July, 1885), 144–145.

神智学的原理难以准确描述，但我们可以借助叶芝的同学查尔斯·约翰斯顿 1885 年发表在《都柏林大学评论》上的一篇神智学灵魂进化理论概述。[1] 他最早宣读这篇文章是在都柏林秘术学会的集会上，叶芝也是在那里听到了他的宣读。根据约翰斯顿的说法，灵魂要经历七个周期，每一个都是一次环绕七大行星、经历所有种族的历程。在第一个周期中，人类多少还是一种虚无缥缈的灵体，"无智无识，却有很高的灵性；在秘传的意义上，灵性指的是直接的或直觉的知识，不同于物理的推论或经由逻辑得来的知识"。第一周期中的人类"栖居于一个广阔却松散的身体中"。

第二个周期里，人的身体更加坚实，他也因此更实体化，"只是其直觉仍高于智力"。到了下一个周期，他变得更像是一只巨猿而非真正的人，然而智力已经增长了不少。在第四个周期，也就是当下我们所处的周期，"他的身量缩小"，智识则"有了巨大的进步"。第五周期，"意识必须将其自身与灵性状态的灵魂相结合；这种结合被称为最终的救赎"。第六周期，"人在肉体和精神上，在灵性和智识上都会发生难以觉察的变化，变得更完美"。第七周期的人"对第四周期的人来说已经太接近于神，其特征不是他们所能描述的"。

62

---

[1] 参见上条注释。约翰斯顿文章的主要参考文献是 A. P. Sinnett, *Esoteric Buddhism* (London, Trübner, 1883), 29–65。

如果在第五周期未能与灵性的灵魂结合，会导致一个人回到之前的周期，经历更多次转世，但如果灵魂安全抵达第七周期的终点，便会进入"涅槃，也就是无所不知的高等意识状态"，并成为行星之魂。在每一个周期开始时，都会有一个行星之魂转世，给各个种族带来种种道德观念，"并向一些善于学习的头脑简要教授秘传的智慧，而这种智慧会一代代传承"，直到一个周期终结。与人同形的神的概念便是来自周期之初的这次转世。

约翰斯顿对神智学关于灵魂和历史发展过程的观点的概述并不完整，但为我们提供一个大体的概念。神智主义者们利用来自东方宗教、西方神秘主义、秘契主义、哲学乃至科学（只要能为他们所用）中的例子来支持自己的教义。在英语世界中，他们幸运地找到了 A. P. 辛尼特这样有能力的宣传者。辛尼特是一名富有的英国编辑，居住在印度。布拉瓦茨基夫人用神秘的敲击[1]、灵铃（astral bell）的鸣响等种种异象征服了他——她声称这一切奇迹都出自她那些无所不知因而无所不能的西藏上师。这些异象微不足道，但在心情迫切的辛尼特眼中足以证明世界上存在可敬的英国人迄今仍一无所知的力量。他将自己的著作题名为《神秘的世界》（*The Occult World*），并以充沛的精力和"证据"为书

---

[1] Rapping，即后文中的"桌上灵击"（table rapping），指一群人围坐桌边时无人动作，桌上却发出敲击声的通灵现象，被唯灵论者们视为鬼魂与生者沟通的一种方式。——译注

名中的暗示辩护。他声称，自己所描述的现象都有可靠的证人保证其真实性，但与西藏僧团所拥有的真实力量相比不值一提——僧团的成员们可以轻易地向印度的深谷和雄伟的喜马拉雅山施展力量。上师们的年事高不可测，有着堕落的西方人难以想象的纯洁。他们致力于保护那些被教士团体腐蚀、被人力建起的教会掩盖的秘密。

63

叶芝的朋友查尔斯·约翰斯顿在1884年读到《神秘的世界》。这本书对他的想象立即产生了影响。"当我初次读到这本令人赞叹的小书时"，他后来写道，"书中描述的神秘现象在我看来完全是可信的；而且，那些集其灵性传承之大成的人可以掌握普通人称为奇迹的力量，相信这一点对我来说毫无困难。"[1]据说叶芝的另一个同学克劳德·福尔斯·赖特[2]还因为受到启发而在1884年和1885年前去拜访布拉瓦茨基夫人以寻求教诲。她对他说："回到你的家乡都柏林，在那里建立一处集会所。"[3]都柏林的人们对这场运动谈论得越来越多。有一天，就在1885年复活节前不久，叶芝在爱德华·道登家中听说了辛尼特的第二部作品《秘传佛教》——它为《神秘的世界》中的魔法现象提供了教义

---

[1] Charles Johnston, "The Theosophical Movement," *Theosophical Quarterly* (New York), V (July, 1907), 16–26.
[2] Claude Falls Wright，即前文的克劳德·赖特。——译注
[3] 引自都柏林神智学会主席 P. Leslie Pielou 寄给作者的信。

上的解释。[1] 叶芝深深为《秘传佛教》所激动，把它带给约翰斯顿看。后者几乎立刻就加入了伦敦的神智学会所——此时辛尼特正是那里的主席——又为都柏林的朋友们带回关于会所活动的报告。关于《秘传佛教》这本书，约翰斯顿后来写道："书中关于生命和灵魂成长的讲述丝丝入理，又与世界历史编织在一起，以令人信服的力量打动了我，让我至今不忘。"[2] 约翰斯顿当时十八岁。这些年轻的爱尔兰人在拥抱古怪信仰时所展现出的冲动，与十九世纪八十年代巴黎拥抱古怪罪恶的"德泽桑特派"[3]并无二致。

这一幕夸诞信仰的景象在 1885 年 6 月被打破了。1882 年成立的心灵研究会（Society for Psychical Research）派遣理查德·霍奇森（Richard Hodgson）前往印度，调查辛尼特关于布拉瓦茨基夫人那些奇迹的讲述的真相。与它派出的这位代表相似，心灵研究会对神秘现象怀着友好态度，其成立就是为了以开放态度调查那些被科

---

[1] 欧内斯特·博伊德（Ernest Boyd）认为叶芝在 1885 年阅读《秘传佛教》是都柏林神智学运动的开端。事实上，一年之前甚至更早，神智学观念就已经在都柏林流传了。在一封写给肖恩·奥法莱恩且由其收藏的未发表信件中，乔治·拉塞尔提到自己在八十年代初就曾阅读神智学文献；查尔斯·约翰斯顿在前文所引的发表于《神智学季刊》中也提到自己在 1884 年就读过了辛尼特的《神秘的世界》。参见 Ernest Boyd, Ireland's Literary Renaissance (London, Grant Richards, 1923), 213–214。

[2] Johnston, "The Theosophical Movement", *Theosophical Quarterly*, V, 16–26.

[3] 得名自法国颓废主义作家若里-卡尔·于斯曼（Joris-Karl Huysman, 1848—1907）的小说《逆流》(*À rebours*) 中的主人公让·德泽桑特（Jean Des Esseintes）。——译注

学家随意否定的现象。学会承认科学证据和科学步骤的可靠性，但也和威廉·詹姆斯一样坚持认为：无论如何，超自然现象的不可能性尚未得到证明。

霍奇森抵达印度时，正值布拉瓦茨基夫人的两名仆人因为一场争吵而决定背叛女主人的时候。他们向霍奇森透露了她那些暗格和其他花招，于是霍奇森返回伦敦，在向心灵研究会的报告中将布拉瓦茨基夫人斥为江湖骗子。由于查尔斯·约翰斯顿在那段时间与叶芝的亲密关系，我们有幸可以看到他的表现：他当时正是听众之一，并在听到霍奇森的报告时怒意渐炽。当学会的官员迈尔斯（F. W. H. Myers）询问他对报告有何看法时，这个年轻人怀着青春的全部坚定高喊："整件事情都是如此可耻，如此不公。若非我已经是神智学会的成员，只因为霍奇森先生这场表演的缘故，我也会立即加入它。"[1]奇怪的是，约翰斯顿的忠诚并不孤单。霍奇森的证据之完整正好把布拉瓦茨基夫人从一个阴谋冒险家变成了受迫害的卡珊德拉——因为她向无知庸众吐露智慧之言。

回到都柏林后，约翰斯顿与赖特和其他几个人决定与那位遭遇不公的夫人祸福与共。1886 年 4 月，他从辛尼特那里取得了在都柏林建立会所的特许状。[2]乔治·拉塞尔也获邀参加，但当时的他似

---

[1] Johnston, "The Theosophical Movement", *Theosophical Quarterly*, V, 18.
[2] 公告见于 *The Theosophist* (Madras, India), VII (Supplement to April, 1886, number), cxxvi。

乎反对组织化的秘契主义，拒绝加入。[1] 叶芝在被问及时也拒绝了，因为他的信念在霍奇森的攻击下有所动摇，觉得自己的热情无法与朋友们相比。[2] 不过，他仍与会所保持紧密联系，并多次在那里发表演说。

当叶芝随家人在 1887 年 5 月迁往伦敦时，他仍在犹豫是否要成为一个神智主义者。布拉瓦茨基夫人已在他之前一个月来到伦敦，在到达后两个星期内就成立了一个布拉瓦茨基会所。抵达伦敦不久，叶芝便带着查尔斯·约翰斯顿的介绍信前去拜访她，[3] 并立即被说服，抛开疑虑加入了会所。布拉瓦茨基夫人对她的拜访者有一种特别的魔力，而这位诗人正如我们所见，受到敏感自卑和缺乏主动的困扰，又对强大的人格满怀崇敬，尤其为她所倾倒，因为她是如此的完全自我，如此的"不可预见，不从逻辑，无法理解"[4]。正如他在《自传》的未发表初稿中所写，在她身边时，他可以逃离自己头脑中不息的风暴；此外，布拉瓦茨基夫人在向他解说时是那么确信和广博，也让他觉得自己的反唯物主义理论的可靠性得到了验证。

必须承认，他并没有完全被她的神秘力量说服。在他走进她

---

[1] 这是基于他写给《路西法》(*Lucifer*) 的编辑的一封信的推测，参见 *Lucifer*, III (December 15, 1888), 339–341。

[2] AU, 112。在其《自传》未出版的初稿（FD）中，他声称自己读过霍奇森的指控。

[3] Hone, 69.

[4] FD.

的家时，她的一台坏掉的布谷鸟钟向他啼鸣，他还仔细检查了钟的结构，想要看看里面是否藏着什么花样。[1] 此外，他也好奇为何布拉瓦茨基夫人没有反驳霍奇森的指控。[2] 但这些问题没有给他带来太多困扰，因为他在布拉瓦茨基夫人身上看到了一个神话式的存在——头脑中充满世界的一切传说[3]和许多智慧。一个年轻而纤弱、满怀热情的爱尔兰人和一个体态丰腴、心怀执念的俄国贵妇找到了彼此间的共同之处。"她给我的印象是慷慨而宽厚，"他后来写道，"我记得，她特别留心不要让她身边的年轻人太过劳累。我还偶然听见她对一些指责我说话太多的粗鲁陌生人说：'不，不要这么说，他很敏感'。"[4] 她轻易就看出了这个年轻人心理中的艰难。有一次，他对神智主义者们宣读了一篇乏味的演讲稿，收到的反响十分冷淡。布拉瓦茨基夫人把他叫过去，对他说："'把稿子给我。然后你回去，再把自己想说的说出来。'他遵命而行，获得巨大的成功"[5]，并一直为此心怀感激。

在她来到伦敦之后的大约一年时间里，布拉瓦茨基夫人都劝说那些太过急切的追随者不要在神智学的海洋中陷得太深，并以黑

---

[1] AU, 215.

[2] FD.

[3] AU, 216–217.

[4] FD.

[5] *Lady Gregory's Journals, 1916—1930* (London, Putnam, 1946), 261–262. Lennox Robinson, ed.（译按，原文标点如此。其中双引号表示引文出处，而布拉瓦茨基夫人说的话是单引号中引用的部分。）

魔法的危险来警告他们。叶芝无视她的告诫，带着凯瑟琳·泰南参加了一次唯灵论者的降神会。在那里，他深深受到超自然现象的迷惑，失去了控制，用头猛撞桌子。由于他不守规矩，布拉瓦茨基夫人在他下一次来访时严厉责备了他。[1] 然而，到了 1888 年，神智主义者们对魔法教学的需求越来越高涨，让她下定决心，为自己最真诚的门徒（chela）成立了"秘传分部"。[2] 叶芝大受鼓舞，在团体成立之后不久就加入了。他迫切想要更深入地探索神智学的奥义，也希望秘传分部能让他有机会给出一种不仅能令他自己满意，甚至也能让他父亲这样的怀疑主义者满意的证明：神秘现象是可能存在的。毫不意外，他的朋友乔治·拉塞尔选择了相反的立场，并痛心地从都柏林写信给布拉瓦茨基夫人，警告她：将神智学会的目标从与绝对真理的结合变成"证明通灵现象、桌上灵击和召唤鬼魂"是危险之举。在回信中，布拉瓦茨基夫人让拉塞尔放心，表示秘传分部不会开展魔法实践，只是做一些必要的训练，以保证魔法力量可以安全地交给某个人。[3] 成员们不会学习呈现奇迹，只是要做好学习的准备。

　　秘传分部有严格的规则。成员必须起誓放弃一切虚荣心，禁欲

---

[1] 写给奥利里的未发表信件，日期早于 1888 年 3 月 20 日。副本存于贝尔法斯特中央图书馆。

[2] 秘传分部成立通告见于 *Lucifer*, III (Oct. 15, 1888)，175 页之后的无页码页。

[3] 参见 A. E. 写给编辑的信件，其中包括了布拉瓦茨基夫人的回复，*Lucifer*, III (December 15, 1888), 339-341。不过，A. E. 还是在 1890 年 12 月加入了该分部。

叶芝：真人与假面

苦行，为人类同胞的福祉奉献自己。[1] 作为回报，分部承诺为成员带来他们未曾想见的人格变化。心理上的进步会立即出现，但在刚开始时并不完全是好事。灵魂中所有强烈的冲动，无论好坏，都会浮现出来。只有以这种方式才能祛除恶，"让灵魂上升，获得掌握并使用更高知识的能力"[2]。

叶芝自然至为兴奋。让自身的存在中一切潜在可能性都浮现出来，这正是他想要的。他需要得到帮助以改变自己的人格，去除自己的怯懦，学会掌控他人和他自己，成为他梦想中的英雄。此时他仍未摆脱父亲的巨大影响，一心想要找到"自身存在的法则"，将自己的头脑从继承来的观念和态度中解放出来。正如他后来所承认的，在两人关于神秘主义的争论中胜出的是他父亲，因此叶芝失去了自信。不过现在他又满怀希望，"从想象揣测"前进到"秘契主义者的直接体验"[3]。

通过在身体的各部分、季节、色彩、元素等各种事物之间建立联系，为荒寂的宇宙披上一层神秘而又个人化的外衣，秘传分部让他见到了一整套奥秘交互与奥秘符号的系统。此外，分部也促使他转向波墨和斯韦登堡（Emanuel Swedenborg）寻求更深入的学习。

67

---

[1] Blavatsky, *The Key to Theosophy* (London, Theosophical Publishing Society, 1889), 20, 263.

[2] "Dr. Keightley Speaks", *The Theosophist* (Adyar, India), X (July, 1889), 595–601, 重印自《纽约时报》文章。

[3] Yeats, *A Vision* (London, Macmillan, 1938), 12.

他在秘传分部期间记下的一则日记表明：不出所料，他满怀热忱地加入这项工作，态度也比大多数其他成员更加独立。

秘传分部日记

1888 年圣诞节前后，我加入了 TS（即神智学会）的秘传分部。起誓部分对我来说没什么问题，除了其中两条——承诺为神智学工作、承诺在一切神智学问题上服从 HPB（即布拉瓦茨基夫人）。我对 HPB 解释了我的难处，对她说我只能在满足一个前提的条件下签字，即神智学具体指什么应由我本人裁定（因为这个词实在太过宽泛），而我也认为我对布莱克的研究足以证明我可以做到这一条。至于另一个问题，HPB 解释说此处的服从仅仅涉及神秘实践方面——如果有必要开展神秘实践的话。然后，承诺书里就加入了（incerted，原文如此 [1]）一条：每个成员在承诺服从时应是出于自己本心的决定。上周日（这篇日记的时间是 1889 年 10 月 24 日），我们在伦敦举行了一次秘传信徒的私下集会，通过了以下决议：

（1）我们信任 HPB；（2）我们信任她的导师；（3）我们将在出自本心的前提下为她辩护。对于是否应该在第二条上签名，我有些疑虑。在关于圣人这一条上也许与我同样思虑重重的扎姆布卡小姐（Mademoiselle Zambuca）没有签名，而是离开了会场。

---

[1] 为 inserted 之误。——译注

不过我觉得我选择签字还是对的。对这个问题我这样理解:"我信任布拉瓦茨基夫人的导师是完全正直的、学识渊深的导师;我对他们怀着像学生对老师一样的充分信心。"扎姆布卡小姐和其他一些签了名的人似乎将之视为对某种关于这一问题的具体理论的义务。我尝试解释我对这一条的看法,但是不知为何没能说服他们。目前,由于缺少足够的事实支持,我仍然拒绝在以下选项中做出决定:(1)这些导师也许正如 HPB 所说,是活生生的秘法传人;(2)他们可能只是 HPB 出于自己恍惚的天性,在无意识中创造出的夸张形象;(3)他们可能正如灵媒们所说,是一些精灵,但这种可能性很小;(4)他们还可能是自然的晦昧法则的象征化自我表现。那种最粗糙的作伪理论我没有相信多久,因为它完全无法解释各种事实。其他四种假说则能自圆其说。

68

我最后得出的结论是:我关于这一条款的看法是对的——我认为那个美国人是个不服从者——这使得此类条款以及关于任何秘传信徒都无需追问上师问题的表述(有时候是说明)成为必要;但我也得出了另一个结论:鉴于 ES(秘传分部)决议的模糊性,以及不同成员各有不同的目的,(我应该)[1]把我参与的一切签名等程序用日记记录下来,以备自己将来之用,(也应该)仔细说明自己每次参与的理由,并在对自己的理由的合理性有所疑虑时将之提交给我信任的高级成员。

---

[1] 原文句子太过复杂,此处似缺少成分。下一行的"(也应该)"同理。——译注

至于各部门的人员（现在我已经全都见过了），有几个看似颇具智识，有一两个算是文化人，其他无非一切新事物周围常见的无主见之人（聪明人和无主见者同样满怀热情）；时而我还能看到几点狂热的火星。（我相信）这个分部无法在任何方面影响教育良好的头脑，因为学会迄今既无人员也无手段来实施这种从未尝试过的宣传。学会对那些头脑已产生的效果完全基于这种哲学的内在价值——而宣传手段则会令众多教育良好的人望而却步。印度的情况似乎要好一些；对教育良好者唯一一次堪称有效的影响是莫西尼（即前文中那位拜访都柏林的婆罗门莫西尼·M. 查特吉）在这里的时候制造的，但他甚至无法流利书写。

12 月 20 日

上周日参加了秘传分部会议，与其他人——有贝赞特太太（Anne Besant）和伯勒斯（Herbert Burroughs）——共同评议誓词——智力和一只大个子小狗差不多的米德[1]与往常一样，有点正义感过剩，除此之外会议还算有趣。那个板着面孔活像个列兵的家伙最后加上了一条：成员们各自挑选一座城市展开信件宣传。WB（W. B. 叶芝）不参与宣传，不出力。那只小狗再

---

[1] 英国历史学家、作家乔治·R. S. 米德（George Robert Stowe Mead）。他在 1889 年放弃教职，成为布拉瓦茨基夫人的私人秘书以及神智学会秘传分部的联合秘书。——译注

怎么假模假式也白费力气。

叶芝对于计划中没有秘术实验这一点有些失望，于是决定向布拉瓦
茨基夫人施加压力，让她允许此类实验：

12 月 20 日（续）

　　我提出了组织秘术研究的计划，将这个问题呈交给 HPB。
HPB 多半会以打开黑魔法之门的危险为理由拒绝。

12 月 30 日

　　上周，HPB 接受了实验的提议。

1 月 19 日（1890 年）

　　ES 在杜克街开会。实验提议被分部接受；研究委员会委
任我为秘书。新成员似乎大量涌现——不时能看到一两点文化
的火花闪耀。研究委员会现在应该对它自身做点什么？

　　最后一名成员入会后过了一两个星期的周六，我们开始研
究了。记录委员会以穆泽（Mouser）为灵媒，进行了千里眼实
验。贝赞特太太那里有详细记录。[1]

---

[1] 未发表手稿。因为眼睛生得与众不同，叶芝懂得一些催眠技巧，因此在这一场
合担任"催眠师"。参见 Ltr. to K. Tynan, March, 1890. Tynan, *Middle Years*, 62。

他们真的做了几次实验。有一次，这些秘传信徒试图唤醒一朵花的幽灵；另一次，为了研究激发特定种类梦境的可能性，他们在睡觉时将特定的符记放在枕头下。两次都失败了。没有奇迹出现；其他成员的思想中开始浮现怀疑；叶芝的委员会似乎不太可能推进神智学事业。他在这个组织中的最后一次公开露面大概是1890年8月。当时主持会议的是安妮·贝赞特，而他的演讲主题是"神智学与现代文化"。[1] 演讲似乎还算可以让人接受，但那些实验已经超出了布拉瓦茨基夫人的耐心限度。过了没有多久，她的秘书（无疑得到了她的许可）便要求叶芝退会。诗人懊丧地同意了。[2]

尽管最后被革出了组织，但叶芝有五六年时间浸淫于神智学，其中还有三年成为组织领袖手下的积极成员。这样的经历还是在他身上留下了印记。他接触了一套基于对唯物主义的反驳、基于秘密和古老智慧的体系，并受到鼓励，相信自己可以将童年时听到的童话故事和民间传说、在青春期读到的诗和有生以来一直在编织的幻梦结成一体。他在神智主义者那里得到支持，因为他们接受鬼魂和童话，将之整合在自己的体系中，又将梦境和象征视为超自然力量的显现。离开神智学会之后不久，叶芝对童话有这样的定义："童话是普遍神智中较为次要的精神情绪；在那里，每一种情绪都是一

---

[1] 参见伦敦布拉瓦茨基会堂档案。
[2] AU, 225–226.

个灵魂，每一个念头都是一具身体。"[1]这与神智学的信条完全相符。在布拉瓦茨基夫人的信徒们看来，很容易与幻想生命等同起来的精神生命总是近在眼前，并且总是影响着现实事物。有一次，布拉瓦茨基夫人家中一个矮小的印度客人抱怨说某个大块头唯物主义者压住了他的灵体——它就坐在沙发上，靠在自己身边——引起一片轰动。这桩轶事在我们看来固然可笑，在叶芝眼中也是一样，[2]然而它仍表明：在神智主义者的世界观里物质与精神是可以互相交换、互相作用的。叶芝正是要在这样的画布上开始他的描绘。

就具体的信条而论，叶芝默认接受了神智主义者们相信的大部分内容，尽管他更愿意将它们归于波墨、斯韦登堡和其他声望卓著的作者（此时他已受到鼓舞，开始阅读他们），而非归于布拉瓦茨基。他在《两个巨人》中指为"永恒黑暗"的神与布拉瓦茨基夫人所谓"无所不在、永恒不灭、至大无外、绵延不变……关于它的一切思考都不可能"的"法则"非常相似。至于周期、流动和回流的法则，叶芝在写作《裘相的漫游》时告诉我们：他被"一种意在证明一切生命都像我诗中所言那样波动起落的隐喻、一种关于汹涌波浪的隐喻"深深吸引。[3]此外，在《秘密的玫瑰》（The Secret Rose）中许多他早期创作的

---

[1] D. E. D. I.［Yeats］，"Invoking the Irish Fairies"，*Irish Theosophist*, I (October 15, 1892), 6–7。D. E. D. I. 意为"恶魔乃是反面的神"（Demon est Deus Inversus），是叶芝在金色黎明中使用的名字。

[2] 叶芝在给凯瑟琳·泰南的信中不无谐趣地提到此事。参见 Tynan, *Twenty-Five Years*, 269。

[3] *Wheels and Butterflies* (London, Macmillan, 1934), 102.

故事里，我们都可以发现那种关于历史是循环式的、关于每个周期之初都有一次神圣转世的概念。有好些年他几乎没有提到重生，但他似乎也接受了这条原则，并在后来充分利用它。无论这些观念是立刻影响了他，还是在他的头脑中潜伏下来，它们都为他的思考赋予了一种基础。他后来用于呈现自己的哲学和神学观念的作品《灵视》充满了与神智学的关联，也被今天的神智主义者们当做推荐读物。

除了那些明晰的观念，笼罩在神智学周围的各种东西也给叶芝留下了印象，例如它的秘密气息，还有《秘密教义》中多次提到然而除了布拉瓦茨基夫人之外无人见过的神秘经典——《冥思之书》[1]。他在布拉瓦茨基夫人的门上看到了她的上师库-呼米和摩尔雅的拙劣画像——据说是通过心灵感应而生成——并深受感动，为赞美这些西藏高人而写下让人难忘的诗行：

> 阿娜舒雅：以众神祖先的名义起誓，
>
> 誓言要重大——他们高踞在神圣的喜马拉雅
>
> 遥远的金色峰顶上；那些巨大的身形
>
> 在大海尚年轻时就已经古老；
>
> 他们广阔的面容呈现神秘和幻梦；
>
> 他们的长发沿着群山翻卷，年复一年，

---

[1] *Book of Dyzan*，亦写作 *Book of Dzyan*，是布拉瓦茨基夫人在《秘密教义》中声称保存在西藏上师们手中的一部经典，其中 Dyzan 一词来自梵语词 Dhyâna，意为"神秘的冥想"。——译注

叶芝：真人与假面

缀满无数不知畏惧的飞鸟

的窝巢；他们纹丝不动的足边

环绕着欢快的鹿群和羚羊——

他们从未听闻凶恶猎犬的吠叫。

起誓吧！[1]

然而，在这一切之上，也许他还崇拜布拉瓦茨基夫人那种温和的、以为自己完全可以应付人类知识的各个分支的自以为是。

　　叶芝当然明白她呈现出来的现象很可能是伪造的，正如他在"秘传分部日志"中所暗示。然而，他关于"这种哲学的内在价值"独立于现象的看法也不无道理。神智学将神秘主义传统与宗教传统糅合起来，包含了大量合理的乃至深刻的内容。通过一些比布拉瓦茨基夫人所提供的那些名声更好的例子，神智学清楚地表明：现实并不能简单地以五种感知来解释，而科学理性主义无视或肤浅地否 72 认了许多至为重要的事情。此时叶芝希望做的，是将自己的知识加以体系化，将自己的直觉与其他伟大诗人和神秘主义者的直觉融为一体，进行试验以证明一个神秘世界的存在，并以比布拉瓦茨基夫人更精确、更优美的方式描述那个世界。他已经获得了进攻唯物主义所需的武器。神智学为他提供了剑与盾，而他则像堂吉诃德那样冲上前去——尽管不无犹豫——向现代生活的风车发起进攻。

---

[1] "Anashuya and Vijaya", CP, 13–14.

第六章　罗巴蒂斯与阿赫恩：硬币的两面

他行如肩负秘密使命。

——沃尔特·佩特

73 　　叶芝一生中的各个时期里，1889 年到 1903 年这段时间最难梳理。这几年中他有太多兴趣和太多活动，而各种兴趣和活动之间又极少有明显的联系，以致若是严格按照时间顺序来讲述，我们会得出这样的印象：一个疯狂暴怒的人为了找到自己的房间，敲打旅馆里的每一扇门。然而，尽管他陷入了某种困惑，这个迷宫却并非无迹可寻——我们可以从他不断增长的自我意识中找到一丝线索。他很早就有一种喜欢在他人面前表现出另一种样子、将秘密的自我掩盖起来的倾向，并且到了把自己看成一个分成两半的人的程度。我们将要审视的这种自我分裂感并非如他所认为的那样独特。与他同时代的许多敏感之人都有这样的情况。只要我们认为这种倾向是普遍存在的，我们就可以避免将叶芝视为异类，避免将他的写作视为癔病中常见的意识分裂症状的表现。

　　至此我们已经进入一片处处陷阱的区域，因为我们将要讨论的似乎是十九世纪精神气候中的一种微妙变化。如果我们留意到流行于世纪初拜伦时代和世纪末王尔德时代的个性观念之不同，就不难看出这种变化的性质。拜伦式的英雄——无论是曼弗雷德还是不信者[1]——都是表面平静的人物，其内心却被炽热眼神无法掩饰的激情、被太过强烈而终将毁灭他的秘密负罪感吞噬。他嘲讽社会的价值观，他的生命是一种无法控制的力量，在他体内涌动，驱使他去革命，去乱伦，去谋杀，去自杀。

到了十九世纪末，这样的英雄被驯服了。在唯美主义者看来，一切激情都令人厌恶。他们把超越了激情、拥有丰富感受力的人树为他们的英雄。佩特在牛津避世而居，而他笔下的马利乌斯（Marius）从旁观者（spectator ab extra）的角度践行他的伊壁鸠鲁主义，最终，可以说是出于良好品味的缘故，成了基督徒。王尔德笔下的艺术家反抗的不是社会，而是生命。他拥有的不是激情，而是感觉，并且就连感觉也是抽象和冥思意义上的。在许多方面都堪称王尔德的导师的惠斯勒（James Abbott McNeill Whistler）曾说：让艺术家描绘生活，就等于让钢琴手坐在键盘上。王尔德比他更进一步，认为让一个人认真生活也是无理要求：不，"生命中的第一条义务就是故作姿态，而第二条义务还没有人搞清楚是什么"。所谓姿态，就是让人与生活中的激情与野蛮保持最远距离的

---

[1] The Giaour，拜伦的叙事诗《不信者》（The Giaour）中的主人公。——译注

方式。"创造你自己，让你自己成为你的诗。"[1] "在我看来，艺术才是最高的现实，而生活仅仅是一种虚构。"[2] 这种态度无疑是一种夸张，但它也自有体系，深深植根于这样一个人的生命中：他为了证明自己惯常的体面姿态是真实的而走上法庭，心中却知道事实并非如此。

从王尔德的角度来看，拜伦式的英雄不过是对生命缺乏掌控力的人。王尔德深知自己已与十九世纪早期那种浪漫主义分道扬镳，并给出了以下解释："拜伦是一个有象征意义的人物，但与他相联系的是他那个时代的激情，以及对激情的厌倦。与我相联的，是更高贵更永恒之物，更为重要，也更为广大。"[3] 对王尔德来说，理想的人不应怀着满腔难以约束的激情，其激情应该经过驯服和精炼，被塑造为另一个自我；这个自我是有意识编织的产物，是一种**姿态**。衡量王尔德式英雄伟大程度的标准，就在于他能在何种程度上将来自他生命的原材料改造为完全不同的事物。他的激情即使浮现，也是卑下无趣的，是某种令人厌恶又不合宜的现实的一部分，是自然

[1] Vincent O'Sullivan, *Aspects of Wilde* (London, Constable, Second Edition, 1938), 223.

[2] Oscar Wilde, *De Profundis* (New York, Knickerbocker Press, 1909), 33。参见 Max Beerbohm："因为脂粉时代就要来临，而正如只有在一个精致的时代男人才能通过他自身情感的纠缠生长而抵达纯粹之境——也是他所能达到的最高境界，并在一种可以说是摆脱自然束缚的过程中将自己与神的距离缩小到最短，也只有在一个精致的时代，女人才能臻于完美。"*Works* (London, John Lane, 1896; reprinted 1946), 81。

[3] Wilde, *De Profundis*, 32-33.

主义者而非真正艺术家喜欢的主题。因此，身败名裂之后，王尔德为"那个美丽的艺术世界"发出哀叹——"我曾在其中为王，而若非我纵容自己被诱入这不完美的世界——它充斥着粗粝残缺的激情、不辨美丑的嗜好、没有缰绳的欲望和弥漫无形的贪婪——我至今仍应在那里为王。"[1]

　　唯美主义者关于艺术人格的概念向我们暗示：一个人其实是两个人。其中较次要的一个人是被**赋予**的——无论是被上帝或社会赋予，还是仅仅因为出生而被赋予；更重要的一个则是前者的**创造**。关于这种分裂的一个证据来自文学之外，那就是在接近十九世纪末时开始变得流行起来的、对人格与性格的字面区分：前者被认为在某种程度上是后者的有意识产物。文学中的精神分裂随着十九世纪晚期两本书的出现而得以完成。这两本书分别是《化身博士》（*Dr. Jekyll and Mr. Hyde*，1885）和 1890 年刊载于杂志上的《道连·格雷的肖像画》（*The Picture of Dorian Gray*）。尽管史蒂文森（Robert Louis Stevenson）并非王尔德一派，但他对文明化的杰基尔博士（Dr. Jekyll）和兽性的海德先生（Mr. Hyde）的区分与道连·格雷和他的肖像画之间的差异是相似的。1896 年，马克斯·比尔博姆的《快乐的伪君子》（*The Happy Hypocrite*）重拾这一主题：故事中的乔治·黑尔爵士爱上了一个天真纯洁的女孩，于是他化名乔治·海

---

[1] Wilde, *De Profundis*, 28-29。参见他对纪德说的话"知道吗，艺术里不存在第一人称"，André Gide, *Oscar Wilde* (Paris, Mercure de France, 1905), 46。

文爵士[1]，假扮出一副圣徒的模样去追求她。

因为不同寻常的性取向，王尔德被迫过着一种双重生活，因此他痛切地感受到这种分裂，并在很大程度上将他的艺术建基于真实自我和伪装之间的张力上，以及诚挚与虚伪各自的重要性上。然而他的同代人同样理解这种分裂的自我，而其中大部分人都没有觉得有必要把这种分裂当做什么大事。十九世纪的最后十年到处活跃着像莱昂内尔·约翰逊和奥布里·比亚兹莱（Aubrey Beardsley）这样装腔作势的夸诞之人。就连詹姆斯·乔伊斯，因为生长在这样的气氛中，也曾说自己感到被迫养成一种"神秘的腔调"。[2] 佩特对风格极端在意，以无数次重写的办法来尽量消除写成的句子与最初进入头脑中的句子之间的相似，从中我们也能看出塑造一种人为的精致自我的努力。

同样一种潮流的迹象也出现在法国。马拉美使用反常的句法，加上与日常语言尽可能不同的语言微妙，构造出一种截然不同的生活形象。他的门徒保罗·瓦莱里（Paul Valéry）在《泰斯特先生》（*Monsieur Teste*，1895）中对马拉美风格的暗示又有所发展。泰斯特是一个抽象的、马拉美式的人，一个象征主义者、风格主义者和数学家。泰斯特夫人则是平易近人的普通女子，尽管嫁给了他，对

---

[1] 乔治·黑尔（George Hell）字面义为"乔治·地狱"；乔治·海文（George Heaven）字面义为"乔治·天堂"。——译注

[2] Joyce, *Stephen Hero* (London, Jonathan Cape, 1944), 20.

　　　　　　　　　叶芝：真人与假面

他却几乎毫无理解。读者则会慢慢意识到丈夫和妻子分别代表着瓦莱里自己头脑中的两部分。

这份清单还可以无休无止地加长，但也许现在的长度已经足够证明：自我性（selfhood）这一概念在十九世纪中发生了巨大的变化。如果说自我是双重或双层的，无论我们关于这两部分的概念是什么样，我们都会期待作者像史蒂文森、王尔德、瓦莱里、比尔博姆等人那样将每个部分人格化。现在我们也许可以理解这一时期笔名的盛行了，因为笔名正象征着人格分离带来的双重性。叶芝的朋友如 W. K. 马吉、乔治·拉塞尔、奥斯卡·王尔德和威廉·夏普等都是这样的例子。马吉的笔名"约翰·埃格林顿"还可以用音韵的改善或一个文化人对其爱尔兰名字中乡土意味的必要反应来解释。乔治·拉塞尔的笔名则更向前推进了一步："A. E."来自 Aeon 这个词；他在幻象中所见的天人就叫这个名字，而天人的状态也正是他追求的。[1] 王尔德在离开英格兰时使用的名字是塞巴斯蒂安·梅尔莫斯（Sebastian Melmoth），其中组合了他对牺牲与赎罪的理解[2]，也如他所希望的那样，完全去掉了"亲切而又无法无天的奥斯卡"的痕迹。作为十九世纪九十年代最典型的作者之一，威廉·夏普的笔名达到了极致。他把笔

---

[1] Eglinton, *A Memoir of AE*, 8, 27–28.
[2] 分别取自殉道圣人圣塞巴斯蒂安（St. Sebastian）和查尔斯·马图林（Charles Maturin）的小说《流浪者梅尔莫斯》（*Melmoth the Wanderer*）。——译注

名太过当真，在 1894 年太过忘我地投入到"菲奥娜·麦克劳德"这个人格中，甚至会在用这个名字写书时使用一种不同于自己的风格，会用女性化的笔迹为她给朋友写信，还会向写信给菲奥娜的朋友抱怨他们为何从不写信给他，最后几乎在双重生活的压力之下崩溃。[1]

叶芝在这种双重自我和自我分裂的空气中进入成熟期，然而他的精神发展却平行于其他作者而并非源于他们。他的确曾在 1888 年 10 月看过一场戏剧版的《化身博士》，[2] 也在 1889 年初见过奥斯卡·王尔德。就在这段时间或稍晚一些，他开始"热烈地为王尔德辩护，反驳那些认为他装腔作势的指控"，为此惹恼了乔治·拉塞尔，"他说那只是以艺术的方式生活，每个人都有责任形成一种自我观念；王尔德正是想要形成他的自我观念"。[3] 叶芝留意到，他那种关于内在分裂的感觉可以在自己周围处处得到印证。然而正如我们已经看到的，他的分裂的根源在于童年，与一种对父亲和父亲的世界的反抗密不可分，而这种反抗又只能是一种半反抗。他把一种自然的生活与母亲的家族联系在一起，并且徒劳地追求它；他痛恨父亲的怀疑主义，却又无力摆脱；他宁愿在幻梦中度日，却又希望得到俗世的成功。他的内心挣扎由于性欲上的困难而变得戏剧化；他与自己的理性不断作战，心中充

---

[1] E. A. Sharp, *William Sharp*, 223.

[2] JBY, *Letters* (Hone), 294（仅见于 New York, Dutton, 1946 年版）。

[3] Eglinton, *A Memoir of AE*, 110−111.

满自我厌恶——厌恶的是那种在他看来不自然的、可怕的精神状态。[1]因此，众多个人因素和众多事例，再加上当时的时代精神，让叶芝把他的生活看作自我的两个部分之间的争吵。

　　根据乔治·拉塞尔的说法，到了1884年，叶芝已经发展出一种关于分裂意识的理论。大约就在那段时间，拉塞尔描绘一个山上之人的一幅画让叶芝大为激动——画中人震惊于自己在雾中呈现出来的巨大形象。他在诗中多次使用这一主题，那些描述鹦鹉冲着自己的形象怒吼和露珠倾听自己滴落之声的诗行都是例子。后来，他还想要把它用作《幽影之海》（*The Shadowy Waters*）的题材。按照他对拉塞尔的说法，在这部戏的最初大纲中，"他的主人公是一个**为了逃避自我**而浪迹世界的人。他在海面上突袭了一艘大帆船。船上有一个美丽的女子。他以为他可以在爱情中逃避自我。他对德克托拉（Dectora）施下魔法。接下来，原稿中的主人公发现魔法创造的爱情只是空洞的回响，只是自我的影子。于是他解开魔法，独自一人寻找永生者的世界"[2]。至此，叶芝的分裂主要还是与挫败感和儿子对父亲的反抗联系在一起。然而，当他在1887年5月前往伦敦时，他发现这种分裂并不仅仅那么简单。

　　当时他已经快要二十二岁，在苦痛中变得内向，敏感自卑，明白现实中与梦想中的两个自己之间有一道巨大的鸿沟。十一年前，

78

---

[1] FD.

[2] 乔治·拉塞尔写给肖恩·奥法莱恩的未发表信件，由后者收藏。

萧伯纳也是这样渡过爱尔兰海，在适应时也遭遇了类似的困难。在其早期小说《天真》（*Immaturity*）的前言中，萧伯纳说自己当时太过羞怯，不敢接受邀请，因此正像叶芝所做的那样，把自己的怯懦用傲慢掩盖起来："聪明而富于同情心的女子也许只需要一瞥，就能看出我羞怯得无可救药；然而，那些无法看透我表面的人，那些习惯于从年轻人那里得到尊敬乃至崇拜的人，会觉得我难以忍受、满身是刺、放肆无礼。"[1] 叶芝并没有萧伯纳那些让英国人未见其人先闻其声的妙语，而且就其本性而言比萧伯纳远为内向和耽于梦想，因此他更清楚自己的笨拙。他终生都记得王尔德如何批评他脚上鞋子的颜色，觉得自己总是难免失态：

> 我总是忘不了自己内心中有某种无可救药、无可教化的东西。在可能看轻我的观点的人群中，只要我能体察他们的想法，我就无法表达自己的观点。我总是责备自己不忠于某个不在身边的朋友——似乎有一种超乎想象的谦逊。有时这种怯懦会变得难以解释，并且（至今）回忆起来仍旧（不）可解释。[2] 一个研究十七世纪法国诗歌的学者邀请我周日在圣殿区（the Temple）和他共进早餐，在场的还有一个和他住在一起的、年轻一些的牛津（人）。早餐后我感到无法起身告辞，尽管我想

---

[1] Bernard Shaw, *Prefaces* (London, Constable, 1934), 630.
[2] 叶芝原文缺少成分；括号中内容为本书作者增添，后同。——译注

要告辞，而他和他的朋友也给了我暗示，开始谈论他们或许根本不感兴趣的教会问题。我如坐针毡，然而就是没办法离开。有一次我前去拜访一位女士、我父亲的老朋友，到了之后却发现她正忙于看起来像是一个委员会的事务。我觉得自己当然不应该留在那里。然而，哪怕我在其他人那里已经遭遇过同样的情形，我却一直待到那场会议还是别的什么暂停下来，才狼狈不堪地离开。从此我再也不敢上门拜访她。后来又发生了一件事，不知道出于我内心的什么古怪，它至今仍是我所有记忆中最为痛苦的经历——虽然我此刻把它写下来，是希望能永远放下……我曾把都柏林的一位朋友作为新会员介绍进我的（魔法）组织。他是我在艺术学校时的同学……后来有人说起组织要收几镑钱的入会费。我朋友回答说："好吧，如果选择接受一样东西，我想就该付钱。"然后把钱放在了小桌子上。我知道他很穷困，而且组织从未向穷人收过任何费用，然而我什么都没有说。我就像一个身陷梦魇之中想要逃脱却无力行动的人。我和那位向他要钱的女士很熟。只要我开口，钱就会退给他，可是我却没有开口。关于那一刻的回忆总在晚上浮现，让我感到最痛切的自责。我不断想象他在巴黎的情景——当时他正要去巴黎学习，却因为少了这笔钱而节衣缩食。我曾想过给他寄钱，却从未有这样的宽裕。不久前，我听说他去世了。[1]

---

[1] FD.

伦敦让他的羞怯变得更加严重。叶芝后来曾说，对一个爱尔兰人，"英格兰就是童话世界"，[1] 而在十九世纪八十年代晚期和九十年代，事实几乎的确如此。除了布拉瓦茨基夫人和她那些不同寻常的皈依者，整个文人圈子也都在称颂各种杰出人物，如威廉·莫里斯、亨利（William Ernest Henley）、王尔德以及其他一大批人。他们为维多利亚时代的伦敦带来了一种将在爱德华时代失去的文学氛围。然而对一个渴望受到赏识的穷困爱尔兰人来说，此时的伦敦看上去陌生而充满敌意。叶芝觉得自己毫无地位，又格格不入。他受的教育不多，又没有弥补这种缺陷的勤奋力量。他只在都柏林发表过作品，而他的第二部诗集尚未完成。萧伯纳孤注一掷地选择了伦敦，决意无论用何种方式都要征服它；叶芝却时常梦想撤退，退回斯莱戈；事实上他也的确经常回去，住在舅舅乔治·波利克斯芬那里。从这个年轻人写给凯瑟琳·泰南（当时他唯一可以对之吐露心事的朋友）的早期信件中，我们可以看出一种明显的不适应。他不断提到"这该死的伦敦""伦敦对我来说总是糟糕透顶""我在这里将一无所获。我不喜欢这里的戏剧。文人圈子令我厌倦。我痛恨人群……"。[2]

他的不满部分源于外部环境。叶芝一家处于困顿之中，总是缺钱，有时甚至填不饱肚子。他们位于伯爵花园（Earl's Court）埃尔德利新月街 58 号的住处既无特点，又逼仄狭小。到达伦敦后不久，

---

[1] 来自作者与弗兰克·奥康纳的对谈。

[2] Tynan, *Twenty-Five Years*, 259, 265, 272.

他母亲就中风了，失去了自理能力，在她余生的十四年里再也没有恢复健全。叶芝常常看见父亲两手抱头坐在壁炉前，深陷忧思，于是更加痛切地感觉到自己梦游一样的无所事事。他想过回归艺术，却对艺术太过恐惧。他家的一位朋友帮他找到了工作，那职位却是在一家统一主义立场的报纸，叶芝无法强迫自己接受。[1]他把大量时间花在梦想和读书上。当凯瑟琳·泰南写信批评他对其他事务缺乏兴趣时，叶芝在回信中为自己辩护：

> 在这封信里我不能再谈论那些读书人圈子的事了，因为我知道你觉得我对其他事情不感兴趣。在这个问题上，实际情况是：其他事情总是因为各种原因让我焦虑，于是我只能像鸵鸟把脑袋埋在沙子里一样，把自己的脑袋埋进书本里。我其实远远比你所想的正常。然而这段时间我却没法不变得如你所说的那样"不像个正常人"。我出门见人的时候寥寥无几，但每一次我都会感到不安，因为我总是觉得自己应该回到家里去解决自己的问题。我觉得自己就像是个逃学的孩子。所以你看，我的生活并非只有笔墨。[2]

事实上，他当时可以说是极度愁苦，并且在这些信件中频繁提到

---

[1] FD.

[2] Tynan, *Middle Years*, 41.

自己"可怕的消沉情绪"[1]。他将自己抽离出来的欲望总是受到遏止；他的世俗雄心难以得到满足；他的性欲苦恼也没有得到解决。他总是说起自己糟糕的健康状况，甚至会提到身体的崩溃。在这种状态下，他发现写诗异常艰难，因为写诗对智性力量和情绪兴奋都有要求，因此他转向文章写作。他满意于批评家的优越视角，而他在 1888 年到 1889 年间写的大部分文章都洋溢着民族主义热情。萧伯纳曾说他觉得自己"作为一个爱尔兰人高人一等，从未想到为那种爱国主义的傲慢寻找任何理由"[2]，叶芝也是如此。他把自己的爱尔兰身份作为一个避难所和个性来源，凭借它将自己和大部分伦敦作家区分开来。

约翰·巴特勒·叶芝担心儿子的创作天分会埋没在批评中，于是鼓励他写小说——如果他找不到写诗的状态的话。因此，叶芝在《多雅》（*Dhoya*）中再次加入了自己半象征式的自传。"有时我与其他人之间的壁垒令我满心恐惧"，他在多年后这样写道。[3] 从一层厚重的油彩背后，这种恐惧中的一缕从这个故事里渗透出来。主人公多雅从幼年起就沦为奴隶，然而他的情绪频繁爆发，十分危险，于是他的主人们只好放他离开。他在爱尔兰西岸的一个山洞中住下来，变得越来越容易愤怒，正如叶芝时常陷入能量和抑郁的爆发，

---

[1] Tynan, *Middle Years*, 42.

[2] Shaw, *Prefaces*, 638.

[3] Yeats, *Letters to the New Island* (Cambridge, Mass., Harvard University Press, 1934), xii. Horace Reynolds, ed..

"尽管除了自己的影子，没有什么可以让他对之怒吼"。[1] 在他爱上一名来自仙境的女子之后，这样的爆发突然平息了。然而即使在她身边，他的幸福也并不完满，因为她不想爱人，只想被爱。在故事的结尾，她被人从多雅身边夺走。在绝望中，多雅骑上一匹黑色的骏马，从山崖上一跃而下，投向死亡。

这个故事包含了许多层心理困境暗示，涉及自我怀疑、性焦虑和与世隔绝的欲望，其中大部分叶芝本人并没有意识到。然而到了下一个故事《约翰·舍曼》(*John Sherman*)，他已经完全意识到自己在做什么了。他父亲要求他写一个关于真实的人的故事，《约翰·舍曼》就是他的回应。这个故事清楚地表明，叶芝真正面对的主题是他自己，并且他已经将自己完全剖为两半。他耽于梦想的本性被象征化为舍曼——一个热爱西爱尔兰小镇巴拉（Ballah）胜过其他所有地方的年轻人。除了娶一个有钱的女人之外，舍曼别无雄心，因此他没有什么事情好做，只在梦想中虚度光阴。和他形成对比的是精力旺盛的教士威廉·霍华德（William Howard）。后者是一名高教会派（High Church）的副牧师，喜爱大城市，饱经世故。与叶芝一样，舍曼一度受到诱惑，前往伦敦，在他叔叔的办公室里做一名职员。他终于得到迎娶一个富家女子的机会，然而他心里却明白：若是和她在一起，自己的梦想生活就不可能实现。因此他巧妙设法，将未婚妻送到霍华德手中，自己则回到巴拉，回到那个与他

82

---

[1] Ganconagh [叶芝化名], *John Sherman and Dhoya* (London, Fisher Unwin, 1891), 175.

青梅竹马的姑娘身边。他将在那里安心种植，也安心梦想。

尽管叶芝的同情明显大部分放在舍曼身上，但舍曼与霍华德之间的对比仍然得到了相当全面的呈现。他知道自己要么后退，要么前进：巴拉和斯莱戈意味着他热爱的休憩与平静，而伦敦意味着混乱喧嚣，意味着对他的梦想的无休止的威胁。两个人物的不同特征表明了1888年底二十三岁的叶芝眼中这一选择的本质所在。舍曼粗鲁而离经叛道，霍华德优雅而举止得体；舍曼隐隐有一丝异端气质，霍华德是高教会派的副牧师；舍曼心思曲折，霍华德则认真坦诚；舍曼敏感自卑，霍华德镇定自若；舍曼逃避现实，霍华德却熟稔世故。霍华德曾总结两人之间的不同，对舍曼这样说道："你的头脑和我的头脑就像两支箭。你的没有箭羽，我的没有锋镞。"[1]

如果我们还未忘记叶芝一身同具这两种性格，我们就会发现他并未做出选择。他很清楚这个事实，并在故事中将它象征化为舍曼与自己的一局棋——对弈的双方分别是他的左手和右手。事实上，叶芝已经进入了他后来在《灵视》中所描述的那个阶段：人"悬置不决；无有偏向"，"只有最强烈的矛盾造成的冲击才能带来最强烈的改变"。[2]

冲击在1889年1月30日降临。这一天，茉德·冈敲响了叶

---

[1] *John Sherman and Dhoya*, 130.
[2] *A Vision* (1938), 118-119.

芝一家的家门。[1] 叶芝立刻坠入爱河。问题在于，他该向她呈现自
己的哪一个自我呢？他不能表里不一，必须向她展露自己内心的深 处。因此，与她在一起时，他就是约翰·舍曼，一个粗野而羞怯的
梦想家。然而他同时也明白，除非他也能成为众人中的雄长，这个
理想远大的美人不会满足。他在九十年代初所写的一个题为《国王
的智慧》（The Wisdom of the King）的故事就描述了这个问题。故
事中，一位国王爱上了一位美丽的公主，

> 召唤她前来……告诉她她是多么美丽，又诚挚朴素地赞美
> 她，仿佛她是诗人讲述的传说；他卑微地恳求她赐他以爱，因
> 为他在梦中只有一片温柔。女孩被他的伟大征服，对他的恳求
> 却只答应了一半，拒绝了另一半，因为她想要嫁的，是可以抱
> 着她征服高山的战士……他把自己的智慧陈列在她膝下……她
> 却仍然没有完全答应。[2]

换言之，国王向她呈现的，是约翰·舍曼，而她想要爱上的却是威
廉·霍华德。

用更直白的话来说，叶芝的两难处境就在于他的本性就是梦
幻的、诗意的，也是羞涩自卑的，因此他无法像一个善于行动的人

---

[1] AU, 151–153。日期见于未发表信件。

[2] *The Secret Rose*, 20–21.

83

那样自如行事。然而他又不能指望用西爱尔兰的田园生活来吸引茉德·冈。他再也不可能回到斯莱戈了。为了赢得她的爱，他只能成为行动者，为爱尔兰贡献组织与建设之力。

但这又意味着拒绝那个耽于梦想无所事事的自我，选择另一个身份。伪装可以换来真爱吗？只要这爱情没有成功，他那梦想的本性仍能得到满足；一旦成功，它就不再是完全真诚的了。茉德·冈没有接受他的爱，但若是她接受的话，叶芝就会担心她爱上的是自己强加于本性之上的虚饰。他想象自己是在为她布下圈套，却又在她脱身而去时感到些许欣喜。

因为他心中明白，他那个耽于梦想的自我远非完美。在他眼中，他自己到处都是缺陷；他觉得若是茉德·冈爱上了他，却没有看到他的缺陷，那就是对她的欺骗。唯一的办法就是献上得不到回报的徒劳爱情。这种中间状态正好适合他，于是他在整个九十年代都歌颂一切过渡的事物。他最终既不会选择此，也不会选择彼，既不梦想，也不行动，而是会悬置于灵魂与理性之间的暧昧状态——在那里他**无须背负压力**。朦胧的暮色让人无须抉择。他的诗中和小说中充满了各种模糊苍白的事物；他渴望回到像因尼斯弗里那样的小岛，在那里他"往昔的焦渴才能平息"，因为岛屿既非大陆，也非水面，却又二者兼具，也因为回到斯莱戈（他现在已经知道那不再可能）就意味着回到他的意识尚未分为两半的童稚阶段。他将自己埋藏在爱人的长发中，或是用神秘的象征掩盖起来：

他的脖子、他的胸膛、他的双臂

被她朦胧的长发淹没……[1]

遥远的、最隐秘的、不容亵渎的玫瑰，

请用我最美好的时刻将我包裹；在那里

有那些曾在圣墓中寻找你，

在酒桶中寻找你的人安居，远离

失败梦境的喧嚣扰攘；深在

苍白的眼睑之间，有深沉的睡意，

人们称之为美。[2]

每次他试图描述那个因为与他的幻梦纠缠而令他着迷的想象世界，他都会顾左右而言他。"青春之地"（Tir-nan-Ogh）和"心灵向往之地"（Land of Heart's Desire）到底发生了什么？莪相和尼娅芙是像原来爱尔兰传说中那样同床共枕，还是仅仅跳舞、漫游、偶尔亲吻？叶芝不会明言。在任何人的世界里，性交都是自然而然的事，在那个疑似行动者那里更是如此——而这更加糟糕了。独特的激情能够在普遍经验中得到满足吗？难道一切自然的事不会扭曲她"在我心深处开出玫瑰"[3]的形象吗？叶芝更喜欢诱惑和欲拒还迎的状

---

[1]《空中的大军》（"The Host of the Air", CP, 64）。

[2]《秘密的玫瑰》（"The Secret Rose", CP, 78）。

[3]《恋人诉说他心中的玫瑰》（"The Lover Tells of the Rose in His Heart", CP, 62）。

态，那里有"尼娅芙在呼唤：走呀，一起来吧"[1]。

我们会好奇：一个处于这种精神状态下的年轻人如何能够有所行动？难道梦想不会取消行动，行动不会消灭梦想？事实上，在搬到伦敦之后，叶芝的父亲曾经说过儿子把大量时间消磨在了床上。[2] 然而这位诗人也想出了一种阻止自己陷入惰性的办法：只要迫不得已，他也可以把沉溺梦想的舍曼抛开，进入积极行动的霍华德的角色。在新爱情的刺激下，叶芝采取这种办法的时候越来越多。他选择了爱尔兰革命者的身份——尽管还有些犹豫，但一天比一天更自信。在扮演这个角色的时候，为了引导自己，他有两个信条——激情和失败。正如他父亲教育他的那样：生命的要旨在于把激情洋溢的自我全部表达出来；因此行动者会以最大的热情投入他的事业，并且总是以不顾一切的热烈和自信来表达想法。然而生活并不会以成功来回报行动者。他只能像莪相或《两个巨人》中的年轻人那样，以失败收场。他必须去尝试改变爱尔兰或整个世界，或者赢得爱人的青睐，然后失败，并在失败中得到神化。叶芝把挫折变成了

85

---

[1]《希族的出征》（"The Hosting of the Sidhe"，CP, 61）。

[2] 范·威克·布鲁克斯（Van Wyck Brooks）曾写道："（J. B.）叶芝在宣扬闲适时保持了一致。他曾向奥尔斯顿（Allston）提到自己的儿子诗人'威利'年轻时曾经整天躺在床上。他的朋友和家人纷纷谴责说：那时威利才二十来岁，身体好端端的，而家里又缺钱，为什么要赖在床上呢？他应该起来做事。然而叶芝的回答却是：不，或许威利的脑子里正在酝酿什么。那么，后来我们知道他躺在床上那些年里脑子里酝酿的都是什么了吗？当时他正在构思《莪相的漫游》。这就是父亲的宽容得到的回报。"Brooks, *Opinions of Oliver Allston* (London, Dent, 1942), 29。

叶芝：真人与假面

一种崇拜对象，像追求爱人那样追求失败：

> 我成了一个人，一个恨风者，
> 纷繁万事中只知道一件：他的头
> 将不得枕在他爱的女人胸膛上，
> 他的唇也不得印上她的发，直到死去。[1]

他关于失败行动和无望爱情的理论在很大程度上变成了他的一部分，以至于在 1895 年和 1896 年间，当一名美丽的已婚女子爱上他时，他在第一年里保持了理想化的贞洁，只在博物馆或火车车厢里与她见面。接下来，当他们终于共赴枕席时，他就不断期待爱情的结束，直到它真的结束。然后他再次回到先前对茉德·冈的无望爱慕中，回到那种贞洁与不贞之间的暧昧状态。掩藏在他所有的理论化与理想化努力之下的，是一个太过热烈的他，这使得他无法在这种状态中找到快乐，所以他的诗中充满了朦胧的忧伤。"在这荒凉的湖畔 / 我徘徊游荡。"[2]

　　然而他的生活不断发生变化。茉德·冈是一个公共人物。要在她的阵地上与她相遇，叶芝必须在公共事务上投入多得多的时间。他的梦想生活尽管得到神秘传统的支持，仍然越来越难以保

86

---

[1]《他想起往昔位列天上星辰时的伟大》（"He thinks of His Past Greatness When a Part of the Constellations of Heaven"，CP, 83）。
[2]《他听见蒲苇的呼喊》（"He Hears the Cry of the Sedge"，CP, 76）。

持不变。考虑到叶芝的生活与作品之间一直存在的那种平行性，我们便不会为他的写作中出现对这种变化的反应而感到意外。在他三十岁上所写的一些故事中，他第二次将自己剖为两半。此时相互对立的两端已不同于舍曼和霍华德。他为两个人物分别起名为迈克尔·罗巴蒂斯和欧文·阿赫恩。在叶芝的余生中，这两个象征人格将在他的作品里反复出现。罗巴蒂斯被描述为有一副"更像是面具而非一张脸"[1]的面容，其表情"介于浪荡子、圣徒和农夫之间"[2]。因此，他映射的是叶芝与那名已婚女子之间的风流事（当时他正处于这段关系之中）、他的神秘主义癖好和理想主义，以及他对斯莱戈的质朴生活的爱。罗巴蒂斯的对立面有时直接被呈现为作者本人，有时又作为欧文·阿赫恩出现。他是一个虔诚的天主教徒，快要成为多明我会的僧侣。阿赫恩深深为罗巴蒂斯所吸引。后者试图把他拉进自己的"炼金玫瑰修道会"（Order of the Alchemical Rose）———一个令他满心恐惧的世界。[3]我们不应把阿赫恩之为天主教徒理解为叶芝本人强烈向往天主教。他只是把这种信仰当做一个对传统的、审慎的信念的方便象征，当做那种吸引了许多皈依者〔如道森 (Ernest Dowson)、比亚兹莱和莱昂内尔·约翰逊〕的传统避难所之一例。较之新教，天主教更能成为罗巴蒂斯那种异端的戏剧化对立面。

---

[1] "Rosa Alchemica", *The Secret Rose*, 241.

[2] 同上，228 页。

[3] 同上，236 页。

叶芝：真人与假面

阿赫恩总是处在屈服于罗巴蒂斯的诱惑的边缘，却又总能及时退步。他是传统的人，是用来与大胆而神秘的罗巴蒂斯构成对立的那个抗拒的、抽象的自我。阿赫恩"从未以圣徒/或醉汉的眼光审视事物"[1]。他是人群中的人，而罗巴蒂斯则是内心的人。在《约翰·舍曼》中，标题同名人物显然是叶芝的人格中更核心的那部分；然而在这些关于迈克尔·罗巴蒂斯和欧文·阿赫恩的故事里，我们很难判断孰为主要。尽管罗巴蒂斯在许多方面都与舍曼相似，他同时又深深为叶芝此前归于霍华德而非舍曼那种对礼仪和仪式的重视所吸引。在其他方面，这两组对立仍然彼此相异。较之阿赫恩，罗巴蒂斯更积极主动，却又满脑子梦想；阿赫恩则更内向，更喜欢沉思，同时又倾心于传统的信仰和生活方式。他们之间的特征分布比更早那个故事里的更为复杂多样。

87

尽管这种变化可以被简单解读为故事讲述者在技艺上的精致化，但叶芝几乎一贯喜欢从个人经历中撷取材料的做法表明，这反映的是叶芝的生活在1889年他初遇茉德·冈到1896年他写出罗巴蒂斯的故事之间发生的改变。此时的他不再那么确信自己是一个像舍曼那样的避世者，因为此时他从事了民族主义者团体的组织工作，在一定程度上也涉入了爱尔兰政治，这让他的梦想和诗歌创作变得更加艰难。他也更独立于自己的父亲：1895年夏天，他从家中搬出，和阿瑟·西蒙斯在喷泉花园（Fountain Court）合租了一处住

---

[1]《七贤》（"The Seven Sages"，CP, 278）。

所。过了几个月，当他与那名已婚女子的关系变得深入，他又搬到沃本街独自居住。他写给父亲的信中明显表现出这种变化：在1894年，信中的抬头还是"我亲爱的爸爸"，到了1895年就成了"我亲爱的父亲"。诸子女中，只有叶芝选择了更正式的称呼方式。

内心的改变会体现于外在的改变，体现于举止和穿着。而叶芝的举止还远称不上无可挑剔：1896年，他和西蒙斯一起去戈尔韦（Galway）的塔里拉城堡（Tullyra Castle）拜访爱德华·马丁（Edward Martyn）；叶芝提议他们应该抛硬币决定谁住更好的房间，让西蒙斯瞠目结舌。[1]不过，大体而论，他比从前要自如得多。1889年，他剃掉了在都柏林时蓄的那种年轻人的络腮胡子，改留唇髭。到了1896下半年，他已经不再蓄须。[2]他和西蒙斯决定穿黑色，这样既可以穿得体面，又所费不多。[3]在这一时期的画像里，叶芝从头到脚都显得像个诗人，甚至刻意表现出一种戏剧性。1893年下半年，凯瑟琳·泰南来看望他，提到了他身上那种向"浮夸文学青年"靠拢的新倾向：

88

从前在都柏林，他没有那么整洁，就像一个刚从山林里钻

---

[1] FD.

[2] 叶芝在一封写给凯瑟琳·泰南的信中提到了剃须之事，见于 Tynan, *Middle Years*, 61，亦可参见他父亲在1896年11月给他画的肖像。这幅肖像被用作叶芝《诗歌与散文集》（*Collected Works in Verse and Prose*［Stratford on Avon, Shakespeare Head, 1908］）第七卷的封面。

[3] 来自作者与叶芝夫人的对谈。

出来的天才。那时他还是个艺术学生，身上常有画室里留下的斑点……那时他喜欢戴红色领带，可以让他橄榄色的脸显得亮一些。他的领结都打得太粗疏。和他同校又嫉妒他是个天才的普通年轻人会说这种粗疏已经是长时间努力的成绩，但没人会相信他们。现在他会穿伦敦人常穿的西装，加一顶软帽。领结变成了黑丝绸，打软结。[1]

此时叶芝已经有了一定的名望，却仍旧将自己看作一个分成两半的人。他同时运行于两个行动层面——也可以说两个现实层面。一方面，他是爱尔兰民族主义运动中耀眼的公共人物；另一方面，他又像罗巴蒂斯一样，是某个隐藏的神秘主义团体的一员。表面上看，这两个层面彼此没有什么关联，但他仍然希望能把它们合为一体，一直努力为他的秘密工作寻找某种公共出口，也一直寻找可以让他发挥公共民族主义的秘密团体。他的自我已被剖成了两半，而随着创造者的年龄和阅历增长，这两半的性格也在不断变化，并渴望与另一半结合。接下来，我们要审视叶芝迄 1903 年为止身兼罗巴蒂斯和阿赫恩两种身份的活动，然后再观察他为了把这两重不断波动的人格结合成一个完整的人而付出的努力。

---

[1] K. T. (Katharine Tynan), "William Butler Yeats", *The Sketch*, November 29, 1893, 256.

第七章　迈克尔·罗巴蒂斯，以及金色黎明

> 到这里来，你们这些想要
>
> 一尝忘忧香果之人。这里正是
>
> 你心渴望的奇果的收获之地。
>
> ——波德莱尔《远航》（Le Voyage）

89　　1890 年 3 月 7 日，也就是他被逐出神智主义者群体之前，叶芝加入了金色黎明秘术学习会[1]，并从此（按照他的说法）"得以塑形，隔绝于世"[2]。该组织创立于 1888 年，比布拉瓦茨基夫人建立会堂晚一年。它关于上帝、宇宙和人类的种种预设与神智主义者们大同小异。事实上，一个人可以同时成为两个团体的成员，叶芝在一段短时间内就是如此。不过，就规程而论，秘术学习会更强调欧洲的卡巴拉[3]魔法传统而非东方智慧。与不断警告其追随者要警惕呈现"异象"的危险的布拉瓦茨基夫人不同，金色黎明的领导者鼓励

---

[1] Hermetic Students of the Golden Dawn，金色黎明秘术修道会的另一个名字。——译注

[2] AU, 227.

[3] Kabbalah，源于希伯来语，意为"接受、传承"，指中世纪和现代犹太教中一种结合了神智学、秘契和奇术的体系，以相信创世源于"流溢"和对经典的密码式解读为特征。——译注

成员展示他们操控物质宇宙的力量。他们着力强调神秘仪轨和渐进的会阶。金色黎明的规模要小得多，也没有那么大的宣传欲望，因此它成功地保持了一种秘密气氛，比神智学会秘传分部的秘密性要严格得多。

　　该"修道会"（这是金色黎明的成员对其组织的称呼）是十九世纪西欧出现的众多神秘崇拜团体中的一个。神秘传统在法国尤为强大：在十九世纪中叶，维克多·雨果的朋友、化名埃利法斯·列维（Eliphas Lévi）的康斯坦教士（Abbé Constant）通过一系列介绍 90 "高等魔法"（la haute magie）的著作唤起了对这一传统的广泛兴趣。列维的教诲的核心是古代希伯来语文集卡巴拉。神秘主义者们从中世纪开始即将之视为某种秘密的圣经。除了提出一种极为复杂的《圣经》阐释法，卡巴拉还介绍了一种与新柏拉图主义观点十分相似的宇宙起源论。它将宇宙看作一系列来自某个不可言说、至大无外的源头的流溢，或曰"塞菲拉"[1]。塞菲拉距离源泉越远，就越粗糙，直到最后形成物质世界，也就是精神的最低级形式。在文艺复兴时期及之后的年代里，包括皮科·德拉·米兰多拉（Pico della Mirandola）和亨利·莫尔（Henry More）在内的许多学者都受到卡巴拉教义的强烈影响。

---

[1] Sephiroth，单数形式为 sephirah，来自希伯来语，原义为"计数"，在卡巴拉体系中指上帝创造的十种性质（流溢）。中文中有译作"质点""源质""源体"者。——译注

十九世纪中，在人们对比较神话学和宗教的兴趣的驱使之下，种种关于魔法的文献将卡巴拉传统与其他传统联系了起来。例如列维就声称自己发现了十个塞菲拉与古代塔罗牌中的王牌之间的联系。考古发现引入了埃及魔法，共济会和玫瑰十字会又往这锅汤中加入了他们的一些传说和仪轨。一种核心信念贯穿这种神话和传统的大杂烩：魔法师可以沿着塞菲拉的阶梯上升，直达精神力量和物质力量的源头。他做到这一点无须像秘契信徒一样消灭自己的个体性，而是依赖咒语和符号的使用，依赖记诵和专注，直到将自己的意志提升到它超越自己的燃烧时刻。秘契信徒往往会突破自己信仰中的正统框架，但魔法师必须遵循传承下来的仪式和典礼，还需要以一种僧侣式的、一丝不苟的方式按照方法来执行。

秘法的进步要通过学习和实践、通过自我净化和自我隔绝来达成。其各个阶段表现为一系列的会内进阶。每个阶段都会让入会者更加远离他原来的自我，并且随着他头脑中杂质的去除，赋予他越来越强大和深奥的知识。他要学会以一种前所未有的专注来修补自己的心智，直到他寻求的景象被激发出来。他会掌握各种方法，让他取得可以控制自然的浮士德式力量。他所属的魔法团体的骄傲和孤绝会让他确信人类灵魂的无限可能。

秘密团体通常会分成两个部分。入会者通过第一部分之后，其各种力量的净化程度和训练程度已经大大提高，可以说他原先的自我已经死去了。现在的他进入了一种新的生命，这通常会以他获得新的秘密名字来体现。他也会开始探索更深层的现实。他可以像格兰道尔[1]那样从空阔的深渊中召唤精灵；他拥有治愈之力，可以影响他人和事物，也能远距离传输他的念头。对此时的他来说，没有什么是不可能的。他还可以唤醒比他更强的力量。邪恶的精灵时刻准备着利用他的弱点；他掌握的力量越强，受到这些力量影响的危险就越大。也许我们像"热刺"[2]一样不信任魔法，但我们不能忘记的是，在整个历史中，魔法曾让无数智识过人之士着迷。因此，金色黎明的成员里有像苏格兰皇家天文学家这样的杰出科学家，也有像阿瑟·梅钦（Arthur Machen）和阿尔杰农·布莱克伍德（Algernon Blackwood）这样颇有名望的文士。

　　在十九世纪八十至九十年代，魔法对作家和艺术家们的吸引力相当强大。"艺术家，你就是魔法师；艺术是最伟大的奇迹，只有它能证明我们的不朽"[3]，著名的法国魔法师"萨尔"·佩拉当（Sâr Péladan）曾这样写道。诗人爱德华·迪比（Edouard Dubus）曾拜访斯坦尼斯拉斯·德·瓜伊塔（Stanislas de Guaïta），并在后者的魔法影响下写出了水平远超他以前任何作品的戏剧。在狂喜和惊

---

[1] Owen Glendower（约1354—约1416），威尔士波伊斯（Bowys）亲王后裔，曾自称威尔士亲王，领导了威尔士历史上最后一次反抗英格兰统治的叛乱。在莎士比亚的戏剧《亨利四世》中，格兰道尔被描述为一位痴迷于魔法、性情狂野而神秘的君主。——译注

[2] Henry Hotspur Percy（1364—1403），人称"热刺哈里"（Harry Hotspur），亨利四世时期的英格兰贵族，出现在莎士比亚戏剧《亨利四世》中。——译注

[3] Sâr[Joséphin]Péladan, *L'Art idéaliste & mystique* (Paris, Chamuel, 1894), 18。本处及下一处译文均系作者本人翻译。（译按：Sâr Péladan本名Joséphin Péladan。）

骇中，他向一个朋友感叹："瓜伊塔让我变成了神"。[1] 许多象征主义者都研究魔法。他们相信词语和符号可以唤醒其他方式难以企及的现实，而魔法支持了他们的信念。"每个真正的诗人都是本能的魔法学徒。阅读魔法书可以唤醒他身体里那些他其实一直知晓的秘密"，夏尔·莫里斯在谈到"世纪末"（*Fin de siècle*）文学时写道。[2] 疏离于社会的感觉困扰着这个时代的众多艺术家，让他们向别处寻求精神归属——无论那是他们交由神秘统治的艺术王国，还是一个因为太过真实而无法为庸众理解的精神世界。在这样的地方，他们才能与和自己一样的人在光荣的孤绝中为王。正如魔法师斯坦尼斯拉斯·德·瓜伊塔 1885 年在自己的诗集《神秘的玫瑰》前言中所说："秘契？那是我们的心对我们头脑中的梦想的爱。它让庸人憎恨我们，让我们成为不法之徒！"[3] 一个极端的例子是维利耶·德·利勒-亚当的玫瑰十字会主义剧作《阿克塞尔》：剧中的男女主人公都是魔法师，寻求与生活的完全隔绝；为了确保这一点，他们选择了自杀。

到了十九世纪末，巴黎已经充斥着各种神秘崇拜。朱勒·布瓦在 1893 年做过一个名为《巴黎的小宗教》（*The Little Religions of*

---

[1] Adolphe Retté, *Au pays des lys noirs* (Souvenir de jeunesse et d'âge mûr) (Paris, Pierre Téqui, 1934, 4th edition), 21.

[2] Charles Morice, *La Littérature de tout à l'heure*, 引自 *Cinquantenaire de Symbolisme*, 国家图书馆一次展览的目录（Paris, Éditions des Bibliothèques Nationales, 1936）, 236 页。

[3] Stanislas de Guaïta, *Rosa Mystica* (Paris, Alphonse Lemere, 1885), 3.

叶芝：真人与假面

Paris）的调查，发现这些信仰团体中既有举行黑弥撒、拥有自己的对立教宗的路西法主义者，也有崇拜人性的孔德门徒——他们把孔德的情人的扶手椅当做自己的祭坛。[1]然而，与金色黎明联系最紧密、可以说是其法国对应版本的那场运动则在 1883 年发轫于巴黎：当时还是年轻人的斯坦尼斯拉斯·德·瓜伊塔读到了埃利法斯·列维的《高等魔法之信条与仪轨》（*Dogma and Ritual of High Magic*）。如果其友人莫里斯·巴雷斯的说法可信的话，瓜伊塔担心英国人正在试图接管秘法世界的发展方向（当然，这正是他们的帝国主义扩张的一部分），于是他和朋友"萨尔"·佩拉当一起在 1888 年创立了玫瑰十字卡巴拉修道会（Kabbalistic Order of the Rosy Cross）。[2]他以学院的形式组织这个会社，将之分成三部分，每个部分都授予卡巴拉学位。1890 年，佩拉当退出该会另立山头，成立"大公玫瑰十字、圣殿和圣杯修道会"（Order of the Catholic Rosy Cross, of the Temple, and of the Grail），目标在于调和玫瑰十字主义和大公主义（Catholicism），以及创建一个由法师组成、在教会层级中的地位刚好在教士之上的修道团——后者的职责将限于主持圣礼。[3]各

---

[1] Jules Bois, *Les Petites Religions de Paris* (Paris, Léon Chailley, 1894)；最初于 1893 年发表于报纸上；还可参阅他的 *Le Monde invisible* (Paris, Flammarion, 1902), 19–20, 22, 25, 409–410。

[2] Maurice Barrès, "Stanislas de Guaïta (1861–1898)", *Amori et Dolori Sacrum* (Paris, Félix Juven, 1903), 144–145; Charles Berlet, *Un Ami de Barrès, Stanislas de Guaïta* (Paris, Bernard Grasset, 1936), 77.

[3] René-Georges Aubrun, *Péladan* (Paris, E. Sansot, 1904), 16.

种神秘信仰之间的斗争愈演愈炽。1892 年，被革去了圣职的神父布朗教士（Abbé Boullan）指控瓜伊塔和佩拉当企图用魔法毒害他。若里－卡尔·于斯曼也加入战斗，宣称自己在小说《那边》（Là-Bas）中描述的瓜伊塔的黑魔法如今已经污染了整个巴黎。朱勒·布瓦也为布朗辩护，为此还同瓜伊塔和佩拉当分别进行了未能决出胜负的手枪决斗。到了下一年，当布朗突然死去时，连明智的马拉美也卷入这场冲突。根据其门徒的说法，布朗是死于一次由佩拉当和瓜伊塔操纵的超自然力量的偷袭——"袭击若不来自背后，就是从很远之外"。[1] 朱勒·布瓦在《吉尔·布拉斯》（Gil Blas）杂志上发表文章，要求对布朗的死因展开全面调查；于斯曼则在一封公开信中表示此次事件证明了他在《那边》中的说法，即瓜伊塔和玫瑰十字主义者们是黑魔法操控者。马拉美在《国家观察员》上刊文讲述了这场争论（叶芝也是这份报纸的撰稿人，必定读到了这篇文章），并在文中指出了艺术家与魔法师之间的紧密联系。写作者是"用文字施咒的人"；诗歌就是"魔法"。

在有意为之的晦昧中，用曲折的暗示唤醒不可言说之物——绝不要用直白的话语，它们本身只能变成无声的沉默——这需要一种类似创世的力量。其逼真性源于这样一个事

---

[1] Stéphane Mallarmé, "Magie", *National Observer*, IX (January 28, 1893), 263-264.

实，即整个行为完全局限于观念的领域内。文字施咒者仅仅操控某个事物的观念。他们的操控是如此精微，可以让它真的闪耀光芒，就好像能被眼睛看见一样。诗行就是一道道魔法！所以，由韵脚不断开合的圆环正与仙女或魔法师在草丛中留下的圆圈相似，谁能否认这一点呢？[1]

叶芝在1901年写了一篇关于"魔法"的文章以归纳自己的信念，也持同样立场，并且丝毫没有马拉美那种讽刺的语气：

> ……所有人——至少所有有想象力的人——都必定在不断释放魔法、光辉和幻象……如我们所见，难道诗和音乐不正来自咒术师为了帮助他们的想象力施法、迷惑、用咒语束缚自己和旁人而发出的声音吗？
>
> 正如魔法师或诗人在需要对他人的头脑施法时就需要对自己的头脑施法、迷惑，用咒语束缚它，施咒者既为他人创造或揭示超自然的艺术创造者或天才，也为他自己创造或揭示……
>
> 如今我无法不相信象征是最伟大的力量之一，无论它们是由魔法大师主动使用，还是由他们的后继者——诗人、音乐家和艺术家——半无意识地使用……不论人类的激情集中在何物

94

---

[1] Stéphane Mallarmé, "Magie", *National Observer*, IX (January 28, 1893), 263–264.

上，都会让它成为宏大记忆中的一个象征。在那些掌握秘密之人手中，它就是奇迹的源泉，是对天使或恶魔的召唤。[1]

在当时，对魔法感兴趣并不像初看起来那样离奇。考虑到法国所发生的这些情况，我们就能更好地理解金色黎明的创立。这个组织自称历史悠久，又将自己重重包裹在神秘之中。要想了解一些这个修道会早期阶段的情况，我们可以从其第一份公开声明着手。这份声明于 1889 年 6 月 15 日发表在布拉瓦茨基夫人的评论杂志《路西法》上：

> 致玫瑰十字主义 G. D. 的外围秘术学习者：
>
> 英格兰北部诸郡有人可能通过展示僭越的力量和玫瑰十字会仪轨，诱使学习者离开秘契正道，使用黑魔法。第二阶的领袖们为他们的做法感到担忧，希望金色黎明的所有兄弟姐妹据此警示不知情者和未入会者：这样的人没有得到我们的授权，也不拥有我们古老的神秘知识。
>
> 颁自 M ∴ A ∴
>
> Sapiens Dominabitur astris
>
> Deo Duce Comite ferro
>
> Non omnis moriar

---

[1] "Magic," *Essays* (1924), 48, 52−53, 60.

Vincit omnia veritas

遵以上诸位之命而宣：伦敦地区书记 Sapere Aude。[1]

这份声明典型地包含了出现在伦敦一带的关于这个新修道会的暗示。没有人能猜出藏在这些显眼的拉丁语头衔和权威口吻背后的是什么。

如今，因为几个成员的背叛，这些秘密中的大部分已经为我们所知。[2] "G.D." 的意思当然是金色黎明（Golden Dawn）。"M∴A∴" 指的是每个秘术学习者都必须象征攀登的圣山——阿比格诺斯山（Mount Abiegnos）。那些拉丁语头衔则分别对应以下几个人：

Sapiens dominabitur astris（智者将统治群星）：德国纽伦堡的安娜·施普伦格尔小姐（Anna Sprengel）

Deo Duce Comite ferro（神为指引，剑为陪伴）：S. L. 麦格雷

95

---

[1] *Lucifer*, IV (June 15, 1889), 350–351.

[2] 其中影响最大的背叛来自阿莱斯特·克劳利和伊斯雷尔·瑞加迪（Israel Regardie）。前者在其刊物《二分点》（*The Equinox*, I [March, 1910]）上将金色黎明的部分仪式公之于众——尽管是以改头换面的方式。后者在 *My Rosicrucian Adventure* (Chicago, Aries Press, 1936) 中讲述了金色黎明的历史，又在 *The Golden Dawn*, 4 vols. (Chicago, Aries Press, 1937) 中公开了金色黎明的仪式和相关材料。还可参见 W. W. Westcott, *Data of the History of the Rosicrucians* (London, J. M. Watkins, 1916)。除有特别注明之外，作者关于金色黎明的讨论都基于上述文献，作者与瑞加迪、阿瑟·梅钦及阿尔吉农·布莱克伍德（Algernon Blackwood）之间的通信，以及作者与已过世的阿莱斯特·克劳利之间的对谈。

戈·马瑟斯（Samuel Liddell MacGregor Mathers）

Non omnis moriar（我不会完全死去）：W. 威恩·韦斯科特博士（Dr. W. Wynn Wescott）

Vincit omnia veritas（真理无敌）：威廉·R. 伍德曼博士（Dr. William R. Woodman）

Sapere Aude（勇于明智）：韦斯科特博士的另一个秘密名字

施普伦格尔小姐是一个德国玫瑰十字主义者。据说新修道会的成立正出于她的授权。马瑟斯、韦斯科特和伍德曼则是管理新修道会的三巨头。三个人都是共济会成员，也是英格兰玫瑰十字会（Societas Rosicruciana in Anglia）的成员。后者是共济会的衍生组织，主要关注古物研究，[1] 同时，正如埃利法斯·列维对其创立者之一的讥讽，也对"对外呈现"深感兴趣。[2]

三巨头将他们从共济会学来的一切繁文缛节都注入这个新修道会，又从玫瑰十字会那里借鉴了一套复杂的进阶体系，以及核心团体和外围团体的划分。麦格雷戈·马瑟斯的意志起到主导作用。根据叶芝的说法，此人看起来就像"一个传奇人物"[3]，也做成了许多看似奇迹的事。马瑟斯是身份确定的凯尔特人，为了纪念他曾为苏

---

[1] A. E. Waite, *The Real History of the Rosicrucians* (London, Redway, 1887), 423.

[2] Paul Chacornac, *Éliphas Lévi* (Paris, Chacornac Frères, 1926), 202.

[3] AU, 226.

　　　　　　　　　　　　　　　　叶芝：真人与假面

格兰的詹姆斯四世作战的先祖而改名麦格雷戈。他的敌人们声称他自视为国王，但马瑟斯愤怒地否认了。不过，他显然相信詹姆斯四世还活着的说法。他的妻子是昂里·伯格森（Henri Bergson）的妹妹，也是他在一切魔法工作中的亲密合作者。马瑟斯热忱地学习奥术传统，其著作中包含了对卡巴拉和法师《亚伯拉梅林之书》[1]的翻译，还有一本关于塔罗牌起源的小册子。在大约 1894 年之后，他迁往巴黎，在当地的神秘主义圈子里获得了不错的声望，并且在朱勒·布瓦的赞助下一度在博迪尼耶剧院（Théâtre Bodinière）举行女神伊西斯的弥撒。[2] 到了九十年代末，马瑟斯变得太过专横，导致他在 1900 年被金色黎明开除。叶芝在这场政变中起了重要作用。没有了他的领导，修道会仍继续在英格兰活动，并且克服了各种派系和分裂，一直存在到今天。据称马瑟斯本人是在一战期间以魔法师的方式死去的——死于与他从前的弟子阿莱斯特·克劳利的一场灵力决斗。

　　叶芝为麦格雷戈·马瑟斯的魔法力量深深打动，于 1890 年加入金色黎明。这位诗人尽管热衷于灵视，却严重缺乏通灵之眼的能

---

[1]《亚伯拉梅林之书》（*The Book of Abramelin*），据传由埃及法师亚伯拉梅林传授给沃尔姆斯的犹太人亚伯拉罕（Abraham of Worms，约 1362—约 1458）。书中的魔法体系因麦格雷戈·马瑟斯的翻译而在十九世纪和二十世纪重新受到重视，在金色黎明中有重要地位。——译注

[2] Frederic Lees, "Isis Worship in Paris, Conversations with the Hierophant Rameses and the High Priestess Anari", *The Humanitarian* (London), XVI (February, 1900), 82–87.

力。不过，在他与马瑟斯结交的早期阶段，魔法师将密宗的火焰符号印在了他的前额上，随后叶芝便慢慢感觉到有一位巨人从沙漠中站起。他激动万分，因为在他看来这样的异象可以支持他对超自然世界尚不稳固的信念。他很快发现，只要与其他人（尤其是感觉敏锐的女子）共同尝试马瑟斯的方法，他还能取得更好的效果。不久他就在自己的所有朋友和熟人里开展实验，有时效果还相当不错。凯瑟琳·泰南记述了几次可笑的失败，但我们也没有理由怀疑叶芝关于符号经常可以唤起相应视象的说法，正如当他将一个死亡符号贴在威廉·夏普额头上时，后者尽管未能直接看到符号，却认为自己看见一辆灵车从外面经过。[1] 金色黎明没有像神智学会那样向叶芝灌输理论，却给了他不断尝试和展示的机会和方法。后来，叶芝将这段经历称为自己四十岁之前思想上受到过的最大影响。[2]

　　修道会的仪轨也令他着迷。每个成员被鼓励对玫瑰这一核心象征进行冥思。尽管这个象征主要指牺牲的十字架上开出的爱之花，但其准确含义却难以确定。在其第二部诗集《凯思琳女伯爵及诸种传说与抒情诗》（*Countess Kathleen and Various Legends and Lyrics*）中，叶芝对玫瑰发出呼告或祈祷（我们并不知道该用哪个词来描述这种行为），将之视为美、超越之爱、神秘的狂喜、内心的真实和神圣的象征，这完全符合他的神秘主义者身份。他这样做是在仿效

---

[1] AU, 419.
[2] FD.

瓜伊塔——后者在《神秘的玫瑰》中这样写道：

> 怀着同情之心翻开此书的朋友，我邀请你采撷的玫瑰并非来自遥远国度海岸的花朵。只要你同意，我们无须乘坐快速的火车或横跨大西洋的汽船。
>
> 你是否醉心于智慧中的深切情感？你喜爱的念头会不会萦绕不去，让你觉得它们好像是真实的？……如果是，你就是一位魔法师；不论你是否希望，神秘的玫瑰都将自愿在你的花园中开放。[1]

然而，因为在他们看来叶芝偏离生活越来越远，许多朋友为他感到焦虑。1892 年 7 月，叶芝在回复奥利里的抱怨时写道：

> 至于魔法的事，在诗歌这项我生命中更重要的追求之外，我还坚持一项自己在四五年前就主动决定开展的研究；如果因为这件事就认定我"软弱"或是别的什么，那是大谬不然。魔法对我的健康是好是坏，只能由懂行的人而不是任何外行人来决定。不过，对你那张措辞颇不客气的明信片，一个很可能的解释是你去过贝德福德公园，听我父亲——出于他对我所做所想的一切的根本无知——说起了我追求魔法的事。如果没有坚

---

[1] Stanislas de Guaïta, *Rosa Mystica*, 2–3.

持不懈地研究魔法，关于布莱克那本书[1]我一个字都写不出来，《凯思琳女伯爵》也不可能问世。秘契生活是我所做、所想、所写的一切的核心。它之于我的作品就好比戈德温的哲学之于雪莱的作品，而且我一直认为自己就是我心目中某种更伟大的复兴（renaesance[2]，原文如此）的传声筒。这复兴就是灵魂对智性的反抗，如今正在这世界上兴起。[3]

他越来越深入魔法实践和理论，与魔法师交往，举行灵魂召唤仪式，唤起想象中的形象，对玫瑰进行冥思。1895 年，在他的第一部诗作全集的序言中，叶芝坦然（尽管可能因为太过讲求韵律而显得不太可信）承认了自己的神秘主义爱好：

　　本书囊括了作者此前各部诗集中所有他想要保留的内容……他将来自《莪相的漫游》的谣曲和抒情诗以及同时创作但发表较晚的两首谣曲收入"十字路口"（Crossways）部分，因为他在这些作品中尝试了许多路径。至于《凯思琳女伯爵》中的内容，他将它们收入"玫瑰"（The Rose）这一部分，因

---

[1] 叶芝与艾德温·埃利斯合编的《威廉·布莱克作品集》（*The Works of William Blake*）。——译注

[2] 叶芝原文如此，为 renaissance 之误。——译注

[3] 叶芝在 1892 年 8 月左右写给奥利里的信，副本存于贝尔法斯特中央图书馆。这封信曾在删节后发表于 "Willie Yeats and John O'Leary", *The Irish Book Lover*, XXVII (November, 1940), 248，其中的拼写错误来自原文。

为他相信自己正是在这些作品里找到了唯一的道路，能让他有望亲眼看见爱与和平的永恒玫瑰。

W. B. 叶芝

1895 年 3 月 24 日，斯莱戈 [1]

这种大胆得出奇的自身定位宣示有其理由，那就是他在金色黎明中终于可以让自己对宗教的渴求得到满足。很快，在谈到想象力可以唤醒无法触及的力量这一点时，他就会比从前任何时候都更加坚定，正如 1901 年他在写给弗洛伦丝·法尔的信中所言："我们费力从事的一切，在那个隐藏的世界中都有其根源，并且只是那个世界的象征，是它的力量的呈现；在一场公开的魔法争论中，最小的细节也可能有其重要性。"他的另一条声明更为坚定："努力维护这个更伟大的修道会的诸君不可忘记：我们在想象中建成的一切都会在我们的真实生活中实现。" [2]

在叶芝眼中，修道会的仪轨既深奥又美丽。修道会的核心神话让他尤为感动，那就是能者（adept）的神秘死亡与复活。处于修道会中入门阶段的候选人会被鼓励将它大体上视为一个玫瑰十字主义神话：据说十四世纪的一位能者克里斯蒂安·罗森克鲁兹

---

[1] *Poems* (London, Fisher Unwin, 1895), v–vi。在第二版（1899, vii–viii）中，这篇序言的立场有所缓和。
[2] 未发表信件。

99 （Christian Rosenkreuz）的精神修炼十分完美，以致在他死后其肉身"在墓中不腐"。[1] 然而到了更高级的阶段，正如叶芝在1893年所见，金色黎明就不再提到罗森克鲁兹，而是谈论基督。同年，叶芝进入了金色黎明的核心圈。在"入门之路"（Path of the Portal）晋升仪式上，他躺入墓中，经历象征的死亡，然后又站起来，以示已在基督化之后获得精神的重生。

只有回忆起叶芝对自己有多么不满，多么迫切地想要"自生"和"重生"[2]，我们才能理解这种异教信仰与基督教信仰的奇特糅合对叶芝的巨大影响。金色黎明在很大程度上有赖于这种通过魔法实践和训练而实现的个体重生，并将之与炼金术里把低级金属变成黄金的做法相提并论——他们认为炼金正象征着物质的渣滓向完人的纯粹精神的转化。叶芝郑重立下誓约，要努力实现这样的转化。他起誓时用的是他在修道会中的名字（Demon est Deus Inversus，意思是"恶魔乃是反面的神"），而这个名字本身就暗示了人的双重本性：

（我）Demon est Deus Inversus（，）立下誓约：我将尽我之力过纯洁无私的生活，将证明我是本会忠诚不渝的仆人。

我将为与本会有关的一切以及它的秘密知识保密，不对外界透露，也会像面对未入会之人时一样，不对金色黎明第一

---

[1]《踌躇》（"Vacillation"，CP, 290）。
[2]《格伦达洛的溪流与太阳》（"Stream and Sun at Glendalough"，CP, 293）。

会阶的成员吐露秘密。我将维护第一会阶与第二会阶之间严格的保密之幕……此外，我还郑重立誓承诺：只要取得神圣的许可，自今日起我就投入这项将极大净化并提升我之精神本性的伟大工作——有了它的净化与提升，我才可能在神圣的帮助下最终达到超越凡人的境界，从而逐渐让自己上升并与我的导师[1]和神圣之灵结合；并且，在这个过程中我将不会滥用交托与我的强大力量。[2]

从想要成就个人转变到想要更为普遍的转变，只有一步之遥。修道会的教谕就是它的信条应该对每天的生活有所影响。金色黎明的许多成员都感到他们还有一条额外的义务：成为"世界重生过程中的完美工具"[3]。正如弗洛伦丝·法尔所言，真正理想境界的能者应该"选择一种能让他与他的族群的苦痛相联系的生活，而非接受他触手可及的涅槃；他还应该和其他世界拯救者一样，以天界和凡间之间活的联结纽带的形象保持显现"[4]。因此，个体转变的金色黎明

100

---

[1] Magus，可能指金色黎明中第三会阶（最高会阶）中的第二等级"法师"（Magus）。该词可以指法师，可以指祆教的祭司，也可以指基督教传统中朝拜初生耶稣的三贤者之一。——译注

[2] 未发表的金色黎明笔记。

[3] Aleister Crowley, *The Spirit of Solitude, The Confessions of Aleister Crowley* (London, Mandrake Press, 1929), 271−272.

[4] A lover of Philalethes, *A Short Enquiry concerning the Hermetic Art*, with introduction to alchemy and notes by SSDD［Florence Farr］(London, Theosophical Publishing Society, 1894), 13.

就与世界重生的金色黎明紧密相连。从大约 1893 年开始，麦格雷戈·马瑟斯就不断谈论"大战的迫近"[1]，认为大战将在黄金时代之前到来。叶芝对此十分积极，甚至从许多国家搜集关于即将到来的战争的预言。1896 年，刚刚结识叶芝的斯图尔特·梅里尔（Stuart Merrill）给一个朋友写了一封信。从信中我们多少可以看出叶芝对末日决战前景的热情：

> 作为一个对社会问题有清晰观念、从高处审视这些问题的人，叶芝期待的是各种超越之力联合发起一场革命。与我们每个人一样，他设想革命应该在一场即将到来的欧洲战争之后发生。他甚至搜集了许多国家关于这个问题的预言——每一条都认为战争将在接下来的几年里爆发。啊！我多想在看到这一切之前死去！不过既然我们必须见证它，就让我们为保卫良善联合起来！[2]

革命的念头当然已经飘荡在空气中了。拉斐尔前派、唯美派和社会主义者都发出了革命的预言，都希望能结束维多利亚时代的世界。然而叶芝为这样的念头加上了一层超自然的色彩。在他于 1895 年

---

[1] AU, 415.

[2] Marjorie Louise Henry, *Stuart Merrill* (Paris, Librairie Ancienne Honoré Champion, 1927), 109.

　　　　　　　　　　　　叶芝：真人与假面

12 月写给弗洛伦丝·法尔的一封信里，他问她："魔法的末日决战终于开始了吗？"[1] 如他后来所宣称，他当时认为"我们的文明即将自我逆转，或者某种新文明即将从我们这个时代所拒斥的一切中诞生……因为我们之前只崇拜一个神，新的文明就会崇拜众多的神，或者从菲奥雷的约阿希姆[2]的圣灵中接受众多汇入"。[3]

这样的期待渗入了他为散文故事集《秘密的玫瑰》（1897）[4]而作、关于炼金玫瑰修道会领袖迈克尔·罗巴蒂斯的故事。我们也能在他的诗中发现它们的影子，例如："你的时刻无疑已经到来，你的大风扬起 / 遥远的、最隐秘的、不容亵渎的玫瑰？"[5] 此处问号而非句号的使用，以及对玫瑰有意的模糊暗示，便是他早期那种审慎的唯一遗迹了。为了催生他所希望的那种变化，他展开了众多项目，其中一部分相当现实。

---

[1] Florence Farr, Bernard Shaw, and W. B. Yeats, *Letters* (London, Home and Van Thal, 1946), 37. Clifford Bax. ed..

[2] Joachim de Flora（约 1135—1202），意大利神学家、神秘主义者，菲奥雷的圣乔万尼修会（the monastic order of San Giovanni）的创始人。他认为随着灵性的增长，历史可以分为三个阶段：圣父时代、圣子时代和圣灵时代。——译注

[3]《车轮与蝴蝶》（*Wheels and Butterflies*），92 页。

[4] 其中有两个故事另行刊印，因为出版商 A. H. Bullen 一开始不喜欢它们，拒绝将之收入《秘密的玫瑰》。这两个故事单独成书，是为《法版、贤者来朝》[*The Tables of the Law, The Adoration of the Magi*（London, Privately Printed, 1897）]。

[5]《秘密的玫瑰》（"The Secret Rose"，CP, 79），发表时题为 "O'Sullivan Rua to the Secret Rose"，*The Savoy*, 5 (September, 1896), 52.

第八章　欧文·阿赫恩，以及民族主义者

当皮尔斯[1]召唤库胡林到他身边，

是什么阔步穿过邮政局？[2]

叶芝《雕像》

102　　　　叶芝的民族主义活动与他的神秘主义研究同时进行，然而在他看来，前者与后者是如此泾渭分明，有时几乎像是另一个人做的事。在他参加民族主义运动的前几年，他并没有看清楚自己能为爱尔兰做些什么。在奥利里的影响下，他半心半意地想要在将来开创一场新的青年爱尔兰运动，类似四十年前托马斯·戴维斯的做法；这场运动也要创造民族主义文学，但质量要更高，此外它不会像戴维斯的团体那样积极涉足叶芝不感兴趣的现实政治中。然而，按叶芝的说法，当他随家人迁往伦敦之后，他有一段时间完全放弃了开展组

---

[1] Patrick Pearse（1879—1916），爱尔兰民族主义者、诗人，1916年复活节起义的总司令，在起义失败后被处死。——译注

[2] 指都柏林的爱尔兰邮政总局。此地是1916年4月复活节起义的总部。4月24日，帕特里克·皮尔斯在此宣读爱尔兰共和国宣言（Proclamation of the Irish Republic），拉开了起义的序幕。——译注

织工作的念头。他继续给奥利里的报纸《盖尔人》(*The Gael*)供稿，寄去一些爱尔兰谣曲，又在奥利里的支持下，与凯瑟琳·泰南、道格拉斯·海德等人合编了一本小书——《青年爱尔兰诗歌与谣曲》(*Poems and Ballads of Young Ireland*)。这本书出版于 1888 年，成为年轻一代爱尔兰作家形成共同目标的第一个信号。同年，叶芝利用在斯莱戈度假的时间收集各种童话。1890 年之前，他已经编成数本收录爱尔兰童话和民间传说的小书。然而这些努力仍是试验性的。

1885 至 1890 年间，帕内尔正处于他的权力巅峰，每个人都期待他能以政治手段为爱尔兰带来自治，因此一场文学运动很难掀起大众的热情。在这段时间里，帕内尔已经取得对议会中爱尔兰议员们的掌控。他们遵照他的指示投票，共同协作，成为一个强大的压力集团。1890 年 11 月，奥谢上尉(William Henry O'Shea)以妻子与帕内尔通奸为由成功离婚。在这一年结束之前，爱尔兰民族主义者群体就发生了分裂，帕内尔则失去了下议院中的党派领袖地位。由于代表爱尔兰的议员们纷争不休，爱尔兰再也无法指望任何有利于自治法案的行动。之前帕内尔的成功所激发的全部爱国主义需要寻找新的出口。

身在他厌恶的伦敦，叶芝热烈地关注了帕内尔的背水一战。他在离婚案之后给奥利里的一封信中写道："帕内尔的事真是激动人心。既然他已经将无穷无尽的虚伪矫饰清扫一空，希望他能坚持下去。那样对整个爱尔兰政治都有好处。"[1]1891 年 10 月，帕内尔去

———————

[1] 未发表信件，存于都柏林国家图书馆。

世。叶芝匆匆写下了一首题为《哀悼——然后继续前进》的诗，认为民族主义运动不应就此倒退。[1] 他似乎本能地觉察到自己行动的时刻已经到来，而他也有了一个想要比从前为爱尔兰贡献更多力量的新理由。他的冲动源于他在 1889 年 1 月 30 日与茉德·冈的初遇——这次初遇的回响将伴随叶芝终生，就像帐篷中敲响的一面缅甸铜锣。[2] 关于这一戏剧性的事件，有三条记录留存至今。第一条是叶芝的妹妹伊丽莎白的一篇日记，日期是见面当天：

104

---

[1] 这首诗于 1891 年 10 月 10 日发表于报纸《统一的爱尔兰》（ *United Ireland* ）：

哀悼——然后继续前进

古老爱尔兰的广阔高山上的人啊，
　要日夜哀悼不休，
那个人曾不倦指引你，带你走过荆棘长路
　而今已经逝去。

环绕我们悲惨国家的波涛上的人啊，
　心中要充满恐惧，
那个人曾孤身作战，照耀艰辛岁月，
　而今已经逝去。

苦难爱尔兰青翠原野上的人也要哀悼，
　因为那人已溘然长逝。
他曾历尽艰难，受尽讥嘲憎恨，
　却让暴君低下头颅。

哀悼——然后继续前进。我们已无路可退。
　他在长眠中仍指引我们；
他的记忆已成为擎天的火炬，燃烧在前，
　为我们照亮黑暗。

[2] FD.

1 月 30 日……那位都柏林美人冈小姐（她已征服都柏林年轻人的心，正走向荣耀）今天来拜访——自然是为了见威利，但看起来也是为了见爸爸。她高得不同寻常，打扮入时，穿得很好，却又有些漫不经心。她乘一辆小马车大老远从贝尔格拉维亚（Belgravia）来，在这里逗留时还一直让马车等候着。莉莉注意到她还穿着拖鞋。她的脸色红润，眼睛是淡黄褐色，在我看来无疑算得上俊美。她的脸没有朝向我这方，所以我没法看仔细……

1 月 31 日，威利在冈小姐家用晚餐。[1]

当时叶芝刚刚出版了《莪相的漫游及其他诗歌》，而茉德·冈已经读过了这本书，正如他在 1 月 31 日写给凯瑟琳·泰南的信中所述：

冈小姐（你肯定已经听说过她的名字）昨天来了我家，带着奥利里的介绍信。她说她在读到《雕像之岛》残篇时痛哭流泪，但总体而言更喜欢妖女而讨厌纳西娜。我有没有跟你说过？威廉·莫里斯也很喜欢这本书……[2]

第二天，也就是 2 月 1 日，他兴高采烈地给奥利里写了一封信：

---

[1] JBY, *Letters* (Hone), 297–298. New York, Dutton, 1946。此信未收入伦敦出版的版本。
[2] Tynan, *Middle Years*, 51.

冈小姐前天来拜访我们。昨晚我又和她、她的妹妹和表亲共进晚餐。她不光容貌俊美，而且聪慧过人。尽管她关于欧洲事务的政见有点骇人听闻——她完全相信前几天奥地利国王（还是亲王？或者应该叫什么？）的死是因为俾斯麦下毒。无论如何，听到她在英国在印度的统治问题上攻击一名从印度归来、昨天也在场的军人，还是令人愉快。她非常有爱尔兰气质，可以说是"十字路口的戴安娜"[1]。她的宠物猴子大部分时间都在炉边地毯上忧郁地尖鸣——猴子都是堕落的人，而不应该是人的祖先，所以它们才会显得悲哀、厌倦和老态。她还在笼子里养了两只鸽子，被我看成了麻雀。让冈小姐对爱尔兰改变观点的就是您，对吗？而她还会让许多人改变观点。[2]

105　这两个年轻的民族主义者（一个二十三岁，一个二十二岁）当时都不知道什么样的计划才有可能成功，但都想为祖国做点什么。当茉德·冈对叶芝说她对戏剧感兴趣时，叶芝首先想到的是可以写一系列爱尔兰主题的戏剧，由她在都柏林的舞台上出演，以此满足两人的民族主义雄心。很久以来，他一直想要写一部戏剧，讲述西爱尔兰民间传说中的女伯爵凯思琳·奥谢的故事。然而茉德·冈的炽热

---

[1] *Diana of the Crossways*，爱尔兰作家乔治·梅瑞狄斯（George Meredith，1828—1909）的小说。主人公戴安娜·沃里克（Diana Warwick）聪慧、迷人而又冲动，身不由己地卷入种种政治和社会丑闻。——译注
[2] 未发表信件，副本存于贝尔法斯特中央图书馆。

野心不甘如此平淡的满足。她寻找的，是某种可以用自己的青春为之献祭的英雄举动——叶芝在很久以后写道。[1]

茉德·冈似乎无法满足于任何寻常的工作。她身高六英尺，仪态有如女神，面容无可挑剔又魅力无穷，被称为爱尔兰最美丽的女人。她父亲是驻都柏林的英军军官，因此她成长于总督官邸的环境中。然而，目睹赤贫的爱尔兰佃农被英国的不在地主[2]驱逐的惨景，她的胸中燃起了无法浇灭的民族主义情绪。难道她想成为爱尔兰的圣女贞德？至少，人们开始在她身上看见与贞德的相似之处。叶芝几乎觉得自己的任务就是让爱尔兰做好准备，以让茉德·冈有机会成为——如他对她所言——"知识界运动的愤怒之手"。[3]他开始专用一个本子为她写诗，并在这本手稿中明确地宣示自己对她的弥赛亚角色的信念：

> 你不是黑铁时代的女儿，
>
> 神圣的未来正召唤你；
>
> 它的声音在坠落的露珠，
>
> 在无声的星光，在这些诗行，

---

[1] FD.

[2] Absentee landlords，指不参与生产或不实际占据土地的土地所有者。与不在地主的所有权（absentee ownership）相对应的权利是佃权（tenancy rights）。——译注

[3] FD.

也在这颗日渐憔悴的哀心；

抛开所有寻常的良善愿望，

因为我已看见奇迹之日，

因为我已听见晨号吹响。[1]

茉德·冈与叶芝一样，也是浪漫主义者，这就意味着她在经济学、历史、社会学和政治上和他一样无知，然而她对爱尔兰事业的投入也和他同样炽热。她同样把爱尔兰视为失去了四块青翠田地的穷苦老妇 Shan Van Vocht[2]。失去的田地必须以某种方式夺回，而她不惮以战争为武器。关于该使用何种方法，叶芝的态度更含糊一些。他无疑对暴力想法更少认同，似乎也曾认为（如果他思考过这个问题的话）各种立场的协同一致加上整个国家的完全联合就能将英格兰人从爱尔兰赶出去，就像魔法师驱逐邪灵。为了达成这一目标，他们必须影响到最优秀的人。于是，他在 1891 年引荐茉德·冈加入了金色黎明。这样做的最终目的是与她在爱尔兰共同开展一场秘密的、仅以最深刻的头脑为目标的灵性宣传。

他很快就意识到这样宣传可能不足以改变事态。1891 年，就在帕内尔去世前不久，他决定组建文学社团。他后来不无自贬地承

---

[1] 未发表手稿。

[2] 爱尔兰语"穷苦老妇"（Sean-Bhean Bhocht）的谐音词，也是一首爱尔兰传统歌谣的名字，常被用来象征爱尔兰。——译注

认，他当时的计划中"爱国主义不少，但更多的是对一位美人的欲望"[1]。在其《自传》的初稿中，叶芝提到他在面对"焦虑而冷嘲热讽的自我"时如何为自己的计划寻找理由："（我）声称无法支持批评性出版的爱尔兰必须有一个替代物。过不了多久，那个焦虑的自我就会指控我虚伪，并向我证明我只是想要寻找一个不那么让人堕落的工作方向——因为我觉得哪怕最必要的政治活动也主要是为了她，而不是为了所有人……"[2] 与其他年轻人一样，叶芝想要向爱人和自己证明他的勇气和力量。不过，我们不能因为他承认了自己的复杂动机，就看不到那种更宏大的理想主义的作用——正是这种理想主义激发了他为祖国所做的一切。

一开始，他说服许多较小的团体合并为一个重建的"青年爱尔兰"组织，并通过这个组织来工作。[3] 他在1891年写给奥利里的信里谈到茉德·冈："帮助她，为青年爱尔兰联盟的建设出力，因为她需要的是那种能让她献身的工作，而她对这个联盟又是如此投入。奥尔德姆不相信它，很可能会想要浇灭她的热情。"[4] 然而，对一个拥有新名字的团体的需求逐渐变得明显起来。叶芝展现出令人吃惊的行动力和说服力。1891年12月底，他和T. W. 罗尔斯顿

107

---

[1] FD.

[2] FD.

[3] Yeats, "The Young Ireland League", *United Ireland*, XI (October 3, 1891), 5。这篇文章清楚表明该工作已经进行了一段时间，由此否定了叶芝在其《自传》245页的说法，即他在帕内尔去世（10月6日）后才开始积极投入民族主义运动。

[4] 未发表信件，存于都柏林国家图书馆。

（Thomas William Hazen Rolleston）一起成立了伦敦爱尔兰文学会。1892 年 5 月 24 日，也就是五个月之后，他又借约翰·奥利里的帮助在都柏林成立了国家文学会。[1] 这些行动的直接目标就是宣传爱尔兰的文学、民间故事和传说。许多年轻人因为奥谢上尉离婚案和随之而来的民族主义者的分裂而陷入迷茫，此时纷纷加入这场既不需要他们在帕内尔争议中选择立场，也没有表现出直接政治兴趣的运动。无论是帕内尔派还是反帕内尔派的民族主义媒体也都坚定支持这场运动。

新社团在吸引成员上取得了惊人的成功。很快各种项目就开展起来。在叶芝的推动下，国家文学会于 1892 年 9 月决定要在全国各地创办小型的外借图书分馆，以刺激人们对爱尔兰事物的兴趣。[2] 这些图书馆将不仅是教育中心，也是民族情感中心。为了建立这些外借图书馆，茉德·冈巡回爱尔兰各地。最终成立的七座图书馆中有三座都是她创办的。叶芝则计划向拥有图书馆的城镇派遣小型的流动剧场，上演爱国主义题材的剧作。第一场要上演的戏剧将以罗伯特·埃米特[3] 为主题。"我有生以来第一次成了受欢迎的人。"[4]

---

[1] W. P. Ryan, *The Irish Literary Revival* (London, published by the author, 1894), 53, 127.

[2] Yeats, "The National Literary Society Libraries Scheme", *United Ireland*, XII (September 24, 1892), 4.

[3] Robert Emmet（1778—1803），爱尔兰民族主义运动领袖。他于 1803 年领导了一场失败的抗英起义，以叛国罪被处决。——译注

[4] FD，另见 AU, 246。

这种受欢迎的状态无法持续。爱尔兰的民族主义植根于对占领者长达七百年的仇恨，要想驾驭它殊非易事。叶芝并不希望他开创的运动像"青年爱尔兰"一样只能让人记住它的激情而非人才。尽管他对许多问题把握不定，有一点他却非常清楚：爱尔兰文学不能成为陈词滥调的牺牲品，不能只有他后来常称之为"三叶草"和"胡椒浓汤"的东西。对群众运动可能摧毁"心智的细腻品质"[1]的担忧让他寝食难安。幸运的是，他并没有选择另一条道路"为艺术而艺术"——那样他将把民族性排除在文学之外。如果我们可以就他在这场运动早期阶段的想法做一个粗略的总结，那就会是：他希望艺术能为英雄主义的梦想服务，而在爱尔兰，这样的梦想只能是爱尔兰的。怀着这种信念，他不断战斗，为的是一场属于未来而非过去的文学运动。在那些希望在书写爱尔兰主题时能摆脱流俗内容的新作家眼中，叶芝就是他们的辩护者和保护人；他发表演说，写下文字，同时对统一主义者的冷漠和民族主义中那些错误却已被神圣化的观念作战，而一场爱尔兰文艺复兴便在他的掩护下开始了。

108

对任何身在爱尔兰之外的人来说，这种迫不得已的战斗并不容易理解。在各种文学社团中，叶芝身边有雄辩的律师 J. F. 泰勒（J. F. Taylor）——此人认为不喜爱托马斯·戴维斯或托马斯·穆尔的诗就等于叛国；有四十年代青年爱尔兰运动的领袖查尔斯·加万·达菲爵士（Sir Charles Gavan Duffy）——他在年轻

---

[1] 题为《世界精神》（*Spiritus Mundi*）的未发表手稿。

时就出版了一部收录爱尔兰作家诗作的文集，名为《民族之魂》（*The Spirit of the Nation*），认为自己挑选的都是伟大的诗作，并且在接下来的四十五年里从未改变这样的信念。达菲不久前才携带着爵士头衔从澳大利亚归来，声名赫赫，而且很难打交道。至于泰勒，叶芝不仅注意到他拥有掌控群众的力量，还发现他在称颂蹩脚作家时所用的动人修辞已经开始影响茉德·冈的想法。诗人为此感到嫉妒。[1]

1892 年底，争论围绕如何为爱尔兰图书馆选书的问题展开。叶芝对关于爱尔兰演说的书籍数量提出了异议，因为他意识到：将老式的修辞作为模板向年轻作者传播对风格有潜在的危害。泰勒把叶芝的反对当成对他的演说技巧的羞辱。我们可以确定的是，叶芝并没有费力气去安抚他。[2] 律师身后是查尔斯·加万·达菲爵士，还有泛凯尔特协会一帮年轻的蹩脚诗人[3]（叶芝得罪过他们，因为他曾严厉批评他们的作品或他们主张的青年爱尔兰运动模式）[4]。支持叶芝的则是约翰·奥利里和一群相信他的判断的年轻人。争吵在两派之间激烈展开，有时围绕演说的问题，有时又围绕青年爱尔兰运动的诗歌水平：

109

---

[1] FD.

[2] 例见叶芝在国家文学会关于"民族性与文学"的演说中的开头部分，其中叶芝似乎特意抨击了泰勒提出的准则。*United Ireland*, XIII (May 27, 1893), 4。

[3] W. P. Ryan, *The Irish Literary Revival*, 44–51.

[4] FD.

叶芝：真人与假面

在我们的一些委员会会议上，关于《民族之魂》这部当时已经出到第五十版的政治诗集的价值之类的问题经常会把正事挤到一边。有时，泰勒和我各自的支持者（奥利里支持我）的情绪会变得太过激动——我听说有陌生人会因为寻开心或感兴趣而闯进来，而我们没有人能分心把他们拦在外面。反对我的人中，那些更聪明、受过更好教育的人也不认为青年爱尔兰运动的文学令人满意，但他们说那是爱尔兰仅有的文学，如果我们承认它的缺陷，英国人就会利用这种承认。争执经常让我怒火中烧……其他那些相信《民族之魂》是能与世界上任何诗歌比肩的伟大作品的人（这样的人成千上万）会说我不喜欢它是因为我受了英国人的影响——可能是来自那些堕落的英国诗人的影响。我会这样回答：哪怕做梦也无法逃脱英国人影响的，正是这些靠搬弄某个是非问题过日子的家伙。我到了更温和的年纪之后，常常因为当时自己那股认真劲儿觉得好笑。[1]

此时，一个比外借图书馆事务更重要的问题出现了。叶芝已经有了构想，要在都柏林和伦敦两地文学会的资助下出版一批爱尔兰主题的书籍。T. 费舍尔·昂温已经同意出版这些书。1892 年下半年和1893 年上半年，计划已经在向前推进。突然，就在叶芝结束准备工作之前，查尔斯·加万·达菲爵士从他手中夺走了这个项目。叶芝

---

[1] FD.

很清楚达菲的口味已经过时了半个世纪，只会毁了这项事业。为了夺回掌控权，他以一种年轻人的鲁莽展开激烈抗争。然而达菲不为所动，并且正如叶芝担心的那样，让"新爱尔兰文库"（New Irish Library）变成了一场灾难。[1]

与此同时，茉德·冈已经找到了一项更令她兴奋的工作，那就是帮助阻止对佃农的驱逐。她没有在叶芝与泰勒和达菲的争论中选择立场，这让叶芝感到失望。他没有意识到的是，在茉德·冈看来，优秀文学的生产只能是一个附属性目标。叶芝认为自己所启动的力量让一切政治运作都变得不重要了，因此他很讨厌茉德·冈在这个时候把精力投入诸如选举之类无关紧要的事情上。接近 1893 年年中，茉德·冈去了法国，而他回到斯莱戈。分别之前，两人之间爆发了争吵。几个月之后，叶芝回到都柏林，却被奥利里告知：年轻人都已经站到了他的对立面。"他们重复泰勒关于我的无知的不断攻击：我对伯克、斯威夫特和格拉顿（Thomas Colley Grattan）几无所知，而我了解的作家，如布莱克、济慈和雪莱，还有整个浪漫派，都被他们无视或唾弃。"[2]奥利里告诉叶芝眼下他在都柏林已经无法再有作为，于是叶芝在暂时的绝

---

[1] AU, 280-282。另参见查尔斯·加万·达菲爵士 1893 年 6 月对爱尔兰文学会所做的演讲，"为爱尔兰人民写的书"（"Books for the Irish People", *The Revival of Irish Literature*［London, Fisher Unwin, 1894］, 35-60. C. G. Duffy, ed.）。从昂温书稿的审读者爱德华·加内特（Edward Garnett）和奥利里写给叶芝的未发表信件中可以看出，如果叶芝当时不是那么愤怒，本来或许可以争取到一些让步。
[2] FD.

望中前往伦敦。

　　他的舞台改变了，但他的兴趣并没有变。从 1894 年到 1899 年，也就是他开启爱尔兰戏剧运动期间，尽管他多次前往都柏林，但他据以开展爱尔兰工作的基地却是伦敦。他向伦敦的爱尔兰文学会发表演讲，还说服他博学的朋友莱昂内尔·约翰逊也加入进来，为这场运动提供智识支持。[1] 约翰逊宣布自己正在写作三部大书，分别讨论"天主教伦理"、"天主教美学"和"天主教政治"，这可以让整个运动避免被人视为浅陋和带有新教色彩。[2] 叶芝越来越清楚地意识到，在这场复兴中，他的任务就是为它制订标准。为了达成目标，他尝试一边自己创作，一边在 1894 年编撰《爱尔兰诗集》——在这本书里，他把自己对泰勒—达菲一派批评的反对正式形成文字，但并没有表现得好斗。他把更多内容留给道格拉斯·海德、威廉·阿林哈姆（William Allingham）和塞缪尔·弗格森爵士，而不是自己原来青睐的、血统更纯正的爱尔兰人戴维斯和穆尔。这本书的前言既谦逊，又颇有化敌为友之意：

　　　　这本书的完成基于编撰者的好恶。书中的所有内容都曾给他带来愉悦……编撰者恳请每个被这本书激怒的批评家不要忘记：他所依赖的导航图只是他自己的趣味，而文学之海里到处

[1] AU, 273。另可参阅由爱尔兰文学会主办的 *The Irish Home Reading Magazine* (London, May, 1894)，约翰逊是其两名编辑之一。

[2] 见于 *Trembling of the Veil* 的未发表手稿。

都是风暴和巨流，各种爱尔兰文集的残骸已经漂满海面。[1]

111　　叶芝暂时没有进行中的新计划，又十分思念茉德·冈。1894年初，他以她为主题，写下了《心灵向往之地》，觉得导致她与他争吵的一定是她"渴望一种不可能的生活，渴望我剧中的女主人公所在的那种让人永不厌倦的国土"[2]。他在伦敦对爱尔兰文学会发表了许多次演说。正如我们已经看到的，他的工作部分在于让这场运动在智识层面能受人尊重。差不多就在这段时间，或者略早一些，他"在阻止我们的委员会……通过一条宣传语时遇到困难。这条宣传语的开头部分是'尽管爱尔兰民族不乏戏剧天才，却不曾有像莎士比亚一样的剧作家；然而，爱尔兰文学会的一个下属委员会相信这样的时刻已经到来'"[3]。他的演说自有其激烈的气质。他攻击统一主义者，因为他们对英国人的口味亦步亦趋；他攻击功利主义，像卡莱尔一样把这个词视为物质主义和英国文明的同义词；他赞美爱国主义和英雄主义。他对激情的崇拜帮助他以鲁莽掩盖内心的怯懦。有一次，他在演说中为斯威夫特在《德拉皮尔信札》(*The Drapier's Letters*)中据称使用错误数据的做法辩护，理由是上帝派来了一些受到精灵守护的人，只为说出"在智性上

---

[1] *A Book of Irish Verse* (London, Methuen, 1895), xxvi–xxvii. Yeats, ed..

[2] FD.

[3] 同上。

是谬误，在情感上却是真理"的话。这些言论太过激烈，让一位法官为此退出了文学会。[1]

尽管叶芝这段时间的公开演讲有一种故意的无所顾忌，但他也逐渐获得卓越的演讲技巧。在各种委员会会议上他尤其擅长掌控局面。正如萧伯纳后来的评论，在各种复杂的局面中，叶芝杰出的运筹能力让那些把他看成无所事事的梦想家的人大吃一惊。[2]

1896年下半年，叶芝加入了一种不同的民族主义事业。他在这段时间前后获邀加入爱尔兰共和兄弟会（I.R.B.）。这个兄弟会已经成立很久，以爱尔兰的独立为目标——如果有必要的话也不惜使用暴力手段。不过，在叶芝入会的那段时间，尽管兄弟会偶尔也会宣判敌人死刑，却不会真正执行。约翰·奥利里对这个兄弟会的都柏林分会保持着控制力。尽管如此，叶芝仍然意识到自己可能卷入了"某种不可控制的阴谋"，但根据他的说法，他对茉德·冈的绝望爱情已经让他走到了这一步——"需要刺激，需要遗忘"，并且在确实必要的时候已经"准备好牺牲"。邀请他加入兄弟会的那个人送他通

112

----

[1] FD.
[2] 在写给格雷戈里夫人的一封信中，萧伯纳提到了艾比剧院里关于奥卡西的《银杯》（*The Silver Tassie*）的一场争论："然而这是典型的叶芝风格。如果给他一份你认定他会搞砸［译按："搞砸"二字原文为"play Bunthorne"。诗人邦松（Bunthorne）系 W. S. 吉尔伯特和阿瑟·沙利文创作的讽刺唯美主义运动的剧作《佩兴丝，或邦松的新娘》（*Patience, or Bunthorne's Bride*）中的主角，行为放诞。］的工作，他会以他独有的机敏和细密让你吃惊。若是给他一份任何庸手都能做好的事，他倒很可能会弄得一团糟。"参见 *Lady Gregory's Journals*, 111。

过了入会仪式，然后自己就惊恐地退出了。叶芝却留了下来。[1]

　　一开始他并不是太活跃，但到了1896年底，他开始加入兄弟会的工作，为沃尔夫·托恩[2]的百年忌辰纪念做准备，并募款筹建托恩纪念碑。纪念活动的真正目的在于在爱尔兰发起一场最大规模的反英示威。茉德·冈计划前往美国展开巡回演说，为这个计划筹集资金，但她在巴黎收到消息说 I.R.B. 的都柏林分会拒绝批准她的行程。此前叶芝已在法国帮助她在当地建立青年爱尔兰协会，此时他便回到伦敦，在自己的住所召开了 I.R.B. 伦敦分会会议，为茉德·冈取得了她所需的批准。

　　叶芝发现，I.R.B. 的伦敦分会和都柏林分会之间的分歧有其原因，那就是双方在美国发生的一次政治谋杀的对错问题上选择了相反的立场。对这种两败俱伤的争吵，叶芝明智地感到不耐烦，因此他设法置身事外。他认为无论出现什么情况，都必须保持统一，因此提出了一项宏大的计划，要将 I.R.B. 旗下的都柏林沃尔夫·托恩百年忌辰纪念委员会（Dublin Wolfe Tone Centennial Committee）变成一个整合 I.R.B. 中两派（帕内尔派和反帕内尔派，以及其他任何他有望说服加入的团体）的中央理事会。这样一来，这个都柏林委员会就可以自称爱尔兰议会，并将英国议会中的爱尔兰议员视为其

---

[1] FD.

[2] Wolfe Tone（1763—1798），全名西奥博尔德·沃尔夫·托恩（Theobald Wolfe Tone），爱尔兰共和主义的先驱，曾在1778年率领法军进入爱尔兰以反抗英国统治。——译注

代表，对他们发号施令，最终宣布爱尔兰的完全独立。

这是一个充斥着各种不可能计划的时代，而这一个也并不比其他大多数更异想天开。叶芝在文学运动和民族主义运动（在当时，这两种运动很难区别）中都占据重要地位，因为他可以真诚地宣称自己超越了派系纷争。他本人头上没有任何派系标签，因此可以在各派之间调和。由于他在伦敦比在都柏林的影响力更大，叶芝成功当选为"大不列颠暨法国 1898 年百年纪念协会"（'98 Centennial Association of Great Britain and France，英国这一群人自封的夸张名号）的主席。他邀请卡斯尔敦爵士（Lord Castletown）领导的一群温和统一主义者加入他预想的都柏林理事会，并取得了对方的许诺；他也坚信民族主义政客更无法拒绝。此外，如果理事会提出"任何时候，只要那是一条胜利的道路，理事会便会接受非宪法的手段"，极端主义者们也会加入。[1] 其实他希望的是，有了一个可以代表整个或接近整个爱尔兰的机构，暴力就会变得不再有必要。在一条统一战线面前，英国人只能让步。

筹谋这些计划期间，他与茉德·冈在 1897 年为维多利亚女王登基纪念日的缘故一起来到都柏林，决意要确保女王所受的爱戴不会延及爱尔兰大地。茉德·冈向群众发表了煽动性的演说，讲述了她想为曼彻斯特诸烈士（三十年前因从事革命活动而被绞死的爱尔兰人）的墓地献花，却因为女王纪念日的缘故而被阻止的经历。

113

---

[1] FD.

"（她）声音低沉，却似乎能穿透整个人群：'难道因为维多利亚要过纪念日，我们就不能为逝者的墓地献花吗？'然后人群便沸腾起来。"[1] 骚乱开始了，茉德·冈也想加入他们，但叶芝阻止了她，这令她极为恼怒。叶芝担心她的安全，也担心一旦骚乱者找到了自己的圣女贞德，会破坏他关于爱尔兰议会的计划。

沃尔夫·托恩纪念活动的准备工作全面展开了。示威最终得以举行，庞大的游行队伍向奠基仪式地点进发。正如叶芝所希望的，各个派别都出现到游行中。然而此时他已经明白，自己更大的计划已经失败了。组成都柏林理事会的是一批无足轻重的政客，只会靠大声叫喊来压倒对手，却无力负起政治领袖之责，也无法组建他曾期待成立的爱尔兰议会。不过，一年半之后，对沃尔夫·托恩的纪念成为弥合爱尔兰议员之间裂痕的重要因素，而叶芝在引导公众压力让两派重归统一这件事上确有贡献。

1898 年之后，叶芝逐渐脱离了积极的政治活动，他的民族主义也越来越纯然归于文学领域。叶芝以自己的艺术和身体健康为代价，用了九年时间参与紧张的组织工作，只为一个目标（同时也是奥利里的目标）——让爱尔兰人形成一个统一的、英雄的民族。这些形容词都太过含混；他对经济问题并无高见，对现实政治也所知不多。至于向议会提交新的爱尔兰自治法案的问题，他也毫不关心。他的目的更加抽象。"在开展运动时，"他写道，"我对自己说：我想要让脊梁挺

---

[1] FD.

起来。"[1] 我们可以猜想这不光是指爱尔兰的脊梁，也是指他自己的脊梁。他和奥利里一样，都相信一项事业若是必须依靠煽动言论才能成功，就不值得成功。当他在民族主义运动中的同志们谈论对英格兰的仇恨（正如茉德·冈开始采用的做法）时，叶芝试图将它转化为对那种与英格兰相关联的物质主义的仇恨。当泰勒和达菲对青年爱尔兰派诗人大肆赞誉时，叶芝用更高的趣味标准来打击他们。与这些同道者不一样，他并不期待在不远的将来甚至在自己有生之年取得胜利。因此，更重要的是要发起尽可能英雄主义的斗争。他的立场有些模糊不清，却一直都是英雄式的。1898 年 4 月 13 日，在伦敦举行的一场沃尔夫·托恩纪念会上，叶芝以一篇演讲宣示了这个立场：

> 我想要大家记住的是，1898 年这些纪念不会就这样随风而逝，被人遗忘。我希望它们可以说服所有群体和派别为一个共同目标努力，从而让盖尔人团结得更紧密。我们曾为不被贴上任何阵营标签而努力，而我相信我们成功做到了这一点。（听众：听啊，说得多好。）这一年不仅会大大促进我们的统一，也会大大地让我们的祖国在一场巨大失望之后再次觉醒。刚刚结束的政治运动完成了一些必须要完成的事，却把爱尔兰撕成了碎片，让它被浓重的怀疑情绪笼罩。那是功利的做法，而凯尔特人从不擅长功利主义，因此表现糟糕……

115

---

[1] FD.

他喜欢在讲话时罗列英雄的名字：

　　爱尔兰正在自己站起来，正在变得更好。她把目光投向自己历史上的伟人，投向埃米特和沃尔夫·托恩，格拉顿和伯克，还有戴维斯和米切尔[1]，寻求他们的指引（欢呼声）。她也在转向新的民族情感源泉——它们要比政治里那些更加细腻……起初，我们痛恨英格兰的理想和野心，痛恨英格兰的物质主义，因为它们都属于英格兰；现在我们对这些东西的仇恨变得更高尚了（掌声）。现在我们恨它们，是因为它们邪恶。我们已经被它们折磨得太久，不会不明白对财富的贪婪、对强大本身的迷恋，还有对弱者的傲慢都是邪恶的和庸俗的。尽管（布尔战争中的）帝国主义正广受欢迎，却没有一个在爱尔兰受到信任的声音大声赞美它，它仅仅是一种更加涂脂抹粉、耀武扬威的物质主义而已，而爱尔兰总是站在虚心的人一边，因为他们必承受地土[2]（欢呼声）……我们正在建立的国家，应该以高尚的志向为动力，应该追求远大的目标。属于她的日子终将到来，尽管也许不会在我们这一代。有一个古老的故事，讲的是当航船遭遇风暴、就要撞上礁石时，有时会有一个神秘的人影出现，掌住舵柄。他就是老海神李尔（Lir）的儿子玛纳南

---

[1] John Mitchel（1815—1875），爱尔兰民族主义者、作家和政治记者。——译注
[2]《圣经·新约·马太福音》5：3—5："虚心的人有福了，因为天国是他们的……温柔的人有福了，因为他们必承受地土。"——译注，译文据和合本

（Mannanan）。国家也就像船一样，会有一只火焰之手突然出现，握住她的舵柄（热烈的掌声）。[1]

这篇演说没有为革命设定日期。事实上，整个关于自由何时获得、如何获得的问题都被淹没在最后的隐喻中。玛纳南就是一种"机械降神"（*deus ex machina*），其突兀的降临让诗人得以回避问题——这个星期或下一个星期该做些什么？我们甚至会觉得，面对这个年轻人的理想，哪怕以直接的革命行动作为回应也显得孱弱无力。这篇演说不仅蕴含着火焰，也包含了几乎同样多的防火石棉。

在整个九十年代里，在与激进派的许多次斗争中，叶芝总会说：只有能够描述自己的理想国的人才有资格谈论民族问题。1904 年，他在纽约发表了一篇演说，描述了他心目中的理想国。从演说中我们可以看出罗斯金的《给那最后的人》[2]的影响——在二十三四岁时，年轻的叶芝曾为这篇作品深深打动；我们也能从中嗅到威廉·莫里斯的《乌有乡消息》（*News from Nowhere*）和费边主义者（八十年代末，叶芝曾在莫里斯家中与这些人有过接触）的气息。

116

---

[1] '98 Centennial Association of Great Britain and France, *Report of Speeches at the Inaugural Banquet Held at the Holborn Restaurant, London, on Wed., 13th April, 1898* (Dublin, Bernard Doyle, 1898), 8-10.
[2] *Unto This Last*，约翰·罗斯金（John Ruskin）一篇谈论经济的长文，标题来自《圣经·新约·马太福音》20，意为最晚加入的人也应得到同样的报酬。——译注

第八章 欧文·阿赫恩，以及民族主义者 177

我们努力想要保存的这种民族性，这种我们为之与英国人的影响斗争的东西，它到底是什么？它不仅仅是我们的骄傲，当然也不是任何刺激我们投入行动的民族虚荣。如果你深入探究两个民族、两个国家之间竞争的根源，你总会发现那其实是两种文明之间的战争，是两种生活理想之间的战争。首先，我们爱尔兰人不愿像英国人那样建立一个富者极富、贫者极贫的国家。爱尔兰永远都会以农业为主。我们可以有工业，但我们不会像英格兰一样有一个极富的阶层，也不会让一片又一片的地区被浓烟熏黑，变成英格兰人所说的"黑区"（Black Country）。我认为有一种最适合我们人民的理想，也是在我们中最受欢迎的理想：在爱尔兰将成为的国家里，如果有少量富人，那就不会有任何赤贫之人。不论在哪里，人们在想象完美生活的时候，他们想到的总是一片有人耕种收获的土地，而不是一个巨轮飞转、庞大的烟囱吐出滚滚浓烟的地方。爱尔兰永远都会是人们耕种收获之地。

以上都是罗斯金和莫里斯的味道，接下来的部分则更有叶芝色彩：

然后，正如我们所想，爱尔兰将会是这样一个国家：在那里，不仅财富会得到良好分配，还会有一种充满想象力的文化，有一种可以理解分配给众人的想象事物和精神事物的力量。我们希望能保存一种古老的生活理想。在它的传统所到之处，你就会找到民歌、民间故事、谚语，还有来自古老文化的美好举止。在英格兰你也许能找到几百个、几千个教养完美之人，但你会发现那里大多数人唱的都是音乐厅[1]里的歌……然而，在你所知的国家里唯有爱尔兰不同。在那里，远在它的西海岸，在那些破旧的屋顶下，你会找到一群仍旧保存着伟大年代的理想的绅士——在那样的年代里，人们手握出鞘的剑，歌唱英雄式的生活。

这座海岛上并没有社会主义者，只有英雄——既是尼采式的，也是 117凯尔特式的。

是的，我们希望在现代生活中保存那种理想，即一个不曾……遗忘某个德国哲人[2]所列举的四种古老美德的民族：一，对待朋友忠诚；二，面对敌人勇敢；三，对待弱者慷慨；四，不论何种情况，永远保持礼节……我们想要以保持爱尔兰生活的方式来保持那种古老的生活，我们还想把它写进戏剧和诗歌，传播到那些爱尔兰语已经失落、人们只会说英语的地

---

[1] Music Hall，维多利亚时代特有的一种剧场娱乐演出场所，不仅有歌曲表演，还有各种综艺表演。——译注
[2] 尼采在《曙光》（*Morgenröte*）中提到过这四种美德。参见 Richard Schacht ed. *Nietzsche's Postmoralism: Essays on Nietzsche's Prelude to Philosophy's Future*, Cambridge University Press, New York, 2001, p. 137。——译注

方……我们每个人都希望爱尔兰的斗争接近大功告成，却应该像这斗争将永远持续下去一样生活。只有这样生活，我们才能让那种古老而高贵的生活在人们中显现力量。我们必须珍重地将它传递下去，用我们的榜样来让它变得强大而不是变得衰弱。我们不仅必须时时做好准备，在当下最重要的生活和政治中做好准备，更重要的是，要时时做好自己的工作，履行自己在那些政治和那种思想中的职责。这样我们才能将这些可以赋予人们战斗力量和劳动力量的伟大道德品质传递下去。将未来的幻影大军召唤到现实生活中的重任很可能要落在我们肩上。只要我们始终以这个想法为目标，只要我们永不忘记未来的大军，我们就无须为爱尔兰的将来担忧。[1]

这些演讲作为政治演说会有多大的效果？在今天看起来，它们其实相当含混。然而叶芝的对手不仅是英国，还有另一种同样含混、在他看来也同样有害的民族主义，因为这种民族主义煽动大众的仇恨，宣称只要赶走敌人，爱尔兰就会自动变成人间天堂。叶芝不能同意目标比手段更重要的观点。根据他的英雄式理念，他努力在解放爱尔兰的同时也改进爱尔兰，以此拔高这些问题。然而要想维持自己的立场，他只能不断地与无法理解他的激进派作战。进入二十世纪之后，尽管他还是一个爱国者，却已经遭到孤立，身陷困境。

---

[1] 未发表手稿。

第九章　寻求统一

I. 爱尔兰秘契修道会

如果叶芝真的曾经是他乐于想象自己所是的那两个人，我们就 118 可以说此前两章全面呈现了他在十八世纪九十年代中的智识历程。然而，有意识地将自己分成两半的做法意味着还有一个执行分割的第三方（*tertium quid*）；叶芝也完全明白：自己不只是一个法师和一个爱国者的组合。作为富有创造力的写作者，他无法接受被文学之外的兴趣完全占据的状态。他希望做到并且做得越来越成功的，是将神秘主义和民族主义铸入自己的艺术。从他将自己分成两半并让两半彼此对立那一天开始，他就在寻找那个他在与自己的不断竞争中逃离的中心点，想要调和二者。

这种融合自身兴趣的想法极大地占据了叶芝的头脑。1919年，叶芝在对青年时代的回忆中提到，当他二十三四岁时，"一个句子仿佛不经我本人意愿就出现在我脑海中，就好像梦中出现的句子一样，'把你的想法都锻为一体'。接下来好些天，我都无法思考其他事情；接下来好些年，我都用那句话来检验自己的所做作为"。[1] 他这个说法有些太过简单，让我们无法完全信任，但他在九十年代的写作的确频繁提到统一，足以让我们相信他所说的——他的确有意识地朝向这个目标努力。

对统一的追求部分源于自卫。面对父亲和众多朋友对其爱好的指责，叶芝没有足够的自信无视它们。老叶芝认为神秘主义荒谬可笑，还认为儿子在组织爱国活动上浪费了太多本可以投入诗歌的精力。有时两人甚至会为了各自的理论激烈争吵。儿子积极地为自己辩护，却又深切地感受到批判的锋利，因为他自己心中那个"焦虑而喜欢嘲讽的自我"告诉他的是同样的话。为了抵抗自己的怀疑主义，他开始证明那些爱好的价值——它们可以为他的文学创作中的精神和题材同时带来启发。如果他能证明自己做的每一件事都是他的艺术和生活中的有机组成部分，那些本来会被人视为古怪的爱好就能得到充分支持。

从很早阶段开始，我们就能看出他为弥合两端所付出的努力。他写的大部分东西越来越明显具有爱尔兰色彩和神秘色彩。因此，在 1888 年，他编辑了一本童话故事集，声称爱尔兰农民正是因为远离工业革命的中心，才与精神世界和栖居其中的仙灵保持着联

119

---

[1] *If I Were Four-and-Twenty.*

182   叶芝：真人与假面

系，而在别处，这个世界和它的居民已经消失了。[1] 他发表演说，宣传自己相信神仙鬼怪，不过在面对逼问的时候，他又会说自己是把它们当做"我们情绪的戏剧化呈现"[2] 来相信的。1889年，他开始写作《凯思琳女伯爵》，讲述一位女伯爵为了不让爱尔兰农民饿死而将灵魂出卖给魔鬼的故事。他在此将浮士德式的契约与一种描述英国人统治下爱尔兰的贫穷状况的民族主义叙事结合了起来。他后来创作于1894年的戏剧《心灵向往之地》仍然呈现了一个童话王国，因此也在神秘主义的世界和以农民为主的爱尔兰之间建立了联系。

从1889年到1893年，叶芝与一位不太重要的画家和诗人艾德温·埃利斯合作，编撰了一部三卷本布莱克作品集，其中包括对布莱克生平的讲述和对其象征主义的阐释。他很高兴看到布莱克的观念与神智主义者和金色黎明秘术学习会不谋而合——这样一来，他在使用神秘主义材料时就有了一位大诗人的权威背书。然而他还走得更远：在证据极为薄弱的情况下，他就说服自己相信布莱克的父亲詹姆斯·布莱克（James Blake）——原名詹姆斯·奥尼尔（James O'Neil）——本是爱尔兰人。"其余不论，（布莱克）首先是个奥尼尔。"叶芝这样写道。布莱克的作品"有一种爱尔兰气   120

---

[1] *Fairy and Folk Tales of the Irish Peasantry* (London, Walter Scott, 1888), ix‒xvi. Yeats, ed..

[2] Yeats, "Regina, Regina Pigmeorum, Veni", *The Celtic Twilight* (London, Lawrence and Bullen, 1893), 87.

质";爱尔林[1]在《耶路撒冷》中"位列至为崇高之地"。[2]接下来,他甚至提出了布莱克也是金色黎明成员的说法:

> 他很有可能通过了当时在伦敦成立的一个基督教卡巴拉信徒修道会——即"金色黎明秘术学习会"——的入会仪式。当然这个猜测并没有证据支持。就算真的接受了入会仪式,他也会对此一言不发。这个修道会的"学习者"不会提及自己或其他同道的名字。他们的学习主题正是普遍的魔法。[3]

简言之,布莱克与叶芝惊人地相似;这种相似性甚至体现在名字缩写上(一个是 W. B.,一个是 W. B. Y.)。此外,无论是作为爱尔兰人、秘契信徒还是诗人,布莱克都取得了成功。因此他就是叶芝可以引为辩护的卓越前例。

在《凯思琳女伯爵及诸种传说与抒情诗》的结尾,叶芝直截了当地以诗体发出宣言,声称自己应该被视为一位属于爱尔兰传统和神秘追求等领域的诗人,因为爱尔兰向来是一片神秘之地。他的论

---

[1] Erin,爱尔兰的古名,在布莱克的作品中象征着身体及其天性的神圣,但布莱克通常对爱尔林与现实中的爱尔兰有所区别。参见 Samuel Foster Damon, *A Blake Dictionary: The Ideas and Symbols of William Blake*, Hanover and London: UPNE, 1988. 128。——译注

[2] *The Works of William Blake*, I (London, Quaritch, 1893), 2–3. E. J. Ellis and Yeats, eds..

[3] 同上,I, 24。正如前文所述,金色黎明在 1888 年之前尚未创立,但直到写下这段话许多年之后,叶芝才知晓这个被严格保守的秘密。

证甚为含混，但表明了他已经感到为自己辩护的必要性，也表明他想要坚守阵地：

面对将来的爱尔兰的自辩

我知道，我将被视为那些

为平复爱尔兰的伤痛而歌唱之人

的真正同道，无论他们用谣曲

还是故事，诗行还是歌声；

我也并不比他们逊色，

因为她的历史起源

比上帝创造天使一族还要早，

而她那红玫瑰镶边的裙角

已缀满书册典籍，

因为这世界百花初开之时

就有光落在她如飞的双足上，

让爱尔兰的心跳开始搏动；

还有如烛火的星光闪耀

只为帮助她轻捷地迈步落脚；

爱尔兰的思绪也依旧   121

萦绕着她神圣的静谧。

我也不会被人觉得逊色于

戴维斯、曼根[1]和弗格森，

因为在深思者的眼中，

我的诗比他们的讲述更多

古老又深邃的晦昧智慧；

它来自上帝对梦中人的赐予。

因为在我的桌面上

来回飞舞着魔法的力量。

它们是洪水、大火、黏土和风，

从思索的头脑中一拥而出，

而步履谨严坚定之人

必将遇见它们的幽远凝视。

在追随那红玫瑰镶边的裙角时，

人总要和它们一同前行。

啊，月光下起舞的仙灵，

德鲁伊的土地，德鲁伊的歌谣！

在我还有力量时，我要真诚书写

我曾经历的爱，我曾见证的梦境。

---

[1] James Clarence Mangan（1803—1849），爱尔兰诗人，与托马斯·戴维斯和塞缪尔·弗格森爵士同为十九世纪爱尔兰最受推崇的诗人和文化民族主义者。——译注

从出生，到死亡

只不过是一瞬。

而我们，我们的歌唱与爱，

还有夜空中的水手，

还有在我的桌面来回飞舞的

所有魔法之物，

都在走向一个地方——

在真理淹没一切的迷狂中，

那里根本不是爱与梦想之地，

因为上帝以白色的脚步经过。

我将我的心写入我的诗，

好让你们属于渺远未来之人

知道我的心如何随着它们

追逐那红色镶边的裙角。[1]

仅仅用诗来宣示自己的民族主义和神秘主义双重原则是不够的。他还必须组织起一个支持这些原则的团体。我们已经看到，早在1891年，他就考虑借茉德·冈的帮助在爱尔兰发起一场秘密的灵性宣传。尽管他暂时放弃了这个想法，却未曾忘记它，并且头脑中逐渐充满九十年代在法国和不列颠诸岛流行起来的关于德鲁伊崇拜和凯

122

---

[1] Yeats, *The Countess Kathleen and Various Legends and Lyrics,* 135–137.

尔特复兴的模糊理论。也许要复活一种古老的崇拜是不可能的，至少不可能还原它最初的形态，然而若是像金色黎明结合玫瑰十字主义和基督教一样，将德鲁伊崇拜与基督教信仰结合起来，又会怎样呢？根据叶芝自己的说法，他相信"一切美好可爱的地方都有许多看不见的生灵，而且我们有可能与它们交流"。[1] 我们可以从他在 1896 年所写的迈克尔·罗巴蒂斯故事中看出他的思路。其中一个故事题为《贤者来朝》(The Adoration of the Magi)。他曾对菲奥娜·麦克劳德说他特别希望听到她对这个故事的看法，因为它是"一种极为隐晦的半预言"。[2] 一种新的神秘崇拜即将诞生；他甚至提出了一种新的圣母领报的可能——"另一位勒达将会向天鹅张开她的双腿"。[3]

于是床上的女子坐起来，眼神惊惶，四处张望，而最年老的长者开口了："夫人，我们前来，是要写下永生者之名。"听到他的话，她脸上现出巨大的喜悦。她立刻开始说话，虽然缓慢，却又急切，仿佛知道自己只剩下片刻的生命。她说的是英语，又有自己家乡的口音。她向他们说出众多国土上那些永生者的秘密名字，又说了他们最喜爱的颜色、气味、武器、乐器

---

[1] FD.

[2] E. A. Sharp, *William Sharp*, 282.

[3] Yeats, "The Adoration of the Magi", *Early Poems and Stories* (London, Macmillan, 1925), 520.

叶芝：真人与假面

和工具，但她说得最多的，是爱尔兰的永生者，是他们对锅鼎、磨刀石还有剑和矛的热爱……[1]

在同一时间的另一个故事里，他再次说出"炼金玫瑰"这个隐晦的预言。这一次他对这种崇拜的描述更加细致，将四位凯尔特神祇与锅鼎、磨刀石、剑和矛这四种元素[2]联系在一起：

属于这些人的时间也会到来。他们将向阿耳忒弥斯献祭一条乌鱼，或是向别的新神祇献祭别的鱼，除非他们自己的神祇——锅鼎满溢的达格达（Dagda）、在矛头淬以罂粟花汁以阻止它急切投入战斗的卢（Lu）、肩上栖着三只鸟的安格斯（Angus）、赶着红猪群的博夫（Bove），还有妲奴[3]的所有英雄子孙——再次竖立起他们的灰石神殿。他们的统治从未中止，只是力量稍稍减退，因为每一缕风中，仍有希族[4]御风而行；他们依旧翩翩起舞，比赛棍球[5]，依旧在每一处山谷、每一座高

123

---

[1] "The Adoration of the Magi", *The Tables of the Law and the Adoration of the Magi* (London, Privately printed, 1897), 45–46。这一段在 *Early Poems and Stories* 的 522–523 页中被删去了。（译按：参见第七章结尾部分的脚注）

[2] 锅鼎代表水、石头代表土、剑代表空气、矛代表火。——译注

[3] Dana，古爱尔兰语写作 Danu，是爱尔兰神话中的一位母神。此处提到的达格达、卢、安格斯和博夫都是母神妲奴的后裔，同属"女神妲奴一族"（Tuatha Dé Danann）。——译注

[4] Shee（Sidhe），爱尔兰神话中居于希山（Sidhe）中的仙灵。——译注

[5] Hurley，即板棍球（hurling），一种起源于古代凯尔特人的运动，使用前端为平板的球棍运球与击球，又被称为爱尔兰曲棍球。——译注

丘上迅如闪电地作战。然而他们已无法重建神庙，除非有人牺牲，除非取得胜利，或许还要经历那场早有预言的黑猪谷之战[1]。[2]

关于一种爱尔兰崇拜的混沌梦境逐渐占据了叶芝的头脑。1896年，乔治·拉塞尔在一封写给菲奥娜·麦克劳德的信中提到："我的朋友威利·叶芝刚刚来了我这里，就像是被一阵仙风吹来，口中说着宏大的事。他的话里有许多是关于如何复活德鲁伊秘教的……他这些激动人心的想法光芒四射，若不是那个永远充满热情的存在给我的启示，他说的东西我就一点也不明白。"[3]事实上，拉塞尔和叶芝一样迫切；在和一群年轻的神智学学徒一起的时候，他曾看到未来世界的千禧年幻象。1896年6月，他给叶芝写了一封信：

亲爱的 W. B. Y.——

这次我不会用什么讨厌的事来麻烦你，只想告诉你一些关于隐秘爱尔兰的事。你应该还记得，我曾写信跟你说过我所知

---

[1] 叶芝在其诗《黑猪谷》（Valley of the Black Pig）的自注中提到"在全爱尔兰流传有关于爱尔兰的敌人将在某个黑猪谷中溃败的语言"，参见傅浩译《叶芝诗集》（河北教育出版社，2003），144页。——译注
[2] "Rosa Alchemica", *The Secret Rose*, 244-245。叶芝后来删去了其中关于爱尔兰神祇的几行，参见 *Early Poems and Stories*, 483。
[3] E. A. Sharp, *William Sharp*, 277。这封信的日期并不确定，也可能写于1897年初。

　　　　　　　　　　　　　　　叶芝：真人与假面

道的远古之火的觉醒。现在此事已获证实，我们已得到要求发表此事。众神已经回到爱尔[1]，置身圣山之间，将这火向四面八方吹送。有好几个人已经亲眼见到他们。他们将唤醒各地潜藏的魔法力量，而人们的普遍心意将会投向古老的德鲁伊信仰。我在全国各地注意到对仙灵事物的兴趣正在增长。铃声在丘陵上响起，在山谷间回响。空气深处有一种紫色的光泽，有时可以在白昼的天光下呈现出来，并在群山之上蔓延。关于这一切，我还可以加上我本人的证言。另外，我们还被告知，尽管我们的人数现在还很少，但很快就会变得众多；将来还会有一间为复活古代秘奥、传授真正知识的学校在此设立。爱尔兰将出现一道光芒，改变许多时代和无数人。各种力量冲决纵横，各种事物喷涌如泉。我深深相信一代新的转世即将出现，而在每一层球体（sphere）里，先行者们都会来到他面前，做好准备。这将是一次王者的转世。他将立即统治凡人和掌握魔法的智者。几个月前我已经看见了他，如果他出现，我就能认出来。[2]

124

在深受神智学和秘契文献影响的拉塞尔看来，在一些选定的时刻上帝将与凡人指尖相触，这并不是什么不可思议的事。在写了上面这封信之后不久，他又写了第二封，详细描述了转世者和他的居处：

---

[1] Eri，来自 Ériu，爱尔兰神话中"女神妲奴一族"中的一位，是爱尔兰的保护神，也是爱尔兰得名的由来。
[2] 未发表信件，1896 年 6 月 2 日。

（私密）我觉得那位凯尔特能者是文艺和智性这两方面复兴的天才。他住在一座刷成白色的木房子里。我可以肯定不是在多尼戈尔就是在斯莱戈。离房门几步远的地方有一根大原木，是一根树干，树皮尚未剥去。房子坐落在一道缓坡上，而他则是中等年纪，有着灰金色（更偏于金而不是灰）的胡须和头发，面容柔和而专注。他眼睛中闪耀着神奇的金色火光，额头宽阔……慎勿四处传播此事。[1]

他和他的门徒将会在他们的下一次假期四处寻找这位可敬的能者。

叶芝则从伦敦给拉塞尔写信，表示他确信新的周期即将开始，而他和拉塞尔都属于下一个周期而非即将结束的这一个。拉塞尔热烈同意："我也认为我们都属于即将到来的周期。再过些年，太阳就会从双鱼座转入水瓶座。双鱼的力量是阳性的，持水瓶者则是灵性的，所以内省的人将第一个看见新纪元的阳光。"[2]

怀着满脑子这样的念头，叶芝前往罗斯康芒（Roscommon）拜访道格拉斯·海德，并在那里开始为自己的梦想赋予一种新的形态——爱尔兰崇拜。[3]他在基湖（Lough Key）中央发现了一座小岛，岛上中间位置有一座无人居住的城堡。这正是他要寻找的东

---

[1] 未发表信件，1896 年 6 月 2 日。
[2] 未发表信件，可能写于 1896 年下半年。
[3] AU, 313-314。他声称自己花了十年时间，徒劳地想要为这个崇拜团体创立一套仪轨和一种哲学，实际上他花的时间大概是六年。

西：他将把这与世隔绝的地方变成一种新的神秘崇拜的基地，而这种信仰将会把灵性的真理传播到那些被物质主义淹没中的民族中。其教义将会与神智学派和金色黎明的一样，但又要与爱尔兰有特别的联系。它们"将会把基督教的根本真理与一个更古老的世界的根本真理结合起来"。[1]爱尔兰最优秀的男男女女将会为了灵性的启示和教导而来到这座"英雄城堡"，在获得爱尔兰秘契修道会所聚集起来的超自然力量的加持之后，他们会返回各地，成为弗洛伦丝·法尔所说的连接"上界与下界"的鲜活纽带。

在组织这个新的神秘崇拜团体时，他的主要帮手将会是茉德·冈。她和叶芝一样，都深深相信精神力量，认为爱尔兰是神圣的魔法之地。许多年之后，她这样描述他们的雄心：

> 我们都觉得，爱尔兰大地有强大的生命力，居住着我们看不见的生灵。每当我们因为民族运动的缺陷而感到沮丧时，我们都转向爱尔兰大地以寻求安慰。如果我们可以与这片土地中潜藏的力量取得联系，它就能赋予我们解放爱尔兰的能力。我们之间的大多数谈话都围绕这个问题进行，由此一起进入了奇异之地。[2]

---

[1] 题为《世界精神》的未发表手稿，另参见叶芝《自传》314-315，以及其《自传》的未发表初稿。

[2] Maud Gonne, "Yeats and Ireland", *Scattering Branches*, 22-23.

当时他们都是三十岁出头，因此这个计划也许并不像现在看起来那样幼稚。茉德·冈认为修道会可以像爱尔兰北部的共济会所致力于维持统一那样，致力于让爱尔兰从英国脱离出来。它可以用共济会的方法来对付共济会[1]——另一个民族主义组织"盖尔人之家"（Clan na Gael）正是这样做的。[2]叶芝的目标却不那么政治化。他隐约期待修道会能够用魔法来支援民族独立运动，但他也有别的追求。他希望修道会可以为他提供"有序的工作背景"——这是他到目前仍然缺乏并且感到需要的东西，[3]也希望它能为爱尔兰的文学运动提供一种背景。此外他还有一个更加现实的目标：对"世界上最美的女人"的徒劳爱情几乎让他发疯，因此他觉得，只要在这项灵性计划中与茉德·冈合作，他和她的精神就可以紧密联结，让她同意成为他的爱人。[4]

126 　　最主要的任务是为修道会建立一套仪轨。"有一种关切一直萦绕在我心中，仅次于我的爱情本身，超过其他一切，那就是建立一种秘契仪轨的需要。它应该是一套仪式，一种召唤和冥想体系，用以将自然之美与灵性和梦境的体察重新结合起来。"[5]这种仪轨不能

---

[1] 来自作者与茉德·冈的对谈。

[2] Henri Le Caron, *Twenty-Five Years in the Secret Service, The Recollections of a Spy* (London, Heinemann, 1892), 111.

[3] 叶芝写给格雷戈里夫人的未发表信件，1898 年 5 月 18 日。另参见叶芝《自传》314 页。

[4] FD.

[5] 同上。

用有意识的技巧来书写，而应该通过马瑟斯教给叶芝的那套体系来获取——将注意力集中在象征上，"让意志自行其是"。修道会的灵性依据有赖于这套仪轨所蕴含的真理，而叶芝和茉德·冈都以巨大的热情投入它的建设。他们阅读了约翰·里斯（John Rhys）的《凯尔特异教》（*Celtic Heathendom*）和其他各种著作，以求引入一种前基督教时期爱尔兰背景。他们还在爱尔兰诸神与希腊-罗马诸神之间建立了对应关系。然而，在这种盲目的学术研究之外，他们还进行象征式的冥想。他们驱使自己的想象力集中在远古神祇身上，而这些神祇似乎往往会做出回应，显现确定的形象，向他们揭示另一个世界的方方面面。叶芝将这种冥想方法称为"灵视"，然而更准确、更容易让人接受的命名也许应该是"有意幻想"（deliberate reverie）。

叶芝和茉德·冈通过宣誓仪式吸纳其他同道来帮助这项秘密计划。合作者包括乔治·拉塞尔（叶芝认为他具有卓异的灵视能力）、总是处于恍惚状态边缘的威廉·夏普，还有夏普的另一个自我——凯尔特化的菲奥娜·麦克劳德。[1]叶芝前往巴黎，取得了麦格雷戈·马瑟斯及其妻子的帮助。从马瑟斯太太写于 1897 年 3 月 16 日的一封信里，我们可以看出这项事业的开展是何等郑重：

在计划中最重要的部分完成之前，我们做不了什么，而最

---

[1] 参见第六章。——译注

重要的事就是诸神和各种仪式等等的复活。"SRMD"（即马瑟斯）会致力于此，但正如你们所知，这可能是一项漫长而艰难的工作，不可能一蹴而就。任何类似于此却没有坚实真理基础的东西我们都不会接受，你们当然也不会。[1]

1897 年将近年底时，叶芝试图加快进程，在伦敦组织起一群热情的凯尔特人以求展开灵视探索。在他的领导下，成员们要将精神集中在一个象征上，然后向彼此讲述自己看到的东西，而他们看见的通常都与自己希望看见的有关。通过暗示的作用，团体的所有成员可以逐渐建立一种集体灵视。从一条关于某次这种集会的记录中，我们可以一窥端倪：

> 出席者围着桌子坐成一圈，桌上放着四种元素……D.E.D.I.[2]（即叶芝）举行了一种凯尔特祈告仪式，将我们传输到一片山地中。我们身处山丘之间，面前有一口古井。在我们左边，一株花楸树斜覆井口，树上结满红色的浆果，不断坠落，坠落在井水中。这些浆果已经熟透，在下沉时有如染红井水的血滴。然后一个庄严的形象显现出来，光芒四射，却还是人形，是一个长着白胡子的人的模样。他在井边跪下

---

[1] 未发表信件。
[2] 叶芝在金色黎明中使用的名字 Demon est Deus Inversus（恶魔乃是反面的神）的缩写，参见第七章。——译注

来，向水中张望。D.E.D.I. 称他为"库拉"，并问他是否可以告诉我们他如何来到这里，与这口水井有什么联系。接下来，我们和他一样向水中望去，看见水中满是移动不停的倒影，仿佛有车马，有战斗，不断推移。于是我们明白了：他曾经被卷入如此的凡世喧嚣，后来在追求理想时又完全抛弃了这一切……接下来，S.S.D.D.（即弗洛伦丝·法尔）发现，把两根食指交叉（右指叠在左指之上）置于嘴唇处并碰触双唇，会产生一种奇异的恢复效果。实际上，这个符号就是英雄世界中的致意动作，也是通往那里的钥匙。我们继续勘查，发现此地乃是形式的世界，与空间有关，不同于与循环和周期有关的精神世界。这是艺术的位面；这里的本质是轻灵空幻；交叉食指置于唇上的动作可以增强专注力、灵视能力，也能产生更多光和热。用楸木魔杖的符号行礼之后，我们返回了，像来时一样穿过树林，那位守护者在等待我们，为我们引路。我们注意到他的形象不那么耀眼了，而我们自己却因为从王座吸收了光而变亮了。林间原本黑暗的地方此时已有微光笼罩。在守护者的岗位那里，我们离开了他，用 X 符号向他致敬。在经过玛纳南身边时，我们再次致敬，因为这似乎是理所应当的。最后，直到我们涉过那有如忘川的水面，登上山坡，我们身上还有来自王座的光辉。我们中有两个人身上的光不那么明亮。来到井边之后，他们注意到花楸树是光秃秃的，周遭一片凄凉，而别人眼中所见却并非如此。于是我们

128

一起等待，直到花楸树再次开花，整个地方再次变得温暖而生机勃勃。然后，与往常一样，D.E.D.I. 驱散了幻象。[1]

修道会诸种仪轨在时间上的发展过程难以确定，但有几个日子是可以明确的。1898 年 3 月，叶芝从马瑟斯那里得知这位魔法师已经快要准备好初阶会员的入会仪式。[2]7 月，叶芝加紧了自己的工作，开始记录一份神秘主义日记——这份日记他一直记到 1901 年 3 月。他在梦中、半梦半醒间和白日梦里看到各种不同的异象。例如，他曾看见"两本满是奇特而又美妙的图画的书"，并被告知"其中一本里有布莱克的已佚诗作，另一本里则是曾对他产生影响的东西——是某种教义或者别的什么，我已经想不起来了"。[3]9 月，他和拉塞尔拜访了一座闹鬼的城堡，并将他们在那里看到的异象加以比较。接下来，1899 年 7 月，他一边忙着完成仪轨，一边梦想着茉德·冈，同时还在创作《幽影之海》——我们在后文中将会看到，这样的三管齐下有着相当的重要性。过了一段时间，他把一份关于"仪轨"的粗略草稿交给威廉·夏普，然后在 1900 年 2 月又一起努力完善它。1900 年 3 月，由于金色黎明内部发生的争吵，他失去了马瑟斯这个助力。从此时开始，他便主要倚仗茉德·冈、拉塞尔、夏普和

---

[1] 成员之一留存的未发表笔记。
[2] 马瑟斯写给叶芝的未发表信件。
[3] 未发表书稿。

叶芝：真人与假面

菲奥娜·麦克劳德。夏普和菲奥娜以通信的形式积极参与。正因为他们二人的缘故，叶芝才会在提及这一修道会时常用"凯尔特"这个词而非"爱尔兰"。然而，到了1901年7月，菲奥娜给叶芝写信，建议完全重建仪轨："出于某种原因，我们（菲奥娜和夏普）都感到一种根深蒂固的敌意或是难以克服的障碍。"[1]1902年1月15日，叶芝在给格雷戈里夫人的信中提到自己在魔法仪轨上"已经完成了大量工作"，已经"对它们的整体有了粗略的描绘"。[2]此后，出于某种将会变得显而易见的原因，再也没有人提起它们。

在其《自传》中提及爱尔兰秘契修道会时，叶芝承认自己"寻找一种哲学并（为之）建立仪轨的努力"是徒劳的。[3]那些仪轨条文得以保存下来，也证实了他的说法。条文中大量提到秘密使命，但关于使命目标为何以及如何履行使命的信息却很少。叶芝的父亲曾教育他不必有伦理考虑，因此这些条文也并没有鼓励入会候选人去追求良善或行事良善，而是鼓励他们追求"愉悦而不朽的思想，自己的最终觉悟，属于自己而非他人的真理"。这正是叶芝为发现自己的真正个体性而做的努力，但他并未说明这种发现如何达成，因为其实他也没有答案。修道会的入会候选人要分别通过锅鼎、石头、剑和矛的仪式。这些仪式象征着他对四种元素及其精神对等物

129

---

[1] 未发表信件。
[2] 未发表信件。
[3] AU, 314.

的征服。有一次剑之仪式颇为值得考察，因为它显示了叶芝对统一性既追求又有所回避，同时也预示了他后来的审美理论。候选人要面对安格斯和伊旦[1]——他们代表着世界上两种对立而永恒斗争的原则：

> 现在他已经听到了他们各自的属性，由此理解了他们，他就必须拿起剑来，继续前进；远离永恒的目标，同时又要追求它，因为在那里对立的两端同样真实。入会者的心智必须能够融合两种力量，如此才能达成完整，因为若是没有安格斯，伊旦在那玻璃的闺房中不过是一只金蝇，虽然美丽却无知无识。然而统一仍然不能完成，永恒的追索仍然要继续，因为若是没有了这样的追索，生命便不再是生命。[2]

最后的一项入会仪式属于"灵性"。仪式中，多少有些晕头转向的候选人会被告知"在灵性的生命中，所有选择都平歇，所有道路归于一点，有形者众，无形者却只有一个，众火都在此火中"。他现在已经准备好重生。"神圣生命的活跃灵魂在此人体内苏醒。降临的生命将他照亮。"

　　叶芝通过这些仪式过程成功表达出来的，主要是爱尔兰式的生

---

[1] Edain，即 Étaín，爱尔兰神话系中"追求伊旦"（Tochmarc Étaíne）故事的女主人公，在被丈夫的前妻变成飞虫后曾为安格斯所救。——译注
[2] 未发表手稿。

活必须有一种现存教会无法提供的信仰基础。这一点之外，他便没有走得更远。不过，无论如何，较之因尼斯弗里岛（1890年的他就在谈论归隐于此）上"蜂鸣嗡嗡的林间空地"，基湖中那座岛上弥赛亚式的英雄城堡才是更有社会责任感的计划。他花了六年时间来建立一种新的信仰，虽然没有成功，但他投入其中的精神努力却在另一块田地中收获了果实。

130

II. 爱尔兰秘契剧场（Mystical Theatre）

爱尔兰戏剧运动对外呈现的历史已经广为人知。一批剧作家决心创造民族戏剧；一批有着同样目标的演员加入他们。从那时候开始，为这个弹丸之国的一家小剧场所创作的戏剧已在全球各地上演。这场运动对其主要参与者的影响也是巨大的。寡妇格雷戈里夫人其时年近五十，此前从未写出过什么值得一提的作品，却展现出相当优秀的喜剧天赋。约翰·辛格原计划一生致力于为英国媒体写作关于法国作家的批评文章，却突然以爱尔兰生活为材料建起令人不可思议的戏剧大厦。此外，乔治·穆尔、爱德华·马丁，以及众多不那么知名的作家的形象也都突然发生了变化。

我们可以简略勾勒出这场运动的走向。1898年夏天，叶芝与格雷戈里夫人从爱德华·马丁那里得到了金钱和文学上的帮助，开始第一批爱尔兰戏剧创作。稍晚些时候，乔治·穆尔也被说服加入，并帮助1899年5月来到都柏林上演叶芝的《凯思琳女伯爵》和马丁的《石楠地》(*The Heather Field*)的英国剧团排练。1900 年 2 月又有三部剧作得以上演，作者分别是穆尔、马丁和爱丽丝·米利根（Alice Milligan）。几个月后的 10 月，叶芝和穆尔共同创作的爱尔兰英雄剧《迪亚尔米德和格蕾妮亚》(*Diarmuid and Grania*)与第一部用爱尔兰语写成的戏剧[1]（由道格拉斯·海德根据叶芝提出的一个情节创作）一起上演。1902 年，叶芝与格雷戈里夫人合作了一系列爱尔兰戏剧，又和以颇具天赋的弗兰克·费伊和威廉·费伊兄弟为首的一个爱尔兰演员小团体（其中大部分成员都是业余演员）展开合作。1904 年，安妮·霍尼曼（Annie Horniman）小姐成为慷慨的资助人。她为他们带来了那座后来成为艾比剧院的建筑，还每年提供一笔补贴。这座剧院得到国家的支持，一直存在到今天，不过如今它的光彩已经只是偶然一现。

131

在这场戏剧运动早期，涉足其中的人几乎没有一个对叶芝头脑中正在形成的规划有所了解。要想发现这些规划，我们必须来到幕后，对爱尔兰秘契修道会加以考察。这个修道会的目标之一就是为文学事业提供一种背景。叶芝建立修道会的努力与他开创爱尔兰剧场[2]的努力几乎是同期开始的，而这种同步相当重要。神秘主义

---

[1] 剧名为《拧草绳》(*Casadh an tSúgáin*)。——译注
[2] 本书中"爱尔兰剧场"（Irish Theatre）大约等同于"爱尔兰戏剧运动"（Irish Dramatic Movement），指叶芝、格雷戈里夫人、辛格等人将爱尔兰剧作家创作的爱尔兰主题戏剧搬上舞台的努力，始于 1898 年《爱尔兰文学剧场宣言》(Manifesto for Irish Literary Theatre)的发表。——译注

（如果换用一个更广义的表达的话，就是灵性观念）是他的早期剧作以及他关于民族戏剧应该是什么样的理论的基石。1899 年 5 月，他的《凯思琳女伯爵》的上演拉开了戏剧运动的序幕。剧目表上，这部作品的副标题是"一部奇迹剧"，[1] 这并非出于偶然。他最初的想法正是要推出一系列奇迹剧，而在使用"奇迹剧"这一概念时，他指的并不一定是基督教色彩的戏剧，而是能以某种方式展现一个隐藏世界之存在的戏剧。

早在 1890 年他写给凯瑟琳·泰南的信中，我们就能找到支持这种看法的证据。当年 5 月，他在给泰南的信中写道："如果我在爱尔兰，我就会请求你和我携手，一起创作我曾向你提议过的、以'贤者来朝'为主题的小奇迹剧。我以戏剧形式写了不少东西，也许可以帮你以散行体写一些对话，然后你再把它改成诗体。"[2] 两个月之后，他旧话重提，为没写出东西寻找理由："我本想给你寄些笔记，或是寄来我提议那部讲述'贤者来朝'的小小'神秘剧'的大纲"。[3]

这次合作没有结出任何果实。"贤者来朝"转而变成一个短篇故事，后来又被改编成诗。这段时间里，他写出了《凯思琳女伯爵》（1889—1892）和《心灵向往之地》（1894）。这两部作品在他

---

[1] 节目单收录于 W. A. Henderson, *The Irish National Theatre Movement*。这是一部剪报集，存于爱尔兰国家图书馆。

[2] Tynan, *Middle Years*, 65.

[3] 同上，63 页。

看来都是奇迹剧。1897年，叶芝开始整理他关于爱尔兰剧场的计
划，并在同年给菲奥娜·麦克劳德写了一封重要的信：

> 眼下我正好有一个计划想要问问你的意见。我们以文
> 学-政治为务的爱尔兰文学组织已经相当完备了（目前我还在
> 尝试在巴黎这些爱尔兰人中建立一个青年爱尔兰协会），我觉
> 得完全可以在这些社团中上演凯尔特戏剧。戏剧会比演说效果
> 好得多，也许比我们的其他任何努力都更能让爱尔兰裔苏格兰
> 人和其他凯尔特人意识到他们是一体的。我认为我写那些戏剧
> 太过复杂，不适合用来起头，同时还受制于我不能在委员会
> 里推销自己的作品。如果我们能有一两部短小的散行体戏剧，
> （比如说）神话和民间故事方面的，由你或者别的什么人来创
> 作（我也许可以说服奥格雷迪，我已经迫切地对他讲了这件
> 事），我相信我们就一定能推动爱尔兰文学会来开这个头。事
> 实上，关于上演我的《心灵向往之地》的事，他们已经讨论过
> 一阵了。
>
> 关于诗剧或传奇剧，我自己的理论是它的背景设定应该远
> 离现实或精细，应该是象征性的和装饰性的。例如，一片森林
> 应该用代表森林的图案而非一幅画来表现。我们设计的场景应
> 该是文字的伴生物，而非文字的反映。这种办法的另一个好处
> 就是，在让人感到耳目一新的同时，花费又可以相当低廉。表
> 演方面，也要与表现寻常现实的戏剧拉开同等的距离。在某些

情况下，这些戏剧甚至可以近于现代神秘剧。你的《最后的晚餐》（*Last Supper*）就是这样的例子，而你发表在《萨伏伊》（*The Savoy*）上的那个故事也可以成为纯粹表现人类悲剧的故事剧。或许我也会尝试写些短小的散行体戏剧，但现在还不是时候。我就这些问题给出建议，仅仅是因为我对它们有许多思考……就表现魔法和秘契而言，我的《幽影之海》超过了我以前的一切作品。[1]

叶芝向菲奥娜·麦克劳德寻求帮助，不仅因为她是忠诚的凯尔特人，也因为她和威廉·夏普（当时他还没有发现夏普的身份[2]）都认同他的神秘理论。正如这封信所暗示，若有必要，叶芝并非不愿意改变自己的观点，然而他希望新的戏剧可以成为"虔信的指南"[3]。如他在其《自传》的初稿中所述，"我希望我的写作，还有我希望开创的一派写作，与（爱尔兰秘契修道会）这些秘传（mysteries）之间能有一种秘密的象征联系，因为这样一来，作品就会更加饱满，包含更多对灵魂的爱，成为无须劝勉和修辞的奉献；难道信仰不正是像神居于他的世界中一样，居于艺术作品之中吗？阐释者除了低语，还能做什么？"[4] 面对建立一种戏剧以实现自己的目标这样

[1] E. A. Sharp, *William Sharp*, 280—281.
[2] 指菲奥娜·麦克劳德和威廉·夏普实为同一人之事。参见第六章。——译注
[3] AU, 314.
[4] FD.

133

的前景，他感到高度兴奋，在给弗洛伦丝·法尔的信中这样写道："我们可以开创一场伟大的运动，而且不仅限于魔法之事……"[1]

在爱尔兰剧场初创的那段时间，叶芝发表在报纸和杂志上的评论原本会显得异想天开，但以上这些宣言为之赋予了意义。他于 1899 年 5 月发表在戏剧杂志《五月节》（*Beltaine*）上的文章写道："第一日，它是人民的艺术；第二日，就像古时候在神庙中的隐匿处上演的戏剧一样，它是一个祭司群体出现前的准备。尽管这个世界还不够古老，无法向我们展现范例，但这些祭司也许可以将他们的宗教散播四方，让他们的艺术成为人民的艺术。"[2] 当他在《团结的爱尔兰人》上谈论约翰·埃格林顿关于孑遗者或精英的理论时，他又说："他们是一小群人，无论在哪里，五千人中都不会有超过一个，但他们的数量足够组成一个祭司群体，并且终究会为那些本能式的、源于大众的宏大运动带来指引。"[3] 我们无法确定（正如叶芝本人也不能确定）他是否在使用隐喻，因为他对那座英雄城堡及其对文学和生活的影响所抱的雄心广大得没有边际。

无论作者之为祭司是字面意义上还是隐喻意义上的，他都占据了一个崇高的位置，而叶芝已经准备好要为他抵挡一切攻击者。由于剧作家背负着秘密的使命，所以有权决定人们应该拥有什么的是

---

[1] 未发表信件，1901 年。

[2] *Beltaine, The Organ of the Irish Literary Theatre*, May, 1899, 22.

[3] Yeats, "John Eglinton", *United Irishman*, November 9, 1901.

叶芝：真人与假面

他，而不是人们自己或是他们的教士。这种信念深深影响了戏剧运动的发展，因为剧本的创作甫一开始，就遇到了来自教会的审查。乔治·穆尔已经准备好妥协，但叶芝却不同意。他大胆地发出宣言：

> 我相信文学乃是良心最主要的声音。世代以来，维护它134自己的道德，抵抗教士、教会、君王、议会或是大众各自的道德，都是文学的职责……一位明智的教士如果拥有堪与其智慧相匹配的勇气，就会是比庸众更好的审查员，对此我绝无怀疑，然而我以为更好的办法是单枪匹马地面对庸众，而不是依靠支持——在我看来，这种支持只有用原则的让步才能换取。[1]

爱尔兰要成为一片遍布神圣象征的圣地，但这神圣却不是正统教士们眼中的神圣，而是诗人眼中的神圣——同时也是秘契信徒眼中的神圣。在堕落的欧洲大地上，唯有此地可以让人理解灵性的现实。

叶芝的所有早期剧作都反映了这样的渴望和信念。《幽影之海》的创作始于1885年，又在1894年叶芝看了《阿克塞尔》之后重新开始。如叶芝所言，这部作品在很大程度上由一些灵视体验构成。[2]

---

[1] Yeats, A Letter, *Freeman's Journal*, November 13, 1901.
[2] *Plays for an Irish Theatre* (London, Bullen, 1911), 224。在后来的一个版本中（*Plays in Prose and Verse*［London, Macmillan, 1922］, 418），他谨慎地将"灵视"（visionary）改成了"梦境"（dream）。

其情节揭示了九十年代叶芝的头脑中那种根本的不确定感。他花了好些年时间试图说服茉德·冈放弃她的政治活动，和他一起追求帷幕之后的真实——在那里爱超越了它自身，"成为 / 树枝下不朽的火焰 / ——那枝上缀满金绿石、绿玉和橄榄石 / 还有绿玉髓、红宝石和缠丝玛瑙"[1]。这部剧作直到 1900 年才发表。完成它之所以困难，是因为叶芝很难知道自己想要表达的是什么。他想要自己所渴慕之人的肉体，又觉得像自己的爱那样高贵而凌驾一切的事物应该有更高的目的。正是因为这个缘故，他才和她携手创建爱尔兰秘契修道会，希望借此能与她共同抵达内心的真实，让两人的想法合而为一，同时也隐约却无望地期待两人的身体也能在这个过程中合而为一。在面对类似的问题时，维利耶·德·利勒－亚当的解决方式是让他笔下的爱人双双自杀，从而不让肉体的结合亵渎他们完美的感情。叶芝却回避了问题，让福尔格尔（Forgael）和德克托拉乘上了一条船——这船也许会通向死亡，也许会把这一对携手并肩的爱人送往一个表象与本质相符的世界。

较之《幽影之海》，他的其他早期剧作更容易用奇迹剧这个模式来描述。《幽影之海》中出现的唯一奇迹就是福尔格尔神奇的竖琴弹奏。1902 年，他写出了由茉德·冈主演的《凯思琳·妮·霍利亨》。这部作品是从民族主义角度对《心灵向往之地》的主题有力的再演绎。正如仙童引诱梅尔·布鲁因（Maire Bruin）离开她的

---

[1] *The Shadowy Waters* (London, Hodder and Stoughton, 1900), 49.

叶芝：真人与假面

丈夫，凯思琳·妮·霍利亨（爱尔兰的象征）也将迈克尔·吉兰（Michael Gillane）从他未来的新娘身边夺走。茉德·冈饰演的是凯思琳的角色，但她其实是迈克尔·吉兰的原型，因为叶芝觉得她把自己献给了爱尔兰，而不是他。他没有把对爱尔兰的爱局限于爱国主义，而是将之升华为一种超越的情感，从而能够怀着一种共情来处理这个主题。关于这部剧作，他是这样说的："这是爱尔兰事业和其他所有理想事业的永恒斗争与个人的希望和梦想之间的冲突，与我们在说出'尘世'这个词时所要表达的一切之间的冲突。"[1]

同样写于 1902 年的《沙漏》的副标题是"一部道德剧"，围绕一条以某种变化形态出现在爱尔兰秘契修道会仪式上的文字展开。剧中的智者被他的学生招来解释句子的含义："有两个鲜活的世界，一个是可见的，另一个是不可见的；我们这边是冬天的时候，那个世界就是夏天……"[2] 这位智者是一个彻底的怀疑主义者，却突然遭遇了上帝派来的天使，并像浮士德博士一样被迫改变自己。叶芝在同一年里和格雷戈里夫人共同完成的另一部戏剧是《旅人》（The Travelling Man）。这部作品以"一部奇迹剧"为副标题，主题同样是一个怀疑主义者目睹无可置疑的奇迹。

另外两部写于 1902 年的戏剧——《无物之地》和《汤锅》（The Pot of Broth）也适用于这个模式，但略有差别。《无物之地》

---

[1] Yeats, A Letter, *United Irishman*, April 5, 1902.

[2] *The Hour Glass* ... (London, Bullen, 1904), 4.

是叶芝创作一部关于秘契信徒的现实主义戏剧的尝试。主人公没有像《幽影之海》中那样乘上一条象征之船驶向象征的远方海岸。然而，保罗·劳特利奇（Paul Routledge）也没有怀着叶芝的那种秘密与谨慎行事；他有一种责任感，要当着所有人的面摧毁他在自己周围所见的错谬："我要拆掉这一切——你们管它叫什么？拆掉这样东西，拆掉这世界的营建，在大门下安放撬棍，在高塔上挂起抓钩，把它连根拔起。"[1] 保罗受到这种欲望的驱迫，同时又希望寻找一种去除了文明虚饰的生活，于是他来到一群吉卜赛人中，还在一场异教婚礼上娶了他们中的一名女子。他为婚宴买了许多波特啤酒，想要用它们让周围的居民躁动起来，因为他隐隐希望用醉酒来废除陈旧的价值。接下来，他又确信真理藏在别处，于是进了一座修道院。过了好些年，他在那里的僧侣中掀起一场新的暴动，并在一次布道中要求废弃律法、城市和教堂，废除一切组织化的因而邪恶的东西。最后，迷信的暴众将他杀死。

　　这部戏剧写得并不好，相当笨拙，但值得研究。正如叶芝所说，他在这部剧中倾注了很大一部分自我，[2] 也许比《约翰·舍曼》之后的其他所有作品都要多。我们并不能假设他将自己完全等同于剧中的主人公；相反，他似乎是向自己提出了一个问题：如果我把

---

[1] *Where There Is Nothing, United Irishman*, Supplement, Samain, 1902。这部戏剧的这一版尤为值得关注，因为，在与乔治·穆尔发生争吵后，叶芝只能在格雷戈里夫人和道格拉斯·海德的帮助下在两个星期内写完它，故此几乎没有时间润色。

[2] "The Freedom of the Theatre", *United Irishman*, November 1, 1902.

自己梦想说出和做出的事情都说出来和做出来，如果我不再自我审查，不再自我怀疑，会发生什么？在某种意义上，保罗·劳特利奇可以说是叶芝心中的秘密欲望的化身，而保罗的暴力正暗示着他的创造者对自己的生活方式日渐增长的不耐。这部剧作在另一个方面也同样具有启示意义。保罗是一个极为严肃的年轻人，却又在寻找欢笑："我已上路，因为我要去捕捉一头野兽……它十分可怕，长着钢牙和铜爪，可以掀翻尖顶和高塔……这头野兽的名字就叫欢笑，是上帝之敌中最强大的一个。"[1] 叶芝也在寻找欢笑，想要从苦恼的单身生活中那种慑人的严肃里解脱出来。他一直都极富幽默感，同时又一直努力将这种幽默感从写作中排除出去。现在他开始考虑把它加入自己的作品了。

　　这种新的倾向的第一件产品是一部不太重要的短小喜剧——《汤锅》。剧中，一个流浪汉说服贪婪的农妇：若将一块魔法石投入热水，她就能得到一锅上好的汤。这部作品同样是奇迹剧，却又名不副实，因为剧中的奇迹并没有发生，轻信的女人则遭到嘲笑。流浪汉的石头不是哲人石。叶芝对此类戏剧的创作至《汤锅》而止，直到多年之后才重新开始——1902 年之后，他的思考方式发生了巨大的变化。不过，就算没有这种变化，他也很难在他为爱尔兰剧场设想的第一条道路上再坚持多久。剧院观众需要更多现实内容，而他对剧院观众的在意程度比他表现出来的更高。到了 1903 年，约

137

---

[1] *Where There is Nothing*, *United Irishman*, Samain, 1902.

翰·辛格的《谷中幽影》（*Shadow of the Glen*）便让这场运动偏离了叶芝的半宗教性意图。叶芝并没有放弃立场，却调整了自我以适应变化。

因此，他的神秘主义和民族主义这两种兴趣在戏剧运动中的成功融合并没有延续多久，但这种融合产生的某种影响却持续不断。艾比剧院（我们在此使用它后来的名字）得以远离那些在英格兰和都柏林其他剧院中流行的简单风俗剧。在这里上演的戏剧必须以爱尔兰为主题，并且这种爱尔兰特色必须不失自尊。它赶走了舞台上传统的爱尔兰人形象。在叶芝看来，沉浸于物质主义的中产阶级是他所想要达成的一切的敌人，因此他的戏剧运动所产生的作品中极少有这个阶层的容身之地，却几乎总是会描述农民生活或爱尔兰传奇中的某个方面。也许我们有理由指责说，这种戏剧太过刻意地屏蔽了现代生活的种种特征——因为无法成为叶芝幻梦中的一部分，这些特征被他视为堕落。然而，他提出并扶持了一种将作者视为异教徒中的传道士的观念，抬高了作者的地位。这种观念无疑让这场运动得以摆脱过度的当代性，由此让爱尔兰对二十世纪戏剧的杰出贡献成为可能。

叶芝：真人与假面

第十章　风格的形成

> 我为我的歌织就一件
> 满覆锦绣的外套。
>
> ——叶芝《一件外套》

叶芝曾说"一个非行动派作者的自我征服就是风格"[1]。如果这 138
句话成立，那么自我征服的过程对叶芝来说是极为漫长和艰辛的。
在十九世纪末那段时间与叶芝有紧密工作关系的乔治·穆尔曾断
言：在叶芝的风格中我们仅能看见其人格的一鳞半爪。他的真实人
格比他的文章或是诗歌所能揭示的都要更加多变，更加包罗万端。
他还曾预言说：在穷尽了他占据的小小文学领域之后，叶芝终将停
止写作。[2]穆尔没有意识到的是：叶芝在九十年代里所拥有的不是
一种风格，而是两种；他会用一种来抑制另一种；正因为如此，他
并未如表面上看起来那样对任何一种写作方式有所坚守。同一种不
确定感在他的生命中造成了两种关于自己人格的对立概念之间的紧

---

[1] DP, 143.
[2] George Moore, *Ave* (London, Heinemann, 1911), 62-63.

张关系，也造成了对立与融合这两种原则之间的紧张关系。他的所有思考都受到这种不确定感的影响，让他在很长时间里都无法判然决定应该采用哪种表达方式。结果就是，他的文学技艺有着不同寻常的弹性和适应性。然而，直到很多年之后，他才发展出一种可以明确打上个人印记的变调。

　　如果还能回忆起他父亲同样痴迷于风格，我们就能更好地理解叶芝赋予风格的巨大重要性。约翰·巴特勒·叶芝脱离了拉斐尔前派的绘画风格，却未能做好与法国印象主义者运用的正统技巧决裂的准备。由于欠缺成功或归属于某一流派可能赋予他的自信，他日夜殚精竭虑，想要找到一种完全属于自己的技法。例如，他在1890年决定完全放弃肖像绘画，接下来的七年里除了铅笔素描之外什么也没有画。到了1897年，他再次拿起油画笔，确信自己的救赎会在油画之中。[1] 他一刻不停，不断变化，总是在追求一种看似再多画一笔就可以触及却又总是离他而去的范式。

　　正如我们所见，他的儿子也曾想要回归拉斐尔前派的绘画风格，在诗歌上同样如此——W. B. 叶芝在很长一段时间里都坚守罗塞蒂和威廉·莫里斯的美学原则。他们的繁复节奏适合那些奇异的主题，以隐士之姿将他们的诗歌世界与外部的当代世界隔绝。在叶芝的头脑中，拉斐尔前派很快就和那些魔法祭司归为一类，而华丽的文风也正类似于神秘的仪式。他关于奥斯卡·王尔德的一段话很

---

[1] J. B. 叶芝写给 W. B. 叶芝的信件，1899 年 5 月 30 日（JBY, *Letters*［Hone］, 57）。

好地揭示了他的想法：

> 在伦敦，他加入了唯美主义运动，在诗上他选择罗塞蒂的
> 风格，在散文上则效法佩特，于是那种舒缓的优雅（源于艰辛
> 与静滞）在他眼中变得越发神奇，因为那不是他的自然表达。
> 他痴迷于此，正如我还是个十四岁的男孩时的痴迷——那时我
> 站在街上一动不动，心中只想着是否有可能找到一条道路，进
> 入那种让人一眼就能看出精美来的文章的天地。在听到有人朗
> 诵譬如佩特对蒙娜丽莎的描绘之后，我就很难再相信"您能告
> 诉我怎么去哈默史密斯的圣彼得广场吗？"在这种情形里就是
> 最好的文字了。[1]

我们应该还记得，早在十七八岁上，叶芝就已经被拉斐尔前派深深
吸引——当时他就说过一首诗应该像"一艘画满图案的彩色航船"。
到了 1885 年下半年，当他成为一个民族主义者，在自己的舰队上
挂起绿旗之后，改变也仅仅是题材上的。《莪相的漫游》远比他之
前写过的任何长篇作品更富于技巧，但同样具有那种徐缓、谦谨、
充满隐喻的气质，仿佛时刻会因为途中任何有趣的东西而逗留。在
这首诗里，他在说出"如同亚洲无雨的土地上／黄昏时分的鸟儿一
样灿烂"这样的字句时有着显而易见的喜悦。这种风格与《雕像之

140

---

[1] 关于《四年》（Four Years）的手稿笔记。

岛》这样的早期作品不同，但差别仅仅在于变得更加浓墨重彩。他的隐喻有一种故意的不精确性。例如，在下面这样的诗行中，我们很难说其中有什么源于真实观察的成分：

> 她的嘴唇好像西沉的太阳，
>
> 悬在厄运难逃的航船上，预示风暴将临。

这样的描述尽管动人心魄，却似乎更适合罗塞蒂笔下的女子，而非莪相的爱人。

　　叶芝对这种写作手法的运用日渐纯熟，但随着它变得越来越容易，叶芝对它也越来越怀疑。难道他不曾在少年时就在给玛丽·克罗南的信中提到自己的目标就是"直截了当和极度简洁"吗？这正是他父亲一直在寻求和坚守的品质——老叶芝坚持认为：无论一个艺术家的风格为何，都应该立足于生活，永远不要偏离太远。1888 年接近年底，叶芝完成了《莪相》。我们会发现这时的他开始尝试各种手段，以抑制使用华丽笔法表达精致主题的倾向。其中最主要的一种就是描述农民的生活，使用农民的语言。他甚至还考虑过在木板上睡觉。[1] 另一种更实际的尝试发生在写作《凯思琳女伯爵》（其中有许多农民角色）期间：他在开始使用韵体之前，先用散行体从头到尾写了两遍，希望这样能够避免"一

---

[1] AU, 456.

叶芝：真人与假面

切修辞上的花巧和陈腐"。[1] 写于 1891 年的一首诗——《致时光十字架上的玫瑰》（To the Rose upon the Rood of Time）——表现了他的警觉。在诗中，他祈祷对美的寻求不会摧毁自己对寻常事物的欣赏：

> 红色的玫瑰，骄傲的玫瑰，我一生中哀伤的玫瑰，
>
> 来吧，听我歌唱旧时的事——
>
> 歌唱与险恶海潮搏斗的库胡林；
>
> 头发灰白，目光幽静，受林木滋养的德鲁伊
>
> 在佛格斯[2]周围洒下数不清的梦境与灾祸；
>
> 垂垂老矣的群星穿着银屐
>
> 在海面上起舞，用它们高远
>
> 而孤寂的旋律歌唱你的哀戚。
>
> 来吧，眼前就不再有凡人命运的阴翳；
>
> 我在爱与恨的树枝下看见
>
> 在所有愚蠢可悲、朝生暮死的凡物中，
>
> 有永恒之美漫游于她的路途。

141

---

[1] *Letters to the New Island*, ix，以及 FD。

[2] 塞缪尔·弗格森（Samuel Ferguson，1810—1886）的诗作《罗伊之子佛格斯的退位》（The Abdication of Fergus Mac Roy）中的主人公，在诗中被描述为放弃了王位的爱尔兰王。参见傅浩译《叶芝诗集》（河北教育出版社，2003），55 页。——译注

来吧，来吧，来吧——啊，还是给我留下

一点空间，让玫瑰的气息弥散其间，

否则我就再听不见那些渴望中的寻常之物，

那藏身在小小洞穴中可怜的虫子，

那从我身边草间跑过的田鼠，

还有凡人艰辛而又消逝的沉重希冀；

却一心只想听见上帝对那些长逝者

的明亮心灵说出的奇异之事，

学会一种凡人无法辨识的语言。

来吧——在我离开之前，我会

歌唱古老的爱尔和旧时的事，

红色的玫瑰，骄傲的玫瑰，我一生中哀伤的玫瑰。[1]

叶芝在诗中召唤玫瑰，却是为了告诉她不要靠得太近。这首诗的独特结构值得我们审视，因为其中藏着关于叶芝创作手法的奥秘。"我甚至会因为自我怀疑的缘故而写作"，他在多年后的一篇秘密日记中承认。[2] 因此，每一首诗都呈现了一种斗争。此外，诗人尽力回避在倾向一种观念和厌弃它之间做出选择，在这一时期尤其如此。到了后半生，他则会尝试解决这种对立，正如四十五年后他在

---

[1] *The Countess Kathleen and Various Legends and Lyrics*, 93-94.
[2] 叶芝 1908 年日记中的未发表片断。

叶芝：真人与假面

给多萝茜·韦尔斯利的信中所言：

> 每个人都需要击败自己心中的某种东西，并从这战斗中获得力量。我"创制"每一部诗剧都要告诉演员：诗行的力量来自一个事实，那就是说话者总是压抑着暴力或疯狂——"平息啊，你这歇斯底里的病"[1]。一切都有赖于这种压抑的完全，有赖于那潜伏野兽的躁动。甚至我的诗《致多萝茜·韦尔斯利》（To D. W.）也应该让人有这样的影响。月亮、无月的夜晚、幽暗的丝绒、可感知的静寂、静谧的房间，还有狂暴而辉煌的复仇女神。没有这种冲突，我们就没有激情，只剩下情绪和思绪……至于《致多萝茜·韦尔斯利》中的冲突，那并非出于刻意。这种冲突深藏在我的潜意识中，也许也深藏在每个人的潜意识中。[2]

然而在九十年代中，他似乎被这种冲突控制了，时而偏向一方，时而偏向另一方，却无法决断，也无法怀着自信来启发读者。这种冲突自然是比技巧更深层的东西，却通过技巧呈现。

142

同一首诗也经常会包含两种风格的痕迹，因为它们并非无法

---

[1] "down Hysterica passio"，出自莎士比亚《李尔王》第二幕第四场，原文为 "O, how this mother swells up toward my heart! Hysterica passio, down, thou climbing sorrow, thy elements below"，其中 Hysterica passio 指古人认为常发生在女性身上的抽搐等失控症状。——译注

[2] *Letters on Poetry from W. B. Yeats to Dorothy Wellesley* (London, O.U.P., 1940), 94–95. Dorothy Wellesley, ed..

调和。《湖中岛因尼斯弗里》第一节中实在的细节与第二节中空幻的隐喻就是这样的例子。若是与两首谣曲中的诗节对比，我们就能更清晰地看出这两种风格。一首是《茉尔·玛吉谣曲》(The Ballad of Moll Mage，发表于 1889 年 1 月)，另一首是《吉利根神父谣曲》(Father Gilligan，发表于 1890 年 7 月)：

茉尔·玛吉谣曲

到我身边来，小孩；

你们，不要因为我走路时

自言自语，就向我扔石头，

你要可怜茉尔·玛吉。

我丈夫是个打鱼的穷鬼

往海里抛线又下钩；

我的活儿就是腌鲱鱼

一天到晚不歇气。[1]

吉利根神父谣曲

于是，他半倚在椅子上

跪下来，祈祷，然后入睡；

---

[1] *The Wandering of Oisin and Other Poems*, 82.

　　　　　　　　　　　叶芝：真人与假面

飞蛾的时辰¹从田野退去，

　　　　而群星睁眼，偷偷窥觑。

　　它们渐渐变多，成千上万，

　　　　树叶则在风中摇曳；

　　上帝用阴影覆盖了大地，

　　　　向凡人悄声低语。²

　　在写给奥利里的信中，叶芝称第一首"仅仅是个实验"。他想把它写成一首民谣，然而那种纯朴看起来并不真实，像"打鱼的穷鬼"（fisher poor）这样的倒装尤其如此。在第二首里，他尝试的是一种精致而文学化的谣曲，却有类似的蹩脚之处，例如毫无新意的"而群星睁眼，偷偷窥觑"和笨拙的"跪下来，祈祷，然后入睡"。这两行叶芝后来都做了修改。看起来，每一种风格都略微受到另一种的沾染，仿佛他还没能完全理解其中任何一种。

　　在伦敦，叶芝受到一群诗人的影响。1891 年，这批诗人组成了"作诗者俱乐部"（Rhymers' Club），³而叶芝在这一组织工作中贡献甚多。"作诗者"在各种"世纪末"文学评论中、在《黄面志》

143

---

¹ Moth-hour，爱尔兰人描述黎明和黄昏时分的一种说法。——译注

² *The Countess Kathleen and Various Legends and Lyrics*, 108–109。

³ 具体的日期难以确定，但 Albert J. Farmer 在 *Le Mouvement esthétique et 'décadent' en Angleterre (1873–1900)* (Paris, Librairie Ancienne Honoré Champion, 1931) 的 262 页称该俱乐部成立于 1891 年初。

（ *The Yellow Book* ）和《萨伏伊》上贡献了大量文章。俱乐部的成员包括欧内斯特·道森、维克多·普拉尔（Victor Plarr）理查德·勒加利纳（Richard Le Gallienne）、奥布里·比亚兹莱、约翰·戴维森（John Davidson）、莱昂内尔·约翰逊、阿瑟·西蒙斯和欧内斯特·里斯（Ernest Rhys）。他们有一个共同点，那就是推崇罗塞蒂和佩特分别在诗歌和散文中所代表的传统。在一段时间里，叶芝就算不是完全服膺，也深深受到他们影响。从 1890 年到 1895 年间，他与莱昂内尔·约翰逊友情尤笃，而在这之后直到世纪末，又与阿瑟·西蒙斯最为交好。1895 年的最后几个月和 1896 年 1 月，他与西蒙斯在圣殿区的喷泉花园合租了一处住所。约翰逊个头矮小，总是喝得烂醉，把庄严当成一种信仰。他喜爱的是"祭司的"和"宏大"这样的词汇，而叶芝永远不会忘记约翰逊以下这些评论："生命必须是一场仪式"、"我们应该隐藏锋芒"、"我希望那些否认永罚的人能认识到他们那不堪言的庸俗"。他曾告诉叶芝："我需要在荒野中住十年，而你需要在图书馆里待十年"，让叶芝意识到自己的无知。1893 年，他送给叶芝一套柏拉图著作，逼着他阅读。约翰逊的诗相当乏味，却有一种强烈的冰冷感，让叶芝十分崇拜。西蒙斯则太过沉溺女色，难以和唯美派的约翰逊成为朋友。他掌握着关于当代法国作家们的大量信息，与其中不少人相识，还翻译了他们的一些作品。也许正是因为他对马拉美的"星期二"[1]的描述，

---

[1] Mallarmé's mardis，指马拉美家的诗歌沙龙，在星期二举行。——译注

　　　　　　　　　　　　　叶芝：真人与假面

叶芝才会在沃本街的家中组织他自己著名的星期一晚间聚会。西蒙斯在写作《文学中的象征主义运动》(*The Symbolist Movement in Literature*,1899)时得到了叶芝的帮助。这本书未见得深刻,却让"象征主义者"这个词在英格兰流行起来。鉴于叶芝有限的法语水平,西蒙斯让他了解到的当代文学潮流图景比他单靠自己所能得到的要更加清晰,然而西蒙斯也在书中的致谢里承认:关于象征主义,他没有多少可以教给叶芝。[1]

"作诗者"是一群极为讲究精致的工匠,对文学之外,尤其是忧郁抒情诗之外的事物几无兴趣。他们谈论卡图卢斯(Catullus)和赫里克(Robert Herrick),把他们视为偶像,却又太过忧郁,不愿尝试模仿他们的精神。约翰逊为此给出了一个理论解释:"他会说,可发现的东西都无足轻重,而科学应该被限制在厨房和作坊里;只有哲学和宗教才能揭示伟大的奥秘,而它们要说的早已经说完了;一名绅士就应该懂得希腊语。"[2]西蒙斯则宣称:"除了印象,我们什么也不关心。"[3]诗本身自有其目的。它只与韵律和词句之美有关。"作诗者"应该会同意叶芝在 1898 年 3 月给拉塞尔的信中所发的评论:"不竭尽全力遵奉自己的艺术原则是不道德的,因为良好的书写是艺术具有道德性的方式,也是唯一的方式。"

144

----

[1] 关于西蒙斯在写作这本书时得到叶芝帮助的事,他写给叶芝的一些未发表信件可以作为明证。

[2] Yeats, "Modern Poetry: A Broadcast, October, 1936", *Essays, 1931 To 1936*, 7.

[3] AU, 206.

叶芝与这一群徒劳无功却又自信洋溢的年轻人的关系到底是什么样的？他当然为他们中一部分人——尤其是道森和约翰逊——的艺术技巧所吸引，也对他们怀着一丝敬畏。在"作诗者"们眼里，叶芝无疑只是个灵光偶现的乡下人，受过的教育不多，满脑子无趣的理论。在写于1892年的一篇报纸文章里，叶芝描述了他与这些人的一次聚会——他在聚会上试图提出自己的观点：

> 我曾参加一次英国年轻一代富于想象力的作家的著名聚会，在聚会上试图解说自己深感兴趣的一种诗歌哲学，并想要展示我的想法，即一切伟大的艺术和文学都有赖于信念和英雄式的生活。当时人群中那种似被触怒的沉默至今让我记忆犹新。在他们看来文学早已不再是人性的侍女，而是已经成为威严的女王——群星都要围绕她东升西落，生活也要为了取悦她而在黑暗中踉跄奔走。[1]

145 尽管叶芝在伦敦的"作诗者俱乐部"聚会上用自己的理论——"文学必须是信念的表达，只能是高贵情感的外袍，而非以其自身为目的"[2]——来反对"为艺术而艺术"的观点，但他显然还暗藏着雄心，要在风格与技艺这样的对方阵地上与这些同代诗人一较短长，

---

[1] Yeats, "Hopes and Fears for Irish Literature", *United Ireland*, XII (October 15, 1892), 5.
[2] 同上。

并超过他们。叶芝刚来到伦敦不久，就从艾德温·埃利斯那里得到了关于自己作品的第一份细致批评，也明白了视野和意向并不比"对韵律的把控"[1]更重要。正是因为这个缘故，他的创作方法开始变得格外耗费心力。从他一首诗的下列草稿中，我们就可以看出这一点：

> 躁动的心啊，倾听我的歌
>
> 　　故事中的故事永不可讲述
>
> 用孤寂的旋律将它包裹
>
> 　　用不安的梦境将它包裹
>
> 伟大的旅人，请帮助我的心
>
> 　　你用灰白的群星和晦暗的月亮
>
> 遮蔽了无尽的秘藏
>
> 　　而在你……
>
>
> 我的心啊，不要用故事或歌谣
>
> 　　讲述不可言说的隐秘
>
> 　　　用孤寂的旋律将它们包裹
>
> 　　　　用不安的梦境将它们包裹
>
> 伟大的旅人，请帮助我的心

---

[1] FD.

你用灰白的群星和浪迹的月亮
遮蔽了无尽的秘藏
而在你……

倾听，躁动的心，听我的诗
你的哀伤也许永远无法讲述
用孤寂的旋律将你的爱掩埋
用不安的梦境将你的希望掩埋

伟大的旅人，请帮助我的心
你用灰白的群星和浪迹的月亮
遮蔽了无尽的秘藏
遮蔽了与事物表象共存的事物

146　　躁动的心啊，安静些，安静些
你的哀伤也许无法讲述
用孤寂的旋律将你的爱掩埋
用不安的梦境将你的爱掩埋

躁动的心啊，安静些，安静些
因为他已用灰白的群星和浪迹的月亮
遮蔽了无尽的秘藏

　　　　　　　　　　　　　　叶芝：真人与假面

遮蔽了事物表象之下的事物

躁动的心啊,安静些,安静些
你的哀伤也许无法讲述
用孤寂的旋律将你的爱掩埋

因为那可以随心所欲掌控万物的
已经用灰白的群星和浪迹的月亮
遮蔽了通往无尽秘藏的门

心灵的爱人

躁动的心啊,安静些,安静些
你的哀伤也许永远无法讲述
用孤寂的旋律将它掩埋
那可以随心所欲掌控万物的
已经用灰白的群星和浪迹的月亮
遮蔽了通往无尽秘藏的门

(18)94 年 11 月 19 日 [1]

这首诗从第一个版本开始逐渐变化。第一版是对神祇(被冠以隐喻
式的名号"伟大的旅人")的传统请求——希望在掩盖自己的悲伤

---

[1] 书稿。

时得到帮助；随后它变得越来越紧凑，同时也拉开了距离，有了暗示的意味，不再那么袒露地个人化。然而，即便在最后几稿中，隐喻和节奏仍然太过平淡。两年后，叶芝回到这首诗，从一种更有活力的新角度重写了它，并交给《萨伏伊》发表。他删去了诗中的神祇，代之以几种元素——火、水和空气，从而去掉了诗中所有的单薄不堪的宗教暗示，为他的信条注入了象征的弦外之音。诗中的意象有了活力和反差，而节奏也大胆地放松了：

147 　　　　　安静些，安静些，颤动的心；

　　　　　　不要忘记那古老的智慧：

　　　　　　　谁在颤抖中面对火焰与洪水，

　　　　　　在颤抖中面对吹彻星空的风，

　　　　　　不分善恶吹拂我们的风

　　　　　　　就让那星风、火焰和洪水

　　　　　掩埋隐藏，因为他不能属于

　　　　　　　那孤独、骄傲、生有双翼的一群。

然而此处"生有双翼的一群"仍有被理解为天使的危险，因为对于这类诗歌来说它是太过具体的一种指向；第五行的字句则太过抽象，而整个后六行中，对句子的把握也没有完全发挥出来。叶芝对这些缺陷一一加以处理，然后才将最终定稿发表在《苇间的风》（1899）中：

致我的心，告诉它不要惧怕

安静些，安静些，颤动的心；

不要忘记那古老的智慧：

谁在颤抖中面对火焰与洪水，

在颤抖中面对吹彻星空的风，

就让那星风、火焰和洪水

掩埋隐藏，因为他不能属于

那骄傲而高贵的一群。

若非有无穷的耐心，诗人的艺术技巧便无法臻于此境。

如果说伦敦的叶芝在英雄主题和民族主义主题的重要性这个问题上选择了他那些都柏林朋友的立场，而在都柏林时却更多站在伦敦的"作诗者"一边强调技巧的重要性，这样的概括未免太过粗略，但并非没有用处。他将两种风格彼此对立起来，每种各有不同的强调，而当我们在这不同强调中找到普遍的关联时，我们的概括就有了支持。一种风格较为简朴，更多立足于理论而非真正立足于爱尔兰农民的语言；另一种则更精致，近于英国的拉斐尔前派主义者和"作诗者"。第一种让形式隐匿不显，以此强调内容，第二种则讲求形式的精美，让内容晦昧不明。叶芝一度觉得自己太过倾向 148 于第二种风格，因此强迫自己写了一些农民故事——在这样的故事里，文风的华丽只能让可信性遭到破坏。1893 年，他发表了《凯尔特之暮》(*The Celtic Twilight*)，其中颇有与以下片断（来自书中

《村中幽灵》一章）相似的内容：

> 在村中小路（bogeen）尽头的一座小屋里，住着粉刷匠吉姆·蒙哥马利和他的妻子。他们有好几个孩子。蒙哥马利是个爱打扮的小个子，出身比他的邻居都要好。他老婆是个又高又大的女人。丈夫因为爱喝酒，被村里的唱诗班赶走，有一天打了她一顿。她姐姐听说了这件事，来到她家，拆掉了窗子上的一块遮板——蒙哥马利讲究整洁，在每扇窗子外都装了遮板——然后用这遮板揍他，因为她像妹妹一样，高大又强壮。他威胁说要去告她，而她回答说，只要他敢，她就要把他每根骨头都打断。她从此不再和妹妹说话，因为她竟任由这么小块头的男人欺负。[1]

这并非好的文字，但可以用严格遵守原则来为之辩护。

从 1893 年底到 1896 年初，叶芝很少在爱尔兰居住。身在伦敦的这几年里，他的写作变得越来越讲求精致。佩特于 1894 年去世，莱昂内尔·约翰逊为他书写传记。这两件事促使叶芝在模仿佩特的散文节奏上做了一些不成功的尝试：

> 在我思考这些事的时候，那些红色的人影冲我高声叫喊：

---

[1] "Village Ghosts", *The Celtic Twilight*, 34–35.

叶芝：真人与假面

"来跳舞呀，没有人能置身这场舞蹈之外；来跳舞呀，快来跳舞，诸神会用我们的心灵做质料，赋予它们形体。"我还没来得及回答，一阵神秘的情绪涌起，好像舞蹈的灵魂在我们的灵魂中舞动。这情绪抓住了我，将我推到中间，而我既没有同意，也没有拒绝。我的舞伴是一位庄严的永生之女。她的头发上插着黑色的百合，而她轻灵的姿态仿佛充盈着智慧，比群星之间的幽暗还要深邃的智慧，又充盈着爱，犹如吹拂水面的爱。我们跳啊，跳啊；熏香的烟气向我们飘来，将我们围绕，将我们包裹起来；我们仿佛来到世界的心脏，而时间已经过去千万年；我们的衣袍褶皱里，还有她浓密的头发里，有风暴旋起旋歇。[1]

在这里，叶芝对词语的选择与在《莪相的漫游》中大致相同，都是 149
将它们作为保护性的掩盖。他善于使用动词重复和节奏感强烈的形容词—名词组合来欺骗读者的头脑。红色人影、熏香和黑百合的撒旦崇拜暗示中深深渗入一种苍白的拉斐尔前派光泽，让这种暗示失去了大部分力量。就内容而言，这样的文字则相当单薄。

他在同一时期写的诗也同样风格雕饰，但雕饰得更为成功。以下这首载于 1895 年 9 月 24 日手稿中的诗就是一个极致的例子：

---

[1] "Rosa Alchemica", *The Secret Rose*, 260.

迈克尔·罗巴蒂斯吩咐他的爱人安心

我听见**幽影之马**的声音，它们长鬃飘曳，

蹄声沉重如雷鸣，眼睛闪烁白色光芒；

在它们上空，北方铺开爬行的黏滞黑夜，

东方在黎明前将她隐匿的欢悦释放，

西方在苍白露珠中饮泣，叹息离去，

南方倾泻红如火焰的玫瑰；

啊，**睡眠、希望、梦境**，还有无尽**欲望**，皆是空虚，

灾难之马踏破沉重之土：

爱人，请将眼睛半闭，让你的心跳动

在我心之上，让你的头发垂覆我胸，

用安息的沉沉暮色淹没爱情的孤寂时光，

将它们飘飞的鬃毛和雷鸣的蹄掩藏。[1]

没有一个词是意思明确的。我们既不知道那灾难的幽影之马是什么，也感觉不到询问的必要；四个方向与四个大写的抽象名词（睡眠、希望、梦境和无尽的欲望）之间有一种传统的联系，而危险则来自大写的象征（灾难之马）；然而全诗小心布局，以使罗巴蒂斯即便想要遗忘也不得不说出的危险保持于未定义状态。叶芝的这首

---

[1] *The Wind Among the Reeds* (London, Elkin Matthews, 1899), 24−25.

诗是写给手稿中被他称为"戴安娜·弗农"[1]的女子。1895 年，当他还爱着茉德·冈时，他就对这名女子展开了追求。他希望在她的臂弯里逃避紧追不舍的焦虑和责任，也逃避自己无望的激情。诗的风格也是恰如其分的逃避式的，但他心中的焦虑和责任都太多，无法长时间留在"安息的沉沉暮光"中。

这种精细的风格甚至开始影响他关于诗人罕拉翰（Hanrahan）的短篇故事。这些故事他本来是要用农民的方言来写的，事实上却比《凯尔特之暮》中的故事偏离农民方言更远。发现这一点后，他得出结论：自己遭遇了一场艺术道路上的危机。[2]很可能就在这段时间，他给菲奥娜·麦克劳德写信，询问她更喜欢他的哪种风格。[3]他在《自传》中讲述了自己的困惑："我对我的创作感到焦虑已经有一段时间了。我写了《炼金玫瑰》，还写了许多精致而节奏舒缓的诗，觉得自己已经失去了《凯思琳女伯爵》和早期诗作中原来那种故土之情。"[4]他问计于"会通灵的"戴安娜·弗农，后者建议他躲避"太阳的光线"，"近水而居"。"根据我从马瑟斯那里学到的一切，'太阳的'指的是精致而充满机巧……'水'则是'月性'的，而'月性'代表着一切简单、常见、传统和有感情的东西。"[5]当他

---

[1] 即奥利维娅·莎士比亚。参见本书"1979 年序言"。——译注

[2] "Preface to the First Edition of The Well of the Saints", in *The Cutting of an Agate* (London, Macmillan, 1919), 112.

[3] E. A. Sharp, *William Sharp*, 271.

[4] FD，另参见 AU, 456–457。

[5] AU, 456.

和阿瑟·西蒙斯一道前往戈尔韦的塔里拉城堡拜访爱德华·马丁时，他脑子里就回响着弗农的这些话。这次拜访相当重要，有好几个原因。距离戈尔韦海岸不远就是阿伦群岛（Aran Islands），而叶芝此时已经构思好了一部场景在巴黎和阿伦之间切换的小说。小说的主人公将会和阿伦的农民们交谈，又在巴黎致力于秘契崇拜，由此为质朴和精致两种风格都提供了登场的机会。为了搜集背景材料，叶芝两次乘渔船前往阿伦，并被他在那里听到的民间故事和童话深深打动。[1]

在塔里拉城堡时，叶芝还见到了格雷戈里夫人。后者邀请他去距离那里不远的库尔拜访她。叶芝那个夏天有好些日子都在库尔度过。由于健康状况不佳，他停下了文学工作，和格雷戈里夫人一起到农民的小屋里搜集他们的故事。叶芝从未像此时那样热情地支持农民阶级。回到伦敦后，他几乎不会谈论农民之外的事。大约正是在这段时间与他相识的乔治·穆尔被他告知：只有从农民那里"才能学会写作——他们的语言是鲜活的，从他们的生活习惯中流出，取自生命本身"[2]。同年晚些时候叶芝住在巴黎，在那里遇见了约翰·辛格。后者正计划写一些关于当代法国文学的批评文章。叶芝说服了他，说西蒙斯已经写过这方面的东西，并鼓励他到阿伦去向农民学习风格。辛格最终听从了他的建议。

---

[1] AU, 463-467.
[2] Moore, *Ave*, 55-56.

叶芝：真人与假面

每当叶芝剧烈地偏向一个方向，我们就需要警惕。他在《自传》中给出的印象是此时的他已经完全回归民间传统，但我们会发现，1897年，在《秘密的玫瑰》大受欢迎之际，他于5月30日给奥利里写了一封信："无论如何，这是一次朝向贵族式的秘传爱尔兰文学的真诚努力，这个方向也是我主要的雄心所在。我们已经有了人民的文学，但还没有属于少数人的文学。"[1]事实上，若是他同时没有大力鼓吹自己，他便不会那样大力地鼓吹他的朋友；要想回到地面并非易事。到了接近世纪末的时候，这种鼓吹的效果变得益发明显。不过，到了这个时候，其他因素已经掺杂进来，所以，也许我们最好把他对农民语言的兴趣视为他在逐渐疏远拉斐尔前派诗歌风格时（这种疏远正呼应了他父亲在二十五年前脱离拉斐尔前派画风的做法）呈现出的一系列症候之一。叶芝从阿伦岛民那里汲取了养分，但他也从男女演员们身上学到了东西。因为，从1899年开始，他就开始有机会用剧院观众来检验自己作品的力量。事实很快就明朗了：九十年代他沉湎其中的那种华丽风格无法取悦缺乏耐心的观众。他不仅大幅修改自己的旧剧作，也第一次转向了散行体戏剧的写作。他与乔治·穆尔合作了两年，先是帮助后者修订爱德华·马丁的一部剧作（《城中故事》[A Tale of a Town]），然后两人又全面合作，写出了爱尔兰英雄剧《迪亚尔米德和格蕾妮亚》——这部作品未能出版，实属幸事。叶芝并不喜欢穆尔的风格，但他尊

152

---

[1] 未发表信件，存于都柏林国家图书馆。

重穆尔的结构技巧；此外，出于情节考虑，穆尔必定经常强行要求放弃部分迷人的散文节奏。两人之间就这个问题发生了激烈的讨论。争吵和分手不可避免。接下来，叶芝与熟谙乡村方言和自然语言的格雷戈里夫人合作，在 1902 年创作了大量戏剧。与此同时，他不知疲倦地参加排演，与演员们交谈，尝试挖掘出一种诗歌念白的新理论。他就这个问题与学识渊博的爱尔兰演员弗兰克·费伊长期通信，又和女演员弗洛伦丝·法尔合作进行一系列演出展示。叶芝会讲解诗行念白的方法，然后法尔会在一种特别设计的乐器（略似鲁特琴，被他们叫做索尔特里琴）伴奏下念诵。这种方法的缺陷在于将声响置于语义之上，不过它仍然给叶芝带来了以口头方式检验自己作品的难得机会。

这些做法产生了效果，让叶芝在散文和诗歌中的两种风格的滥用都有所减少，并在两者中造成了一种不稳定的联姻。他在散文中的风格变化不那么明显，他写于 1902 年的一篇关于索尔特里琴的文章里的一段可以作为这种变化之一例：

> 我难以说清这种新的艺术正在发生何种变化，或是将遭遇何种伟大或平淡的运势，但我可以想象散文体故事中合于节律的对白与琴弦声愉悦相和的情景。我也不确定会不会有修道会给自己取名为"行吟诗人的金色紫罗兰"（Golden Violet of the Troubadours）或是别的类似的名字，并只接纳教养良好、举止端正、能够让这种新艺术免于争议的念白者为会员。他们会懂

得如何避免使用歌唱音符和平淡无趣的语调；并且，无论将自己的实验推进得多远，他们总是明白自己的目标在于诗，不在于音乐。他们会像爱尔兰的"菲乐"（File，即诗人）一样，在心中记住许多诗和注释，永远不用因为低头看书而破坏戏剧表达，破坏我幼时想象中诗人身上的那种野性的气质。他们会周游四方，若是在哪里找到一二十个爱诗的人，他们就会在一个大房间里将自己的诗和小故事朗诵；若是炉边坐着几个爱诗的朋友，这些诗人就会为他们书写难于被印坊和纸页理解的诗和小故事。至少，我从现在开始就会只为舞台创作长诗，而将短诗留给索尔特里琴——只要有一个强大的天使能让我坚持这样美好的决心。[1]

153

尽管在许多方面都令人愉悦，以上的写作风格仍然不能让人完全满意。它的主要特征是亲切和模棱两可。在读完这段之后，我们之所以愿意认可它，只是因为作者很小心地没有留下任何可攻击之处。我们无法判断他在多大程度上真诚相信自己的话，在多大程度上只是在描述一种欺骗人的幻想。这段文字充斥着不够明确坚定的表达；叶芝并没有真正鼓吹和期待人们使用索尔特里琴；他只是"不确定"自己是否会看到一场索尔特里琴运动兴起。接下来，他又向我们轻松地微笑。也许这种微笑正意味着我们不应该

---

[1] "Speaking to the Psaltery", *Essays* (1924), 23.

把这个彬彬有礼的家伙的话当真。他在这段文字中表现出的信心，就好像一个不愿给出任何读者不会同意的判断的作者。他似乎在说：如果你不相信索尔特里琴——事实上也许你是正确的——至少你不会否认如今的诗歌在适于念诵这一点上都做得很糟糕。叶芝在写了这篇文章之后不久就放弃了索尔特里琴，而我们丝毫不会为此感到惊讶。

我们不再岔开来讲述他在喜剧中处理农民语言时越来越高明的技巧——这些喜剧被公认为他的次要作品。在他重要的散文作品中，叶芝使用的是一种迂回的手法。他用这种逐渐形成的技巧来制造一种信任读者的表象，以掩盖他对自己的观点越来越强的审慎感。在发挥最好的时候，叶芝在这个模式下的写作是相当出色的，在游离于问题周边时尤其如此。然而他通常只会在最泛泛的命题上明确自己的态度。这种技巧相当灵活；他会频繁使用短语或句子结构变化来打断流动的节奏，因此我们无须像在阅读《炼金玫瑰》时那样担心自己被他麻醉。他会使用一些简单的词和短语，如"三两个"、"到处"、"一个大房间"，以此来暗示一种普通的语言，又不至于像《凯尔特之暮》那样跌落到过于简单的程度。这种写作手法无疑是有效的，却不够大胆。它更合剧场导演的口味，因为导演必须考虑观众，却不适合想要推倒整个世界的保罗·劳特利奇。叶芝对自己的迂回和妥协并非全无意识。直至生命尽头，他都对自己的散文风格抱有重重疑虑，并且曾在暮年付出巨大努力来改变它。

154

叶芝：真人与假面

后来叶芝曾说，散文"没有那种类似蒙面者的面具、以其隐匿无名来保护我们的简单形式"。[1] 诗有这种优势，因此走在了他的散文之前，变得越来越柔和、坚韧和勇敢，同时抛弃了一些令人晕眩的节奏。从他的通信中，我们可以找到他那些大胆的诗歌理论中的一部分。在一封写给乔治·拉塞尔、时间大约在 1898 年的信中，他劝说拉塞尔从自己的诗作《卡罗莫尔》(Carrowmore) 中删掉"先于"(ere) 一词，因为它是"诗的语言中的一粒陈腐碎片"，又建议他"根据词的自然次序"修改其中两行。[2] 1900 年，他在给拉塞尔的信中批评对方关于一位女神的描述太过朦胧："我想，我本人会避免在诗中这样写，这与我避免使用'闹鬼的'这个词出于同一个理由，因为朦胧的形态、图像、场景等等都更像是一种关于诗的现代观念，而我不希望唤起一种有现代意味的图景……所有古老景象都是确定而明晰的。"[3]

　　"确定而明晰"，这两个词和《苇间的风》里的诗可扯不上关系。在一封 1901 年写给菲奥娜·麦克劳德的信里，叶芝将他的理论又向前推进了一步。他建议对方在其风格中追求"极致的简单"，追求一种"抹去自我的节奏和语言"，以及"像一杯水而非一杯酒"的表达。根据他的说法，他在自己的诗中务必让"一切都坚硬而

---

[1] *Letters to the New Island*, xiii.

[2] 未发表信件，詹姆斯·斯塔基（James Starkey）博士收藏。

[3] "Some Passages from the Letters of W. B. Yeats to A. E.", *Dublin Magazine*, N.S. XIV (July-September, 1939), 14.

清晰……这就像骑一匹野马一样。如果你的手握不住或是膝盖夹不紧，就会摔下来"。[1] 在他发表于 1902 年 12 月的《亚当的诅咒》（Adam's Curse）中，一种被晚年的他描述为"自然排序的自然词语"的模式逐渐开始左右他的技巧：

> 一个夏末，我们坐在一起，
>
> 有你的密友，那个美丽温柔的女子，
>
> 还有你和我，我们谈起诗来。

> 我说："也许要几个钟头才能写出一行；
>
> 然而若它看起来不像是瞬间的灵光，
>
> 我们缝来拆去都只会是一场徒劳。"
>
> 还不如弯下膝盖，跪在地上，
>
> 擦洗厨房地板，或是敲打石块，
>
> 无论天气好坏——像个老乞丐一样；
>
> 因为，将甜美声响连缀起来
>
> 比这些活计都要辛苦，却还要
>
> 被那些聒噪的人看作游手好闲；
>
> 这些人里有钱商、教员和牧师，
>
> 被殉道者称为世俗之人。

---

[1] E. A. Sharp, *William Sharp*, 335-336.

　　　　　　　　　　　　　叶芝：真人与假面

这种逼真性是叶芝的抒情诗中出现的一种新变化。这是他第一次以精炼而高雅的形式复现日常对话，并且做得相当成功。"膝盖"、"厨房地板"、"钱商、教员和牧师"这样的词会被从前的他摒弃不用，此时却纷纷出现，而且没有破坏全诗的意韵。然而从诗的结尾来看，他仍然没有完全进入自己的成熟风格，因为它几乎回归了《苇间的风》（1899）的技巧：

> 提到爱情的名字，我们便沉寂下来；
> 我们看见天光的最后一星余烬熄灭，
> 又在天上震颤不定的碧绿中
> 看见一弯残月，它疲惫不堪，仿佛
> 一枚贝壳被时间之潮的涨落冲刷，
> 在群星之间飘荡，在岁月中磨蚀碎裂。
>
> 我想到一个念头，只能说给你听：
> 你如此美丽，而我用尽力量
> 以古老而高贵的方式爱你；
> 一切都似曾幸福，我们却已
> 心灰意冷，如同那空洞的月亮。[1]

---

[1] CP, 91-92.

156 　然而，即便在这里，倒数第二行中节奏的放松、略显突兀的"只能说给你听"，以及最后两个双行中有欠完美的押韵都表明叶芝正在摆脱自己从前的技法。

　　他感到了自己的变化。1903 年 1 月，他在给格雷戈里夫人的信中写道："你无须担忧我写诗的能力。我头脑中关于诗的新想法从未像现在这样多——尽管每个念头都与从前的大不相同。我的创作已经远比从前更具阳刚之气，有了更多的盐分。"[1] 然而他并没有想到，几个星期之后，他的生活和创作中就会突然掺入新的质料。

---

[1] 未发表信件，1903 年 1 月 16 日。

　　　　　　　　　　　　　　　　叶芝：真人与假面

第十一章　青春的结束

> 而她呢？她夺走一切，
>
> 直到我的青春消逝，
>
> 几乎没有怜悯的眼神。
>
> 我如何能将她赞美？
>
> ——叶芝《友人》

　1903 年，格雷戈里夫人位于戈尔韦的产业被一场风暴严重损坏。在出版于当年 7 月的短小诗集《在七片树林里》（*In the Seven Woods*）中，叶芝提到了这场灾难：

> 这些诗中的一部分创作于我在七片树林中漫游的日子——在 1903 年那场大风刮倒许多树木、摧残无数生灵、改变一切样貌之前。接下来那部戏剧中的许多内容也是在那里构思的。关于它的第一个念头来自梦中，然而在创作中已经改变了许多。这也许预示着一种变化，它可能向我的诗中注入一种不那么受累于梦境的意志。[1]

---

[1] *In the Seven Woods* (Dundrum, Dun Emer Press, July, 1903), 25.

他在提到气候和自然景象时是如此迫切，似乎暗示着他心中所想的是别的什么。也许我们可以对他所想的东西略作揣测。

那些关于茉德·冈的零散暗示不应让我们得出叶芝的兴趣曾经远离她的印象。从 1889 年 1 月开始，他的生命和他所做的一切就已经被他的爱情染色了。这爱情从未成功，却也从未被完全挫败。他的信件清楚地表明他深陷爱情之中，而不仅是在扮演一个现代行吟诗人的角色。正因为如此，他才会在 1891 年 11 月 30 日给拉塞尔的信中写道：

> 我已经见过冈小姐好几次，也觉得她那位和她同住的表亲已经成为我的盟友。这位表亲不经意的一句话让我知道：她们曾经讨论我，还读了我那本皮面本子，而且昨天这位表亲还暗示我明年春天应该和茉德·冈一起到巴黎去——所以你也能看出来，我一度相当高兴，直到黑色魔鬼军团的下一次来袭。明天冈小姐就要被引入金色黎明，然后第二天就要去巴黎，但我会在几周之后她路过伦敦时见到她——她已经答应今年冬天要在青年爱尔兰联盟帮我的忙。她去都柏林时，请去拜访她，让她别忘了我，别忘了神秘主义。[1]

叶芝送给她那册皮面本子中有以下这样的诗：

----

[1] 未发表信件，詹姆斯·斯塔基博士收藏。

呈献《约翰·舍曼与多雅》

我们诗人日日劬劳

只为创造一点美好，

却被女子的凝视

和悠然的星辰征服；

所以我，爱尔（Ir）最可爱的孩子

从劳碌中解脱，弯曲了膝盖，

以同样的敬意向那悠然

星辰上的火焰和你致敬。

都柏林，1891 年 9 月 1 日

他让极地的茫茫雪原

与溽热的年月分离；

他让你的灵魂与我为友，——

啊，又将你的心留给别人。

都柏林，1891 年 10 月

你的道路

我若为神，要让大天使们

摘下天穹上的星辰，

然后将它们飞掷而出，

以合宜的方式，撒开成

闪光的一行，闪光的道路；——

我只有生命可以献给你——

请你将步子放轻一些，再轻一些，

我的生命就在你忧伤的脚下。

——都柏林，1891 年 7 月 5 日 [1]

159 这些诗并不能赢得女人的心，但是能够证明他的真诚。茉德·冈了解叶芝的几乎一切秘密活动。她被引入了金色黎明——尽管很快又退出了；有一段时间她还成为爱尔兰共和兄弟会的会员：这个组织有禁止女性加入的规定，但她仍然说服伦敦的一名医生引介她入会。[2] 正如我们已经看到的，在叶芝复活德鲁伊秘教时，她又是他的主要帮手。叶芝的民族主义活动也与她紧密相关。她甚至一度作为演员和爱尔兰剧社副主席加入戏剧运动。然而，她不仅涉足叶芝加入过的这些秘密和公开组织，她还是叶芝每一个计划和雄心的倾听者。他把一切都告诉了她，认为她知道了这一切就会成为他的爱人。茉德·冈却很少向他展露自己的性格。

叶芝认为他的爱应该是完美的，因此在长达五年时间里他都不曾与其他女人有过瓜葛，而是不断与自己的理智搏斗，将自己看作一名亚瑟王骑士，将为他的女士效劳视为职责，至死方休。到了 1894 年，他从这种苦炼中部分挣脱出来。他在手稿中称之为"戴安

---

[1] 书稿。

[2] Maud Gonne MacBride, *A Servant of the Queen*, 314–315.

娜·弗农"的女士是一个美丽、敏感、身陷不幸婚姻的小说家。她富于魅力，出身上流；她的爱既令他得意，也给他带来慰藉。根据叶芝在其《自传》初稿中的说法，她让叶芝知道了她有许多情人的事实，而叶芝认为这样是不对的，便提议他们成为彼此专一的情人。同时，他又不知道该如何恋爱，因为从小时候到现在，他"从未触碰过一名女子的嘴唇"。两人最初计划私奔，但是在戴安娜·弗农带着一个朋友到他住处来敲定最终计划那一天，先前出门去买茶点的叶芝却发现自己忘了带钥匙，所以他和她们俩都没法进门。他从未完全忘怀茉德·冈，因此无疑对私奔怀有一种半有意识的强烈反感。

正如叶芝多年后不无莞尔地自承，在这场爱情中，一开始双方都十分胆怯。从1894年下半年起，他开始和戴安娜·弗农频繁见面。二人商定，在戴安娜年迈的母亲去世之前，不能纵容自己的激情，以免私奔给她母亲带来痛苦。随后，戴安娜决定向丈夫提出分手，以为他会坦然接受。然而令她意外的是，她丈夫大受打击，为此卧病于床。于是她告诉叶芝"欺骗他是更善良的选择"。二人之间什么都没有发生，直到两个他们对之吐露心事的朋友插手进来，告诉他们：既然私奔不可行，他们就不应该再压抑自己的爱情。

160

叶芝因此离开了他和阿瑟·西蒙斯在喷泉花园合租的公寓，并且很可能是在1896年1月租下了圣潘克拉斯教堂附近沃本街上的住处。他和戴安娜·弗农一同去购买家具，还一直记得他们之间关于床的尺寸的尴尬讨论——每多一寸都要多花钱。叶芝十分焦虑，然而戴安娜格外理解他的感受，二人的爱情最终进展顺利。根据叶芝的说法，这段关系持续了九个月到十个月时间，或许还要略短一点。正如我们在他哀伤的情诗《迈克尔·罗巴蒂斯吩咐他的爱人安心》和《埃德赠给爱人一些诗句》（Aedh Gives His Beloved Certain Rhymes）中所看到的，叶芝始终未能完全释怀，也从未全心投入这段新的爱情。一天，他收到了许多个月以来第一封来自茉德·冈的信，为之心肝摧裂。戴安娜·弗农很快就看出了不对劲。发现真相后，过了许多年她才再次拜访沃本街。

对茉德·冈的执念再次回到叶芝身上，像从前一样猛烈。叶芝的家人希望他能忘记她；像拉塞尔这样的好友提醒他说茉德·冈永远不会嫁给他，叶芝则在答复中承认自己没有任何理由抱有希望，"只有几个征兆而已"。这样的压力几乎超出了他的承受限度。如他所言，他的生活悬于一线，他的人时常处于健康崩溃的边缘。1897年夏天在库尔暂住时，他虚弱得几乎无法自己穿衣。在一本大约写于这段时间的手稿中，我们找到了他的哀叹：

啊，我的爱，唯有你
　不为我的歌所动，
而唯有你才懂得它们。
唯有你明白，当我
　向水上的天鹅、
　向天上的苍鹰、

向林中的牧神诉说时

　　我是为了你在歌唱。

他人纷纷垂泪，而你的眼睛

　　却没有泪痕。

II

啊，我的爱人。那一天，

你从车站到来，

在我的镜中

整理头发，

与我同坐桌边，

又在我的

大椅中休憩，

我是多么喜悦。我像

孩子一样。

啊，我的爱，我幻想

婚姻——我幻想

你不会给予我的生活

中的种种景象。啊，

我残忍的爱人。[1]

---

[1] 书稿。

格雷戈里夫人是他主要的倾诉对象，因为他不得不倾诉。他这些年所写的信中频繁提到茉德·冈在上次见面或上次通信中对待他是否友好。她坚定拒绝他的求婚，却又不断给他写信——正如叶芝后来所言——"完全感觉不到她造成的伤害"，从不让他们之间的关系中止。有一次，他与她在都柏林相见，而她似乎已经接近同意。叶芝给当时身在意大利的格雷戈里夫人写了一封言不及义的信。后者立即回信，并提出给他一笔钱让他用于结婚。"不要离开她身边，直到她同意"，格雷戈里夫人在信中说道，然而叶芝的回复是："不行，我太累了，我没有力气了。"[1]

162

这种介于希望与拥有、欲求与满足之间的精神状态把叶芝带进了隐约痛楚的幽影之海，也带进了《苇间的风》那样的诗之流沙——在那里，你会不断下沉，下沉，却永远无法触底。如果我们把这种精神上的混乱与糟糕的健康状况结合起来，就能对叶芝在本来也许可以快乐的青年时代所遭受的痛苦折磨多少有所了解。个人生活中的挫折让他在文学上和组织工作上的所有成功都黯然失色；此外，无论是出于精神上还是身体上的原因，他的健康常常处于崩溃边缘。他太需要有人来照顾，需要有人来保护他免受单身汉毫无规律的生活状态的伤害。一位早在1890年就在金色黎明认识了叶芝的伦敦病理学家怀疑他患有肺结核。多年之后，他用 X 光照射给叶芝做诊断，认为自己当年的怀疑是正确的——尽管此时叶芝的病

---

[1] 此处的叙述基于叶芝《自传》的未发表初稿（FD）。

已经痊愈了。

无论他的病是神经紧张还是肺结核，或者是两者的结合（看起来也很有可能），其痊愈都有赖于格雷戈里夫人。她让叶芝每个夏天都可以在库尔长住，得享一种确然不变的生活规律。在他去往伦敦时，她赠送的许多食物和美酒总会追随而至。她还借钱给他，尽管他不太情愿，并且直到多年后才有偿还之力。1902年，叶芝在她的帮助下写出了五部戏剧，并在库尔住了很长一段时间。他的身体状况得以大大好转，而他的诗中新出现的坚实感也很可能部分来自健康上的恢复。

然而他的旧时心结仍没有去除。此时的他与茉德·冈在都柏林经常见面，而他仍不能停止对她的爱。他以为茉德·冈不会嫁给任何人，只会把一生奉献给爱尔兰的救赎。他还就这个主题写出了《凯思琳·妮·霍利亨》，让茉德·冈来主演。然而上天并不眷顾他的想法。1903年2月的一个晚上，他出门去做演讲。就在他上台之前，有人递给他一封信，上面是她的熟悉笔迹。然而这一次茉德·冈送来的却是不同往常的消息：她刚刚在巴黎与约翰·麦克布莱德少校成婚。 163

一时间，"耳朵什么也听不见，眼睛什么也看不见／如中雷殛"[1]，叶芝手足无措。他仍然完成了演讲。随后听众们上来祝贺他演讲大为成功，然而他却不记得他们说的任何一个字。

---

[1]《和解》（"Reconciliation"，CP, 104）。

现在我们可以完全明白他关于那场"刮倒许多树木、摧残无数生灵、改变一切样貌"的大风的讲述所指为何了。他以无边柔情和关切种下的那片森林轰然倾颓，只留下

> 半掩在雪下的根须，
> 断折的枝干，和萎黑的树叶。[1]

此时他已经三十七岁，人生已经过半，也已经完全清醒过来。在最珍惜的梦境破灭之后，接下来他会做些什么？

---

[1]《两株树》（"The Two Trees"，CP, 55）。

叶芝：真人与假面

第十二章　新的分裂

我自己，我像妻子一样怨恨的自己。

——瓦莱里《我的浮士德》手稿

我与我自己的战争。

——叶芝《戴尔德丽》

随着叶芝决然地将九十年代抛在身后，他前半生作品中的缺　164
陷在回顾中变得明显起来，并且可以部分归于心理因素。人们普遍
认为诗与诗人之间的关系并不平滑，也并非清晰可辨；任何优秀
的诗在完成之际，都会在一定程度上脱离诗人的生活，变成某种
独立的存在，因此创造行为也是一种分离行为。然而，在次一等
的诗中，对这种分离有失考虑的风险相对而言或许要小一些，而
叶芝早年的诗作也并没有超出次一等的范畴。如果仔细审视他早
年的散文和诗作，我们不可避免地会发现：他并没有解决创造的
问题，而是在很大程度上绕开了它。问题具体何在，我们可以对
他青年时代遭遇的心理困难加以考察，也可以审视他后来的解决
办法，从中各能得到一部分答案。鉴于他对一种分裂心智的敏感，
叶芝不得不在自己的诗中尝试达成柯勒律治所谓"对立或不谐的

性质之间的平衡或调和"[1]。他在九十年代中所表现出的缺陷源于他未能将自己的艺术视为一种平衡或调和，而是看作非此即彼的选择，两个选项有时是怀疑与信念，有时是自然之爱与超自然之爱，有时是行动与梦想，有时又是农民传统与贵族传统。到了下半生，他将这些对立的两端熔接了起来，这一点将会变得越来越明显；然而在早年，他更多地将自己的艺术方法当成对种种互斥印象的吸收方法——在他看来，这些印象往往都是灵视或类似灵视的图像。正如他的诗《致时光十字架上的玫瑰》所示，他在全诗开头召唤玫瑰，接着部分表露出对它的拒斥，随后又再次召唤它，而他并没有看出这样的做法有何矛盾之处。他对种种情绪的接收和描绘都是随兴所至，主要通过技术手段来联结它们。后来的叶芝摒弃了这种手法，将之称为"官能式的"，因为它假定"我们可以在精神与感官之间徘徊"。[2]这对立二者之间并非他唯一的徘徊之处，然而对一种伪装得过于轻易因而难以被称为完全秘契式的诗歌来说，"官能"这个词正是恰当的描述。

因此，叶芝在九十年代构建起来的那个世界根本不是一个真正独立的世界，而是一种巧妙的逃避，既不在此，也不在彼。他宣称自己的目标与马拉美的一样，是要召唤出一种未被人看见的真实，而象征是达成这一目标的唯一手段。然而在实践中，叶芝使用象征

<hr />

[1] 出自柯勒律治的《文学自传》(*Biographia Literaria*)。——译注
[2] AU，403.

叶芝：真人与假面

的主要目的是掩盖这个世界，而非揭示另一个世界。乔治·拉塞尔曾指出，他这位朋友早年诗中的那片土地并不是"属于鲜活心灵之地"，而是"多彩之地"。[1] 也许我们可以把他的这一评论的意思翻译出来：诗人关心的并不是真实，而是如何用虚饰来掩盖。正如我们在他的诗作《致我的心，告诉它不要惧怕》和《迈克尔·罗巴蒂斯吩咐他的爱人安心》中所看到的那样，叶芝通过压抑和模糊自己的情感来让它变得不可辨识。他回避了个人宣示，确保了自由，却无处可去。在他与凯瑟琳·泰南相识之初，他在给她的信中写道：二人都需要用自然之景来取代艺术之景，[2] 然而他个人在爱情上的挫败带来的压力让这一点变得不可能。

实际上，我们只能得出结论：叶芝对茉德·冈的态度在很大程度上影响了他的早年诗歌赖以诞生的那种精神状态。他的爱倾注在一个美得可以成为美的象征的女人身上，这一事实似乎让他关于这个女人最终会如何对待他的不确定感有了理由。这是一桩心灵之间的情事，又与他的诗歌写作事业密切相关，而他把选择权留给了对方，转而写出掩饰自己苦痛的诗，就像一个肩负重担却又要努力穿上衣服以掩盖这重担的人。象征主义并未为他提供一种平衡和调和的手段，而是织出了一袭华衮，让一个痛苦的年轻人藏身其中。因此，他的生活对他的诗的影响就不难明白了：他在爱情中接受茉

166

---

[1] Russell, *Some Irish Essays*, 35-36.

[2] Tynan, *Twenty-Five Years*, 262.

德·冈的至高权威，因此他对那些她是其中之一的象征也无法抱有主人的态度。他没有操控这些象征，而是让自己沉溺其中。波德莱尔将象征定义为人用以穿透自然神殿的工具，而如果我们认可这种定义，叶芝的选择的结果就是让这些象征变得不完美。他的"幽影之马"和"高贵的一群"都是精致的隐喻，指向的却是一种它们无法支撑的象征意义。它们是用以悬挂情绪的钉子，然而其他钉子同样可以起到这样的作用。叶芝本人也意识到他早年的诗并没有达成他的意图——他在1908年这样写道："在生涯之初，我心中想的是把自我倾注在诗中，并把这样的做法理解为对自己所见之物的呈现，以及对赘余之物的删刈，然而，随着我开始在自我之外想象那些画面，我的想象便充满斑斓的景物，以及静滞的生命。"只需要看一看他父亲在九十年代为他绘制的那些并不完美但构思精巧的肖像，我们就能理解这一点。这些画将他表现为一具屈服而被动的躯体，又以柔和的笔触和阴影来呈现他的面部。詹姆斯·乔伊斯曾将叶芝早年的诗作评价为"自慰式的"（onanistic），也就是说它们是一种自我沉溺而非真正具有创造性，这并非没有道理。

老叶芝曾在给道登的信中写道：有的人生来就全副甲胄，有的人却只能缓慢成长，而叶芝就是后一种人。他在考验与错误中前行，只能一点一滴地发现自己的潜力。他时常失败，却总能从失败中得到教训。就此而论，他那些在爱尔兰秘契修道会中以及后来在戏剧运动中将自己的想法铸为一体的早期努力并没有成功。第一种努力的失败是因为他希望从另一个世界中获得的启示并没有到来；

第二种努力的失败则是因为他偏离了方向，俯身去拥抱那种如今被艾比剧院轻蔑地称为 P. Q.（农民气质[1]）的东西。后来他又回归这两种努力，但视角已不再那样天真。那些秘契仪式终将被转化为《灵视》中的精巧构建。当他进入晚年、成就了一种真实的而非造作的简洁之后，他在民间传统中寻找自然、逃离刻意的尝试也将取得成功。这种成功并非因为与民间传统的融合，而是因为他更好地理解了自己。

　　此时的叶芝进入了一个以理论化为主要特征的阶段，较之此前那个散漫的情感阶段，其间的路途同样凶险。他并没有简单地用各种半本能的投射来表现自己内在的冲突，而是试图将它袒露在理论的审视之下。他离开了暮光，走向日出之前的寒冷黎明。1902年，乔治·拉塞尔曾就叶芝写过一篇题为《幽影诗人》（The Poet of Shadows）的文章，然而叶芝的变化是如此显著，以致拉塞尔在1906年不得不为文章加上一条注释，称自己的文章已不再适用于这位诗人。茉德·冈于1903年结婚，叶芝于1917年结婚，其间的岁月与1895年到1903年之间那段时间形成了一种奇特的映射。诗人感受到一种使命，要与自己的过去决裂，正如他从前多次做过的那样（从少年时对科学的反感开始），尤其是要与自己在世纪末曾努力想要在生活与工作中达成的那种模糊联合决裂。为了修补自己的灵魂，他不得不将它再次劈开，分成一组组对立。这些对立随着

----

[1] 原文 Peasant Quality，缩写为 P. Q.。——译注

他的情绪和兴趣而不断变化，关于这一点我们现在已经很清楚。然而，随着他的年龄增长，结果已经与从前有所不同。在考察叶芝对自己的重新分割时，我们必须记住一点：早在 1906 年，一种重新联合的逆向过程就已经开始，而叶芝也意识到了分裂与融合这两种过程，并尝试为他早年间出自本能掌握的那种独特的自我成长方法寻找理性的支持。

起初几年对他来说似乎最为艰难。他的《自传》以 1902 年作结。从那时开始，直到 1908 年 12 月他开始记日记，我们无法找到关于他的想法和生活的第一手记录。在差不多六年时间里，他只写了一首抒情诗——《啊，不要爱得太久》。叶芝向来以随意自我暴露著称（他妻子后来给他起了个戏谑的诨名，叫"威廉·大嘴"[1]），因此他这些年中的沉默就显得很不寻常。他已经攥紧了拳头。

大多数事实我们或是已经知道，或是可以猜测。1903 年 5 月初，他与茉德·冈谈了一次话，之后二人继续保持友谊。他的文集《善与恶的观念》(*Ideas of Good and Evil*) 也在同月出版，但他提及此事的信件则表明他已经认为这本书大有不足。他在给拉塞尔的信中写道："这本书只是半个橙子，因为直到最近我才抓住另一半。"[2] 而在给纽约律师和文艺赞助人约翰·奎恩的信中，他的判断

---

[1] William Tell，也是瑞士民间传说中的英雄威廉·泰尔的名字。——译注
[2] 1903 年 5 月 14 日的信件，见于 "Some Passages ...", *Dublin Magazine*, N. S. XIV (July-September, 1939), 15。

更加明确："我感觉书中许多内容是出自我当时的情绪，也是真实的，但对我来说已经不再真实了。最近我的健康状况好了很多。我觉得，这一点，加上别的一些事，让我以一种可以说更加挑衅的眼光看待这个世界。这本书……过于抒情，太多对遥远事物的追求，太多欲望。我想，我从现在开始要做的事无论是什么，都会更有创造性。只要我还能在批评中表达自己，我就要用那种直达行动、直达某种形式的技艺的思想来表达。"[1]

同年 11 月，叶芝前往美国，开始一场延续到 1904 年的演讲之旅。这是他一生中第一次远离亲友，可能让他面临新环境的考验。他十分重视这次旅行，竭尽全力完善自己的演说技巧。过去他曾鄙视演说，此时的他在谈及演说时却心怀敬意。这次旅行显然是一次机会，让他得以重新审视自己的生活方式。从美国回来后，人们发现他有了变化。用他的一位朋友的话来说，他"外在化"（externalized）了。

茉德·冈结婚一事在多年中都是叶芝生命里最重大的事件，而如果我们想要在这个问题上探寻叶芝曲折多变的想法，就不能忽视他的这种变化。他的爱情遭遇的拒绝来得太晚，让他无法像其他大部分男人那样，用其他体验来缓和它的冲击。直到三十七岁上，叶芝在恋爱中仍是一个天真无邪的孩子。就连他与戴安娜·弗农的关系自始至终也蕴含着一种自觉的纯洁。他从未不管不顾地屈服于自己的本能，反

169

---

[1] 未发表信件，副本存于纽约公共图书馆。

而总是压抑它们，希望能对世界上最美的女人保持忠贞——这个女人就算不会嫁给他，也已明确了对他的感情，[1]并且曾对他说自己无意嫁给任何人。然后他却目睹约翰·麦克布莱德夺走了自己多年徒劳追求的玫瑰。麦克布莱德是布尔战争中德兰士瓦爱尔兰旅（Irish Transvaal Brigade）中的一名少校，风度翩翩，却不是诗人，不是神秘主义者，也不是有学问的人，事实上也不是完美的爱人。

问题到底出在谁身上，是他，还是她？他十五年来对她的人品所形成的概念都是虚假的吗？让他失去她的，难道不是他自己灵魂中的某种缺陷？或许是麦克布莱德的某种品质吸引了她？叶芝责备自己批判性的怯懦智性，责备它压抑了他鲁莽冲动的本性，让他在本可以拥抱她时感到恐惧，感到约束，走向理念化。麦克布莱德那样的人并没有批判的头脑，却有凭着本能采取行动的能力，他则失去了这种能力。茉德·冈的婚姻因此而成为一场控诉，而他所控诉的并不是茉德·冈，而是他自己，他"罔顾一切理智和逻辑，将全部过错归于自己"[2]。

他为自己与"正常的、积极的人"[3]的疏离而自责；他创作于1903年至1910年间的五部戏剧全都充满了这样的自责感。其中的第一部——《巴勒海滩上》（*On Baile's Strand*）——围绕父子冲突

---

[1]《幽灵》（"Presences"，CP, 177），以及 FD。

[2]《寒天》（"The Cold Heaven"，CP, 142）。

[3] "Estrangement, Extracts from a Diary Kept in 1909"，DP, 118.

　　　　　　　　　　　　　　叶芝：真人与假面

的主题展开。正如它与马修·阿诺德有着共鸣一样，这一主题也贴合叶芝的内心。叶芝此前就曾在一首较短的叙事诗中处理过这一主题，但正如他在去世前不久所承认，在这部新作中他才倾注了自己"心灵的奥秘"。[1] 尽管武力的战斗在库胡林与不肯说出名字的陌生人之间展开，但真正的斗争却发生在爱恨皆出天性的战士库胡林与狡诈的国王孔赫沃尔（Conchubar）之间——后者逼迫库胡林在不知情中杀死了自己的儿子。与叶芝一样，库胡林的悲剧命运源于他听从貌似理智的声音，却不愿听从自己想要与无名战士结交的冲动。他任由孔赫沃尔说服，相信心中的呐喊只是巫术的作用。到他发现对手的真实身份时，一切已经无法挽回。叶芝从未解释过这部剧作的寓意，只是声称除了还记得在某种意义上为主线情节充作歌队的愚人和盲人分别是库胡林和孔赫沃尔的影子之外，他已经忘记了自己的各种象征都代表着什么。[2] 由此，他将自己分成了四个部分：战士与他的投影，即愚人；智者与他的投影，即无助的盲人。尔后便将他全部的沸腾怨意倾注在盲人和愚人身上——当库胡林为自己的所作所为悲痛悔恨、与海浪疯狂搏斗时，他们趁机从炉中偷走了面包。

170

与《巴勒海滩上》一样，《国王的门槛》（*The King's Threshold*）也完成于 1903 年，以一种不那么复杂的形式表现了对诗人对世界

---

[1] 《驯兽的逃逸》（"The Circus Animals' Desertion"，LP, 81）。
[2] Yeats, "Introduction" to *The Resurrection* in *Wheels and Butterflies*, 103.

的斗争。在这一主题进入叶芝脑海的过程中，爱尔兰剧场运动中发生的争吵无疑起到了一定作用。为了抵抗国王想要限制诗人权利的企图，行吟诗人肖恩罕（Seanchan）以绝食相抗。再一次，一个鲁莽冲动的个人主义者以其高渺而嘲讽的诗为武器，与政治化的、冷酷地秉持现实态度的国王作战。这样的对立在动笔于1904年、完成于1907年的《戴尔德丽》（*Deirdre*）中变得更加明显。在《戴尔德丽》中，"声名远播、人见人爱的年轻人"[1]纳伊斯（Naisi）"出于不顾一切的青春力量，偷走了国王的新娘"[2]，却最终落入陷阱，被嫉妒、奸诈而又耐心的国王孔赫沃尔下令杀害。纳伊斯并不是约翰·麦克布莱德，国王也不是叶芝，但纳伊斯代表着叶芝身上的某些品质——麦克布莱德的成功让叶芝意识到自己一直将这些品质压抑了，正如孔赫沃尔代表着麦克布莱德让叶芝意识到自己过去推崇过甚的那些品质。"我推举你为第一勇士，因为你无所畏惧"，《金盔》（*The Golden Helmet, 1908*）[3]中的陌生人对库胡林如是说；在同一个故事的诗歌版本《绿盔》（*The Green Helmet*, 1910）中，一番演说清晰地表达了这种偏向：

> ……我选择笑意荡漾的嘴角，
>
> 无论世事兴灭，都不改笑容，

---

[1] *Deirdre* (London, Bullen, 1907), 5.

[2] 同上，36页。

[3] *The Golden Helmet*, in *Collected Works in Verse and Prose*, IV, 78.

我选择哪怕众叛亲离也不会痛苦的心；

我选择热爱挥霍的手，还有孤注一掷的生活……[1]

在《演员女王》(*The Player Queen*) 的早期草稿中，叶芝诚恳地探　　171
索了这个问题。这部戏剧动笔于 1907 年，就在他完成《戴尔德丽》
之后。剧中，两名恋爱中的男子耶洛·马丁 (Yellow Martin) 和彼
得 (Peter) 分别阐释了自己的哲学，而这两种哲学正分别属于十九
世纪的叶芝和二十世纪的叶芝：

彼得：　　　　到处都找不到她。

耶洛·马丁：找不到！找不到！噢，天哪！她到底怎么了？
　　　　　　她藏起来了吗？难道是掉进水里淹死了？

彼得：　　　　她饿了就会回来的。

耶洛·马丁：谁知道她能干出什么来。她可能会自杀。那样一
　　　　　　来，她就能躺在地底下，从草根缝里看见我有多
　　　　　　么痛苦。

彼得 (唱了起来)："女人的快乐，就在她挚爱之人的死亡——
　　　　　　他在流泪和悲叹中死去。"(威廉·布莱克)

耶洛·马丁：你看看我，我现在已经要疯了，你却对我唱什么
　　　　　　诗？难道一切在你眼里都不过是玩笑吗？

---

[1] *The Green Helmet* in *Plays for an Irish Theatre*, 54.

彼得： 　正因为我什么都不在意，我才能事事都由自己心意（他站起来，友好地将手臂搭在诗人肩上）。瞧我，游手好闲，头脑空空，却赢得许多女人的心，并且已经厌烦了她们，而你只不过是失去了一个女人。爱情是一门艺术，也可以说是一门科学。你却把它当成天上的启示。你就不能让着她一点吗？就不能在她明明错了的时候假装她是对的？

耶洛·马丁： 　但是她想要扮演一个她演不了的角色啊，而且，如果她能演，别人也就乐意不演。这个角色太狂野了。我不能让她受伤。爱情是智慧的一部分。我必须把我的、把我的智慧交给她。否则我们如何能完美地合二为一？

彼得： 　不，不是这么回事。爱情不是智慧的一部分；爱情是欢乐，是爱。亲爱的马丁啊，真正懂得爱情的，是我这样用情不深的人。女人想要我们是什么样，我们就能变成什么样。

耶洛·马丁： 　可是，我想要她成为我想象中最完美的样子，也想让我自己同样完美。

彼得： 　装装样子，逢场作戏。如果你感到嫉妒，就要表现得信任而快乐。如果你因为她和你争吵而心情忧郁，就要装得像一只燕子那样欢快。如果你觉得她愚蠢，就要把她当智慧女神来对待。

耶洛·马丁： 可是我爱她，如果我不能证明自己强大得可以做
她的主人，她就会觉得我配不上她的爱。

彼得： 但是，只有我这样用情不深、一直保持快乐的 172
人，才能成为主人。如果让爱情支配了你，你
就会遭到唾弃。

耶洛·马丁： 可是我爱她，我还能有什么办法？[1]

如果我们尝试把关于此时叶芝眼中的人格二分的种种概念归纳起
来，就会发现以下几种对立组合：自然与机巧、轻快与严肃、矫饰
与诚挚、自然至上与人力为主，此外还有面具与真容（我们将在后
面发现这一点）。九十年代中，迈克尔·罗巴蒂斯与阿赫恩之间主
要是诱惑者与被诱惑者的关系，此时发生的，却是一场激烈的战斗
和对抗。对立的元素无法共存：它们彼此撞击，想要毁灭对方。

尽管有一些例外让整个模式变得复杂，但叶芝此时赞美的那些
品质大部分是直觉的。他对直觉的推崇并非一时兴起，而是向来如
此。若非因为这种推崇，他不会如此频繁地离开伦敦回到斯莱戈，
也不会在后来频繁地前往库尔庄园。然而，茉德·冈结婚带来的冲
击强烈地让他认识到：他的一部分存在已经走上了蛇的道[2]；在此之

---

[1] 未发表手稿，写于 1910 年 8 月之前。
[2] "the way of the serpent"，指遮掩欺瞒的方式。参见《圣经·旧约·箴言》30:
19。——译注

前，他从未发现自己的想法是多么扭曲。他不能让世界知道自己受了多大的伤害。作为一个在爱情中被抛弃的年轻人，他用受伤的自尊取代了爱情，掩住了自己的伤口。叶芝的敏感一如往常，然而在可怕的消息到来的那个晚上，他仍旧继续完成了演说。此时，尽管已不再属于原来那个世界，他却狂热地投入戏剧工作和写作。尽管双脚陷入流沙，他却依旧支撑着天空。然而，他在写作中与情感保持距离，借传说人物之口来表达它，而这些人物更像是他的碎片，虽有生命，却不是真人。无论发生什么，他们都会将苦痛压抑下来，采取勇毅决然的行动。他在很久以前曾将缄默不言的约束赋予《莫萨达》的主人公，如今这却成为他作品中常见的特征，甚至成了一种标志。

对他此时的情绪来说，奇迹剧无法容纳尘世的激情或悲剧主题，已经不再是一种理想的载体。此外，因为与戏剧运动的早期岁月和爱尔兰秘契修道会密不可分，奇迹剧也无法不令叶芝想到茉德·冈。1902 年之后的许多年里，叶芝一直将奇迹剧弃置一旁，转向爱尔兰英雄悲剧。正如他后来给茉德·冈的信中所写，此时的他——

> 无物可以歌颂，除了历代君王、
>
> 甲冑和刀剑，还有那些已记不清的事
>
> ——别无一物，只有关于你的记忆。[1]

------

[1]《和解》（"Reconciliation"，CP, 104）。

君王们从不会忘记他们的崇高地位。当库胡林发现被他杀死的战士的真实身份，他并没有像古老的爱尔兰传说中那样，将死去的男孩抱在怀中号啕哀哭："阿尔斯特人啊，我把我的儿子献给你们"，[1] 而是一言不发。他因为哀痛而颤抖，冲下舞台，与大海作战。情感在沉默之中，也在转为疯狂而非哀痛与泪水的英雄人格之中。

在《国王的门槛》中，同样的英雄态度让肖恩罕拒绝了逢迎讨好——无论这讨好来自友人、仇敌，还是来自自己内心软弱的一面——最终以其坚定不移让国王下跪。戴尔德丽和纳伊斯——爱尔兰传说中的特里斯坦和伊索尔德——也保持着英雄姿态，一边弈棋，一边等待国王向他们发起报复。纳伊斯遇害之后，戴尔德丽发现自己难以假装无动于衷，却仍伪装出一种平静的顺从，直到取得孔赫沃尔的允许为爱人举行葬礼，并在帷幕之后伏尸自尽。我们看不到她的哭泣。英雄姿态阻止了她的泪水，正如帷幕遮挡了她的死亡。国王孔赫沃尔同样拥有这样的姿态。在七年时间里，他"小心注意自己的表情／不让任何人读懂它"[2]。在一篇写于 1910 年的关于辛格的文章中，叶芝阐明了自己的理论：

> 在吐露最强烈情感之际，俄狄浦斯很清楚歌队也在场，而在这些人面前他必须保持自己的仪态……这些人是"卡德摩斯

---

[1] "The Death of Conla", *Eriu*, I (1904), 121.

[2] *Deirdre*, 37.

一脉最小的子嗣"，无法理解他的情感……于是我们什么也没有看到。这是希腊戏剧的庄严所在，在次一等的层面上也是高乃依和拉辛作品的庄严所在。与莎士比亚戏剧中的困惑波折不同，这种庄严有赖于一种几乎完全均匀的语速，也有赖于始终拒斥日常生活的喧嚣扰动，以使其思想不失崇高，使其语言不失丰富。[1]

他终于为自己多年以来一直在做的事找到了理由。

要想同时把握他的信念的心理起源及其意义，我们必须在他的生活与工作之间来回探寻。他那种把更隐秘的自我掩盖起来的做法变得比从前更加坚决。他把自己怯懦而敏感的本性和强烈的个人挫败感包裹起来，以傲慢和力量为伪装对外呈现。除了格雷戈里夫人和其他一两位女性朋友，他不允许任何人窥探他的灵魂；而我们将在后面看到，他从未停止对这一灵魂的完善。直到多年之后，他才描述了自己在这段时间里的真实面目，"一个内心怯懦／却伪装成大丈夫的家伙"[2]。二十世纪的头十年里，"面具"这个词开始在他的作品中频繁出现。这个词为他的姿态理论赋予了尊严，也提供了某种传统的辩护。他的韵体作品中，对这个词的第一次高调使用，是在1910年8月他为《演员女王》所写的一首歌里：

---

[1] "J. M. Synge and the Ireland of His time", essay dated September 14, 1910, in *Essays* (1924), 413。参见"Lapis Lazuli", LP, 4。
[2]《库尔庄园》("Coole Park, 1929", CP, 279)。

面 具

"脱下那用闪亮的黄金做成、

用翡翠当眼睛的面具。"

"啊，不，亲爱的，为了看清人心

是否狂野而又明智，同时又不冷漠，

你如此鲁莽。"

"我只想发现那背后到底是什么，

是爱，还是欺骗。"

"你满脑子想着的都是面具，

你的心只为它着迷，

而不是面具背后的东西。"

"可是，为防你是我的仇敌，

我一定要这样要求。"

"啊，不，亲爱的，不要强求；

若是你我心中唯有火焰燃烧   175

这又有什么关系？"[1]

这首诗出现在《诗集》（*Collected Poems*）中时，由于脱离了语境，

---

[1] CP, 108.

显得有一种骑士派诗人的腔调，但一份早期的草稿向我们揭示了更多叶芝心中的想法：

我想知道你是谁，

我的爱人这样对我说，

脱下那熔金的面具

那用翡翠做眼睛的面具，

让我知道你是谁，

我不会脱下我的面具，

让你的心急速跳动的，

是这用闪亮的黄金做成、

用翡翠做眼睛的面具，

你的心跳就是对它的赞美，

但是，我的爱人啊，回答我，

我不知道你到底是朋友，还是敌人。[1]

毫无保留地全心托付是一种错误：

---

[1] 未发表手稿。

真正的爱情让人沦为奴隶，

让人不再是人

用情不深，才能一直主宰爱情，

也更能有人的身份。[1]

在《演员女王》的一份早期草稿中，用情不深的彼得这样唱道。

这种关于面具的信条十分复杂，在叶芝生活中的位置至为核心，使得我们难以从太近的距离上来审视它。哪怕是在其发展过程中的这一早期阶段，它就已经具有多重含义，成为一个多变的概念。就其最简单的一层含义而论，面具就是社会性自我。勃朗宁曾谈到过"灵魂的两面"——"一面用来面对世界"，另一面则向爱人展现。然而叶芝的信条却假定我们在面对世界和面对爱人时都戴着面具。另一层与之紧密关联的含义则是：面具涵盖了一个人关于自己人格的概念与他人眼中他的人格之间的一切差异。要对构成这种面具的差异有所意识，需要像审视他人那样审视自己。此外，面具也是一种防御性的盔甲：我们像那些用情不深的人那样穿戴它们，让自己免受伤害。在这样的保护下，无论发生什么，我们都不会涉足太深。这种理论似乎假定了我们可以像演员脱离戏剧一样脱离自己的经验。最后，这面具还是一种武器。我们佩戴它，以保持一种高贵的自我概念，一种我们努力想要达到的英雄理想。正如《演员女王》中的

176

———————

[1] 未发表手稿。

一个角色所说："要成就伟大，我们必须显得伟大……只要能伪装一生，伪装就和真实没有区别。"[1] 叶芝曾批评英国诗人因为执着于与他人相似而缺乏"鲜明"（presence）；诗人应当有一种能够让人立即辨识其身份的姿态。诗人就要像个诗人，英雄就要像个英雄；两者也许都是在欺骗他人，甚至可能是在以某种方式欺骗自己。

如果说面具初看起来像是怯懦之人的想象，我们却不能如此简单理解。从《演员女王》的一份草稿中，我们发现叶芝从面具与戏剧的概念中引出了所有的不明确性，并坚持认为现实与梦境之间存在着一种联系，让后者不仅仅是抽象的代名词，更是生命的一种驱动力。

演员女王：　我还记得你亲口说的话，你在那一天说的。我知道你怯于说出自己的想法，我也知道我们关于自己的所有认识看起来都是虚假的。只有最精微的头脑才能发现真相，而那样的头脑却总是止步不前。真相在我们眼前，就像被犹疑的云朵掩盖的晨光……我们只愿相信他人的想法，但一定还有像我一样的人愿意采用你的想法，因为它们不是来自我们自己的缘故而相信它们，把它们戴在脸上作为面具……让我成为你的所有梦想。我会让它们以真实的血肉之躯漫游大地。看见它们的人

---

[1] 未发表手稿。

都会变成火。他们会改变；他们的灵魂中会有末
日的审判，燃烧，分解……

耶洛·马丁：不，不，我比你年长，我知道人们想要什么。他
们想要的是诺亚的妻子，和她那样的品格。难道
他们本身不就是和她一样吗？她不愿进入方舟。
难道她不是和他们本身一样吗？温顺、安静、平
和，一心只想着家务事——我是说，在她被击败
之后。[1]

以其曲折的方式，叶芝来到了身份问题面前，并困惑于以下各种疑
问：我们能否抛开一个人的梦想和追求来讨论他？一个人在自我审
视时，能否不顾自己在他人眼中的形象？每个人难道不都是演员？
有谁不是戴着一副面具？

　　叶芝关于面具的信念中无疑暗含着一种矛盾。"面具"这个词
是他精心挑选出来的，因为它是人为的创造，其中又可以注入本能
与情感。与每个艺术家一样，他相信自己最好的部分在于自己的作
品，而非在于自己的生活。然而，这种理论在部分意义上也必须被
理解为一种绝望；他认为自己是如此地远离自然的情感，因此不得
不以某种方式来还原它们。正如他在 1909 年所写："我认为一切幸
福都取决于是否拥有戴上另一重自我面具的能量；一切快乐或有创

---

[1] 未发表手稿。

造力的生活都是一种异于自己的重生，是一种没有记忆之物，是即时的创造，却又永恒更新。"[1] 鉴于关于叶芝在这段时间的情感的记录是如此稀少，我们不得不感谢他与格雷戈里夫人及其子罗伯特之间发生的一场争吵。埃德蒙·戈斯给格雷戈里夫人写了一封侮辱性的信，而戈斯向来是叶芝忠实的朋友。叶芝没能如格雷戈里母子所期待的那样出自本能地迅速谴责戈斯。为了替自己辩解，叶芝给罗伯特·格雷戈里写了一封信，但这封信也许他从未寄出。他在这封信中袒露了自己：

我亲爱的罗伯特：

我希望你理解一点：我的个人生活中没有本能存在。我已经用理性驱除了它们，而理性的行动是缓慢而举步维艰的，必须穷尽主题的每个方面。总之，我已经用分析摧毁了自己心中源于本能的愤怒。在二十岁出头的时候，我还会为亨利（Henley）家发生的那些谈话感到震惊。有一天我下定决心：如果谈话还是那么让人难以忍受，我就要拂袖而去。然而我并没有那样做；第二天我仔细思考了这件事，并说服了自己：我已经想要拂袖离开这种装模作样的场合，只是因为恐惧而没能做到。在回顾过去时，我发现自己一次又一次地阻止自己做出自然的（有时也是正确的）反应——毁掉我的冲动的，要么是对他人情感和行为的分

178

---

[1] "The Death of Synge, Extracts from a Diary Kept in 1909", DP, 130.

叶芝：真人与假面

析，要么是对自己情感的自我怀疑式分析。如果一种冲动会影响我的个人生活，那么除非它突如其来，让我不得不行动，否则我无法想象有哪一种冲动可以促使我采取行动。在上周整整一周时间里，每当我的冲动告诉我应该愤怒地要求戈斯道歉，我的分析却会说："你想要做一件情绪化的事，因为它刺激了你的自尊。"曾经有一个亲戚向我提到我父亲做过一件可耻的事——当然他的话是荒谬的谎言，然而我当时居然冷静地和他争论起此事的可能性，并解释（向我自己，这一点让我高兴）为何此事不可能是真的，回想起来真是既让人惊恐，又让人好笑。在无关个人的事情和公共事务中我仍然会冲动，因为在那里这种自我怀疑不再适用。关于这一点，我或许可以解释说这是因为我的成长环境的缘故——你一直生活在种种明确的社会关系中，我却只生活在种种明确的观念中——然而在我看来，我的家人却又并不缺少常见的冲动。甚至连我的写作也是出于自我怀疑。我原本想像写其他信件一样来写这个条子，然而我又对自己说："我是要向罗伯特·格雷戈里解释。我害怕直接写信给他，也害怕与他当面讨论，而我在写条子时就想着也许他碰巧会看见。那么，我应该像给他写信一样来写这个条子。"从那时起，在写的时候，我就觉得这样是不够诚恳，因为我明白，比起坦诚面对你，我更希望能坦诚面对自己。

希望你能理解：哪怕某事极为严肃，一旦我们让它成为理性而非冲动的对象，我们就不是在认真对待它。较之其余，让我更为羞耻的正是我一生中未能认真对待的那些事。

多年来，我的所有道德努力都可以说是一种在自己心中重建现实本能的尝试。我只能把它想象成一种表演。

我希望你理解一点，那就是，对与戈斯发生争吵的恐惧从未影响我。在思考那封应该是由他寄出的信的过程中，我有时候会觉得戈斯很可能会让我得不到那笔年金。在这个问题上我从未有过犹豫。我可以坦诚地说，我只是在以一种非个人的方式思考此事，出于我会有更好想法的考虑而谈论它，也只是在一边掂量自己的信，一边努力回忆戈斯的善意举动。

然而，无论我怎么写，你都不会感兴趣。你只会说："他只为自己考虑，不为受到戈斯侮辱的我母亲考虑。"是的，你这样说也没错。问题就在这里，只是我所考虑的自己并非自己的利益。

1910 年 8 月 2 日 [1]

写完这封信之后几天，叶芝就写了那首题为《面具》的诗，我们在前文中已经引用过。他忙于在自我与人性之间建起一座连接之桥。

在"剧院事务、人事管理"[2]的战场中，叶芝努力戴上一副振奋的面具，以此将自己与"积极行动的普通人"重新联系起来。在

---

[1] 1908 年日记中的未发表片断。
[2] 《对困难之事的想象》（"The Fascination of What's Difficult"，CP, 106）。

爱情的挫败之外，他也在寻找新的思考对象。1903年到1911年间，他以一种几乎忘我的态度投入戏剧运动中那些相当重要的争吵。这样的争吵大约有十多次，几乎每一次都围绕"要民族艺术还是要民族主义宣传"展开。叶芝发现，各种形式的沙文主义和民粹情绪正在自己眼前兴起：演员拒绝出演格雷戈里夫人的《二十五》(*Twenty-Five*)，声称这部剧作会促使爱尔兰人向美国移民；观众反对辛格的《谷中幽影》，并且更激烈地抗议他的《西方世界的浪子》，因为他描绘了一种被认为是负面的爱尔兰形象。叶芝加入了每一场战斗，有时通过公开演讲，有时给报纸写信或发表文章，有时则以个人说服的方式，并和他的支持者共同成功逆转了浪潮。他变成了一个在战斗中让人生畏的人，仅靠人格的力量——或者，照他的说法，以面具的力量——就可以让冷嘲热讽的人群沉默下来。他娴熟运用各种辩论武器，从诉求于民族主义（如"《凯思琳·妮·霍利亨》的作者对你说"[The Author of *Cathleen Ni Houlihan* addresses you]），到居高临下地藐视（如"你们又一次丢脸了"[You have disgraced yourselves again]），再到愤怒的辱骂（如"猪狗不如！"[You're dogs!]）。有一次，他突然拿出他那种威严的姿态，开始念诵那个有魔力的名字："查尔斯……斯图尔特……帕内尔"；接着，当人群安静下来，他却开始一篇与帕内尔毫无关系的演说。叶芝在幕后做出了大量妥协；然而一旦来到台前，他就寸步不让。

这些论争，再加上一场关于建立新艺术馆的争吵，给叶芝带来的困扰是国家文学会和爱尔兰文学会那些论争无法比拟的。原因在 180

于，在九十年代，他对祖国的巨大希望压抑了他对同胞的怒火。那时他不知疲倦地为一种民族理想努力，而在他心目中这理想还与自己的爱人和自己的成长联系在一起；他希望改变爱尔兰，改变自己，并在这过程中赢得茉德·冈的心。此时，身处一个偶像崩坏的年代，他对自己和茉德·冈满怀愤怒，也对爱尔兰满怀愤怒。他寻找对敌人的愚蠢和恶意的解释，并过于轻易相信大部分解释都在阶级差异中。他的朋友格雷戈里夫人由于出身高贵，让他对这种偏见更加确信。她向他朗读卡斯蒂利奥内（Baldassare Castiglione）的《廷臣论》（Courtier），又在1907年邀请他与自己和儿子罗伯特一道周游意大利北部——在那里，显赫的公爵们对艺术家的保护带来的结果随处可见。就是在这段时间里，叶芝可笑地想要向贵族阶层靠拢。有人为一张藏书票而查阅了叶芝的家族纹章，然后告诉叶芝说他父亲一系有贵族血统，这让他惊喜不已。叶芝曾向一个熟人提到奥蒙德公爵（Duke of Ormonde）算不上**正宗的**巴特勒家人；据说他还曾向乔治·拉塞尔宣称如果他得到自己应有的权利，他就应该是奥蒙德公爵。他的这位秘契信徒朋友却这样回答："就算是吧，威利，但你是不是把你父亲给忘了？"叶芝深深感受到自己与社会的裂痕，于是努力要在血统上靠拢贵族，又要在同情心上靠拢农民。他的攻击矛头主要指向中产阶级——他们既无家族传统，也没有超越物质世界的信仰。中产阶级贪得无厌，被牧师牢牢支配，安于接受各种陈词滥调。在许多方面，中产阶级都类似叶芝的父亲和祖父所谴责的贝尔法斯特人，但叶芝第一个将这种谴责转化为积极

　　　　　　　　　　　　　　叶芝：真人与假面

的憎恨。他对未来爱尔兰的希望并未完全破灭，却让位于另一种关切——他对眼前的爱尔兰所感到的绝望。茉德·冈抱怨过他这种阶级仇恨，他则写下了四行诗，但并未发表。这四行诗显示了他的情感生活和智性生活之间的联系是何等紧密：

> 我的爱人感到愤怒，因为近来
> 我怒斥一切血统卑贱之人
> 就好像我的仇恨不是来自
> 她给予丑类的亲吻。[1]

然而，尽管回击了她的批评，叶芝心中也并非全然不知自己是在过度发泄仇恨。[2]

感受到他那种傲慢人格的刺痛的，并非只有血统卑贱的中产阶级。他曾为如何管理一个小小的手动印刷机而和妹妹大吵了一架。老叶芝写了一封信，以家庭感情为由谴责了他，然而儿子的答复却几乎是在表示他已经不再需要家庭感情，甚至还引用了他在 1902 年到 1903 年间阅读的尼采作品。如果能意识到造成儿子这种态度

---

[1] 1908 年日记中的未发表片断。
[2] 多年后，叶芝以这四句诗为基础写出了《人民》，并在其中坦承：

> 然而，因为我的心为她的话语而跳动，
> 我便为此深感羞愧；现在，九年之后，
> 回想起这些话，我仍会羞愧地低下头来。（CP, 172.）

的根源更多是茉德·冈而非尼采，这位父亲也许会更理解儿子一些。然而真实的情况则是父亲写了一封严厉的回信作为批评：

> 关于你信中提到的其他问题，既然你已经将感情从自己的需求中排除了，那你是不是把男女之爱也排除出去了呢？这就是那套超人理论吗？就算是，你的半神身份也不过是一种夸夸其谈式的半神身份。
>
> 你说了一通废话，而你实际上比你所认为的更有人性。你与约翰·莫利（John Morley）恰恰相反——他是真正的哲学家，却想成为政治家，而你是真正的诗人，却想成为哲学家。除了在他喜爱的综论受到威胁时，莫利从来不会激动。
>
> 尼采的理论仅仅适合于一类强人，一类野蛮的强人。斗争在于如何消灭他们；他们属于世界丑陋而野蛮的一面……[1]

值得庆幸的是，尽管老叶芝也有一种贵族偏见，但他总是站在人性一边。在他于 1911 年写给道登的一封信中，我们可以更好地看出他身为父亲的敏锐。当时叶芝有希望接替道登成为圣三一学院的英语文学教授，而他在信中却表示自己不希望儿子这样做："首先，他天性保守，并且是极为保守，而我不希望看到他性格中的保守一面继续发展下去——我宁愿让他留在困苦的战士行列中，

---

[1] JBY, *Letters* (Hone), 97.

为真诚和真理而战。"[1] 尽管叶芝在许多方面有所保留，我们仍一直将这位诗人视为革命者。想象他此时成了一个保守派未免让人感觉怪异，然而他父亲的担忧有充分的理由。一个将精神的贵族化置于政治经济利益之上的革命者很容易站到托利党一边，就像晚年的卡莱尔一样。

十九世纪九十年代中的叶芝有一种对激情和完美之爱的崇拜。此时他并未失去激情，却已转向了纯粹的仇恨。正如他的妻子后来所评价，每样东西在他眼中不是天鹅就是丑小鸭。1906年，他在给斯蒂芬·格温的信中抱怨《传唱者》（*The Shanachie*）和《凯尔特圣诞》（*A Celtic Christmas*）这两家都柏林杂志立场太过温和："让《凯尔特圣诞》那帮人永远见鬼去吧。都柏林需要的人应该心志坚定，嘴上绝不饶人，一看到敌人就兴奋。"[2] 尽管叶芝远未完全成为这样的人，但他仍喜欢把自己想象成这个角色。

叶芝的变化还表现在另一个方面。他的面具太过热烈，无法与禁欲的生活兼容。1903年，他结束了多年的自我压抑，再次从戴安娜·弗农那里寻求慰藉。后来他又与弗洛伦丝·法尔和一名伦敦女子有染。禁欲是他对茉德·冈的献祭，而她拒绝了这份祭品，因此他认为自己应该转身投向放纵。他的诗也反映了他生活上的变化，其中第一次出现了不以神秘主义或拉斐尔前派风格为伪装的情欲主

---

[1] 未发表信件。
[2] 1906年6月13日的未发表信件，Joseph Hone 收藏。

题。叶芝在茉德·冈结婚之后所写的两部戏剧——《巴勒海滩上》和《国王的门槛》中都有这样的痕迹。情欲主题对这两部作品都并非必不可少，但叶芝却想要表达它。《巴勒海滩上》中的愚人贝拉克（Barach）向盲人芬泰（Fintain）哭诉自己不幸的爱情——与叶芝的爱情不无相似：

183 她是希族的骑手。她是来自河水的博安[1]本人。她离开达格达的床榻，渡过大海的咸水，来到巴勒海滩上，只因为她爱着我。让她留在她丈夫的床上吧，因为她得不到我。没有人知道这些女神有多淫荡。我曾见过她变化成各种形象，但更多时候她只是风中高喊的声音："吻我，拥抱我"。不能这样了，她不能再得到我。昨天，我翘起嘴唇想要吻她，却什么也没有吻到，只有空荡荡的风。[2]

《国王的门槛》中的表达则没有那么个人化：

你美得夺人眼目

你的双足善于舞蹈，你的嘴

---

[1] Boann，也写作 Boyne 或 Bóinn，爱尔兰神话中博因河（Boyne）的女河神。——译注

[2] *The King's Threshold: And on Baile's Strand ...* (London, Bullen, 1904), 70–71.

总是缓缓微笑，唤醒爱情。

· · · · ·

去找年轻人吧：
难道红润的肌肤、健美的腰腹
和宽阔的肩膀不值得爱慕？[1]

在《戴尔德丽》中，这样的表达越发大胆：

爱情游戏有什么好处？
那在白昼到来之前
平静下来的肢体纠缠、
心与心交叠、唇与唇相接
气息无分彼此
又有什么好处，既然爱的渴望
对死后世界而言不过是一场干旱？[2]

……你可知道
今夜我会在哪一张婚床上入眠。

---

[1] *The King's Threshold: And on Baile's Strand ...* (London, Bullen, 1904), 45.
[2] *Deirdre*, 30.

睡在哪个男人身边，因为那床太窄

而与他肌肤相接，在那里睡过鸡鸣。[1]

霍尼曼小姐——就是那位教养良好、慷慨为艾比剧院提供财务支持的老小姐——不得不尽力控制自己，才没有出声抗议叶芝在 1907 年对《幽影之海》所做的一些改动：

> 水手甲：因为憋得太久，我已欲火焚身；
>
> 我愿意付出九次出海的收获，
>
> 和那个独眼的红发婆娘同床共枕。[2]

关于叶芝这种新的生活态度，辛格有一句深得叶芝欢心的概括——"新质料的冲击"。叶芝从十九世纪末就着手改变自己散文体和诗体作品的风格，而这种新态度所造成的效果则是让变化加速。他的散文风格稍稍变得滞涩而坚硬，不再如以前那样明显地散漫，然而仍旧保持优雅，因为他巧妙地从中排除了全部的愤怒。他的诗体风格则更加远离散漫，变得有力而直接，去掉了所有软弱和犹疑。1904 年，他在写给拉塞尔的一封信中评论了拉塞尔的朋友和追随者们的一本小诗集；这封信是叶芝关于自己想法变化的最完整陈述：

---

[1] *Deirdre*, 45.

[2] *The Shadowy Waters*, in *Collected Works*, II (1908), 186.

184

　　　　　　　　　　　　　　　　叶芝：真人与假面

我可能会低估其中一些诗作……因为它们中有许多都弥漫着我自己曾与之作战并克服的那种情绪。我的《心灵向往之地》和我当时的一些抒情诗里有一种对感伤和感伤之美的夸张，而我后来认为这种夸张太过怯懦。《心灵向往之地》之所以受欢迎，在我看来不是因为它的优点，而是因为它的缺陷。我已经与那种弥漫的颓废情绪搏斗了多年，才刚刚在自己心中将它踩在脚下。它是情绪化，是情绪化的忧伤，是一种女人气的自我观照……这片幽影之地充斥着关于灵魂与肉体的虚假形象。关于它，有时我的感觉已经变得和奥格雷迪的看法差不多，甚至有些接近我的批评者中最蠢的那些人的看法。就像我们在面对那些曾经诱惑过自己、现在对自己仍然有些诱惑的事物时往往会有的表现一样，我对它会感到一种几乎难以控制的狂怒恨意……除了意志，我们一无所有；我们决不能让晦昧欲望的产物沾染，决不能让感伤之水锈蚀意志锋刃的可怕光洁。正如我远离当今许多诗作一样，我也远离了你搜集的这种新诗中的一部分，心中知道自己逃离的正是那片水域和那种沾染……总有一天，你也会像我一样意识到一种无法抑制的、对这些幽影的躲避；此外，我也相信有一种神秘之力已经出现，在那个看不见的、属于我们的能量的世界中与它们作战。所以，不要有任何缺失强力之美的情绪，不论它们是何等光怪陆离。[1]

---

[1] "Some passages ...", *Dublin Magazine*, N.S. XIV (July-September, 1939), 17-18.

而这种对空洞情绪的反感又直接驱使叶芝反对空洞的表达。正如他在 1905 年 9 月 16 日给约翰·奎恩的信中所言，此时的他开始在诗中纳入"丑陋的句子"和"日常的习语"；他很高兴能成功地在一段原本"极为抽象的文字"中塞入"嘎吱作响的鞋"和"甘草根"这样的词汇。"我每一天都更为坚信，"他宣称，"诗歌语言中的力量核心正是日常习语，正如诗歌结构中的力量核心就是普遍情感。"[1]

相对于他在十九世纪九十年代中期所信奉的秘传风格和精致，这在理论上是一个巨大的进步。在他出版于 1910 年的诗集《绿盔及其他》中，根据这些新的美学原则写成的诗与口语极为接近，通常是一种高傲的口语：

> 我为何要怪她让我的日子
> 过得悲苦，或是怪她近来
> 教唆无知者使用激烈的暴力
> 煽动小人物与大人物作对……[2]

> 一段时间前，我有了这个想法……[3]

---

[1] 未发表信件，副本存于纽约公共图书馆。

[2]《没有第二个特洛伊》（"No Second Troy"，*The Green Helmet and Other Poems* [Churchtown, Cuala Press, 1910]，4）。

[3]《慰藉》（"The Consolation"）同上，3 页。（译按，这首诗后改题为《文字》[Words]）

这世界怎会更幸运？如果这所房子

——激情与精确在其中曾是一体，

在亘古之时……[1]

在那边，在那赛道所在之处……[2]

病痛让我有了这个

想法，在他那架天平上……[3]

代词"我"出现的频率变得更高，有时还出现在那些因为过于辛辣
而为他招致新敌的讽刺诗中：

致一位诗人——他想让我称赞那些模仿他和我的蹩脚诗人

你说，既然我经常出口

赞美他人所言所歌，

对这些同样赞赏才符合人情；

然而你可曾见过野狗赞美身上的跳蚤？[4]

---

[1]《关于一座受到威胁的房子》（"Upon a Threatened House"，*The Green Helmet
and Other Poems*［Churchtown, Cuala Press, 1910］, 9）。

[2]《在戈尔韦赛马会上》（"At Galway Races"），同上，10 页。

[3]《一位朋友的病患》（"A Friend's Illness"），同上。

[4] 同上，8 页。

对单音节尾韵的突兀使用也是有意为之：

> 有什么东西煎熬着我们的小马（colt）：
>
> 它似乎没有神圣的血统出身（blood），
>
> 不曾在奥林波斯山上奔驰踏云（cloud），
>
> 只能在鞭打下发抖、惊跳、流汗、挣扎（jolt），
>
> 好像拉着铺路的碎石。[1]

我们无须怀疑，在这一时期，叶芝的珀加索斯[2]确实拉着一车铺路的碎石。他的抒情诗常有一种虚张声势和摆架子的气息，令人恼火。他的戏剧则表现出更多理论化效果：人物受作者关于他们的想法支配，然而《巴勒海滩上》、《国王的门槛》和《戴尔德丽》的主题都太过于人性化，不适合这样的处理。尽管他秉持日常语言和日常情感的原则，他笔下的人物却近于有意安排和抽象，哪怕在悲剧性的情境中也完全没有表现出凡人的生活。他们的气息中有某种不对劲的东西；他们因为体内的王者血统过于充盈而承受苦难，在《戴尔德丽》中尤其如此，而在其他作品中他们同样在大多数时候有失平衡。叶芝的创作已经近于一种幽默悲剧。至于有多么接近，

---

[1]《对困难之事的想象》（"The Fascination of What's Difficult"，*The Green Helmet and Other Poems*［Churchtown, Cuala Press, 1910］, 7）。

[2] Pegasus，希腊神话中的神马其蹄踏出灵泉（Hippocrene），据说诗人饮此泉水可以获得灵感。——译注

我们可以从《演员女王》的一份早期草稿中的人物列表看出来：

耶洛·马丁： 过于真诚。爱上了演员女王，却无法接受她的任性，无法伪装。

彼得： 用情不深，接受她的每一次任性，总是戴着面具。

演员女王： 认为生活中唯独面具才有价值。[1]

我们可以为他的早期剧作建立同样的抽象模式。叶芝显然意识到了其中的困难，于是在《演员女王》中只将爱尔兰设定为一个抽象的国家。他很快就会用面具来与生活保持必要的距离，以使他的人物不必像爱尔兰传说中那样过于迫切地需要完全人性化。然而，在他的早期手法中，我们能感受到一种形式化戏剧与现实主义戏剧之间的游移。[2]

　　以上这些，就是叶芝在 1903 年到 1910 年间为重新构建自己心目中的一种对立而付出的努力——对立的一方是库胡林和纳伊斯，另一方是他们的反面角色。面具理论在这一努力过程中占据巨大的空间，让对立的自我获得了一种象征形式。然而叶芝的人性太充沛，无法被任何二元分裂的理论图景容纳，无论对立的双方是罗巴蒂斯和阿赫恩、是库胡林和孔赫沃尔，甚至是面具与真容。在这每一组

187

---

[1] 未发表手稿。

[2] L. A. G. 斯特朗（L. A. G. Strong）在其文章中谈到了这个问题，参见 "William Butler Yeats", *Scattering Branches*, 220-223。

对立之外都有另一个叶芝存在。这个叶芝既非出身王族，也不会拒绝将喝醉的朋友扶上床；这个叶芝足够明智，曾经以国法禁止为由拒绝一次决斗；这个叶芝不像特里斯坦那样激情洋溢，会为自己可能有一个私生子而惊慌，也不像所罗门那样聪明睿智，需要朋友的关怀与建言；简而言之，他和其他人一样。这个叶芝常常孤身返回都柏林的拿骚旅馆（Nassau Hotel），得不到亲友的慰藉——哪怕在格雷戈里夫人那里。也许，当戏剧《绿盔》中以为自己就要献出生命的库胡林温言安慰妻子时，我们可以从中看到这个叶芝的影子：

> 库胡林：他玩弄自己的头颅，也以头颅付出了代价。我们应该
> 　　　　赔偿他，
> 　　　　要比他付出的更多，因为他作为客人来到这里。
> 　　　　所以，我要把我的头颅交给他。（埃梅尔开始恸哭）
> 　　　　我的小妻子，小妻子，不要惊慌。
> 　　　　太阳照耀下的大地，我这一生已经走遍。
> 　　　　我也算不上忠诚的丈夫，然而，我的生命结束后，
> 　　　　我的声名将升上天空，放声大笑，也让你高居凡人之上。
> 埃梅尔（伸出双臂抱住他）：我爱的是你，不是你的声名。
> 库胡林（想要将她推开）：你还年轻，你也聪明。你可以招来
> 　　　　比我更和善、更俊美（原文如此[1]）的男人做一家之主。

---

[1] "更俊美"的原文为comlier，但"俊美"的正确拼法为comely，故艾尔曼有"原文如此"之语。

埃梅尔：活下去，却不再忠诚。[1]

在灵魂分裂的过程中，叶芝开始投入大量的时间和思考，想要建立一种新的统一——这种统一要比他在十九世纪九十年代所建立的更包容一切、更坚不可摧。为了考察这一发展过程，我们需要回溯来路。

[1] *The Green Helmet and Other Poems*, 31–32.

第十三章　精神与物质：走向和谐

> 每个成就大事的人，所为皆是为了解
> 脱困境，离开死路。
>
> ——昂里·米肖（Henri Michaux）

188　　若非叶芝本人频繁地在公共和私下写作中袒露他心理结构中不断增长的复杂性，我们会对这种复杂性感到难以置信。他再次将自己的人格分成两半，同时又为自己设定了一个新的任务，即达成一种统一，而在他有意识的努力下，这个任务的完成已经变得至为艰难。为了达成目标，他有两种选择：其一可以粗略描述为努力完成精神的重建；其二是构建一种能够调和他精神中对立两端的理论。无论采用哪种方法，他都希望统一能够带来变化，让他可以摆脱那种对自己的想法、信念和力量的长久怀疑。

对这种变化的寻求在 1906 年变得显著起来。当时他写下了一篇自辩，作为一卷诗集的前言。这篇自辩证明了他想要重生的再次努力：

面对这一多年努力的成果，我有些失望，但我知道我为之倾注精力的乃是一项伟大工作，此言绝非夸张，尽管熔炉也许烧得太旺，或是火力太弱又不稳定，又或者原料的选择不够明智。

一个人写作，总是为了一些朋友，而我的有些朋友并不理解我为何会对抒情诗写作不满。然而人只能做自己想做的事。对我来说——我想对其他作家来说也是一样——戏剧就是寻求更多雄健的力量、寻求更多对合乎逻辑之结果的欣然接受，以及寻求清晰的轮廓（而不是抒情诗那种被欲望和隐约悔恨搅得难以辨识的轮廓）。究竟而言，艺术乃是一种在世界的缥缈不定中凝结完美人性形象的努力——只以此为目的，而非为艺术而艺术。这就是一切有意的风格改变都可以用炼金术士（这些人在他们的时代被称为艺术家）的工作来比拟的原因。[1]

189

在《戴尔德丽》中，他努力要将自己分成两半，然而同时他也在努力整合自己，从 1907 年 6 月 27 日他写给格雷戈里夫人的一封信中就可以看出这一点："我感觉失去了自我——可以说，我的核心已经偏离了它的天生兴趣，我需要花很长时间来找回自我。霍尼曼小姐希望我完全退出剧院，但我不愿意那样做……"[2] 作为告别过去的标志，他在 1907 年决定修订自己所有的散文体和诗体作品，并第

---

[1] *Poems, 1899–1905* (London, Bullen, 1906), xii–xiii.
[2] 未发表信件。

一次以结集的形式出版。他一如既往不知疲倦地写作，并且抢在读者抱怨之前宣称这些改动不仅仅是风格意义上的：

> 那些认为我重写一首诗
>
> 是一种错误的朋友
>
> 应当明白何为关键：
>
> 我重写的，乃是我自己。[1]

同年，作为同一努力中的一部分，叶芝开始了《演员女王》的写作。在这部作品中，他第一次抛开爱尔兰，以一个纯粹的虚构国度为背景，以便解决自己的一些心理困境。我们已经见证了他以耶洛·马丁和彼得这样的人物对立来构建理论的做法，但这一次他走得更远。每个人物都要寻找自己的反面自我或是对立自我。因此，平时一直扮演诺亚之妻的女演员才会想要扮演女王。人物是悲剧性还是喜剧性，就在于他们是成为还是未能成为各自的对立自我。

然而一个老问题再次出现了：这部戏剧应该如何结尾？一旦人物转变为他们的对立自我，是否还会变回去，还是说在旧的自我与新的自我之间最终会出现某种调和？布莱克曾明确表示一切对立物在比尤拉[2]都同样真实，而叶芝寻求的正是对这一观念的诠释。他

190

---

[1] 这首诗是《作品集》（*Collected Works*，1908）第二卷的题词。

[2] Beulah，威廉·布莱克的神话体系中的潜意识领域，是诗的灵感和梦境的来源。——译注

在 1909 年日记中为他意欲修订的早年小说《法版》(The Tables of the Law)留下了一个注释,从中我们可以看出他的思路:

> 那个在巴黎的女人向贤者揭示了什么?当然是真容与面具之间的某种调和。叙事者是否拒绝了这份手稿,从而永远无法得知其内容?难道这仅仅是一种关于唯一面具的信条?只需要选择一个面具?难以这样理解,否则那不过是对基督的另一种模仿。那么,应该是一个面具接着一个面具吗?也许应该叫做"面具与真容"——然而那些人的天性似乎总希望看到不断的变化,希望新神旧神像走马灯一样每天变化。[1]

他完全不清楚何种调和才是可能的。如果选择一个唯一的面具,只会对变动不居的世界和精神造成过于严重的阻滞。困难与从前爱尔兰秘契修道会所面临的一样:要如何以象征或心理的语言来定义圣杯(因为其他任何形式的定义都会涉及关于宗教真理的假设,而叶芝并未准备好做出这样的假设)?正如我们此时可以看出的,二十世纪的第一个十年中,面具在叶芝的体系里已经取代了十九世纪九十年代中玫瑰所占据的位置。两者都是变动不居的象征符号,在他看来或许蕴藏着解决自身困境的钥匙。区别在于:玫瑰是遥远的,或许无法触及,面具则紧紧贴在脸上;玫瑰柔软,面具坚硬。

---

[1] 1908 年日记中的未发表片断。

面对新象征，他就像面对旧象征时一样困扰于不确定性，但他已经调动自己的一切力量来试图掌握它。然而，在很多年时间里，他并没有构建出一种令自己满意的理论。

在思考这些抽象问题的同时，叶芝也尝试以更直接的方式重塑自我。有一段时间，尤其是从 1906 年到 1909 年，他再次开始在金色黎明[1]中研习——正如我们已经看到的那样，金色黎明的核心教义正在于对自我的改造。叶芝并未放弃他的素有信念：人的精神拥有控制宇宙的力量，可以创造和消灭现实。他不断尝试修道会的方法，坚持了好几年，却未能取得明显的进展。1906 年，在给同为会员的弗洛伦丝·法尔的一封信中，他提到自己已经开始"东方式的冥想，但目标却是努力触及某种活跃的、实质的力量，不同于东方那种静态的、超然的[2]的灵魂状态，是一种朝向生命的向下运动，而非远离生命的向上运动"[3]。第二年，他在与格雷戈里夫人一起重写自己早年的神秘剧《无物之地》时，再次援引了金色黎明的象征。剧中，主人公马丁·赫恩（Martin Hearne）在临死前凄然而呼：

啊，那是血！我落在石头堆里了。这攀登多么艰难。这漫

---

[1] 在将麦格雷戈·马瑟斯（MacGregor Mathers）革出后，该修道会改名为"晨星"（Stella Matutina），但我为避免混淆仍使用原名。

[2] 叶芝原文为 supersentualizing，应为 supersensualizing（超越物质的、超越尘世的）之误。——译注

[3] Farr, Shaw, and Yeats, *Letters*, 56.

叶芝：真人与假面

长的攀登，通向伊甸的葡萄园。帮帮我，我必须继续。阿比格诺斯山太高了——但是，那葡萄园啊——那葡萄园啊！[1]

我们应该还记得，对金色黎明的成员来说，阿比格诺斯山就是象征精神斗争的高山，只有深深净化了自己的人才能攀登。这部戏剧在改编后被命名为《来自群星的独角兽》，其中"独角兽"是金色黎明中用来称呼灵魂的象征名字。看到幕布在这一场景落下时，乔治·穆尔对身边的一个人说："可怜的叶芝！他已经死了！"[2] 然而，尽管这无疑是一部劣作，叶芝却是真诚地与他笔下的主人公共同攀登着，寻求更大的成就。马丁·赫恩的一番话表明，叶芝心中所想的正是自己的精神攀登。他在 1909 年为修道会工作所写的一篇富于象征的冥想引导辞很清楚地表明了这一点：

> 想象你正被引导着，在入夜时分穿过一片森林或是其他荒蛮之地，借着一颗星星的光芒——那是唯一可见的星星，是晨昏星♀（即金星），位于入会者进入时穿过的穹隆一侧——你来到一面山坡。这山位于世界中央，在古老的版画中呈现为一座平顶山，山顶就是伊甸，一座被高墙环绕的大园。夜鸟叫得此起彼伏。你无法再前进了，迷失在夜鸟惊

---

[1] *The Unicorn from the Stars*, in *Collected Plays* (London, Macmillan, 1934), 382.
[2] 来自作者与欧内斯特·沃尔什的对谈。演出时沃尔什就坐在穆尔旁边。

慌无措的叫声中，迷失在越来越浓的黑暗中。你做出揭去面纱[1]的手势，口中说出 Pawketh[2]。你眼前突然亮了起来。一座山洞的入口打开，发出光芒。你走近山洞，高声说出שיה（Shieh）[3]，做出 O&T[4] 的手势。这洞穴有七面，墙上雕刻着埃及或更早的图案。山洞中央有一具石棺。你划出 5=6 的手势[5]，躺入灵棺[6]。你周围有三个人形，一个将玫瑰置于胸口，一个右手拿着树符，还有一个左手拿着莲花。你凝视玫瑰，说出"红宝石的玫瑰啊，赐予我关于七枚大地之钥的智慧，和超越这一切的力量。让我知道我曾为何物，今是何物，将是何物"。然后想象自己沉入深深的睡眠，然后在睡眠中高喊"玫瑰啊，让我加入你的喜悦"。想象灵魂升入光明与智慧之界。在那里生命的一切意义都将袒露。上升，进入天上的伊甸。[7]

---

[1] Rendering of the veil，西方神话、艺术史和魔法仪式中常见的一种隐喻，源于埃及女神伊西斯（Isis）的面纱。面纱代表着自然之秘不可触及，而揭开面纱往往代表对真理的揭示。——译注

[2] 这个咒语的来历未详。——译注

[3] 希伯来语，意为"母羊"。——译注

[4] 这个手势的来历未详。——译注

[5] 在金色黎明秘术修道会中，"5=6"指第二会阶中的"初级能者"（Adeptus Minor）。两个数字代表该阶级在卡巴拉生命之树上的位置，前一个代表到树底（Malkuth）的距离，后一个代表到树顶（Kether）的距离。——译注

[6] Pastos，金色黎明仪式中的法器，象征安葬克里斯蒂安·罗森克鲁兹（Christian Rosenkreuz）的石棺。——译注

[7] 未发表手稿。

此处描述的石棺指的就是克里斯蒂安·罗森克鲁兹[1]的石棺。此人成就了玫瑰与十字的统一，缔结了它们的"秘契婚礼"，因此在叶芝看来是代表对立调和者的合适原型。

　　为他的精神探索带来更大推动力的，是他在1909年与茉德·冈的完全和解。"部族的翘楚"茉德·冈此时已与丈夫分居。在感到昔日之爱回流的同时，叶芝也找回了从前的一些想法。他再次开始使用爱尔兰秘契修道会的祈咒，直到发现自己的生活早已将那个梦境抛在身后。很快，茉德·冈就告诉他：他们的关系只能是灵婚的关系。惶惑的叶芝在日记中写道：

　　　　这一切都将走向何处——我为自己担心，也为她担心——她拥有我的一切。我从未如此深陷于爱，但我的欲望总是强烈，若想逃离它们的毒害，我只能将它们投向别处。我一直处于恐惧中，害怕有什么纠葛将我们分开，同时又明白，是她造就了我，而我也造就了她。她是我的天真。我是她的智慧。从前的她像一只凤凰，让我害怕。现在的她却更像是我的孩子，而不是我的爱人……如果她不是个孩子，那她就太残忍了——她总是会说"你不会受苦的，因为我会为你祈祷"。[2]

---

[1] 参见第七章。——译注
[2] 1908年日记中的未发表片断。

叶芝对昔日关系总是舍不得放手，因此调和似乎对他至关重要。尽管如此，茉德·冈却没有给他的新工作带来太多帮助。

193

就在他满脑子都是象征和祈告的同时，尤其是在他与茉德·冈的这次令人不安的和解之后，叶芝在 1908 年到 1910 年间长期陷入了自我批判的困境。1908 年 12 月，他开始记一本日记，以整理自己对生活的不满和努力。这本日记的一部分内容在十八年后出版，却删去了大量个人化的篇章，其中包括前文中引用的那封给罗伯特·格雷戈里的信。这些被删去的内容中最为坦诚的那些向我们揭示了叶芝的精神状态：

> 在巴黎的时候，有一天，因为一个极为寻常的人所做的一件极为寻常的蠢事，我才发现自己失去对社交礼仪的意识已经有些日子了。从她说的每个字里，我都只能听到我素来的死敌——装腔作势和多愁善感。我变得粗鲁起来，自然（也就）让自己难堪。这是我最糟糕的错误……我得小心看好自己，记录下可能会再犯的错误。也许我应该去特意找那些我不喜欢的人，直到克服这种暴躁的好斗脾气。失去自控总是无法原谅的。这种状况向来源于不耐烦，源于精神上对此时眼前之人的恐惧，若是仅仅出于愚蠢，还会变得更严重。我从未对那些自己能够把握的人发怒。我害怕的是陌生人，害怕的是群体意见的代表者，因此会愚蠢而粗鲁地发怒，夸大自己的感受和想法。

［1909］……我发现自己原先那种幼稚的专注困难还和从前一样严重。我可以有一千种办法避开这种困难，我也可以反复让自己回到某个问题，但我每次无法专注太长时间。

我可以断言，如果有人碰巧看到这些记录，可能会觉得它们有些吓人，但它们能帮助我理解自己。我还记得曾听到一个科学家宣称一切进步从一开始都是"病态的"。我明白，我已经在道德上有所进益了。（这一段后来得以发表，但已脱离了上下文。）

叶芝的父亲有时会沉溺于一种自怜，但叶芝很少表现出这种特征：

我倾听得太少……这并非仅仅因为我喜欢发言，因为就算我在房间里一言不发，我也没有真正在听。有时一个词提到某件事物，我的思绪就跟随上去。我从来都像是一个在角落里玩砖头的小孩。

8 月 7 日（1909 年）

我的工作非常近于生活本身，然而我却总是觉得自己的思考缺乏生活本来价值的支撑。在这场劳碌开始之前、在不得不让工作创造其自身价值之前，它们本来应该在那里的。

我知道自己是个极不小心的人。控制我的，有时是那种奇特的让人迷醉的东西、那种亲密感，有时是一种无法约束的喜

194

剧感。无论在哪种情况下，我都会忘掉所有的谨慎。这一点，加上我的懒惰，就是最令我感到耻辱的过失。关于懒惰，我也有自律，或许能逐渐克服它，然而对另一种过失我便无计可施。我不能对任何人说"把一切都告诉我，因为我太不谨慎，需要一个巨大的秘密来约束，而那些旧的秘密已经不够新鲜，无法激起我的想象力"。当它们还新鲜时，都有一段危险的时间。对于我自己的秘密，危险在于同情；对于别人的秘密，危险在于我的喜剧感……

生活之主啊，请让我对某件事物怀有信心，哪怕这信心只存在于我的理性中。

我为何要写下这一切？我想，也许总有一天我可以在生活的一切境遇中自持。在老去的同时，自己发现并且创造那对生命而言就像风格之于文字的东西，一种道德的光辉，一种在行动上和思想上拥有普遍意义的个人特质……

然而每一个强大的生命走在路上

都会因为精神之眼所见而盲

都会为心灵的呼号而聋

无法不脚步蹒跚，摸索而行。[1]

尽管叶芝想要改善自身的欲望十分强烈，他仍是一位诗人，如他妻

---

[1] 1908 年日记中的未发表片断。

子后来对他所言，"不是圣人"。对道德光辉的寻求并未显著改变他的行为方式，但确实为他的工作增添了一丝额外的责任感。这本日记之所以值得注意，是因为它的语气逐渐从自我控诉转为自我辩护，同时还显示出一种自信心的增长。

他仍然需要新的动力，而金色黎明最终没能提供这种动力，因为它与他过去的想法关系太过密切。正如叶芝逐渐意识到的那样，他通过象征冥想能创造的灵视是有限的；他以金色黎明的方法唤起的那些非个人的、非人的形象，与农夫故事中那些个性丰满的超自然生命全无相似之处。然后，唤起这些形象对他来说也变得困难了。在为新诗集《责任》（*Responsibilities*，1914）所写的题词中，他承认了这一点，并引用了孔子的话：

195

> 甚矣吾衰也！
> 久矣吾不复梦见周公。[1]

如果我们可以把他同年所写的一首诗视为传记意义上的证据的话，他甚至说出："红喉的低语者……再也不像从前那样降临 / 不再是风中的清晰声音，/ 而只是在我心中说话。"[2] 在《颓丧所书》（Lines Written in Dejection，大约写于 1915 年）中，他对此更加确信：

---

[1] CP, 114.
[2] CP, 146.

我上一次目睹，月之黑豹

绿圆的双眼，和修长摇曳的身躯，

是什么时候的事？

所有旷野中的巫女，那些最高贵的女子，

连同她们的扫帚、她们的眼泪

——愤怒的眼泪——都已消失。

神圣的半人马也不见于山丘；

除了怨愤的太阳，我一无所有；

英勇的月母已被放逐，无影无踪，

如今我已年届五十

只能将怯懦的太阳忍受。[1]

他的象征失去了力量，部分原因在于过度使用，同时也是因为他放弃了它们曾经属于的那些宏图。毫无疑问，基湖城堡不会成为英雄城堡；爱尔兰秘契修道会和那些魔法仪式也不会有了。茉德·冈努力想要重燃他日益颓丧的热情，但爱尔兰的未来已经无法像过去那样让他激动，爱尔兰众神也因此失去了魅力。秘契剧场的计划似乎也已经烟消云散，因为艾比剧院上演的都是现实主义作品。1910年到1911年间，叶芝曾尝试复活自己过去关于戏剧的想法，重写了《沙漏》和《凯思琳女伯爵》，供另一个剧团在艾比剧院上演，然而

---

[1] CP, 166.

这项努力没能带来任何持久的影响。1910年之后，除了一部（从1907年就开始写的）《演员女王》，他的新戏剧创作也戛然而止，直到六年之后才重新开始。他过去的投入再也无法产生新的收息。

196

然而，叶芝完善自身性格及寻找文学和精神力量源泉的不倦努力也得到了回报。从1909年开始，他的想象就深深为一种超自然实践俘获，并在1911年之后更加投入其中，而在这之前，他对这种东西——通灵现象——还知之甚少。我们应该还记得，叶芝在年轻时曾与凯瑟琳·泰南一起参加一次唯灵论者的降神会，并为之困扰多日。[1]那之后，他便接受了魔法师们对被动通灵的偏见——布拉瓦茨基会堂和金色黎明认为那样是不道德的，因为它意味着臣服于意志而不是掌控它。然而，在1909年前后，他开始对通灵再次发生兴趣。1911年，在美国巡回演讲时，叶芝见到了一位著名的灵媒。第二年，他便决定要真诚投入通灵实践中。凯尔特众神只好让位于全世界的死者。或许，角之门与象牙之门[2]终将在他的召唤中打开。

关于通灵的一切都让他痴迷，从参与者数量之少，到阴暗的房间，再到那种潜流汹涌的紧张气氛。从前，他的象征式灵视的成功

---

[1] AU, 128–130.

[2] 角之门与象牙之门，分别指真实的梦境与虚幻的梦境，典出《奥德修纪》第十九卷中珀涅罗珀对自己梦境的描述："幻梦之境有两个门，一个是牛角的，另一个是象牙的。通过锯断象牙的门出现的梦是假象，它反映的事物是不会实现的。通过磨光牛角的门出现的梦，都是确实的，不管是什么人梦见的。"（荷马《奥德修纪》，杨宪益译，上海译文出版社，1979年，254页）——译注

严重依赖于对怀疑的压抑，在通灵中，他却发现灵魂热切运用各种证据证明它们死后仍旧存在并且拥有交流能力，以说服不信者。他可以不断进行他喜爱的实验了。叶芝天生有一种潜在的怀疑主义，却渴望找到无可辩驳的超自然证据，一劳永逸地扑灭自己的怀疑，以证明儿子拒绝遵循父亲的怀疑主义不仅是出于对父亲权威的逆反。因此，他像从前一样以巨大的热情和坚韧投入灵魂研究中。

他希望从灵魂那里得到太多东西：它们要为他注入新流，像 1890 年到 1903 年间的金色黎明及其枝叶爱尔兰秘契修道会那样，为他的思想和写作提供一种超自然的支撑；它们要提供证据，证明一个与凡人世界部分连结却又相异的世界的存在；它们还要证明灵魂可以在肉体死亡之后继续存在。此外，他还希望它们能为他将来的行动提供建议，为他带来智慧和对生死的洞察。正如他在一些未发表文稿中所言，也许灵魂可以将"人的精神、灵魂和身体与我们之外的鲜活世界"再次联结起来。也许它们还能解决他关于面具与真容之间关系的困惑。

叶芝并没有变得完全盲目，并没有毫无保留地相信那个幽灵的国度，但他无疑比一个中立观察者所应有的姿态要更轻信。他感到自己面临巨大的威胁。他的方法与心灵研究会（Society for Psychical Research）的方法颇为相似，而该研究会的主席埃弗拉德·菲尔丁（Everard Fielding）也和他成了朋友。他这种态度差不多可以被描述为一种相信的倾向，再加上一种想要寻找合理证据以说服缺乏该倾向之人的欲望。叶芝的主要研究方向有三个：（1）号

<blockquote> 197 </blockquote>

称的奇迹的真实性；（2）灵媒或自动书写者超越她自身意志和知识的能力；（3）某个特定灵魂以及死后世界的本质。他还有一些不那么重要的目标，可以用以下这样的问题来表达——"茉德·冈是否会嫁给我？"他不止一次向灵媒提出过这个问题。然而在这些事情上是否应该采纳灵媒的建议，他又总是感到忐忑。

他的这些调查在时间上有所重叠。我们可以首先考察他关于奇迹的研究。1914年5月，叶芝、菲尔丁和茉德·冈来到普瓦捷[1]附近的小城米拉波（Mirabeau）参观一幅此前开始流血的基督画像。当地牧师给他们留下了诚实的印象，而叶芝和菲尔丁也都拒绝接受官方后来关于这个奇迹并不真实的认定。出于对异教中类似现象的爱好，叶芝还告诉菲尔丁说集市上的阿多尼斯雕像很可能也同样流过血。他为这个奇迹整理出一份篇幅不小的报告，却没有发表。

同时，叶芝也遇到了他需要的那种重要证据。1912年春天，他先是见到了一位年轻女子——此人的自动书写似乎能汲取远远超越其心智的源泉。她在有意识状态下的语言知识仅限于法语和一点意大利语，但她的自动书写却包含希腊语、拉丁语、希伯来语、德语、威尔士语、普罗旺斯语、爱尔兰语、汉语、科普特语、埃及象形文字和其他几种语言中的词句，也能用这些语言回答问题。此外，还会有无名死者的鬼魂控制她的手，写下关于它们自己的事实——她无由得知的事实。例如，一个死去的伦敦警察的鬼魂讲述

198

---

[1] Poitiers，法国中西部城市。——译注

了自己在一百年前自杀的事。他的讲述从未出现在报纸上，叶芝只能从这位自动写作者接触不到的警方保密记录中寻求佐证。面对大量这样的素材，叶芝在 1912 年到 1914 年间让这名女子接受了各种测试，想要从中发现任何有意识或无意识的作伪。他会在心中提问，以观察她是否能通过心灵感应接收到问题并做出回答。最后，他的结论是：他已掌握了无可辩驳的证据，可以证明活人的心灵能够成为接触逝者鬼魂的媒介，而这些鬼魂在死后仍然保留原来的身份。1914 年 6 月，他将自己从一开始就记录的详尽笔记整理为《对 X 小姐的书写文本的初步检验》(Preliminary Examination of the Script of Miss X)。若非这名女士不喜欢抛头露面，他很可能已经将这份报告加以修订并发表出来。这篇文章的问题在于，叶芝似乎过于确信"X 小姐"的书写能力必定来自逝者的鬼魂而不是源于灵媒心智中的特异功能。

在对"X 小姐"的调查过程中，叶芝还频繁参加各种降神会。在居住在汉普斯特德的美国灵媒怀特夫人 (Mrs. Wreidt) 家中，叶芝首次接触到一个自称是意大利地理学家、旅行家利奥·阿弗里卡努斯 (Leo Africanus) 的鬼魂。当叶芝表示自己不知道它的名字时，鬼魂还表现得十分震惊。这位利奥·阿弗里卡努斯宣称自己就是他的守护之魂，或者说引导之魂。

叶芝早就相信这种生灵存在的可能性。他小时候就能听见自己不认识的声音，也曾几乎相信布拉瓦茨基夫人的上师很可能如她所宣称的那样，是一些独立的存在。他经常宣称自己与逝去的大人

199

物有血脉联系。早在写于 1895 年的一篇关于魏尔伦的文章中，他就确信——至少在隐喻意义上确信——守护精灵是存在的，并能控制或引导凡人。因此他并不排斥某个鬼魂可能与自己有特殊联系的概念，然而他一开始仍无法理解为何这个鬼魂会是利奥·阿弗里卡努斯——毕竟后者对地理学的兴趣与他自己的爱好相去甚远。接下来，在查阅了大量书籍后，他发现利奥·阿弗里卡努斯曾是摩尔人中的一位诗人。激动的叶芝把这一发现告诉了朋友们，其兴奋之情正与当年接触金色黎明的象征式灵视方法时所表现出来的一样。一天晚上，在他的住处，一个他曾对之提起过利奥之事的灵媒突然陷入附体状态，开始以利奥之名说话。

她给了叶芝一把他寻觅已久的钥匙。借她的口，利奥·阿弗里卡努斯声称：自己是叶芝的另一面；"若是产生联系"，二人"就能各自变得更完整"。利奥·阿弗里卡努斯"胆大妄为"，而叶芝"过于谨小慎微"。叶芝必须给他写一封信，就像他仍生活在摩尔人或苏丹人中一样，要在信中讲出自己所有的困扰，最后还要以利奥的名义回信。在他写回信的时候，利奥会"笼罩"他，平息他的一切疑虑。

叶芝听从了指导。由此而来的往复信件从未发表，却显示了他是何等热情地接受这种新理论：自己的另一面不仅仅是一张面具——面具是自己头脑有意识的创造物，难以脱离其创造者——还可以是一个灵魂或守护精灵，拥有属于自己的完整人格。这一发现如果能得到确认，将会至关重要。它意味着那种过去被叶芝视为内部的、心理意义上的冲突，可能是活人与死者之间、此世与彼世之间的外部斗争。这样一来，他就能为自己从小树立的态度找到超自然的支撑，面具也可以成为重大事件的舞台。此外，他也将能够解释自己只有在写诗时才能感受到的奇异力量和纯净。

200　　这段人与精灵之间的联系以叶芝和利奥·阿弗里卡努斯之间信件往复的形式展开。利奥对此是这样解释的：

> 我在活着的时候走遍了大地。我……时常身处各种危难，却总是孤身一人，因此变得像狩猎的野兽一样坚定而热切；现在，作为你心智的对立面，为你的缘故，也为我自己，我选择在你身边停留……如果说我的使命是为你带来信心和孤独，那是因为我是个喜好沉思又夸夸其谈的幽灵。就算在这种状态下，我也并不完全稳定——我时常感觉自己的思想或是情绪上的缰绳因为某个遥远而静默的人而收紧。当（原文如此[1]）我住在罗马的时候，称他为穆罕默德（Mahomet）是不被允许的。

此处的暗示是，神可能也参与了人与守护精灵之间的冲突，然而利奥对此并未明言。接下来他又确认自己之于叶芝正如基督之于异教世界，这正是叶芝心中多年潜藏不显的想法：

---

[1] 叶芝原文为 wile，为 while 之误，故有"原文如此"之语。——译注

我知晓一切，或者说知晓你所不知的一切。我们曾读过同样的书——我分享过你的喜悦和忧伤——然而那只是因为我是你的另一面，是你的反面，因为我就是一切最远离你的心智之物，因为只有我才能与你对话。若基督不是异教世界中的对话者，那他还能是什么呢？那世界长久在他耳中低语，当他自居卑微和死亡并因之蒙召之时。

对叶芝来说，最难解但又最关键的问题在于，他需要确定：利奥·阿弗里卡努斯到底是一个镜像还是一个幽灵？他真的是一名来自菲斯[1]的已逝诗人的鬼魂，还是活人的创造物？在这两种情况下，他分别有多大的自主能力？面对这些问题，利奥顾左右而言他。有一次他就自己和其他精灵给出的说法是："我们是你所谓的（我也愿意这么说）野性从意志中构造出来的无意识之物，被赋予世界精神的形象。"另一次他又提出："你无须怀疑我同时也是旅行者利奥·阿弗里卡努斯。"叶芝并未全然倒向任何一边。当他在 1915 年 10 月第一次以教喻诗的形式写下自己的新哲学的第一条综论时，他兼顾了两种说法。这首诗题为《吾乃尔主》，内容是希克与伊勒[2]之间的对谈，或者，按埃兹拉·庞德的说法，是希克与威利之间的对谈。诗中代表叶芝的伊勒说道：

---

201

[1] Fez，摩洛哥古城。——译注
[2] Hic（此）与 Ille（彼）都是拉丁语代词。——译注

借助于一幅图像

我召唤自己的对立面，召唤所有

我接触最少，注视最少之物。

他解释说：由于生活放荡，但丁感到自己不得不书写"那位为一名
男子所爱，最受赞美的女士"，而济慈则因为"是马房看守教养粗
鄙的儿子"，才写出"华丽的歌"。在这两个案例中，对立面似乎都
是艺术家自己的创造。然而，在全诗的结尾部分，叶芝转向了一个
更具超自然色彩的假设：

我呼唤那神秘者——他仍将

行走于水畔潮湿的沙滩；

他与我相像，实是我的复本；

身为我的反自我，他将证明

一切可想象之物中最不可能者；

立在这些人物中，揭示

我寻求的一切；他将低语有如

惧怕飞鸟——在黎明前，

飞鸟总会有一时的聒噪——

将它带走，送给不敬神的人。[1]

---

[1]《吾乃尔主》（"Ego Dominus Tuus"，CP, 183-185）。

叶芝：真人与假面

"反自我"一词意在体现比象征化的"面具"更强的理论色彩和抽象性，却没有让他的表达变得清晰多少。

叶芝一直没有发表《吾乃尔主》，直到 1917 年下半年，直到他确认他可以保护自己。为了这一目的，他投入大量精力研究亨利·莫尔、斯韦登堡、弗劳诺伊（Théodore Flournoy）、马克斯韦尔（Joseph Maxwell）等心灵研究学者的著作。[1] 最后，他将这首诗发表在一本题为《穿过月光宁谧》的小书中。这本书中的散文风格也具有强烈的隐喻色彩，几乎和他的诗一样：

> 每当我见了一群陌生人之后回到家中——有时甚至是在与女人们交谈之后——我就会在苦闷与失望中回顾自己说过的话。或许我出于激怒或惊吓他人的念头，出于某种不过是恐惧的敌意，把一切都夸大；或许某种缺乏约束的同情淹没了我所有自然的想法。和我一起用餐的人看起来几乎不会有多重人性，我何必让自己的头脑总是围着善恶图景这样的粗陋譬喻打转？

> 然而，当我关上门，点起蜡烛，我便召唤了一位大理石的缪斯，一门艺术。在这里，我的头脑中不会有什么念头或情绪是源于别人对某种事物的不同感受或想法，因为此时不可有任

202

---

[1] Yeats, "Swedenborg, Mediums, and the Desolate Places", in Lady Gregory, *Visions and Beliefs in the West of Ireland* (New York and London, Putnam, 1920, Second Series).

何被动的反应，只有行动；世界只会让我的心灵向发现心灵本身移动；我开始梦想面临刺刀而不瞬的眼睑：我的一切想法都放松而愉悦，除了美德与自信，我别无一物。若要将我发现的东西诉诸诗韵，那必定艰难非常，然而有那么一会儿，我相信自己已经发现了自我，而非反自我。或许只是在艰难面前的退缩才说服我相信：我与我的自我之间的距离，并不比花园里那只猫和它正啃着的药草之间的距离更近。

我如何能把一种英雄的状态、一种令我从小就迷信的状态，错误地当成我自己呢？[1]

这样的文字充满了叶芝早先那种含糊其辞的花招。他有效地掩盖了自己的踪迹。使用"迷信"这个词而非"秘契"（mystical）或"虔信"，会阻止读者猜想作者其实并未期待一种怀疑态度。然而他并不真正认为自己是迷信的；即使他的确如此认为，那么他对迷信的评价也比读者要高。比起说服读者，他追求的更多是欺骗对方。

另一篇未发表的对话写于 1915 年或 1916 年，从另一个角度处理了类似的问题。这篇对话题为"诗人与女演员"，其中的诗人（与利奥·阿弗里卡努斯有几分相似）尝试说服女演员接受一个黑盒子礼物，声称盒中是一张出自诗人和菲斯艺术家之手的面具。女演员抗议说自己的面容足够美好，无需面具。然而诗人说：她将出

---

[1] *Per Amica Silentia Lunae*, in Essays (1924), 485−486.

演的伟大戏剧所表达的并非易卜生和萧伯纳所关切的外部斗争，而是灵魂内部的斗争；在灵魂中，"敌人之一并不会以世界已知的形象出现，也不会使用人的语言"。在这更宏大的斗争中，"梦境与现实的对阵也许是可见的"，要表现这一斗争，需要一种象征的幻景，因此诗人鼓励女演员用面具掩盖自己的外貌。她回答说：自己几乎被他说服了，但无论是否被说服，她都不会戴上面具，诗人可以直接把面具寄回菲斯。"并没有一张面具，"诗人答道，"我也从不曾去过菲斯。"

203

叶芝以这种方式将对话变成一个冗长而复杂的隐喻，使得对其超自然面具理论的反驳变得不再可能。在《穿过月光宁谧》中他也用了同样的办法。事实上，灵魂在他心中激起的，只是一种断断续续的确信，正如他在给利奥·阿弗里卡努斯信中所言：

> 你想让我（告诉你）是什么让我保持怀疑，或者未被说服。我并不比你或是菲斯的炼金师们更怀疑神的存在，而且我也遵循那种最终由斯韦登堡和布莱克明晰阐述的传统，即神的力量要通过一层层介于中间的幽灵和天使传递给我们。然而，尽管不是每时每刻，但我还是会怀疑那些通过灵媒对我说话的幽灵的身份真如他们所宣称。这怀疑越来越微弱，却又总会回到我心中。我只能时常用某件证据来提醒自己——那证据是写在纸上，经过审查，又放在我文件中一封信件之下的。有那么多东西让我不由得怀疑，我如何能确信你的身份。

正与他的《三贤者》(The Magi)一诗中的三位贤者一样，为了确认一个奇迹，叶芝总是需要第二个奇迹。利奥·阿弗里卡努斯的反应略显傲慢，指责叶芝受到科学传统的影响，也指责他想要说服那些持怀疑态度的朋友，而不是像斯韦登堡、布莱克和波墨那样摆脱束缚，投向属于自己的生活。利奥斥道："你想要面对别人的困境而不是你自己的。纠缠于错谬之中的你不过是个凡夫俗子。"然而，既然叶芝曾经有能力将模糊的直觉灌注于诗中，又曾经窥见一点万物的真相，阿弗里卡努斯也就愿意向他揭示一些他想要知道的事。这位幽灵不屑于证明自己的存在，转而讲述他死后发生的事。他先是经历自己生前的一场又一场危机，"然而现在我已裁判了众人，也裁判了我自己"。这些危机的形态和色彩逐渐发生了变化，而他也开始能够附体生灵。他宣称：灵媒的问题在于，当灵媒不够纯净时，附体的灵魂便会失去控制，转而被灵媒本人的无意识意志或被其他灵魂控制。

然而，在写出了那些寄给 / 来自利奥·阿弗里卡努斯的信件之后，叶芝不满于这位守护精灵如其所言那般控制了自己的手，最终以一条附言向利奥表达了自己不变的怀疑和不变的相信：

> 我无法相信这封信（以利奥的身份写给叶芝的信）中有哪一句话不是出自我自己的想象……我从未感觉到任何突如其来的启示……然而我仍和从前一样相信精灵的存在。就算不能写也不能说，他们总是能倾听。我仍可以倾诉我的困境。

我们不得不着重呈现叶芝这种奔向一方却面朝另一方的形象，因为他对此一清二楚，并且为之困扰。难道他永远无法戳破那层颤动的帷幕，永远无法知道自己心底深处的感受，而只能不断从信仰滑向不信，再从不信滑向信仰？他是否有可能调和罗巴蒂斯和阿赫恩二者？他努力过，但无论怎么挣扎，也无法逃离他父亲在 1915 年 9 月 7 日给他的信中所精准描述的那种立场：

> 你会提醒我布莱克是秘契信徒。我知道，如果不了解布莱克的秘契信条，就无法读懂他的诗。然而秘契主义从来不是他诗中的主旨，只是其运转机理……他的诗的主旨是他自己——反抗不止、欲望不休的自己。他的秘契主义只是一种伪装，一种可用的假设，换作其他假设也无不可。他完全可以用散文体来写秘契题材，以论战的姿态来明确自己的信念。当他写诗时，秘契主义就隐入背景中；相信它或不相信它都不重要；因此，他的诗独立于一切信条之外。我喜欢机理精巧的诗，但如果这种机理被表现得超出其应有的地位，诗的魔力就消散了。[1]

叶芝无法完全认同心灵研究的种种信条，越来越倾向于在超越真实信仰问题的层面上使用神话和隐喻。无论是想象中还是实际上，利　205

---

[1] *Passages from the Letters of J. B. Yeats* (Churchtown, Cuala Press, 1917), 19 −20. Ezra Pound, ed..

奥·阿弗里卡努斯和其他鬼魂都是存在的，而叶芝让他们充斥于诗中。隐喻让以下问题变得无关紧要：是否存在一张面具？诗人真的去过菲斯吗？《责任》是第一部展现他长久心灵研究所产生效果的诗集，其中大部分抒情诗都比《绿盔》中的那些要更有技巧。诗人不再那么频繁地直接表达观点，而是借乞丐、隐士和愚人之口来安全地说出那些他尚无信心确认的、关于此世和冥世的看法。面对它所讨论的大部分问题，这部诗集充满了犹疑；叶芝小心翼翼地将那些鬼魂引入其中，不愿意明白声称他祖先的鬼魂可以听到他的话：

> 原谅我，古老的祖先，如果你们
> 仍未远去，要听这故事的结束，[1]

不愿表示帕内尔的鬼魂曾重访都柏林：

> 稀薄的幽影，若你曾重回此城，[2]

也不愿确认"作诗者俱乐部"中那些逝去的友人得到了永生：

> 酒馆里的朋友，自从你们逝去，

---

[1] CP, 115。（译按，这两行出自《责任》的序诗［Introductory Rhymes］）。
[2]《致一个幽魂》（"To a Shade"，CP, 125）。

也许你们的影像依然驻留

——只是抛开了皮囊血肉——

在那几乎一整屋的人群之前。[1]

《三个乞丐》（The Three Beggers）和《三个隐士》都没有得出有关
生与死的结论。而在《黎明之前》（The Hour Before Dawn）中，诗
人也并未决定是应该长眠不醒还是一生无眠。

　　然而，抛开他关于信条的疑虑不论，这些诗都展现出技艺上的
重大进步。如果说隐喻有时只是矛盾观点之间的一种滑动，有时它
也能突然呈现出一种可以解决这种矛盾的意象。第一种用法在《三
个隐士》中表现得相当明显。诗中，当其中两个隐士就冥世问题
展开争论时，第三个人"年已百岁，头昏眼花，/像一只鸟儿一样
歌唱，无人留意"[2]。这首诗令人解颐，但没有说出更多。不过，在
《青春的记忆》（A Memory of Youth）中，一对不谐的男女突然因为
一个意象而结合在一起：

206

　　　　我们沉默地坐着，像石头一样；

　　　　尽管她一言不发，我们也知道

　　　　最美好的爱情也不能长久，

---

[1]《灰岩》（"The Grey Rock"，CP, 118）。
[2]《三个隐士》（"The Three Hermits"，CP, 130）。

并且早已被野蛮摧毁，

若不是爱神听见一声

至为可笑的小小鸟儿的啼鸣，

从云霾中扯出他光辉的月亮。[1]

此处的意象不仅是一幅补完某个场景的图像，而是一个撕开云霾的粗暴调和者。另一首诗展现了同样的手法，再次用一只鸟作为催化元素；《白丁》[2]中的讲述者对其爱尔兰邻人们的敌意和愚蠢心怀怒意，却听见两声杓鹬啼鸣：

于是我突然想到

在那寂寞高天上，一切都在神的眼中，

我们的嘈杂声音无人记得，不会有

哪一个灵魂缺少美妙晶莹的叫声。[3]

现在他的灵视如闪电一样突如其来，不再需要复杂的魔法机制来触发，一只至为可笑的小鸟的啼鸣已经足够。这是一种世俗化的灵视，并且不再游移于对立的两端之间，而是超越其上。《友人》

---

[1] CP, 140.

[2] "白丁"（Paudeen）一词是爱尔兰人常见名字帕特里克（Patrick）具有戏谑意味的昵称，在叶芝的时代可泛指信仰天主教的传统爱尔兰人。——译注

[3] CP, 124-125.

叶芝：真人与假面

（Friends）一诗以一种更为艰难的形式表现了同样的问题；叶芝想要歌颂他生命中最重要的三个女子，格雷戈里夫人、"戴安娜·弗农"和茉德·冈。他对前二者的亏欠是一目了然的，然而茉德·冈呢？她夺走"一切，直到我青春消逝，/不假以一丝怜悯的垂顾"。他既感到厌恶，又受到吸引："我如何能赞美这一位？"然而，调和矛盾的意象突然出现：

> 天光破晓之时，
>
> 我历数我的善恶，
>
> 因为她而不眠，
>
> 回想她拥有的一切，
>
> 鹰样眼神的呈现，
>
> 同时，从我心底深处
>
> 一股巨大的甜蜜涌流
>
> 让我从头到脚战栗。[1]

207

那像树汁一样从他心底涌出的情绪，是一种超越了争论的调和解决。

　　这部诗集中的好几首诗都提到了和解的作用。《奔向乐土》（Running to Paradise）声称在乐土中"君王并不比乞丐高贵"。[2] 在《山

---

[1] CP, 142.

[2] CP, 131.

墓》中，叶芝赞美了罗西克洛斯神父（Father Rosicross）[1]。我们已经提到过，此人成就了玫瑰与十字架的秘契联姻，从而解决了对立两端之争。因此，罗西克洛斯就是和解的象征。《三个乞丐》暗示了达成这类意象的方法：诗题中提到的乞丐们为了一桩财宝而争斗不休；最后，因为他们迷失在这场矛盾中，谁也没有得到财宝；与此同时，在附近水中，一只深谙哲理的鹤阐明了取得成功的合宜方法："也许我能啄到一条鳟鱼，/ 只要我显得满不在乎"。[2] 这只鹤，就像诗人本人一样，需要在面临最关切之事时戴上一张无动于衷的面具。

关于叶芝在艺术上面临的问题，《寒天》一诗可以说是这部诗集中最为重要的一首，为他后来的发展指明了方向。他通过灵视所见的天堂并非他在九十年代中所想象的那个"堆锦叠绣"[3] 的天堂，而是一个冷酷无情、冰像火一样燃烧的地方。有一瞬间，他惊愕地看见自己被剥夺了所有成就与防御，只剩下最为重要的、关于多年以前所遭遇的爱情的记忆；他为这爱情承担全部罪责，却不知为何缘故。全诗在恐惧中结束：

啊！当鬼魂开始悸动，

当临终病床上的迷惑结束，它是否会

---

[1] 即前文中的克里斯蒂安·罗森克鲁兹，参见第七章、第十三章。——译注
[2] CP, 129.
[3] Embroidered cloths，出自《伊德冀求天国的锦缎》（Aedh Wishes for the Cloths of Heaven, 1899）。——译注

像书中所说，赤裸着被驱上路途，承受

来自重重天宇的不公，以为惩罚？[1]

与他的早期诗作《秘密的玫瑰》[2]相比，《寒天》展现了力量上的巨
大增长。前一首诗同样以疑问作结：

你的时刻必定已经到来？你的大风是否吹起？

遥远的，最隐秘的，最不可侵犯的玫瑰？

208

然而此处的疑问只是一种祈愿。在《寒天》中，诗末的疑问却是如
一声惊叹那样爆发出来的。在此我们无须勉为其难地赞叹诗人的手
法，而是被卷入诗中，发现他的反应竟然是可能的，并且对我们同
样具有意义。

"我们在不确定中歌唱"，叶芝在《穿过月光宁谧》中这样写
道。[3]《寒天》中就存在着许多不确定性。这首诗很可能受到但丁和
《次经以诺书》(*Book of Enoch*)作者的影响，而叶芝在其中的一行
还化用了吕斯布鲁克（Jan van Ruysbroek）关于神秘狂喜"非此亦
非彼"的宣称。但无论是但丁、以诺书作者，还是吕斯布鲁克，都

---

[1] CP, 142–143.
[2] 原文作《致时光十字架上的玫瑰》，应有误。——译注
[3] *Essays* (1924), 492.

不会从质疑的角度出发，他们会采用宣言式的陈述。然而叶芝的问题在于对信条的承认（天堂观念）和怀疑（从基督教天堂概念的偏离，以及天堂或许仅仅是一种精神状态的可能性），以及将重点转移到讲述者的情绪状态从而实现对承认和怀疑的超越。尽管诗集题为《责任》，但通过戏剧化隐喻的使用，叶芝得以摆脱一大部分对自己的虚构所负的责任，同时又获得一种更强力的表达模式。他在《一件外套》（A Coat）中声称他已经摆脱那件绣满神话的旧外套，如今"裸身而行"，但赤裸本身也成为他的一种技巧。那些可以让他在其中伪装赤裸的各种戏剧化场景如今成为他的探寻目标。在某种程度上，这个解决办法看起来仍然是部分的逃避——对那种摆脱怀疑、投向径直信仰的焦虑挣扎的逃避。他仍然期待着有一天智者亚伯拉梅林会向他宣读圣书，让一切真相大白。

第十四章　一切都变了，无可挽回

> 变化吧，从无生命的石头，变成活的
> 哲人石。
>
> ——罗伯特·弗拉德[1]

如果把利奥·阿弗里卡努斯这样的灵魂抛开，大部分灵魂都有　209
一个共同特征——强烈的家庭感。灵魂世界中的思想都简化了，因
此，在那里栖居的灵魂只保留了最痛切的记忆和最深情的愿望，其
强度足以拒绝死亡。这些灵魂回到人世，寻找兄弟、父亲、妻子或
子女，也只记得这些最基本的联系。可以说，家庭是唯一能跨越呼
吸停止和肢体僵直而存在的社会单元。

　　叶芝的许多关于生者的疑惑从亡者那里得到确认；随着那股超
自然的涌流注入他诗中的，还有大量对家庭的感情。我们已经看到
了他在审视自己那些自我—反自我理论时怀有的不确定感。这种不

---

[1] "罗伯特·弗拉德"原文作 Robert Flood，疑有误。引文原文为拉丁语：
Transmutemini, transmutemini de lapidibus mortuis in lapides philosophicos
vivos。——译注

确定感并非没有根据，因为他的理论对生活的复杂性是一种严重的过度简化。将格雷戈里夫人的轻喜剧解释为她想要逃离一种充斥着评判眼光的生活，把《圣阿格尼丝节前夜》(*The Eve of St. Agnes*)视为济慈对自己卑微出身的反应，把《神曲》看作但丁对自己放浪生活的批判——以上种种都是他在《穿过月光宁谧》中提出的观点——这样的做法似乎难以长久胜任一种良好的思维方式。若要使用这样的解释，叶芝就只能用他最丰富、最具隐喻性的文体作为包裹。为了避免使用它，也为了回避自我书写中的抽象化，他从强烈的家庭感中汲取力量——这是他与灵魂们共享的情感，不会在他心中激起疑虑。

210　　他有理由为自己的家庭感到骄傲，并且有比他有时声称的贵族血统更好的理由。叶芝一家在十九世纪八十、九十年代曾与威廉·莫里斯一家交好，而此时他们在成就上已足以与莫里斯一家比肩。尽管老叶芝有着种种缺点，但就其最好的肖像作品而论，他算得上出色的艺术家；诗人的兄弟杰克·巴特勒·叶芝正以前所未有的方式在绘画中捕捉爱尔兰西部那种神奇而欢快的情绪；他的两个妹妹——莉莉·叶芝和伊丽莎白·叶芝——则在她们的库拉[1]印坊用手动印刷机出版精美的书籍。在爱尔兰和整个世界处于一片混乱之时，叶芝一家却平静地继续在艺术和技艺领域做出贡献，而他们信奉的价值观也比政客和将军们所宣传的更为根本。就民族政治而

---

[1] Cuala，爱尔兰古国名。——译注

叶芝：真人与假面

言，叶芝置身事外已经颇有年头。如今掌控世界的是议员，是资产阶级，是一群新人，其表现则相当糟糕。在《一九一三年九月》这首诗中，叶芝承认自己年轻时的梦想已然破灭，心酸地说："浪漫的爱尔兰已经死去，/ 与奥利里一同归于坟墓。"[1] 他的家庭如同一座小岛，叶芝在家人那里寻求慰藉，正如从前倾心于基湖和吉尔湖（Lough Gill）中那些岛屿。

从 1908 年开始，叶芝的父亲便侨居纽约，并拒绝回国。叶芝对血脉联系越来越强烈的感觉无疑与这种分离感有关。作为家中最年长也最成功的孩子，尽管收入根本算不上丰厚，他仍慷慨地给父亲寄钱。全家人都劝说老父亲回家，但约翰正怡然享受着范·威克·布鲁克斯（Van Wyck Brooks）和阿兰·西格（Alan Seeger）这样的追随者的崇拜，不断推迟回归爱尔兰的日期。最终，他的回归就如同风格的奥秘一样，在未来的时间中消失不见。

然而，父子二人之间的关系却有了转变。不知不觉中，画家越来越多地将儿子视为智识上的同侪，在向他咨询美学方面的意见时表现出明显的尊敬。反过来，叶芝也深深为父亲那些几乎全都在讨论美学问题的信件打动。他终于开始意识到父亲对个性的颂扬、对心理学词汇的使用、对存在的整体性（智识只是其中的组成部分）的信念，以及他对诗人应该摆脱信仰这一点的坚持，都暗示着诗应该是一种非逻辑的话语方式；他也本能地明白过来：父亲的理论让

211

---

[1]《一九一三年九月》（"September 1913", CP, 123）。

他的象征手法不仅成为一种可能，也成为一种必须。然而他花了许多年时间，才弄清楚这种手法如何能为自己所用。原来他和父亲并非对手，而是同路人；在这一发现的鼓舞之下，他开始整理老叶芝的信件合集，想要交给妹妹们出版。他还不断鼓动父亲撰写一部自传，让家族的传统流传下去。

在其理论发现之外，父亲在人格上的和谐也值得尊敬。约翰·巴特勒·叶芝无须依赖面具的复杂机制行事，可以顺乎自然，威廉·巴特勒·叶芝却为自己无法同样做到这一点而哀叹。画家叶芝一直都是他自己，不在意他人的看法，诗人叶芝则很难得做到直来直去。当他在 1912 年下半年写出《玩偶》（The Dolls）时，他讽刺的很可能正是自己的失败：诗中，玩偶匠家里新添了一个真正的婴儿，因此被玩偶们的滔滔抱怨淹没。[1]

他自己的玩偶屋与大陆之间的桥梁该如何搭建？这个问题一直困扰着叶芝。他不愿仅仅成为一个玩偶匠，而是希望为自己的作品注入生命。现在，他又置自己的理论于不顾，想要像另一个人（例如他的父亲）那样生活。他已届中年，却还没有自己的家庭，也没有一个儿子可以在将来与自己通信，就像他父亲与他之间的通信那样。他需要关怀和爱，需要婚姻生活的稳定作用。他的每一次爱情

---

[1] 1913 年 5 月，一个从大约 1909 年起与叶芝在伦敦保持断断续续情人关系的年轻女子突然发来一封电报，声称自己怀孕了，就好像这首诗一语成谶。叶芝手足无措，向一位灵媒咨询。后者的回答是"谎言！"，并且得到了事实的验证。（未发表书稿，开始于 1912 年）

叶芝：真人与假面

都无法长期满足他的精神；即使是肉体上的安慰，他也不是总能得到。这正如他在 1913 年 3 月 5 日写下的一首诗中那个乞丐的呼唤：

212

"是时候了，抛开这尘世去远方，

在海风中把我的健康找回，"

乞丐陷入疯狂，向乞丐高喊，

"整理我的灵魂，趁头发还没掉光。"

"还要有个贴心的妻子，一座房子，

好把我鞋中的魔鬼撵走，"

乞丐陷入疯狂，向乞丐高喊，

"还有那更坏的魔鬼，就藏在腿间。"[1]

格雷戈里夫人和他的另一位密友、小说家奥利维娅·莎士比亚明白单身生活的不易，劝叶芝结婚，然而他觉得自己仍不能忘记茉德·冈，而后者又一直没有和丈夫离婚。他向灵媒求助，但没有采纳她们的建议。

不过，他的住处仍旧需要有人打理，而他也决定开始撰写自传。格雷戈里夫人已经开始撰写关于爱尔兰剧场初创时期的回忆录；凯瑟琳·泰南则在 1913 年出版了她的《二十五年回想》

---

[1]《乞丐对乞丐高喊》（"Beggar to Beggar Cried"，CP, 130）。

（*Twenty-Five Years: Reminiscences*），并且没有征得叶芝同意就在书中收入了他的几十封早年信件。更重要的是，乔治·穆尔也已经出版了他那本用意不善的、关于爱尔兰文学运动的回想录——《欢呼与告别》（*Hail and Farewell*）。这本书中对叶芝的赞美和指责混合得十分巧妙，以致叶芝一开始并没有觉得有何不妥。然而他逐渐明白过来：穆尔以隐蔽的手法让他在整场运动中的角色显得可笑。在《责任》的最后，叶芝收入了一首诗以表达他对穆尔的情绪，但没有提及穆尔的名字。关于戏剧运动的神秘主义根源，关于叶芝的生活和创作中的精神特质，穆尔又能知道些什么呢？这首诗如此作结：

> 我的一切无价之宝
> 不过是根被路过的狗弄脏的柱子。[1]

他并未止于反驳。他还会写出自己的回忆录——既为自己，也为家人辩护。[2] 这本书完成于 1914 年，在 1915 年以《童年与青春的幻梦》为题出版。书中罗列了大量关于他母亲那些半真半假的亲族的回忆——他在《责任》的序诗中也曾颂扬他们。尽管叶芝很小心，没有说出任何会伤害父亲感情的话，但这本书也以零散的画面呈现

213

---

[1] CP, 146.（译按：这两行出自《责任》跋诗 [Closing Rhymes]。）
[2] Hone, 288.

了年少的诗人怯懦而敏感、深深受到父亲支配的形象。直到讲到叶芝年约二十岁时为止，这部回忆录都充满人情味，并且姿态柔和。写到这里，叶芝暂停了一段时间，因为他青年时代余下的岁月牵涉太多仍然在世的人，也有太多私密的记忆。

我们必须知道的是，在撰写《童年与青春的幻梦》的同时，他也在参加各种降神会，并且正在完成《穿过月光宁谧》的初稿——其中纳入了他对此世中对立面之关系以及冥世之本质的想法。与他的神秘主义理论一样，他对过去的回忆意在给当下的自己带来帮助。他需要找到的是一种新的艺术形式，能让他再次开始戏剧创作——不仅是当时仍未完成的《演员女王》这样的抽象剧，而是真正具有人性色彩的戏剧。此外，他的宗教或神秘主义信念也需要更为系统化的表述，以使他能将之用作背景，而非情节需要。他在给父亲的信中提到自己正在整理思绪，要构建一套"宗教体系"，[1] 而在一则日记中他又表示：在新生的爱尔兰，一种对立宗教能比单纯的反教权发挥更大作用。[2] 根据来自不同方面的暗示，我们可以确认的是：他这套宗教体系的核心教义就是叶芝滔滔不绝的"与自身对立面的统一"；他还模糊地将这种统一想象为对自我与反自我的改造，就像氢与氧在化合反应中生成水。

如果其创立者没有关于这种反应及其伴生综论的第一手知识，

---

[1] 未发表信件，日期为 6 月 14 日，年份可能是 1915 年。
[2] 未发表书稿，开始于 1912 年。

这样一套体系就没有任何意义。在叶芝的象征手法中，象征从对立双方的斗争中显现，并超越斗争。他完全有理由认为这种方法正是他的灵性成长理论在文学中的延伸。此外，他也开始感觉到：他从1903年开始竭力想要引入创作中的思想与风格变化已经在各个方面实现了。他的这种自信也并非没有根据。在一则日期标注为1912年圣诞节的日记中，他简明地表述了自己当下所持的艺术理论：

首要原则：

不要在语言分析中或在梦境状态下寻找自己的艺术，而是要过一种充满激情的生活，要用简洁而有节奏的语言来表达自己在此种状态下的情绪。所用的词应当轻捷而自然，应当能指向它们所源于的状态。[1]

要看清他已经走了多远，我们可以将这份宣言与他十三年前在《肉体的秋天》这篇文章中发出的另一份宣言做一番对照。后者几乎与前者完全相反：

的确，我在各国的艺术中都看到那种单薄的光、单薄的色彩、单薄的轮廓和单薄的力量。许多人将之称为"腐朽"；我相信这样的艺术是躺在原地梦想未来，因此更愿意称之为肉体

---

[1] 未发表书稿，开始于1912年。

叶芝：真人与假面

的秋天。有这么一位爱尔兰诗人（即 A. E.），他的诗的节奏有如秋日之暮里海鸟的鸣叫，而他的一行诗我可以引为解释——"秋天已经倦然，正该放开犁柄。"……人类追逐世界，也征服了世界，也已经倦然。在我看来，这种倦然并非一时，而是要延续到最后一个秋天，直到犁铧像枯叶一样飞散。[1]

叶芝要将自己的原则付诸实践，使用一种"足够自然、足够戏剧性的语言，让听者可以体会到一个人正在思考和感受"。[2]在这一过程中他从埃兹拉·庞德那里获益良多。1908 年，怀着满腔的信心，带着关于朦胧文学的大量信息，庞德飘然来到英格兰。他劝说叶芝：你是英语诗人中的翘楚，但你的风格已经过时了。庞德坚信诗人必须是现代的，必须清晰而准确，必须扫除一切抽象，扫除一切动听却不符合理性的词汇。一切都应该坚硬而具体，像爱泼斯坦的雕塑，而不是像德彪西的音乐。

　　庞德本人也具有复杂的个性。正如他自己曾言，他的本能告诉他应该以十九世纪九十年代的风格来写作，但他压抑了这种本能并嘲笑它们。现在的他更多属于这场新的运动，是运动的组织者。从踏上英国土地开始，他就忙于将在世的诗人和死去的诗人分为可读　215

---

1 Yeats, "The Autumn of the Flesh", in John Eglinton, W. B. Yeats, A. E., William Larminie［co-authors］, *Literary Ideals in Ireland* (London, Fisher Unwin and Dublin, *Daily Express* Office, 1899), 72–73.
2 W. B. 叶芝写给 J. B. 叶芝的未发表信件，1913 年 8 月 5 日。

第十四章　一切都变了，无可挽回　　　　　　　　　　　　　333

的和不可读的两类。他的强烈偏见尤其指向所有在他看来平庸的诗，如华兹华斯的作品。据说有一次他还向《泰晤士报》上的一个评论家发出了决斗挑战，只因为对方"太过推崇弥尔顿"。[1]

　　庞德与叶芝的相处一开始就相当融洽。年轻的庞德对年长的叶芝既有崇敬，也有一种保护欲。"威廉叔叔"（他对叶芝的称呼）进步很大，但头发里仍然掺杂着几根来自上个世纪九十年代的芦苇。他将改造叶芝使其融入现代运动视为己任，并在1912年至1915年间找到了许多施加压力的机会。1912年，他未经叶芝允许，冒失地修改了叶芝让他交给《诗》杂志发表的几首作品。叶芝大光其火，随后又原谅了他。在1913、1914和1915年的三个冬天里，庞德都充任叶芝的秘书，在萨塞克斯阿什当森林（Ashdown Forest）的一座小木屋里给他念书，为他的口授做笔录，和他讨论所有事务。在听说叶芝花了六七年时间想要把《演员女王》写成悲剧后，建议把它改为喜剧的正是庞德。他的劝说十分有效，让叶芝立即彻底改造了剧本。在阿什当森林期间，庞德更愿意给叶芝念一些当代文学作品，但"威廉叔叔"坚持要听《索尔代洛》（Sordello）和莫里斯的传奇作品。庞德频频鼓动叶芝修改词句，让它们离上个世纪九十年代越远越好；年长者则会请他通读自己的诗，然后指出哪些词句可以被归于抽象，并为被标记出来的词句

---

[1] Ford Madox Ford, *Return to Yesterday* (London), Gollancz, 1931, 370.

的数量之多而深感震惊。[1] 他再次努力，想要祛除《在鹰井边》诗行中的弱点——这是他六年来写出的第一部戏剧，在 1916 年初向庞德口授。改进显而易见：修改过的诗行更为精炼；词语对意象的表达更为准确；每一点阴翳都被剔除了。诗的腔调也无疑是叶芝式的，不可能归于他人：

> 我在心灵之眼中唤起
> 一口长久淤塞干涸的水井，
> 还有早已被风剥光的树枝；
> 我在心灵之眼中唤起
> 一张苍白如象牙的面庞，
> 和它高傲无畏的神色；
> 那是一个人，正攀上那片
> 大海的咸风扫荡之地。[2]

216

这部剧作的戏剧形式和风格都展现了那个年轻的美国人带来的刺激影响。在庞德担任其秘书的第一个冬天里，叶芝正在撰写一篇文

---

[1] 叶芝并非唯一一个受到庞德影响的大诗人。在近期的一篇文章中，T. S. 艾略特也讲述了庞德对《荒原》(*The Waste Land*) 的修改——他将这首诗的长度缩短到原来的一半。参见 "Ezra Pound", *New English Weekly*, XXX (October 31, 1946), 27–28。

[2] *At the Hawk's Well*, in *Four Plays for Dancers* (London, Macmillan, 1921), 4.

章，意在证明农夫、唯灵论者、斯韦登堡和亨利·莫尔等所持的信仰之间存在联系。他满脑子都是鬼魂、巫女和种种超自然现象。庞德则另有自己的计划。他是学者欧内斯特·费诺罗萨[1]的遗稿整理人，而费诺罗萨曾在日本研究能剧多年。叶芝一向关注应用神秘主义研究的新领域，因此，一听说日本戏剧中大量使用鬼魂和面具，并且剧中的决定性时刻往往是人们突然发现某个看似常人的角色其实是神灵或鬼魂之时，叶芝便大为兴奋。这时他心中浮现的一定是自己诗中的意象——如果他能成功地为它们注入象征力量，这些意象就能在一瞬间获得它们本来没有的性质。至于面具，他早已开始在他的一些剧作的舞台版本中尝试试用。但至今仍缺少一种明确的方法。日本戏剧中的仪式化舞蹈也让他心驰，因为那是纯粹的意象。当他从庞德那里听说能剧是"世界上最伟大的艺术之一，并且……很可能也是最深奥的艺术之一"[2]时，叶芝欣喜不已。

用典的艺术……（庞德写道）堪称能剧的核心。这些戏剧或者说田园诗的创作只是为了少数人的欣赏——只为贵族，只为那些受过训练能明白典故的人。在能剧中，我们会发现这样一种艺术：它取材于神舞或是某个当地的鬼魂传说，后来也可

---

[1] Ernest Fenollosa（1853-1908），原文写作 Ernest Fenellosa，有误。——译注
[2] Ernest Fenollosa and Ezra Pound, *"Noh" or Accomplishment, A Study of the Classical Stage of Japan* (London, Macmillan, 1916), 5.

叶芝：真人与假面

以取材于战争故事或是历史事件。这种艺术讲究优美的姿态，讲究舞蹈和唱诵，也讲究一种非模仿式的表演……它是象征化的舞台，是面具的戏剧——至少鬼魂、神明和年轻女子需要戴上面具。它是叶芝先生和克莱格先生都会赞赏的一种戏剧。[1]

一个小小的能剧推崇者群体渐渐在伦敦形成，其中包括庞德、叶芝、阿瑟·韦利（Arthur Waley）和埃德蒙·杜拉克。庞德开始发表他的能剧翻译作品，先是在杂志上，后来又通过库拉印坊出了一本由叶芝作序的小册子。这些推崇者面临的困境在于，他们没有一个人真正看过一出能剧。不过，到了1915年下半年，庞德找到了一个名叫伊藤[2]的日本舞者。此人曾在日本表演能剧，当时贫困潦倒，住在一个楼梯间里。叶芝的创作舞台由此准备完成。他立即投入一种新式戏剧的创作中。这种戏剧以日本原版为基础，被改造得适合于欧洲传统——音乐和舞蹈与戏剧本身相配。叶芝关于这一领域的第一篇文章透露出一丝狂喜：他终于拥有了一种全部内容都可以完全象征化（而不是像他的爱尔兰英雄剧和他的早期奇迹剧里那样，仅仅只能半象征化）的戏剧形式：

---

[1] Ernest Fenollosa and Ezra Pound, *"Noh" or Accomplishment, A Study of the Classical Stage of Japan* (London, Macmillan, 1916), 5–6.
[2] 即伊藤道郎（Michio Ito，1892—1961），二十世纪上半叶活跃于欧洲和美国的日本舞蹈家和编舞家，欧洲现代舞蹈的先锋之一。——译注

第十四章　一切都变了，无可挽回　　　　　　　　　　337

……我创造了一种戏剧形式。它是与众不同的、间接的、象征的，无须庸众或媒体来为它开路——它是属于贵族的形式……

一切想象艺术都要保持距离。这种距离一旦确定就必须保持，要拒绝世界的推挤……

因此，我自然而然地转向亚洲寻找一种舞台传统，寻找更形式化的面孔，寻找不参与演出的歌队，也许还要寻找那种模仿十四世纪牵线木偶戏的身体动作。[1]

后来的一篇文章更清晰地表明叶芝**回归了他从前的戏剧理论**：戏剧近于秘仪，受到只有获传者才能理解的奥秘智慧的影响：

我希望能为自己创造一种非大众化的戏剧，也创造一个类似秘密会社的观众群体——这样的会社不对众多人开放，只有获得优待者才能进入。

……我想要的是一种神秘艺术，一种总是能让理解它的人回想起或半回想起自己至爱之物的艺术；它的作用方式是暗示，而非直接陈述；它是节奏、色彩、姿态的综合，不像智识那样在空间中弥散，而是像记忆，像预言：它是雪莱和济慈无须改变自我就可以使用的戏剧形式；跟它相比，哪怕处于《忒尔之

---

[1] Yeats, "Introduction", in Ezra Pound, *Certain Noble Plays of Japan: From the Manuscripts of Ernest Fenollosa* (Churchtown, Cuala Press, 1916), II, V, VII.

　　　　　　　　　　　　　　　　叶芝：真人与假面

书》(原文如此[1])那种情绪中的布莱克也不算太晦涩……我追求
的不是一种戏剧,而是戏剧的反自我,一种可以取悦我们中所
有那些在幕布落下全场鼓掌时感到不自在的人的艺术。[2]

戏剧的反自我——此时的叶芝想要把自己碰触的任何东西都变成一
种纯粹而自足的象征,一种源于众多疑问却超越质疑的象征。

他并未忘记爱尔兰。"或许有一天,有一部戏剧会以我为适于
欧洲而改造的这种形式出现,再次唤醒埋藏在斯利夫纳曼或克罗帕
特里克[3]山坡下的古老记忆,或许是用盖尔语,或许是用英语……"[4]
叶芝以这种形式创作的第一部戏剧就是《在鹰井边》,也是他的库
胡林系列中的又一部作品。《在鹰井边》的语言精炼而鲜活,明确
无疑地为叶芝打上了现代诗人的印记,哪怕在最挑剔的批评家如
T. S. 艾略特(他在一间客厅里观看了这部戏的演出)眼中也是如此。

这部戏剧是关于库胡林的,但它丝毫没有取材于库胡林传说,
而是纯然象征化,正是九十年代的叶芝想要创造却又缺乏手段来创
造的作品。正值青年的主人公来到象征着智慧的永生之井,在那里
发现了一位老人。老人已在井边枯坐了五十年,只为喝上一口井

---

[1] 叶芝原文 *The Book of Thell*,为 *The Book of Thel* 之误,故有"原文如此"之
语。——译注

[2] Yeats, *Plays and Controversies* (London, Macmillan, 1923), 212, 213, 215.

[3] 斯利夫纳曼(Slieve-na-mon)和克罗帕特里克(Croagh Patrick)是两座山峰的
名字,分别位于爱尔兰蒂珀雷里郡和梅奥郡。——译注

[4] Yeats, "Introduction", in Pound, *Certain Noble Plays of Japan*, XIX.

水，却总是被看守井水的鹰女阻挠。当他们一起等待井水涌起时，那女人被鹰附体，跳起魔法之舞，引诱英雄离开井边，又让老人坠入沉眠。结束对鹰女的徒劳追逐后，归来的库胡林发现井水已经干涸，而山中的人们已经起来反抗他，他的余生将在不断的战争中度过。歌队冷酷地唱出结论：追寻智慧者必定痛苦终生。

叶芝终于找到了一种配得上他的戏剧天赋的媒介。我们在他的早期戏剧中还会看到人性与模式之间的碰撞，但当演员们戴上面具、用高度专业化的语言说话，当歌队宣布一切都在心灵之眼中，当全剧的高潮是一场象征化的舞蹈时，这种碰撞就不再发生。这部戏剧中的自传元素相当明显：在井边耐心等待五十年的老人代表的正是叶芝的智识（他创作《在鹰井边》时正好是五十岁），而年轻的库胡林则代表他的本能自我。我们又一次回到阿赫恩和罗巴蒂斯、孔赫沃尔和库胡林这些老朋友身边；然而，他们看待彼此的态度已经有了重要的变化。这是他们第一次没有彼此对立，反而共同专注于同一个目标。如果是几年前的叶芝来写，他会让二人争斗，并在争斗中失去宝贵的井水。现在的他们各自被引入歧途，这是因为无论理性还是本能，都未能让叶芝一饮智慧之井；迷惑他们的是鹰，象征着逻辑和抽象的思想。在第一稿中，这部戏剧如此作结："这人生受了诅咒——在激情与空虚之间，他盼望的从来不会出现。他的年月，都是在为无望之事做准备。"[1] 在完成《童年与青春的幻

219

---

[1] 未发表手稿。

梦》之际，叶芝也怀着同样的想法：

> 最近几个月，我一直生活在自己的童年和青春时代。我并
> 没有一直写个不停，但每天都会沉浸其中，感到悲哀和困惑。
> 这并非因为我有太多计划没有完成——我并没有太大的雄心；
> 然而，当我回想起自己读过的那些书、听到过的那些智慧之
> 言，回想起我给父母和祖辈带来的焦虑，还有我曾拥有过的希
> 望，若用我这一生的天平来衡量，全部生活似乎都不过是为无
> 望之事做准备而已。[1]

然而很多事的确发生了，叶芝的情绪也并非仅仅是懊丧。他不再
是二十五年前那个怯懦笨拙、需要装模作样才能面对世界的少
年。他也不再是那个太过敏感，在自己的幻想中编织完美爱情、
英雄城堡和灵性化爱尔兰的年轻人。在他看来，自己已经变成了
一个举止得体、灵活干练、与自己年轻时的风格完全相反的公众
人物。

完成《在鹰井边》后不久，叶芝觉得自己距离 1903 年之前的
时期已经足够遥远，可以继续把自传写下去了。1916 年到 1917 年
间，他怀着要将之留待身后出版的想法，写出了关于自己忙碌青年
时代的回忆。"我会放下许多旧事，"他在给约翰·奎恩的信中写

---

[1] AU, 132.

220

道，"或者说，我会用整理过去的办法来洗净自己的想象。"[1] 这的确是一次净化，因为他在初稿中坦承了自己所有的过错和不幸。在这份手稿里，有许多信息是叶芝在发表于 1921 年和 1922 年的那个谨慎得多的版本中选择略去的。

尽管会在后来被修正，这种把一切都写下来的做法仍然意味着勇气、意志，也意味着他建立了与他自己之间的一种距离。后者之所以成为可能，在很大程度上是因为他意识到自己和自己的创作已经有了巨大改变。他并没有把讲述延续到进入二十世纪之后，因为那样做会牵涉太多他当前的想法，但此时的他已经可以从另一个人的视角回顾自己生命中的前二十五年。正如他终于在能剧中找到了戏剧的反自我那样，在充满自信的时候，叶芝也会觉得他已经找到自己的反自我，并且成为了这样的反自我。他多年来的理论化努力似乎终于完成了；他坚持自己的姿态太久，已经成功融入其中。

我们会期待在他的诗和戏剧中找到更多关于这种抵达感的证据；而这样的证据或许可以在他 1916 年和 1917 年的作品中找到——他从 1902 年开始就停止写作奇迹题材，直到此时才重新开始。他的诗《一九一六年复活节》（Easter 1916）就是个好例子。一开始，都柏林起义者们的无谓牺牲让叶芝感到愤怒，但他们的死逐渐在他的头脑里神圣化了，似乎成为他的理论的一种注解。1916 年

---

[1] 1916 年 8 月 1 日的信件，副本存于纽约公共图书馆。

7月，他在关于自己的愤恨之作《九月十三日》的一则笔记中表示这首诗"现在显得过时了"。他并未预见到最近发生的那些事。"最近的都柏林暴动，无论我们是否认为它足够明智，都将因其英雄主义而被人长久铭记。"[1] 那些反抗者是叶芝熟识的人：他曾拜访过皮尔斯的学校，读过麦克多纳（Thomas Stanislaus MacDonagh）的诗；康诺利（James Connolly）曾在九十年代晚期与他和茉德·冈一起加入对英国的示威；那个"醉醺醺的、狂妄自大的蠢货"，那个从他身边夺走茉德·冈的麦克布莱德也在这些人之列。从前他们在他眼中都是普通人，却突然找到了自己作为英雄的另一面——不是像叶芝那样通过努力和自律，而是通过伟大行动的遽然暴力。1916年 9月25日，叶芝为他们写下了挽歌： 221

> 我将一切在诗中写下——
> 麦克多纳和麦克布莱德，
> 还有康诺利和皮尔斯，
> 从现在，直到永远，
> 在人们佩戴绿色之地，
> 都会改变，完全改变：
> 一种可怕的美已经诞生。[2]

---

[1] *Responsibilities* (London, Macmillan, 1916), 187.
[2] CP, 209. 其中"在……之地"（Wherever）误印为"任何"（Whatever）。

同样的奇迹也进入了他的下一部戏剧——《猫与月》。剧中，一个盲人和一个跛足人一起来到圣科尔曼之井接受祝福。圣人询问盲人（象征灵魂）是想要重见光明还是想要赐福；盲人选择了复明。跛足人（象征肉体）的选择则是赐福而非跛足的痊愈。盲人殴打了获得祝福的跛足人，远远逃走，将后者留在圣人身边。此时圣人已骑在跛足人背上，并向他保证他就是一个奇迹。跛足人终于接受了圣人的说法，突然扔下双拐，跳起舞来。正如叶芝对剧终的解释："当跛足人将圣人背负在背上时，这个凡人便与自己的对立面统一了。"[1] 自我与反自我由此获得调和，而叶芝也得到了一个远比他在其早期剧作中所写的那些更具秘传意义的奇迹。尽管有圣人的出现，对立两面的调和对叶芝来说仍是世俗的奇迹，也是通往他的诗、他的个人体系和他的生活的钥匙。

然而，任何关于真容与面具的理论、变化的奇迹和自传式的自辩都无法向他掩盖一个事实：他的个人生活仍然欠缺。有了新风格和新手法却依旧是个老单身汉的叶芝，在这些年的许多诗作中注入了对青春已逝的悲叹。

> 一切都变了，从我第一次
> 在暮色中、在这湖滨听见，
> 它们鼓翼如钟，从头顶飞过，

---

[1] "Introduction", *The Cat and the Moon*, in *Wheels and Butterflies*, 138.

叶芝：真人与假面

让我把脚步放轻。[1]

无论他的文学技巧已经臻于何境，他仍是那个不安、敏感、需要陪   222
伴的孤独者。

结婚似乎可以解决许多问题，可以让他拥有一个家庭、一处归
宿，也可以让他获得工作所需的内心平静。麦克布莱德死后，叶芝
来到巴黎向茉德·冈求婚，条件是她要放弃政治活动。正如他的意
料，茉德·冈拒绝了。随后叶芝又迷恋上茉德·冈名义上的侄女[2]
艾索尔特。面对他的求婚，艾索尔特迟迟没有答复，却在几个月之
后决定拒绝。

叶芝的运气比他自己以为的要好。他对莎士比亚夫人和埃兹
拉·庞德的友人乔吉·海德－利斯早有超出一般的兴趣。他们初次
见面是在 1911 年，后来他数次拜访她和她的家人，与他们共度周
末，发现她是一位可心的伴侣，还在神秘主义研究上与自己志趣相
投。乔吉是在读了隆布罗索[3]的一本书之后开始对心灵研究发生兴
趣的。在与叶芝初见之后，她曾多次帮助叶芝核实灵媒向他传达的
信息的真实性。1914 年，她加入了一个鲁道尔夫·施泰纳[4]神智学

---

[1] CP, 149.
[2] 艾索尔特是茉德·冈的私生女（参见本书 1979 年序言部分），但茉德·冈只承
认其为自己的侄女或表亲。——译注
[3] Cesare Lombroso（1835—1909），意大利犯罪学家、精神病学家。——译注
[4] Rudolf Steiner（1861—1925），奥地利哲学家、神秘主义者，人智学
（anthroposophy）理论的创立者。——译注

团体。同年，叶芝建议她加入金色黎明，给她提供资助，并引导她通过了入会仪式。

海德-利斯小姐心思细致，富于幽默感，似乎尤为适合管理一位抒情诗人的糟糕生活。叶芝深深被她吸引，也觉得她能帮助自己继续前行。1917 年 10 月 21 日，在订婚之后不久，二人结为夫妻。

婚后没过几天，叶芝夫人就尝试了她一生中第一次自动书写。她先是写出了几行毫无意义的文字，然后突然觉得自己的手被更强大的力量控制。从那些潦潦草草写在一页纸上的破碎句子中，她的丈夫惊喜地发现了自己早年努力通过灵视来开启、中年努力通过研究来构建的体系的雏形。就在这里，就在他的家中，出现了神迹。荆棘终于燃烧起来了。[1]

---

[1]《圣经·旧约·出埃及记》3：2："耶和华的使者从荆棘里火焰中向摩西显现。摩西观看，不料，荆棘被火烧着，却没有烧毁。"——译注，译文据和合本

　　　　　　　　　　　　　　叶芝：真人与假面

第十五章　隐秘的叶芝主义：梦境之花

> 那本书里讲了许多
>
> 关于月亮二十八宿的法术
>
> 还有其他类似的蠢话，
>
> 在我们看来连只苍蝇也不如；
>
> 我们信仰的神圣教义
>
> 不许任何荒唐谬论带来祸殃
>
> 　　　　　——乔叟《自由农的故事》

> ……我，曾因某只绿色的羽翼
>
> 陷入半疯，在疯狂而空无的黑暗中
>
> 搜集古老的木乃伊麦粒[1]，一粒粒碾磨，
>
> 又在炉中慢慢烘烤。而如今，
>
> 我从一只在以弗所七酒徒[2]酣眠之处
>
> 找到的酒桶中取出醇香的美酒——
>
> 他们睡得太沉，竟不知亚历山大的帝国何时覆亡。
>
> 　　　　　——叶芝《题埃德蒙·杜拉克所作黑色半人马图》

---

[1] 传说中发现于埃及底比斯古墓中的麦粒。曾有许多人相信这些麦粒可以发芽。——译注

[2] 指基督教传说中的以弗所七圣童。相传在罗马帝国皇帝德西乌斯（Decius，约201—251）迫害基督徒时期，有七名以弗所少年为躲避迫害而进入一座山洞，在那里长眠二百多年后醒来。亚历山大帝国解体于公元前四世纪。叶芝在此将他们进入长眠的时间挪到了亚历山大帝国解体之前。——译注

223 　　如果叶芝在 1917 年没有结婚，而是死去了，他会作为一位出色的次要诗人进入史册——他的语言在力度上超过同时代其他诗人，然而除开寥寥几首例外之作，他并未在诗中表达出多少东西。若是他没有结婚，而是继续他的单身生活，他很可能会继续不知疲倦地参加唯灵论者的降神会，将他那些令人迷惑的、关于面具和冥世的理论在精巧程度上稍加改进。他的文体便会继续保持《穿过月光宁谧》（这本书正好发表于他结婚前不久）中那种华丽而隐晦的风格，由各种巧妙的回避构成，让读者永远无法确定自己面对的是一条散文体的教义，还是一篇散文体的诗。叶芝对自己的结论之不可靠再清楚不过，因此很可能会主要致力于戏剧和叙事诗的写作。

224 如果他继续单身状态，我们还可以合理地猜测：他的个人问题仍将一如多年以来那样发挥作用——继续作为他头脑中的刹车。

　　与乔吉·海德－利斯的婚姻有如松开弹簧一样释放了叶芝的能量。他深深爱上了妻子，也第一次尝到了一种不那么复杂的、与另一个人的爱情中的快乐。他不无震惊地发现自己扮演起丈夫的角色，在 1919 年 2 月之后更是成了一位父亲，并且丝毫没有感觉到需要刻意扮演。他后来这样写道："婚床象征着得到解决的悖论。"[1] 对他来说的确如此。在他于 1918 年写出的《所罗门与巫女》和《所罗门对示巴》（Solomon to Sheba）中，那种世俗的幽默感也洋溢着找到出口的狂喜。离开单身生活的孤僻与怪异，进入平和

---

[1] *A Vision* (1938), 52.

与调谐之后，叶芝获得了巨大的平静。他的妻子善良而无私，理解他身上那种傲慢与怯懦的奇特混合；在叶芝面对陌生人摆出的姿态背后，她发现了他其实深深富于人性。叶芝则不再记录关于自身精神困境的日记，不再为无果的爱恋哭泣，也不再认为自己隔绝于常人的体验之外。十八年前，当乔治·拉塞尔的大儿子降生时，叶芝给他写了一封贺信：“我认为，一位诗人，或者哪怕是一个神秘主义者，只有在理解了所有更重要的情感之后才能获得更强大的力量，而这些情感只能在超越了普通体验和生活责任之后才能获得。”[1] 现在，一种新的力量感让他怀着全新的自信，一首接一首地写出真正表达自我的抒情诗。几年之后，他会在一封给泰戈尔的信中说：作为丈夫和父亲，他感到自己“更紧密地编织在生活中”。[2]

婚姻是人性化的体验，也是一种使他正常化的体验，但绝非平庸乏味。妻子的自动书写能力比叶芝此前遭遇的一切更令他惊喜激动，让他觉得自己终于踏入了智慧之门。他放弃了对降神会的执着迷恋——在那里他一直没能学到什么；他也停止了对亨利·莫尔的冥世理论的进一步探讨，而他原计划据此写出《穿过月光宁谧》的续篇。他是如此激动，甚至提出要完全放弃写诗，然而从自动书写中传来了颇有现实智慧意味的回答：“不可，我们来到这里，就是

225

---

[1] "Some Passages ...", *Dublin Magazine*, N. S. XIV (July-September, 1939), 13.

[2] *The Golden Book of Tagore* (Calcutta, 1931), 269. Ramananda Chatterjee, ed..

为了把诗的隐喻交给你。"[1] 他一直认为自己是幸运的，而他最大的幸运或许就是：他娶到的不仅是一名拥有非凡聪明和非凡同理心的女子，也是先知西比尔本人。

身为一名友善而聪慧的年轻女子，叶芝夫人并不享受西比尔这个角色。她坚持自己的参与不可公开；在最初的兴奋消退之后，她也常常为这种耗神费力的负担感到厌倦。自动书写主要是一种对自身意识官能的悬置。许多根本没有"心灵天赋"的人偶尔也会惊奇地发现：在没有思考的情况下，他们也会无意识地在纸上写出一句有意义的话或是画出一幅有意义的图像。若是放松意志，进入感觉自己的手被另一只更强大的手控制的状态，有些人还能将这种自动状态延续相当长一段时间。这样写出的文字在许多方面具有梦境的特征，充满各种零碎而又杂糅的意象，时而连贯，时而毫无条理。在结婚的兴奋中，叶芝夫人发现自己拥有这种悬置意识官能的能力，也愿意每天花上两三个小时和丈夫坐在一起，由他来提问，而她在一个笔记本上通过自动书写来回答他的问题。声称向她口授文字的，是一些名字古怪的灵魂；叶芝喜欢将他们称为"信使"，并且从未完全放弃他们真正是灵魂的想法。这种活动还会有一些难以解释的附加迹象，例如屋中突然泛起的玫瑰花香，然而一个怀疑主义者只需要将自动书写归因于无意识的作祟，除此之外无须相信任何东西。夫妇二人会在事后讨论通灵的内容，因此他们的有意识想

---

[1] *A Vision*, (1938), 8.

　　　　　　　　　　　　叶芝：真人与假面

法必然也会对自动写作的解释方向产生相当大的影响，不过这种影响又从未能大到让这种启示变得不再过于隐秘晦涩。

226

到了 1917 年 11 月底，被叶芝冠名为《灵视》的那本书的第一部分已经有了轮廓。人类的个性被分为二十八种类型——或者，用叶芝的命名法来说，分为二十八个月相，每一相都用一只巨轮上的一根辐条来表示。这种分类法基于主观性（subjectivity）或客观性（objectivity）在量上的差异；叶芝采用这两个词，是为了代替"反色"（antithetical tincture）和"正色"（primary tincture）这样的象征化抽象。在为它们下定义时，叶芝犹豫不决，采用了穆雷词典[1]中"客观"（objective）这个词的通俗义项："一切'向意识而非自我意识呈现之物、感知或思想的对象、非我（non-ego）……对外部事物而非内在思想的处理……未受作者的观念或情绪影响的真正事实'"。[2]叶芝回避了一个哲学上的难题：客观现实是否能独立于观察者的理解而存在。这涉及世界本原的问题，而他对此并未做好准备。不过，从父亲那里习得的心理偏好驱使他将外部世界的重要性

---

[1] 即《牛津英语词典》（OED）。英国辞书学家和语言学者詹姆斯·奥古斯塔·亨利·穆雷（Sir James Augustus Henry Murray，1837—1915）在 1879 年至 1915 年间担任该词典主编。——译注

[2] *A Vision*, (1925), 13-14.（译按：叶芝在《灵视》中的原文为："此处并未使用客观与主观在形而上学上的意义，而是使用了它们的通俗意义。穆雷的词典是这样定义'客观'一词的通俗意义的：一切'向意识而非自我意识呈现之物、感知或思想的对象、非我'。此外，在用于描述艺术作品时，客观意味着'面对或强调外于心智之物，处理外部事物而非内在思想'，'以展现未受作者的观念或情绪影响的真正事实的方式来处理主题'"。本书所引部分因为省略而改变了原文的结构。）

最小化了。在第十五相（月望），主观性达到高峰；随着月亮的亏蚀，主观性减退，客观性增长，直到进入第一相（月晦）客观性达到高峰。每一个人都可以被定性或归类为属于二十八相之一。叶芝很快就开始将他的朋友和敌人分别归入各自所属的月相——正如但丁在《神曲》中的做法。

　　经过一系列转世后，每个凡人的灵魂都会经历所有二十八相，不过在月望和月晦这两相（即第十五相和第一相）里，灵魂会以精神形态而非凡人形态出现。更进一步（这个体系也会变得更复杂），相的生成也浓缩于个体的生长过程；也就是说，我们可以认为灵魂在一次生命周期中就能经历所有相——从完全非个体性的（或者说完全客观的）婴儿状态（第一相）开始，逐渐上升至成熟期的完全个体性或主观性（第十五相），然后开始消退，最后回到"第二次童年和纯粹的遗忘"（第二十八相），在此死去，并在一段时间之后重启循环。在叶芝的构想中，莎士比亚式的人生七阶段发展为二十八相。叶芝的教喻诗《月相》（The Phases of the Moon）写于1918 年，意在解释其体系中的这部分内容。尽管在读到这首诗时我们可以选择任何一种理解，但叶芝在谈到诸相时，通常指的是一系列重生过程而非一生中的不同阶段：

· · · · ·

阿赫恩：　　再给我唱一遍月相的变化吧；

　　　　　　虽是言辞，实为真歌："造吾者为吾歌此。"

　　　　　　　　　　　　　叶芝：真人与假面

罗巴蒂斯：二十八种，月之变相，

月望月晦和种种盈亏之相，

共计二十八，但只有二十六种

是人必须育于其中的摇篮；

因为月望月晦时没有人类生命。

从初一新月到上弦月，梦

只是召唤人去历险，人

就像鸟兽一样永远快乐；

但是随着月亮渐臻圆满，

他遵从并非不可能的异想中

任何最困难的异想；虽有疤痕，

就好像被心意的九尾猫所挠，

他那从他身体内部翻铸出去的身体

越来越俊美。十一相过去，于是

雅典娜揪住阿喀琉斯的头发，[1]

赫克托尔在尘埃里，尼采降生，

因为英雄的月相是第十二。

但是，在满月之前，他必两度出生，

---

[1] 指《伊利亚特》中阿喀琉斯动怒欲杀阿伽门农，却被雅典娜制止一幕。参见《伊利亚特》1：197（罗念生、王焕生译，人民文学出版社，2003年，9页）。——译注

两度入葬，变得像蠕虫般柔弱无助。

第十三相只是使灵魂在其自身

存在中开战，那战争开始后，

手臂却无肌肉；然后，

在第十四相的狂乱之下，

灵魂开始颤巍巍步入宁静，

死在其自身的迷宫之中！

· · · · ·

一切思想都变成一个形象，灵魂

则变成一个肉体：那肉体和那灵魂

在满月时太完美而无法躺在摇篮里，

太寂寞而不适合人世的熙来攘往：

被驱逐和被抛弃到现实世界

之外的肉体和灵魂。[1]

罗巴蒂斯所描述的第十五相便是《灵视》与叶芝的诗歌手法之间的纽带。这"纯美的一相"中只有灵魂存在，凡人不可能在其中生存。叶芝未曾明说但很明显的一点是：诗的各种象征在彼此调和之后，便会归属这一相。"思想与意志无法区分"，他在别处提到这一

---

[1] 此处及下文中的全部《月相》译文均引自傅浩先生译本（《叶芝诗集》，河北教育出版社，2003年，393—402页）。——译注

相时说道，"沉思与欲望""合而为一"。"机会与选择变得可以彼此
替代，却又各自保持特征。在一切努力停止之后，一切思想都变成
形象，因为一种思想若不在恐惧中或沉思中被推论至消亡，它就无
法存在……"[1] 接下来，罗巴蒂斯又描述了第十五相之后的诸相：

> 然后是月亮破碎：
>
> 仍记得其寂寞的灵魂
>
> 在许多摇篮里颤抖；一切都变了。
>
> 它愿做尘世的奴仆，在它选择
>
> 并非不可能的差使中任何
>
> 最困难的差使服役时，它给
>
> 肉体和灵魂都加上了
>
> 苦役的粗鄙。

阿赫恩：　　　　　　　　　　　在月圆之前

　　　它寻求自己，之后则追求尘世。

罗巴蒂斯：因为你被人遗忘，半出离生活，

　　　又从未写过一本书，所以你的思想清晰。

　　　改良者、商贾、政治家、博学者、

　　　有责任心的丈夫、忠实的妻子等

　　　轮流出入一个又一个摇篮，都在逃亡，

---

[1] *A Vision*, (1925), 69–71.

都被毁容变形，因为丑陋的畸形

无不把我们从幻梦中惊醒。

阿赫恩：　　　　　　　　　　那最后的

奴性的月相所释放的那些又怎样？

罗巴蒂斯：因为全晦暗者，犹如那些全光明者，

他们被抛到了边缘之外，在一团云雾中

像蝙蝠一样朝着彼此叫唤；

但是由于没有欲望，它们无法分辨

孰善孰恶，也不知道在自己的

臣服臻于极致时有什么可得意；

而且他们道听途说，人云亦云；

形容损无可损，简直无形可言，

就好像面团烤熟之前一样淡而无味，

他们说话间就能变化形体。

· · · · ·

当整个面团都被如此揉好，

能够塑成造化厨娘所喜欢的任何形状时，

初一的细芽新月又再一次轮转。[1]

第二十八相结束后，一切个体特征都消失了，灵魂再度开始轮回。

---

[1] CP, 187–190.

叶芝在《灵视》中的想法远比在《穿过月光宁谧》或他之前的任何作品中复杂。灵魂（soul，因为这个词的神学偏向，叶芝总是尽量避免使用它）并不仅仅是主观（反）的或客观（正）的，而是以变化的比例同时包含两种特征。它并没有像在《穿过月光宁谧》中那样被分成自我与反自我两个部分，而是被分成"四能"（Four Faculties），或者说两组对立：意志（Will）与面具（Mask）、创造心智（Creative Mind）与命运之体（Body of Fate）。在他对材料的把握更为充分的第二版《灵视》中，叶芝在定义这些概念时主要采用隐喻方式，但在第一版里，他给出了一些粗略的定义：

1. 意志：在自动书写文本中原为"自我"（Ego），是人格的"第一物"，也是判定个体所属相位的根本要素。

2. 面具：意志的对立面，或曰反自我，是"我们希望成为之物的图像"。有两种可能的面具，一种为真，一种为假；意志可能选中错误的那一个。叶芝暗示：任何指定一相中的两个面具都是预先注定的。

3. 创造心智：指"在十七世纪结束之前人们所理解的'智识'（intellect）——负责有意识创造的所有全部心智"，也就是心智中负责处理外部事物的部分。与面具一样，创造心智也有真假两种可能。

4. 命运之体：指"物理的和精神的环境，变化的人类身体，影响特定个体的现象流，一切从外部强加于我们的 230

东西，影响感觉的时间"。如果我们之外存在任
何现实，它就在命运之体中。[1]

人的心智是"四能"能量所确定的一种结果。一些批评家将这个体
系描述为完全决定论的，而叶芝本人也喜欢从它使万物前定的意义
上谈论它。[2] 然而，我们很快就会发现这个体系的运行方式根本不
是如此。人有几种选项可供挑选，如在真实面具与虚假面具之间、
在真实创造心智与虚假创造心智之间选择其中一种。他的相位可能
与他所处时代的相位并不相符，这时他就需要主动调整。如我们在
《灵视》后一版本中所见，第十三周期的主旨甚至就是让意志变得
更加自由。

　　在阅读《灵视》的过程中，我们会发现许多叶芝之前的作品和
趣向留下的回响。它们混合起来之后变了味道，但其中的成分还是
以前使用过的。"我所发现的，其实并不新鲜"，[3] 叶芝在《灵视》中
坚称。他的体系与他所熟悉的传统神秘主义之间有着千丝万缕的联
系。例如，他的"四能"就是我们熟悉的四元体系的一种变体——
四元可以是魔法的四元素，可以是中世纪医学与心理学中的四体
液，可以是布莱克的四天神（Four Zoas），可以出现在叶芝的爱尔
兰秘契修道会，当然也可以出现在其他地方。客观性与主观性的对

---

[1] *A Vision*, (1925), 15.
[2] 同上，xvi。
[3] 同上，xi。

立则与主动力量—被动力量（或积极力量—消极力量）这类在金色黎明和大多数神秘主义及秘契体系的教义中占据重要地位的对立关系有着明显的联系。正如本章开头所引的乔叟作品所示，月亮循环周期中的二十八相是星相学中十分常见的说法，而这种循环本身则让我们想起婆罗门教中的十四天光明与十四天黑暗。至于四能围绕一个巨轮旋转的概念，我们只需要参考十二宫图，以及星相学中根据主宰行星的影响来分析事件或性格的做法。然而，叶芝体系中令人惊喜的一点在于，它并非像神智学理论或金色黎明教义那样仅仅是一种大杂烩，而是将各种元素融入了一个独创框架，并且相当成功。就这一点而论，叶芝夫人的无意识对意象创造的影响几乎与叶芝将这些意象与随它们而来的零碎理论启示铸为一体的努力同等重要。最终，一切都被打上了叶芝的烙印，也与他的努力协调起来。

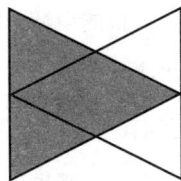

1917 年 12 月 6 日，一种自然包含于月亮象征体系中的新符号进入了自动书写。这个符号是一根盘旋线，叶芝更喜欢将之称为螺旋（gyre，并将 g 读作塞音）或旋锥，有时也会用一个爱尔兰词或苏格兰词来称呼——如线轴（pern 或 spool）。两个这样的旋锥出现在自动书写中，并与欧洲历史发生了联系，而欧洲历史与人的灵魂一样，也被认为会经历从主观性到客观性的循环。这两个旋锥被想象为相互交叠，在彼此内部旋转，一个代表主观性，一个代表客观性。它们为叶芝提供了一个精彩的意象，让他得以呈现自己脑中一直想象的种种悖论。两个椎体没有被局限于象征客观性与主

观性。按照叶芝的说法，它们也是"美与真、价值与事实、特殊与普遍、质与量；它们是一束脱离开来的线，与留在图样中的那些不同；它们是抽象的类型和形态，与那些仍旧实在的类型和形态不同；它们是人与守护精灵，是生者与死者，也是关于我们先祖的一切其他图像"。[1] 较之他在本世纪更早阶段所用的面具，这个象征要成功得多，因为面具与真容之间的联系难以在视觉中呈现。叶芝相信自己在这相互交叠的螺旋图像中发现了一种在所有生命中，在所有文明的、精神的和自然的运动中不断得到反映与再反映的原初图样。无论是人还是运动，都被想象为先从左向右、再从右向左移动。当客观旋锥扩张到最大程度时，主观旋锥同样以最大扩张为终点的反方向旋转就开始了。举例而言，如果将这两个旋锥的概念运用于历史，客观性在基督时代就处于最大扩张状态，于是自我竭力想要摆脱人格的束缚，隐入"他者性"中；到了文艺复兴时代，处于最大扩张状态的成了主观性，于是伟大人格处处得到最完满的实现。在我们这个时代，历史再次向客观性方向回旋，因为周期总是会永恒复现。大规模的运动在叶芝看来都是这种朝向客观性移动的证据：运动中的每个人都想要和周围的人变得相似，都想要压抑个体性和个性。[2]

相互交叠的螺旋有一种显而易见的性象征意味。叶芝并不反对

---

[1] *A Vision*, (1925), 130–131.
[2] 正如俄国革命后叶芝在给拉塞尔的信中所言："我将这个时代的马克思主义价值标准视为物质主义的矛头。"（未发表信件）

叶芝：真人与假面

它，因为正是这种意味将螺旋锚定于人世。此外，它们也与魔法祈咒中的所罗门封印极为相似。所罗门封印中，一个三角形代表水，另一个代表火。二者的联合有时被用来象征精神与物质的联姻——这种联姻正是魔法中的至高境界。[1]

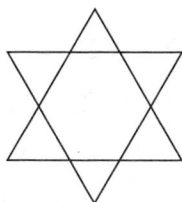

所罗门封印（Solomon's Seal）　　　叶芝的螺旋（Yeats's Gyres）[2]

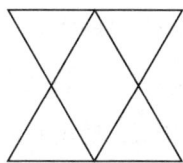

233

以上远非对《灵视》结构的完整呈现，但已经足够说明隐秘的叶芝主义是对传统神秘主义观念的改造——他将它们缩减到只余基本要素，从而使它们变得格外连贯一致。面对出现的许多问题，叶芝并未给出答案。例如，关于意志、面具和守护精灵之间的联系，叶芝能告诉我们的无法比利奥·阿弗里卡努斯更多。至于是什么造

---

[1] 叶芝在给多萝茜·韦尔斯利的信中这样写道："……我还是个年轻人的时候，我经常看见一种卡巴拉仪式（Kabbalistic ceremony）。仪式上有两个柱子，一个代表水，一个代表火。火的符号是△，水的符号是▽，合并起来就构成一颗所罗门封印✡。水象征着感知、平和、夜晚、宁静、舒缓；火象征着激情、紧张、白昼、音乐和能量。"参见 *Letters of Poetry from W. B. Yeats to Dorothy Wellesley*，95。

[2] 不过，叶芝的交叠螺旋并未超越生命之流。根据他的说法，它们是"趋向和幻象"，而真实存在于螺旋所在的球体（sphere）中。（*A Vision*［1938］，73）我们将在后文中讨论这个球体。

成了个体之间的差异，是守护精灵的行为，是人的自由意志，是面具与意志达成的妥协，是其他灵魂的作用，还是前世遗留的效果？叶芝认为这些也许都各自起了作用，然后便止步于此。

读者心中会浮现一个更为根本的问题：叶芝自己相信这种隐秘的叶芝主义吗？这个问题并没有简单的答案。作为一个普通人，叶芝有时相信自己的体系，有时则并不相信；关于自动书写中的"信使"是超越时空的精灵这一点，他刚开始抱有的信心比后来要多。作为一个诗人，他在很大程度上接受他父亲的立场，即诗人必须摆脱陈规与教条的束缚。然而，他担心的是，自己在创作《灵视》时不愿采用诗体的真实原因可能是怯懦，因此他又基于这一体系写出了几首教喻意味明显的诗，以安慰自己的良心。在他的大部分诗作里，他仍旧沿袭自己常用的手法，于是，尽管诗中时常出现信使带来的诗歌隐喻，我们仍然很难发现有哪些段落是没有读过《灵视》的读者无法理解的。例如，在他写于1917至1918年间的戏剧《埃梅尔的唯一嫉妒》（*The Only Jealousy of Emer*）中，乐手的歌谣隐约指向灵魂为达成第十四相的美而必须经历的一系列转世——剧中库胡林的情人艾思妮·因古巴（Eithne Inguba，叶芝基于艾索尔特·冈而创造的人物）便被归于这一相。若非因为他的体系，他本可以不以这种方式来写这首歌，但对这首歌的理解却无须依赖他的体系：

> 安静的灵魂要经过
>
> 多少世纪的磨难，

234

下至黄泉，上至苍穹，

超越耳目所闻所见，

以及阿基米德的测算，

才能成就

如此的美丽？ [1]

《一位爱尔兰飞行员预见自己的死亡》（An Irish Airman Foresees his Death，1918）是独立于他的体系的又一个例子，诗中的飞行员象征着一种主观性的生活。而在同年所写的《纪念罗伯特·格雷戈里少校》（In Memory of Major Robert Gregory）中，格雷戈里被等同于历史周期中臻于月望之相的文艺复兴式人物。以上这些诗完全是开放的；到了《绵羊牧人与山羊牧人》（Shepherd and Goatherd，1918），我们便可以从对冥世的描述里看见《灵视》中关于冥世就是生前记忆的逐渐展开的理论（这也是利奥·阿弗里卡努斯的说法）：

他每一秒都变得更年轻……

他解开那满载的线轴，想要

知道一切过往的苦痛与欢愉

知道自己所成就的一切……

---

[1] *Four Plays for Dancers*, 28.

在心智的胜利中，

他会领悟知识，

直到，他攀在摇篮边，

梦想自己是母亲的骄傲，

一切知识都会沉入昏睡，

沉入更加甜蜜的无知。[1]

然而，此处的寓意仍然足够显明。

　　他相当善于过度简化自己的体系，正如在《迈克尔·罗巴蒂斯的双重视象》（The Double Vision of Michael Robartes）所示。诗中他确认自己并无自由意志，而是受到一些机械式的精灵控制，而这些精灵又受制于"某种隐藏的魔法气息"，正如利奥·阿弗里卡努斯受制于穆罕默德。他也会在幽默中运用他的体系，《圆塔下》（Under the Round Tower, 1918）即是一例。诗的主题是两个旋转的互动，但他将它们变换成在一座圆塔（即球体）中起舞的太阳和月亮，出现在一个乞丐的大胆梦想中：

235

他伸展骨头，坠入梦乡，

梦见太阳和月亮在一座圆塔中

欢呼跳跃，有一个多小时；

---

[1] CP, 165.

梦见那金色国王和银色贵妇，

在喊叫中上升，在喊叫中转圈，

直到脚尖熟稔了曼妙的舞步，

嘴巴掌握了甜美的声音，

在蹦跳中转圈，在蹦跳中上升

直到他们蹦上塔顶。[1]

我们知道这首诗的隐秘含义，但这并不能让它更加值得严肃对待。同样地，大量指向超越悖论的象征出现在诗集《库勒的野天鹅》和《迈克尔·罗巴蒂斯与舞者》中，但我们并不能认为这些象征来自《灵视》。毋宁说，《灵视》通过理论辩护为它们的使用提供了支持。因此，在《魔鬼与野兽》（Demon and Beast）中，一只海鸥便象征着诗人想象自己摆脱仇恨与欲望的螺旋时那种愉快的自由心情。天鹅出现在好几首诗中，但其中的《库勒的野天鹅》早于叶芝结婚，也早于《灵视》的形成。只有在《月相》中，自动书写的素材才被直接呈现为一种神秘主义体系。以其惯有的迂回做法，叶芝在《月相》中将自己表现得对罗巴蒂斯和阿赫恩阐述的体系一无所知，并借罗巴蒂斯之口说道：

而现在，他（叶芝）在书籍或稿纸中寻找

---

[1] CP, 156.

他将永远也找不到的东西。[1]

十九世纪九十年代之后，叶芝再也没有进行过预言，但现在有了《灵视》的支撑，他重新开始预言的做法不应让我们感到意外。当时他相信新的纪元将是一个黄金时代，会如《秘密的玫瑰》所言，带来一个英雄的爱尔兰，或者如《无物之地》所言，带来一个更好的世界。然而，战后的世界没有什么迹象能让他抱有这样的希望。从 1919 年 1 月到 1921 年 5 月，包括臭名昭著的黑棕部队[2]在内的英军与爱尔兰爱国者之间爆发了战争。叶芝和格雷戈里夫人都深深为"闹事者"所感动。格雷戈里夫人给一份开明的英国评论刊物撰写文章，谴责政府的政策，叶芝则在参与其他活动的同时继续创作一首尚未发表的致罗伯特·格雷戈里的诗，愤怒声讨英军的所作所为。关于第一次世界大战，他没有说过什么，因为一战的问题对他的头脑来说太过抽象，也太过国际化，但他同样能感受到"众多精美可爱之物已经消逝"[3]的情绪。正如他在 1914 年想象出一个冰燃如火而非"堆锦叠绣"的天堂那样，此时的他说出的，是关于价值重估的千禧年式预言，然而他在这重估中只看到了邪恶：

236

---

[1] CP, 187.（译按：此处采用的是傅浩先生的译文，但加上了本书作者在此处的括号注释。）

[2] Black and Tans，指英国的皇家爱尔兰警队特别后备队（Royal Irish Constabulary Special Reserve）。——译注

[3]《一九一九年》（"Nine Hundred and Nineteen"，CP, 239）。

再次降临

盘旋、盘旋，在展开的螺旋中，

猎鹰听不见驯鹰人的声音；

万物溃散；中心再难维系；

世界只余一片狼藉：

血污的潮水泛滥，所到之处，

纯真的仪式都被淹没；

最优秀者失去了信念，

最恶劣者却满腔力量。

某种启示必定近在眼前；

再次降临必定近在眼前。

再次降临！这几个字尚未说出

便有出自世界精神的巨大影像

闯入我的视野：在沙漠之沙中间

是一个人首狮身的身形，

眼神冷漠无情有如太阳；

它的腿缓缓移动，它的身边

飞舞着沙漠禽鸟的愤怒阴影。

黑暗再度笼罩，然而我已知道

两千年来如同磐石的沉眠

已被一只摇篮搅成噩梦；

是什么猛兽的时辰终于到来，

正懒洋洋走向伯利恒，等待降生？ [1]

如果没有《灵视》，这首诗不可能以如此的预言式权威写成；而"展开的螺旋"显然就是《灵视》中的客观性螺旋。然而，对体系的清醒意识对写作这首诗比对阅读这首诗更为有用。叶芝谨慎地避免要求他的诗的读者拥有关于他的散文作品的知识，也允许了将螺旋仅仅想象为猎鹰飞行轨迹的可能。若能理解其隐秘含义，这个象征就能具有更多内涵力量，然而这额外的含义也可以被忽略。比起理解关于螺旋的新奇神话，我们更需要熟悉再度降临这一古老而传统的神话，而叶芝为后者赋予了一层新的色彩。

237

因此，在大部分意义上，《灵视》仅仅为叶芝诗中的象征增加了一些附加的内涵。然而诗人并不满足于如此限制它的作用。在自动书写实践刚刚开始的时候，他就决定了要用它来写一部散文作品。一如他惯常的做法，叶芝决定将它当做一个秘密呈现给公众，而他丰富的想象力开始编织一个神话，用来遮掩"那些干瘪的象征骨骼"——这些骨骼本身也是神话。为了这个目的，他再次唤醒了迈克尔·罗巴蒂斯。在他编织的新故事里，罗巴蒂斯在中东旅行，却在一个叫做犹德瓦里斯（Judwalis）的阿拉伯人部落的宗教信仰中意外发现了他多年前在吉拉尔杜斯·坎布伦西斯的拉丁文著作里

---

[1] CP, 215.

看到的一种图表解释。罗巴蒂斯痴迷于自己的发现，为学习犹德瓦里斯人的信仰体系而在他们中间生活了二十年；随后，他回到英格兰，请求友人欧文·阿赫恩编辑他的文件并将之发表。然而，忠诚的天主教徒阿赫恩拒绝给予这种体系超过他能给予柏拉图式神话的信任；旧日的争论在两人之间再度爆发。罗巴蒂斯怒火中烧，决定让叶芝来处理这些材料以供发表，而诗人接受了。

这个奇妙的故事，或者说其雏形，早在自动书写开始后的四个月之内就开始发展了，因为叶芝在 1918 年 1 月就请求埃德蒙·杜拉克雕刻一幅中世纪风格的吉拉尔杜斯·坎布伦西斯木刻画，而这幅画其实是叶芝自己的肖像，并在后来被他用作《灵视》的封面图。在他为自己的库拉印坊版诗集添加的注释中，他也不无含糊地提到了罗巴蒂斯的文件。从 1917 年到 1919 年，他努力将整个体系呈现为罗巴蒂斯和 238
阿赫恩之间的对话，然而随着自动书写变得越来越详细和复杂，对话体就显得太过笨拙了。罗巴蒂斯文件中有一小段写于 1919 年的内容，显示了叶芝在决定如何主张自己的体系的重要性和意义时也略感困惑：

> 罗巴蒂斯：我要么是孤零零一个人，要么在一群在自己的哲学被改造得适合我的欧洲头脑之后就无法理解它的人中间，已经太长时间了，所以我必须得找人说说话。你尽可以对自己说那不过是一种分类；哪怕我已经向你展示了每个灵魂如何包含了链条中在它之后的那个灵魂的雏形，你也尽可以认为神从同一种

东西里创造了一切，认为它们只是一些小小的木牌，被我们拼在一起后显示的是它们所被斫自的那棵树的连续纹理，也可以觉得我疯狂到以为木牌会长成木牌。也许，我选择相信神通过人和天使的灵魂来创造世界，只是我个人的怪癖。

阿赫恩：　我更乐意回到我的教理问答上，而不愿给予你所谓的转世以超过我能给予舞台戏剧的信任。

罗巴蒂斯：现在并不是信徒们就彼此的信仰形式展开争吵的时候——大部分人，哪怕是那些仍旧去做礼拜的人，实际上都已放弃了灵魂永生的信念。我是说，他们并不认为那是重大问题的推理前提。再过些年（，）他们就会再次相信，因为这在好学之人看来已经是确定的事。到那时候，人们就会明白：如同我们可以通过一杯水来探究海洋运动的法则，我们也可以通过研究自己的心智来探索灵魂的终极目的地。到那时候，阿奎那的体系将会受到评估，本·卢卡的体系也是一样——他的思考并非因为是以图像的形式而更不精确，而世界将会有足够的时间来选择。

世界将在托马斯主义[1]和叶芝主义之间做出选择，这样的前瞻当然

---

[1] 指托马斯·阿奎那的神学体系。——译注

在出版前被删去了。在《灵视》的第一版里，罗巴蒂斯和阿赫恩只出现在开头几章和几个注释中；而到了最后一版，也就是叶芝更为自信，更愿意用自己的声音说话时，他们变得更加无足轻重了。

239

从 1917 年到 1925 年，这本书的写作耗去了叶芝大量时间。有时叶芝夫人甚至拒绝长时间自动书写，担心那会影响到他的创造力。然而在叶芝看来，他的体系的重要性正稳步成长。此时的他比之前任何时候都要志得意满。有了《灵视》，他就有了一个在复杂程度上堪与布莱克体系比肩的体系。有时，他似乎会把这个体系看成一种新的宗教，可以让他抵抗父亲的怀疑主义；无论他的所思所行，这一点总是可以作为参照。从某种意义上说，这个体系就是他的一生的巨大投影，其中既有自传性，也有对自己的个人困境和性情的辩解——所有的二十八相中都有他自己灵魂的影子。[1] 较之他在《穿过月光宁谧》中所提出的，这个体系令他满意得多：如今他不再将生命视为两种原则的对立，而是看成各种能力、螺旋、相位、循环、原则、球体、灵魂和守护精灵所共同投入的一场全城激战——"展现了冲突的每一个方面"[2]。这个体系看起来是怪异的，但他并不为此太过担心，因为他觉得他的体系背后有足够的传

---

[1] 叶芝对此有清晰的辩护："每一相自身都是一只轮子；个体灵魂在剧烈的晃动中苏醒……直到沉入那整体中——对立在其中得到统一，矛盾在其中得到解决"（参见 A Vision［1938］，89），而他关于相位体系的更早设想比此时的完成形态更为接近自传。

[2] *Wheel and Butterflies*, 103.

统支撑。此时他看得更清楚了：自己早先的姿态和矫饰都是让生命和创作汇入一种象征体系的努力。此时乔治·穆尔正在散播一个谣言——叶芝要搬到爱尔兰西部的一座塔中居住，以塑造一种"诗意人格"。这谣言中不仅有恶意，也有真相。现在的叶芝已经明白，他已经越来越有能力栖居于自己创造的世界中，而若是没有自动书写，他很可能永远也无法将它创造出来。他为自己的成就感到骄傲；他在这段时间所写的几首诗中将自己描述为所罗门，这尽管是半开玩笑，却也不完全是玩笑。尽管"黑棕战争"[1]提醒他黑夜仍旧可能"在恐惧中流汗，一如我们 / 将思想刺入哲学之前"[2]，但整个宇宙似乎终于进入了他的魔杖所能影响的空间：

> 这念头——我有了这念头，让我
>
> 紧紧抓住它，直到冥想把握它的全部，
>
> 无物可以让我的目光停驻，
>
> 直到它投向全世界所轻蔑之地
>
> ——被诅咒者向那里一心怒号，
>
> 受福佑者却在那里起舞；
>
> 这念头紧紧缚住我

240

---

[1] 指 1919 至 1921 年间的爱尔兰独立战争。英国的皇家爱尔兰警队中的黑棕部队（参见本章前注）曾参加这场战争，因此爱尔兰独立战争也被称为黑棕战争。——译注

[2]《一九一九年》（"Nineteen Hundred and Nineteen", CP, 240）。

让我别无所求；

我被漫游的思绪缠绕，

如同木乃伊缠绕于尸布。[1]

分类的力量就是控制的力量，而一种新的力量感进入了他的写作。
《灵视》中的理想相位，即"比其他相更可能出现存在之统一"的，
是在月望之后不久的第十七相。叶芝将自己归于这一相，与但丁、
雪莱和兰德并肩。在发现"存在之统一"其实是他父亲的旧日理想
"个性"的一个变体时，我们不应感到意外。这是一种斗争的结果，
因为心智已经开始爆裂为意象的碎片，最后，"存在为了其最高目
标……不得不向其自身和其他存在隐藏这种分裂和无序"，因此才
有了姿态和面具。处于第十七相的人是天生的"党派分子、宣传家
和群居者，然而，由于简单化的面具呈现给他们的是猎人和渔人式
的孤独生活，还有'苍白情感热爱的树林'，他们便痛恨党派、人
群和宣传"[2]。每个人都各属一相；根据 L. A. G. 斯特朗的记述，1920
至 1921 年间，在位于牛津的叶芝家中，诗人经常向毫无准备的来
客突然抛出某个探查式的问题，而他们的回答便会向叶芝揭示他们
应该被归于月相周期中的哪一个。叶芝夫人和老叶芝同属第十八
相；在那里，尽管"情感的智慧"仍旧可能，但统一即将破裂。格

---

[1]《万灵节之夜》（"All Souls' Night"，CP, 266）。
[2] *A Vision* (1925), 75, 77.

雷戈里夫人属于第二十四相，是行为准则占据支配地位的一相。乔治·拉塞尔提出了激烈的抗议，却仍被归于第二十五相——那里的自我会接受"某种系统化的信仰"。埃兹拉·庞德一开始被分在主观性强烈的第十二相，然而叶芝发现他把拉帕洛[1]的猫喂了个遍，便将他移到属于客观性后期诸相的人道主义者中间。这便是叶芝的做法，死者和生者都享受了同等待遇。

241　　《灵视》由此成为一种自辩。叶芝的大部分熟人被他归入的月相都不如他自己那一相有吸引力：在那些相位里，他们无望达成生命中最令人满足的状态——存在之统一。叶芝为自己的存在之统一而骄傲。此前我们已经从他的文章《如果我是二十四岁》中引用过部分内容[2]。从这篇文章的语言中，我们可以感觉到一丝自得意味：

　　　　当我还是二十三四岁时，有一天，这样一句话不经意间出现在我脑海中——就像半睡半醒时会出现的那些句子——"把你的想法都锻为一体。"接下来好些天，我都只有这一个想法；接下来许多年，我都用这一句话来检验自己的一切作为。我有三种兴趣：对一种文学形态的兴趣，对一种哲学形态的兴趣，还有对民族性的信念。这三者似乎彼此毫不相干，然而我对文学的爱和我对民族性的信念逐渐合流了。随后的许多年里，我一直告诉自

---

[1] Rapallo，位于意大利热那亚省。庞德于1924年迁居此地，叶芝在二十世纪二十年代后期和三十年代初数次前来拜访。——译注
[2] 参见第九章。——译注

己：这两者与我的哲学形态毫不相干，我只需要保持真诚，避免用一种兴趣来约束另一种，它们就会变成同一种兴趣。然而现在，我想，三者都已合为一体，或者说三者都是同一个信念的谨慎表现。我相信每一个的背后都是我的整个人格，并且都从中获取了某种新意。（因为，难道每个人的人格对自己来说不都是独一无二的？）此外，我也相信我已经成为一个有教养的人。[1]

此时的他，终于可以用更普遍的表述来修正自己"与世界之间的恋人争吵"的说法了；身为一个属于第十七相的人，又生于一个在其历史周期中位列第二十二相的时代，他命中注定属于一个"悲剧性的少数群体"。[2] 从 1919 年到 1922 年，叶芝修改了他的《自传》初稿——他在完成这部初稿时，正处于一种自我赎罪的情绪中。有了《灵视》之后，他的叙述中多了保留，并有一种达成存之统一的人所特有的平静渗透其中。有些在几年前看起来还至关重要的记忆，比如，对青年时代他所有思绪和活动都交织于茉德·冈一身的经历，他做出了相当大的删削；关于他对神秘世界的秘密的拼命追逐，他也降低了它的重要性，并将之嵌入统一之中。如他所言，他熨平了自己命运中的历次危机。他从身上剔去许多格格不入之处，把自己变成了一个属于第十七相的人——如他从前的假设中自己决意要肖似的人。这

242

---

[1] *If I Were Four-and-Twenty*, I.
[2] AU, 361–362.

本书不再仅仅是一部自传，而是一部"政治与文学的信念宣示"——他在1920年写给格雷戈里夫人的信中说——"旨在赋予这场运动一种哲学。每一次性格分析，无论是对王尔德、亨利、萧伯纳还是别的人的分析，都为我的哲学民族主义添加一点砖瓦——这是民族主义与国际主义的对立，是有根之族与无根之人的对立。"[1]

于是，我们看见叶芝渐渐将自己和自己周遭的一切融入他的神话之中。他不仅是一位诗人，也是诗人的象征；当他在这样的意义上思索自身时，他的姿态变得更高贵，他的言辞也更审慎。当然，正常的生活并未就此停下；他仍旧保留着旧日的友谊，也保留了对友谊的需要，例如，他仍因为政治而和茉德·冈争吵，又总是重归于好。不过，作为主要兴趣，他用各种物质对象将自己围绕起来；这些对象成为他的秘密仪式的一部分。其中之一是戈尔韦的一座诺曼时期的塔堡，即拜勒城堡（Thoor Ballylee），他在1915年将它买下。1918年7月23日，他在给约翰·奎恩的信中写道："我正在为自己的晚年做安排，要找一个能以其严峻和古老对那些毛头小子产生影响的地方"；[2] 一年之后，他又提到自己不愿接受日本方面向他提供的教职，因为他的塔堡"还需要一年的整修，还得我们亲自盯着，才能成为一座合适的丰碑和一个象征"。[3] 1922年，他为这座城

---

[1] 未发表信件，1920年12月30日。

[2] 未发表信件。

[3] 未发表信件。

堡赋诗数首——当时他已和家人（如今多了一儿一女）在城堡中居住。这座塔堡以及对它的许多整修都有深刻的寓意。例如，通往塔顶的楼梯象征着精神的上升，同时也从侧面指向灵视中的螺旋，而后者又可以被想象为精神与物质或天堂与人间的对立。一个名叫佐藤（Sato）的日本人送给他的一把剑象征生命，而其刺绣剑鞘象征美。屋外的花园中则植有"象征的玫瑰"。[1] 经过叶芝的点金之手，一切皆成象征。

如果我们还记得玫瑰是他在十九世纪九十年代中使用的象征之一，我们便不会对这一切感到惊讶；然而玫瑰在当时总是遥不可及，此时却生长在他的地皮上。在他对这座塔及其楼梯实实在在的、财产式的占有面前，他青春时代别的一些未被占有的模糊符号——如代表吹拂人间的灵息的"苇间风"——早已退避三舍。这不是一个流亡者或者边缘人的象征主义，而是一个有地位、有路子的人的象征主义。在其《内战时期的冥想》中，叶芝将各节分别冠名为"我的房子"、"我的桌子"、"我的后裔"和"我门前的路"。到了此时，到了 1922 年，他曾经梦想过的那座缥缈的精神圣殿、那座古老的英雄城堡变成了他和他的家人共同生活其中的微观宇宙；在这里，象征的机理控制着生活，让它浓缩。如今谁还说得清哪里才是生活结束、工作开始之地？那曾经充满敌意的世界，此时已在他脚下温顺蜷伏。

243

---

[1]《内战时期的冥想》（"Meditations in Time of Civil War"，CP, 232）。

第十六章　航向拜占庭

244　　伴随叶芝这次智性活力的新喷发而来的，是物质意义上的成功。1922 年春天，数年来主要居住在英格兰的叶芝回到祖国，发现自己已经成了名人。7 月，贝尔法斯特的女王大学（Queen's University）授予他荣誉学位；12 月，多年前经常受他抨击的都柏林圣三一学院如法炮制。年底，主席科斯格雷夫[1]委任他担任新成立的自由邦的参议员，以奖励他对爱尔兰的贡献。1924 年[2]，他获得诺贝尔文学奖，终于可以自视为在全欧洲具有重要性的作家。

　　然而，他写于 1922 至 1927 年间、1928 年发表于《塔堡》（*The Tower*）中的那些诗却充满了怨愤，这在所有成功面前似乎有失理

---

[1] 威廉·托马斯·科斯格雷夫（William Thomas Cosgrave，1880—1965），爱尔兰自由邦执行委员会主席（相当于总理），1922 年至 1932 年在任。——译注
[2] 原文似有误，叶芝获诺贝尔文学奖是在 1923 年。

性。这或许与 1922 年他父亲在纽约去世有关。此外，生活与创作合流于象征主义并未让诗歌灵感来得更容易，也没有让写作过程变得更省力，发现这一点或许也让他有些失望。他无法达成某种静态的统一，只能将每一次整合都交付给"新质料的冲击"，毁灭然后重建。他身上最明显的压力，是爱尔兰那场爆发于 1922 年 6 月的激烈内战。战争的起因是德·瓦莱拉[1]拒绝接受阿瑟·格里菲斯[2]等人与劳合·乔治签署的条约——这份条约担保的是爱尔兰在英国国王治下的独立地位。战争一直持续到 1923 年 5 月，并深深影响了叶芝，因为他从来都将祖国的苦难等同于自己的苦难。身处 1922 年的拜勒城堡，那座象征的塔堡似乎时刻面临非象征的人群和武器的攻击；每当枪声近在耳边时，夫妇二人总是频频奔向窗口向外探望。1922 年 10 月，叶芝在都柏林写道："……一股流向保守乃至独裁的风潮。我早就知道会有这样的事，却没想到它会以这样悲剧性的方式发生。我不禁好奇有哪个显赫之人能渡过这段灾厄。你或许会在晚宴上见到一位部长，在门口还会经过他的保镖，却无法确定是否还能再次见到他。"[3]

245

---

[1] 埃蒙·德·瓦莱拉（Eamon De Valera，1882—1975），爱尔兰共和国首任总理（1932—1948、1951—1954、1957—1959 三次出任）、爱尔兰共和国总统（1959—1973）。——译注

[2] 阿瑟·格里菲斯（Arthur Griffith，1871—1922），爱尔兰新芬党创始人，曾任爱尔兰下议院主席，也是 1921 年签署《英爱条约》（Anglo-Irish Treaty）的爱尔兰代表。——译注

[3] 写给莎士比亚夫人的未发表信件，1922 年 10 月 9 日。

除了这种为祖国感到的焦虑，叶芝也对自己的衰老满心怨愤。他的一只眼睛已经失明多年；现在他感到耳聋也已离他不远，还觉得自己已经太过年老，再也不能以从前那样的冲动决绝投入艰巨的事业。早在 1919 年，他就曾提到：如果自己还是二十四岁而不是五十四岁，他就会向整个民族推出自己关于存在之统一的新教义。[1] 不过，在为自己的思想寻找某个便捷出口的问题上，他并未放弃希望。1921 年 1 月 6 日，他在给格雷戈里夫人的信中写道："在我的哲学完善之前，我宁可留在爱尔兰之外；完善之后，我便可以在那里定居下来，将它应用于现实生活。"[2]1922 年回到爱尔兰之后，他变得焦躁不安，用年纪衰迈为自己现实中的无能找借口。这样的借口无法令他完全满意，但他仍旧开始频繁使用它，并为了诗的效果而有意夸大，希望能像从前一样，将钟摆甩得越远越好。正因为如此，他才会在 1922 年给莎士比亚夫人的信中抱怨道："衰老让我厌倦，让我愤怒；我仍是从前的我，比从前还要好得多，然而有个敌人将我缚住，将我扭曲，让我能以从前不可思议的方式来谋划、思考，却再也无法实现我所谋划思考之事。"[3] 在他精力最为旺盛的年代，叶芝已经证明了自己拥有创立组织和运动的能力。如今他掌握了知识，却不再能摇撼他人的心灵。与从前一样，他将这个问

---

[1] *If I Were Four-and-Twenty*，及其他多处。这篇文章写于 1919 年。
[2] 未发表信件。
[3] 未发表信件。

题树为一个对手；当他在 1923 年写下杰出的十四行诗《勒达与天
鹅》（Leda and the Swan）时，他正是在思考这个问题。从 1896 年
在《贤者来朝》中第一次使用这个神话开始，这个神话便在他心中
挥之不去——当时他的预言是"另一位勒达将会向天鹅张开她的双
腿"，从而开启一个新的时代。飞鸟对人的强暴、神与凡人女子的
结合、一个纪元的结束和另一个纪元的开始、面对面生成的矛盾对
立——在囊括了以上一切的一幕中，叶芝创造出了他需要的那种超
越对立的狂暴象征。在用几乎与其所描述的事件一样神奇的诗句赞
美了这一象征过后，诗人突然询问这次交媾是否解决了知识与力量
之间的最后矛盾——哪怕只是一瞬间：

246

> 遭到如此的束缚
>
> 如此被那蛮血的空中野兽支配，
>
> 在被他冷漠的喙放开之前，
>
> 她可曾获取他的知识，一如力量？[1]

知识与力量可以在这个世界共存吗？或者，如叶芝不无根据的怀
疑，二者总是处于无休止的战争之中？难道智慧是只能在味觉丧失
之后才能撷取的成熟之果？

　　然而，如果我们可以从这首诗中找到他书信所表现的那种自

---

[1] CP, 248.

况意味，即一种老迈衰朽的感受，那么他的这种感受未免来得过早。在五十七岁上，他仍然拥有旺盛的精力，经常为自己的缺少运动和体重增加而恼火。为了减缓时间的流逝，他还会锻炼身体。内战期间，在自家门前看到一个"乐呵呵的非正规兵"，一个行动者，便会让他满心羡慕。[1] 他如此表现的理由也很清楚，尽管并不充分——他是一位艺术家。他在好几首诗里戏剧化地呈现了自己的感受，并在其中一首里自我安慰：

> 展现我们的轮廓的
>
> 是灵魂本身的而非肉体的青春。[2]

如果他成为一个行动者，他的失望还会更强烈：

> 我转过身，关上门，在楼梯上
>
> 开始揣测有多少次我本可以
>
> 在别人都懂得或共有的事上证明自己；
>
> 可是，哎！奢望的心，若是如此的证明
>
> 招来一帮朋友，让自己的良心平静，
>
> 那只会让我们更加憔悴。抽象的愉悦、

---

[1]《我门前的路》（"The Road at My Door"［1922］, CP, 235-236）。

[2]《哈伦·拉希德的恩赐》（"The Gift Of Harun Al-Rashid"［1923］, CP, 433）。

关于魔怪形象的粗浅智慧，

满足老去之人，正如从前满足少年。[1]

他的论证毫无错谬，却没能完全让他自己信服；随着荣誉和地位的 247
到来，他既感到骄傲，也感到不安。一场光鲜的衰老，与他在生机
勃然的青春里所怀有的理想相去太远。

　　参议员的角色适合他的尊严感和智慧感，也满足了（虽然只
是部分地）他为自己的能量寻找现实出口的欲望。茉德·冈这样的
朋友认为这个职位会让他变得保守，然而他的保守倾向很早以前就
开始了。对叶芝来说，重要的是他再次找到了那种多年未曾体会的
参与爱尔兰事务的感觉。身为参议员，他深陷波谲云诡之中（尽管
这种诡谲只是公务上的），知晓各种秘密，也为能建设一个新爱尔
兰而兴奋。"在这里，"他在给莎士比亚夫人的信中写道，"我们参
与的是一个新国家的建制工作，尽管缓慢，却激动人心——我们就
像珊瑚虫，脑中却存有要建成的珊瑚岛的图样。同时，整个国家到
处都是武器和炸药，随时会为喜爱暴力者所用。或许我们缓慢生长
的珊瑚全都会变成碎片，但我不这么认为——除非欧洲再度陷入战
争，再次在暴力与残忍上心灵相通。"[2]然而，他并没有太多机会谈

---

[1]《我看见仇恨、心之充盈和即将来临之空虚的幻影》（"I See Phantoms of Hatred
of the Heart's Fullness and of the Coming Emptiness"［1922-1923］, CP, 238）。
[2] 未发表信件，1923 年 3 月 22 日。

论自己所了解的问题；由于不愿暴露自己在经济和管理事务上的无知，他大多选择了沉默："参议院的工作让我着迷；我正在沉默中学习这种新本领——只发过一次言，而且只说了六句话，或许在适应之前（如果我还有可能适应的话），我不应该再发言了。"[1] 他的同僚——那些年长而又自信、掌握了许多事实的银行家[2]——给他带来了压迫感，因此他难以指望能把参议院变成宣传自己想法的论坛。他在新版权法的草拟和新爱尔兰币制的创建等工作中表现不错，但这些都是枝节之事。

然而他对智慧的追求仍在继续，热烈程度日甚一日。在他当时正为《灵视》撰写的"鸽子还是天鹅"（Dove or Swan）一章中，他期望的不仅是阐释过去，还有根据螺旋的运动来预言未来。他并未依赖"信使"传达的零碎启示来达成这一目标，而是阅读了大量历史及相关方面的资料。在一封 1921 年的信件中，他提到自己正在阅读尤金妮·斯特朗（Eugénie Strong）的《神化与冥世》（*Apotheosis and After Life*，他那些关于拜占庭的诗中有许多象征便是来自这本书），并评论道："我已经读了许多类似的书，为了从中找到我们所见的代表历史之锥的螺旋符号，也希望通过他们的研究来把未来看得更清楚。"[3] 自动书写在预见未来这件事上毫无帮助，但他的循环理论应该能让他做出准确的预言。1924 年 8 月 26 日，他将自己的工

248

---

[1] 写给莎士比亚夫人的未发表信件，1921 年 4 月 9 日。
[2] *A Vision* (1938), 26–27.
[3] 写给莎士比亚夫人的未发表信件，1921 年 4 月 9 日。

叶芝：真人与假面

作做了归纳："同时我每天也都在写关于这种哲学的东西。眼下我正将世界历史浓缩到二十页左右的篇幅；然后我就要为下一个世界做同样的工作。如此缩减之后，二者看起来都会更像样。"[1] 在他看来，新的启示必然带来一个主观性的异教时代，与客观性的基督教时代相反；会有一只天鹅宣告某个新的勒达降临，而不是一只鸽子来为某个新的马利亚做宣告。他希望这样一场运动应该因为其中那些伟大的人格而与众不同；当他环顾四周，寻找即将到来的千禧年的迹象时，他从墨索里尼在意大利建立的耀眼新政权中看到了臻于巅峰的个人统治，也看到了他期待于新时代的那种强力人格的喷发。他很幸运，并未走到公开接受法西斯主义这一步，但是已经接近到了危险的程度。他赞美在爱尔兰建立精英统治的优点，然而他的本性又太过反叛，难以满足于仅仅成为执政党的支持者。与此同时，他对爱尔兰共和派所组成的反对党又有一种发自内心的厌恶，因为这些人在他眼中代表着民主和暴民统治——正在消退的这个周期中最糟糕的倾向。由于这种与威权主义的危险调情，叶芝这一时期的政治演说读起来难以让人愉快。1924 年 8 月 2 日，他在一场公开宴会上对自己所预见的自由削减表达了谨慎的支持：

"不会再有战争了"，这是我们的一厢情愿。

那一切都过去了，爱尔兰将在一个完全不同的世界中迎来

---

[1] 写给莎士比亚夫人的未发表信件。

249

成年。我们不相信战争已经远去，也不确定世界正变得更好。我们甚至告诉自己：就连进步这个概念本身也是现代的，来到这个世界才仅仅两百年；对我们的民主政治，我们也不再像从前那样坚信不疑。欧洲和美国的心理学家和统计学家正在挖掉社会的根基；一位广受欢迎的伟大领袖（指墨索里尼）曾对欢呼的人群说："我们要践踏自由女神正在腐烂的尸体。"我们无法不问自己一个问题：在这个面目全非、有着太多晦昧和恐怖的世界上，我们是为了各国的何种伟大任务而受到召唤的？我看到我周围有一些代表，他们的国家所经历的苦难非我们可比，超过我们可能遭遇的全部苦难。在他们眼里，我们这里短短几个月的战争和内战只不过是些小问题。对他们来说——或许对我们也一样——世界似乎永远不会回到从前了。潮流难道就不可能已经倒转过来？难道我们之后的十几代人就不可能把匡正自由的错误而非扩大自由当成他们的责任？难道他们就不可能决心去树立权威，重建准则，去找到一种足够英雄式的、让人无须做梦就可以践行的生活？当然，无论发生什么，我们的新生国家都要向那些更老的国家寻求榜样和指引。[1]

然而叶芝的演说并非对他的人格或哲学的完整表达。他仍然希望将

---

[1] 未发表手稿。霍恩（Joseph Hone）印出此次演说中的部分内容，但有少量改动，389—390 页。

《灵视》直接引入政治舞台；"没有行动，思想什么都不是"，他满腔热忱地写道，然后又补充说，如果读者能理解他的体系，"一出新剧的大幕便会拉起"。[1]或许可以促成一种新的、比任何现存体制和组织都更能体现他的想法的共谋。1924年初，他和妻子一道前往斯德哥尔摩接受诺贝尔奖。随后，当一个美丽的女子走向他，向他提问，他便在不经意间透露了自己的期待：

> 我想，我们会改变全世界的观念，让它回归从前的真理，然而我对未来心怀恐惧。想一想吧，人们从十八世纪的政治思想中得到了什么？而现在我们还必须为他们送上一种新的狂热。然后我便羞愧地住了口，因为我谈论的是自己常有的想法，没有把它们打扮得适合她听；我在追求真理时把美抛在了脑后；我怀疑我的头脑是否因为上年纪而变得死板沉重了。[2]

最终，到了这一年的6月，这位自诩的革命家总算找到了他的共谋群体。一群年轻人来拜访他，热情洋溢，想要创建一份革命性的文学评论，却缺乏计划。叶芝说服他们将自己的政见建立在《灵视》的一个主要信条上，即灵魂不灭。他在一封信中写道："我的梦想是这些年轻人发出的一份狂野宣言；它将四面树敌，一再遭遇打压 250

---

[1] *A Vision* (1925), xii（本部分写于1925年2月）。
[2] *The Bounty of Sweden*, in DP, 168。首次出版于1925年。

和仇恨——只因为它从灵魂不灭出发经由一切合理推断而得出的逻辑结论。"[1] 于是，他为这份被冠名为《明天》（*To-Morrow*）的评论杂志撰写了社论，却没有署名。这篇文章热烈如火，是一份混合了异教信仰、反教权主义和叶芝主义的大杂烩：

致所有艺术家和作家

我们是天主教徒，但我们是教宗儒略二世那一派，是出身美第奇家族的列位教宗那一派——他们命令米开朗琪罗和拉斐尔在梵蒂冈的墙上、在西斯廷圣堂的天顶上作画，画出佛罗伦萨柏拉图学院的信条，画出加利利与帕耳纳索斯山[2]的和解。我们宣布米开朗琪罗是凡人中最正统者，因为他在美第奇家族的墓地上树起了《黎明》和《黑夜》[3]；这两尊伟岸的形象让大洪水之前的远祖、山羊的欲望、上帝的所有造物，甚至丰饶之角[4]，全都变得黯淡无光。

我们宣布：罪人可以得到宽宥，但无神论者应受唾弃；我们把所有蹩脚的作家和一切教派的主教都归为无神论者。"圣灵是智识之泉"，然而主教们难道会相信圣灵会在装饰与建筑、

---

[1] 写给莎士比亚夫人的未发表信件，1924 年 6 月 21 日。
[2] 加利利（Galilee）与帕耳纳索斯山（Parnassus）分别代表基督教传统和希腊传统。——译注
[3] 指佛罗伦萨美第奇家族墓地中的两尊米开朗琪罗雕塑作品。——译注
[4] 四者皆象征着丰富的创造力。——译注

在日常礼节和写作风格中现身？在读到我们的教士们发出的牧函时，哪个虔诚之人不会被那粗劣、含混、令人作呕的日报式文风吓坏？我们谴责现代欧洲的艺术和文学。一个人若是不相信灵魂永生，就算耗尽心力，也不可能像莎士比亚、荷马和索福克勒斯那样创作；证据很明白，每个人都看得清楚：凡是信仰倾圮之地，人们就从创造转向哲学。尽管不无同情，我们还是要谴责那些想通过技艺研究和实验来逃离平庸的机械主义的人。我们认为这样的做法只是徒劳，因为新的形式来自新的主题，而新的主题只能从完全恢复了信心和胆量的灵魂中流出。我们拒绝一切煽动家；我们召唤灵魂回归它的古老国度；我们宣布灵魂可以为所欲为，因为它是用来自群星的不灭材料铸成，自古已有明证。[1]

251

叶芝正确地预见了《明天》的失败，却错误地以为这场失败将是辉煌的。这份评论充斥着离经叛道却又含混不明的主张，在出了两期、收获了不小恶名之后便宣告失败。

　　我们有理由提出一个问题：叶芝为何突然如此热衷于他的灵魂不灭教义？事实是，在即将完成《灵视》第一版之际，他清楚地看

---

[1] 这篇社论署名为 H. 斯图尔特（H. Stuart）和塞西尔·索克尔德（Cecil Salkeld），但根据斯图尔特夫人的说法，是由叶芝执笔的，其风格也清楚地表明了作者的身份。参见 *To-Morrow*, I (August, 1924), 4。

出：在从宇宙中移走神、把一切生命归于循环之后，他便剥夺了自己体系中所有基于神学的行为基础，只有一个例外：如果一个人有了一次和谐的生命，他就有理由期待在未来拥有更多和谐生命，或许还能（尽管叶芝对此并不确定）最终超脱重生循环。除了将之分别描述为完满／不完满的自我表达，他别无其他办法定义善恶，这就回到了他父亲关于个性才是终极现实的理论。最终，为了让"价值（virtue）不缺乏支撑"，他便强调灵魂的不灭。对叶芝这一时期立场的最好归纳，见于他后来从《灵视》中删去的一段在他看来相当直率的文字：

> 从整个由教养良好的阶层组成的群体中、从他们不断增长的确信中的日渐脱离，以及我在某些艺术品中所目睹的那种人类心智的分裂，可能是一种准备。一种哲学形式必定会在……据说始于 1927 年的时期出现……它将拥有具体的表达，以直接体验为基础，不寻求普遍的共识，让神或任何外部的统一体都变得无足轻重；它将把一个人相信自己一直在践行且从无他人践行之事称为善。它将让人的永生成为根本的真理以使其价值不缺乏支撑，也将让灵魂的轮回成为根本的真理，以使那无人能够赐给的长久准备过程重获价值，并将死亡仅仅视为间歇。至高的体验、普罗提诺的狂喜、圣人的狂喜，都将退去……人们或许将长久满足于那些更细微的、超自然的福报，如同雅典娜抓住阿喀琉斯的金发之时。人们将不再把神的观念

252

与人的天才、以一切形式表现的人的创造力区分开来。[1]

这种"将拥有具体的表达","以直接体验为基础"的哲学形式要么是《灵视》，要么是与之类似的某种体系，象征性超过哲学性。对叶芝而言，不论共产主义、社会主义、法西斯主义还是民主，都是神话，因为只有神话能够"让广大民众行动起来"；现在他要用神话来对抗神话，"胜利将属于扎根最深的一方"。[2]

　　要将这些原则应用于爱尔兰的现状并不容易。叶芝在参议院的演说（哪怕是表现最好的那些）所表现出的笨拙与它们也不无关系。在审议一份寻求让离婚非法化的议案时，他获得了发表一篇精彩演说的良机。这个问题举足轻重：天主教会方面为这份议案获得通过施加了巨大压力；一项重大的事业面临危机。叶芝本可以简单地从传统的既有实践出发为离婚辩护，也可以效法弥尔顿，宣称离婚自然而符合人性，而反对离婚是一种由教权强加的迷信，也是对个人自由的严重束缚。1925 年 6 月 11 日，叶芝在他的演说中提到了以上每个方面，却只是一带而过，像是对自己的论证缺乏信心。他对民主的敌意日益增长，这使他在自由的问题上束手束脚；他所要求的自由更多地属于某个特权阶层而非个人。他坚持站在一个精通世故者和一个英裔爱尔兰人的立场上发言，而非作为一个知识分

---

[1] *A Vision* (1925), 241–315.
[2] 未发表手稿。

子或信念坚定之人。他的辩才只爆发了一次——在演说结尾对居于少数的新教徒群体的赞美之中，然而即便在这一点上，他也是出于阶层而非原则的考虑：

> 我认为，在这个国家获得独立不到三年时，我们居然就要讨论一项会被这个国家中的一个少数群体视为严重压迫的措施，这实在可悲。我自认是这个少数群体中的典型一员，并为此骄傲。你们对我们做出此事，然而我们并非鄙陋之人。我们是欧洲最伟大的族群之一。我们是伯克的族群，是格拉顿的族群，也是斯威夫特、埃米特和帕内尔的族群。这个国家的现代文学大部分出自我们的创造，最好的政治智慧也来自我们。不过，我对已经发生的事并不完全感到惋惜。我将会看见我们的力量是否已经不再——若不是我，那么我的子孙也会看见。你们已经确定了我们的地位，也让广大民众追随我们。如果我们尚未失去力量，你们的胜利就会是短暂的，而你们的失败将是彻底的。到了那时候，这个国家将会面目一新。[1]

无论那些句号多么坚定有力，这样的散文文风都只能是装腔作势。然而，当叶芝转向诗体时，他却可以在表达同一种思想时剔除其中的鄙陋，并以他诗中那些英雄主角的全部重量作为它的支撑：

---

[1] Seanad Eirann, *Parliamentary Debates*, V (June 11, 1925), 443.

是时候了，我该写下遗嘱；

我拣选那些溯流而上直至

喷涌泉源之地、黎明时

在滴水的石边垂下钓丝的

正直之人；我宣布

他们将继承我的骄傲——

那不系于"原因"、不系于

"状态"、不系于受人

唾弃的奴隶，也不系于唾弃

他人的暴君之族群的骄傲；

那是伯克和格拉顿的族群；

他们奉献，却有拒绝的自由……[1]

尽管在政治中——如他曾经写到的那样——他并无"匡正政治家的
天赋"，[2] 在诗中他却可以逃离一时的歧见和偏差。

　　他在 1925 年完成了《灵视》，随后，由于担心拖累自己的体系，
他开始比从前更深入地阅读哲学，并由此找到了（尤其是在普罗提
诺和柏拉图作品中）一种智慧和纯粹冥思之感，一种他似乎一直在追254
求的感觉。这些作品（尽管他并不同意它们）、他的年纪和自然的尊
严、他诺贝尔奖得主和参议员的身份，以及完成《灵视》的满足感都

------

[1]《塔堡》（"The Tower"，CP, 228-229）。
[2]《有人求作战争诗有感》（"On Being Asked for a War Poem"，CP, 178）。

成为他写于 1925 年和 1926 年的三首有力诗作的力量源泉。这三首诗分别是:《塔堡》(1925 年 10 月 7 日)、《在学童中间》(Among School Children, 1926 年 6 月 14 日) 和《航向拜占庭》(Sailing to Byzantium, 1926 年 9 月 26 日)。它们的背后, 似乎是叶芝的整整一生。在《塔堡》中, 他对自己与柏拉图和普罗提诺相左的结论加以肯定, 并且取得成功, 因为他把自己的理论呈现为它们本质上所是的东西, 即一种源于凡人心智中无穷力量的、浮士德式的不屈呼喊:

> 而我宣布我的信仰:
> 我嘲笑普罗提诺之思,
> 对柏拉图当面高叫,
> 在人用自己苦痛的
> 灵魂组合起全部,
> 造出各色各样的东西——
> 没错, 日月星辰, 以及一切——
> 之前, 死与生并不存在;
> 此外, 我还要加上一条:
> 就算死去, 我们仍会站起、
> 做梦, 由此创造出
> 超越月亮的乐园。[1]

---

[1] CP, 228–229.

然而，这首诗的主要问题在于，他的年轻缪斯与他老朽的年纪（此时叶芝已经年过六十，越来越衰弱）之间的反差其实是有真实基础的：

> 心啊，困扰的心，我该如何
> 对付这桩谬事，这样一幅漫画：
> 衰朽暮年已经拴在我身上，
> 就像拴住了一条狗尾？
> 　　　　　　　　我从未有过更加
> 兴奋的、激情的、奇妙的
> 想象，也从未有过更加渴望
> 不可能之事的耳朵和眼睛……[1]

从这样的矛盾中，他得出结论：要将自己完全奉献给智慧：

> 现在我要整理我的灵魂，　　　　　　　　　255
> 驱使它去往一所博学的
> 学园，在那里学习，
> 直到我这残躯崩坏，
> 直到我的血液腐朽，

---

[1] CP, 224.

> 暴躁的迷狂
>
> 无趣的衰年，
>
> 或者更糟的坏事——
>
> 朋友的死亡，或是
>
> 每一双能让人窒息的
>
> 灿烂眼神的死亡——
>
> 都不过是地平线消退
>
> 之后天上的云翳；
>
> 或者渐浓的阴影之间
>
> 一只鸟儿欲眠的啼声。[1]

诗中的问题得到了解决，然而在现实中，叶芝对智慧的追求却没有那么单纯。《在学童中间》的结构对这种整体复杂性的反映更为全面。诗中的场景发生在叶芝视察的一间教室。当他一边观察学童，一边听一名修女介绍现代教育方法时，他突然为六十岁的自己与孩子们之间的对比感到震惊。他的思绪飘回了自己青春时代的一天：当心上人（即茉德·冈，尽管他并未言明）向他讲起她上学时的一件事，两人似乎突然因为共情而一时间融为一体，进入一个空间，或者说变成同一个蛋壳里的蛋黄与蛋白。对立两端终获和解的意象照亮了通往全诗结论的道路，却只持续了一瞬；回忆让他开始好奇

---

[1] CP, 230–231.

叶芝：真人与假面

茉德·冈是否也曾与这些孩子们相似，随后，她还是个孩子时应有的样貌在叶芝心中浮现，却又被她暮年的形容驱散。他和她都曾青春美貌，此时却成了朽坏的稻草人。

　　诗人因为这样的反差心生恐惧，声称任何一个母亲若能预见自己的儿子年届六十的样貌，都不会再觉得养儿育女还有意义。就连最伟大的哲学家如柏拉图、苏格拉底和毕达哥拉斯，在获得声名之时也都已是朽坏的"稻草人"，[1] 而他们最杰出的成就也不过是一场空。那么，还有什么能够剩下？在倒数第二节中，诗人宣布：只有形象可以逃脱岁月的摧折；母亲崇拜的是儿子的形象（而非他真实的血肉），正如修女崇拜的是上帝的形象。只有这样的形象才是真实的：它们"自我生成"；因为完美无瑕，永不衰老，凡人的劳碌与它们相比就成了笑话；它们所象征的是天堂的光辉。在全诗最后一节，诗人将天堂的光辉想象为一个地方，更准确地说，想象为一种状态；灵魂与肉体在这种状态里融为一体，就像他和他的心上人在多年前的那一天融为一体。欣喜于自己的主题，诗人在最后一节中从宣言式的陈述转向对终获完成的天堂光辉象征的呼唤，或者说转向对这种象征的世俗礼赞：

256

　　　　　只要肉体不为取悦灵魂而瘀伤，

　　　　　只要美好不是诞生于自身的绝望，

---

[1] 给莎士比亚夫人的未发表信件，1926 年 9 月 24 日。

而老眼昏花的智慧也非从夜半灯油熬成，

辛劳就能绽放花朵，翩然起舞。

栗树啊，你扎根大地，又开出花来，

那么你到底是叶，是花，还是枝干？

啊，身体随乐而舞，目光煜煜照人，

舞者与舞蹈，我们何从区分？ [1]

在《航向拜占庭》中，叶芝创造出更为饱满多样的弦外之音，达到他这一时期的创作巅峰。他尝试通过这首诗唤起（在作为一个整体的诗中，也在诗中提到的象征之鸟身上）一种拥有自身生命的象征，让他可以将自己寄托其中：

航向拜占庭

I

那不是老人的国度。年轻人

彼此拥抱，鸟儿群集林中，

他们是垂死的世代，却放声歌唱；

鲑鱼溯洄的瀑布、鲭鱼成群的海洋，

水族、走兽、飞禽，用整个夏天

赞美受孕、出生和死亡的一切。

---

[1] CP, 251.

沉湎于飨宴感官的音乐，全都
无视不老智慧构成的丰碑。

II

257

垂暮之人已是无足轻重，
一根棍子撑起的破旧外套，除非
灵魂鼓掌而歌，为它穿着的
凡胎肉体上每一块破片越唱越响；
也没有哪一家歌唱学校不会学习
那些自有庄严的皇皇丰碑；
因此，我扬帆渡过诸海，
来到这神圣之城拜占庭。

III

贤者啊，你们立于神的圣火中，
如同立于金色镶嵌的墙，
走出那圣火，在螺旋中转动，
在我的灵魂中指导我的歌唱。
吞噬我的心灵；它因欲成病
牢牢系在垂死的兽身
已经忘却本性；请将我收取，
纳入永恒不朽的巧艺。

IV

一旦摆脱尘寰，我再不用

天然之物为我赋予躯壳，

只要希腊的金匠以锻金

和镀金之法造出、用来让

困倦的皇帝清醒的形体；

或是栖上金枝，放声而歌，

向拜占庭的领主贵妇们歌唱

往昔、眼前，和未来之事。[1]

我们必须对其中一些弦外之音加以辨识。作为东方基督教的中枢，拜占庭是一座圣城，但它也是叶芝想象中的圣城，正如各各努萨（Golgonooza）[2] 之于布莱克。然而较之各各努萨，拜占庭更适于象征目的，因为叶芝只需要让它偏离它已有的传统意义，无须从头解释。诗中的主人公并非叶芝，但我们也许可以将之理解为叶芝的象征、艺术家的象征，乃至人的象征。在他对贤者的呼告中——

258

贤者啊，你们立于神的圣火中，

如同立于金色镶嵌的墙，

---

[1] CP, 223–224.
[2] 布莱克想象中由洛斯（Los）建起的圣城，是伦敦在精神世界的升华。——译注

——由于连接成分"如同立于"的存在，我们无法确认这些贤者首先是镶嵌画中的形象，其次才是神的圣火中的贤者，还是相反。画中的人形和理想化的圣徒彼此构成象征，并且完全对等，因为形象在艺术世界中就像贤者一样神圣。诗中的"神"的身份更近于最高的艺术家、永恒的工匠和神圣之火，而非近于基督教中的上帝；因此，他也是诗人，是人的想象——在叶芝的体系中，这二者有时也被描述为万物创造者。至于"皇帝"，叶芝已经在《灵视》中提醒过我们：拜占庭皇帝本身不仅是凡人，也是神。[1] 作为对立两端和解的符号，全诗最后的金鸟象征着：（1）这首诗本身，即被创造出来的艺术品；（2）隐入这个象征之中的主人公；（3）成为自己所造之物的诗人本人。这首诗是真正意义上的象征协奏，一切都贡献于叶芝很久以前所宣称的自己的努力，即"在世界的缥缈不定中凝结完美人性形象的努力——只以此为目的，而非为艺术而艺术"。[2]

《航向拜占庭》中充满了对叶芝其他作品、他的阅读经历和人生经历的回响。可以说，他在写这首诗时，写的是自己的一生。灵魂鼓掌的意象来自他二十多岁时阅读布莱克的记忆：布莱克曾看见死去的弟弟升上天堂，并"因喜悦而鼓掌"。1907 年，与格雷戈里夫人同在拉韦纳时，叶芝第一次见到拜占庭式的镶嵌画，后来在1924 年和妻子同游西西里岛时又再次见到；这些镶嵌画让他神为

---

[1] *A Vision* (1938), 277.
[2] 参见第十三章。——译注

之夺。他在写于 1918 年的《魔鬼与野兽》中也曾用过"在螺旋中转动",而"一根棍子撑起的破旧外套"会让我们想起写于几个月之前的《在学童中间》里的稻草人意象。第三节中火与音乐的并置可以回溯到《穿过月光宁谧》中的宣言:"在火态中只有音乐和休憩"。[1] "请将我收取,/ 纳入永恒不朽的巧艺。"这句则源于《法版》

259(1895)——他在其中提到过"那将从生活中赢得我们,将我们收取并纳入永恒——如同鸽子归于鸽巢——的最高艺术"。在他还是个住在伦敦的男孩时,叶芝就曾连续几个小时凝视国家美术馆中陈列的透纳画作《金枝》。鸟是他作品中常见的象征,但此处对这一象征的独特运用却令人惊讶地近于 1908 年他关于艺术的一次谈话。根据《爱尔兰时报》的报道,他那次是这样说的:

> 主席先生刚才引用了某位作者关于"为艺术而艺术"的说法。在他(叶芝先生)写出《凯思琳·妮·霍利亨》时,他并不是为了创造反抗者而写。他要说的只是:他和其他所有艺术家一样,写这部戏剧是为了表达自己某时某刻的情感,为了无须虑及他人地表达,为了像鸟儿在歌唱中表达自己那样表达。鸟儿歌唱不是为了向任何人布道,不是为了向任何人讲经说法;它从不说教,只是唱自己的歌。所有艺术家也是完全一样。"为艺术而艺术"意味着为真诚而艺术,完全为了源于单

---

[1] *Essays* (1924), 524.

纯、自然的童真灵魂的自然语言而艺术。[1]

不仅这些说法深深铭刻在他的头脑中；这个主题同样是他惯常想法的一部分。以他在 1915 年为金色黎明最高会阶的晋阶仪式所写的一首诗的草稿为例：

为 7=4 晋阶而作

我们被血、被骨头的巨大重量压住

我们羁縻于花，我们的双足被绿蔓缠绕

鸟儿的歌唱中隐藏着欺骗。

是时候了，是时候告别这一切

群星和每一颗行星都在召唤

还有月亮的净化之火

远处是洗涤一切的黑夜，冷冽寂静

黎明快些到来，让白昼的大门敞开。[2]

然而，他首先必须确保一种戏剧性的结构，和更紧密、更有力的拜占庭式象征，才能让这个想法获得完全的诗学意义。

在这样的主题和这样的调门上，抒情诗无法长久持续。诗的张

---

[1] *Irish Times*, February II, 1908.
[2] 未发表日记。

260 力来自激情与智慧的戏剧化冲突。智慧最终会胜出，但它的胜利需要极大的代价。诗人已经航向拜占庭，但他"因欲成病"的心仍然被爱尔兰占据；他也无法在提到自然生活时不赞美它。对不老智慧的丰碑的追寻既是目标，也是一种权宜之计（pis aller）。此外，他还刻意以矛盾的手法，将自己渴望被纳入其中的永恒描述为一种技艺。他的祈求和雄心同样并不纯粹。那些祈求对象——无论是镶嵌画中的形象、神之圣火中的贤者，还是兼而有之——都已经远离生命，但他还想比他们离得更远。因此，他并非要求成为像他们一样的贤者，而是成为一只美丽却机械的鸟——其智慧由它的创造者置于它口中。他不仅要摆脱生命，还要以变成一个形象的方式来摆脱一切责任，而这个形象也将不再歌唱永恒世界，而是歌唱时间。

这样的命运只能暂时满足叶芝。在航向拜占庭之后，他已经准备好再度起航。然而，1917 年到 1926 年间对智慧的追求已经改变了一切的样貌。回到爱尔兰后，他将在"所有可见的、可以触及的事物"中发现一种"新的力量"——"并非智慧的反应，而是智慧本身"。[1]

---

[1] *A Vision* (1925), xiii.

叶芝：真人与假面

第十七章　真正掌握自然之物 [1]

> 每一点思绪都像是丧钟，回响重重
>
> ——叶芝《车轮与蝴蝶》

此时，健康成了一个主要问题。从 1926 年到 1932 年，叶芝 　261
有两次接近死亡的经历。第一次是 1927 年 10 月在都柏林，他几
乎没能从肺栓塞中恢复过来；[2] 第二次是 1928 年 12 月在拉帕洛，他
感染了马耳他热，重病长达四个月。各种小病——从锻炼导致的
一次轻微骨折，到 1926 年那次被他称为"卑鄙抱怨"的麻疹——
再加上几乎连续不断的肺病和高血压，让他的生活愈发艰难，也
愈显珍贵。随着死亡以可觉察的脚步接近，叶芝的头脑实际上转
入了一种向往生命的自卫姿态。他诗中的情绪变化了，一连串与
血有关的意象就像输血一样流入他的诗行。他重新回到自己十九
世纪九十年代后再也没有大量创作过的爱情诗，首先在"一个男

---

[1]《魔鬼与野兽》。——译注
[2] 给莎士比亚夫人的未发表信件，1927 年 11 月 29 日。

人的青年和老年"组诗中将自己的回忆作为主题，不过后来又逐渐减少了这种自传性，如在"十二首可谱曲的诗"（Twelve Poems for Music）[1] 中，他想要达成的是"纯然情感、纯然非个人"。[2] 他当然没有放弃对智慧的追求，但此时的他坚定宣称自己所想象的智慧并非贤者的智慧，而至福（如果这个词暗示的是彻底超脱于重生之轮）虽然吸引他，却仍未完全说服他。在他看来，矛盾必然是在场的，哪怕已经被超越。圣人可以回避矛盾，诗人却不能。他热爱的并非神圣，而是生命，因此他在《自我与灵魂的对话》（A Dialogue of Self and Soul，1927）中阐明了自己的立场。诗中的灵魂召唤自我登上连绵上升的"古老旋梯"，许诺说如果它允许"想象蔑视凡尘"，就可以让它超脱重生，将他引上天堂。然而叶芝的自我对这些缺乏戏剧性的条件并不满意，针对灵魂的黑暗符号树立起自己的生命符号，并宣示了自己不断重生的权利。诗人在《航向拜占庭》中已经赞美过他所拒绝的生命；到了这里，他在接受生命的同时却又对之大加詈责：

262

---

[1] 叶芝在 1929 年 3 月 2 日写给莎士比亚夫人的信中提到自己正在创作"十二首可谱曲的诗"，同年 9 月又在给她的信中说自己将在拉帕洛完成"三十首可谱曲的诗"，指他在 1929 至 1932 年间创作、后来归为"或可谱曲的歌词"（Words For Music Perhaps）的一系列作品，收录于《旋梯及其他》（The Winding Stair and Other Poems）中，共有二十五首。参见 A. Norman Jeffares, ed. *A Commentary on the Collected Poems of W. B. Yeats*, Macmillan, London, 1968, p. 370。——译注

[2] 给莎士比亚夫人的未发表信件，1929 年 3 月 2 日。

我的自我：凡人既盲目，又嗜水渴饮。

即使沟渠不净，那又如何？

即使再活一次，重新忍受

成长的艰辛，那又如何？

少年时的耻辱；还有那

从少年转为成年的坎坷；

尚未长成的人，还有那

被迫面对自身笨拙的苦痛；

一旦长成，又深陷敌阵——

……

从头再活一次，我无有不满，

哪怕再多一遍，哪怕那一生

是要投身于盲人坑中的蛙卵

成为痛打众盲人的盲人……[1]

这种对生命抱怨不休却又接受的态度将在接下来几年里成为诗人的思维框架。然而，接受并不意味着被动地浸入赫拉克利特的水流，因为那水流尽管有可能"虚幻"，却并不"无常"，"必定会反

---

[1] CP, 272.（译按："盲人坑"可能典出《圣经·新约·路加福音》6：39："瞎子岂能领瞎子，两个人不是都要掉在坑里吗？"［译文据和合本］）

映灵魂的连续"[1]。我们必须将这一重要的条件铭记在心，因为，如果追问叶芝所谓的"生命"是什么，我们面临的含混不明将会与追问他所谓"天堂"是什么时同样多。在二十岁之前，叶芝就曾提出这世界也许仅仅是"一个燃烧起来的词"[2]；在那以后，他又多次声称生命是人（尤其是诗人）的强烈情感塑造出来的作品。诗之想象不仅是未获承认的世界立法者（如雪莱所声称），更是世界的创造者。最终，随着叶芝将自己奉献于"真正掌握自然之物"[3]，我们也意识到他可能将自然与生命转为己用。因此，1926年底，完成了"一个男人的青年和老年"中的部分作品后，他在给莎士比亚夫人的信中写道："我想，随着这个老人逐渐理解群山并不实在，理解他所见的不过是画在希望与回忆之间的数学线条，很可能还会有另一个关于他和他的灵魂的系列。"[4]他很乐意宣称这个客观世界并无观察者之外的实在性，却又足够谨慎，没有让这一立场变得过于明显。在"一个男人的青年和老年"（1926—1927）里那些讲述他对茉德·冈的苦恋这一旧有主题的回忆之作中，这一立场隐于幕后：他在诗中描述感情时仿佛自己仍然年轻，仍然为爱情而疯狂，然而表现出的情感却尖锐而坦率，既无流连，也无哀怨：

---

[1] *Wheels and Butterflies*, 107.

[2] 参见第三章。——译注

[3] 《魔鬼与野兽》（"Demon and Beast"，CP, 214）。

[4] 未发表信件，1926年12月7日。

叶芝：真人与假面

凡人的尊严

她的善意有如月亮

若我可以将这全无理解、

对每个人都一样

的态度称为善意

——仿佛我的悲伤只是

涂抹墙上的布景

于是我像一块石头

躺卧在断折的树下。

我可以痊愈，只要我

将心中的苦痛

向飞过的鸟儿嘶喊，然而

我却因凡人的尊严而沉默。[1]

此处的主人公不再是那个犹疑不定、对自己的挫折半怀欣慰的形象，不再如叶芝写于 1893 年的《渔夫布里塞尔》（Breasal the Fisherman）之类的作品所描述：

尽管你藏匿于月沉之后

---

[1] CP, 257.

那灰白潮汐的涨落之间，

未来的人们将会知道

我如何抛出我的渔网，

以及你如何无数次

跃过细细的银索，

也会觉得你无情冷酷

用无数恶言将你怪责。[1]

264　不过，《凡人的尊严》尽管写得更为老练，其中的情感却更多是呈现而非表达出来的。我们所见的，是一张凡人之心的图画，而非那颗心本身。叶芝会坚持认为这样的评价适用于任何诗歌，但此处他明显没有"被血、被骨头的巨大重量压住"；诗人的控制力几乎显得有些太多，近于过分控制，而过分控制的确已经成为他需要警惕的倾向。

　　叶芝已经成功地将爱情诗主题完全融入他的体系的指涉图景中，而他在这几年创作的部分抒情诗看起来几乎就是对情感事件的注释和评论。它们是关于生命的，却有一种镜子般的疏离。叶芝忙于挖掘自己的一些理论。在 1925 年为《灵视》所作的献辞中，他承认这本书并未真正写完——他"几乎没有谈到性爱"，"对那至福之象则

---

[1] *The Wind Among the Reeds* (1899), 10；这首诗以"鱼"（The Fish）为题收录于 CP, 64-65。

只字未提"。[1] 对这两个主题的并置并非偶然，因为他在性爱中找到了相互冲突、相互渗透的螺旋的完美象征，又在性行为那种"全部存在的燃烧"中看到悖论的解决，看到通往至福之象的窗口短暂打开。正如他在 1926 年 5 月 25 日的一封信中所言："有时我们会觉得只需一触就能传达一种视象——会觉得秘契灵视与性爱所用的是同一种方法——是相反却又并行的存在。"[2] 第二年的 10 月 27 日，他又谈到"自己那种介于灵性兴奋与性的苦痛之间的情绪，以及对它们在某种意义上密不可分的认识"[3]。如今他继续在自己的抒情诗中探索这些主题。在《选取》（Chosen，1927）中，他借一个老妇之口说道：

> 若是有新婚的
>
> 姑娘问起我与男子
>
> 分享的至乐，我会
>
> 将那宁静作为主题：
>
> 彼时他的心宛如我的心，
>
> 共同在奇迹之流上漂流；
>
> 一位博学的星相学家曾有记述：
>
> 彼时黄道十二宫也变成了球体。[4]

---

[1] *A Vision* (1925), xii.
[2] 写给莎士比亚夫人的未发表信件。
[3] 写给莎士比亚夫人的未发表信件。
[4] CP, 313.

265 这个将螺旋容纳其中的球体就是现实。正如我们可能会想到的，关于至福、关于对现实（除开其中呈现于性的狂喜的方面）的直接体悟，叶芝都没有什么话要说，而他对性意象的使用也与一些宗教诗人完全不同，以霍普金斯为例：

> 耶稣，心灵之光，
>
> 耶稣，处女之子，
>
> 在你让这修女得享荣耀那一夜
>
> 之后，是何等的盛宴？[1]

在叶芝这里，读者会怀疑诗人更青睐至福的象征而非至福本身。他对自己的隐喻的掌控能力已经达到惊人的高度：相互渗透的螺旋象征着性爱，但我们同样可以说性爱象征着螺旋；象征就像镜子，彼此映射，让众多转义发挥作用。我们无法将这个隐喻的两部分分开，正如无法将"舞者从舞蹈中分开"。

这种将自我置于灵魂之前的选择，以及对爱情主题的使用，并不意味着放弃《灵视》体系，而是将它应用于更为世俗的事物。这

---

[1] Gerard Manley Hopkins, "The Wreck of the Deutschland", Poems (London, O.U.P., 1930), 21 Robert Bridges, ed..（译按：引自霍普金斯的《德意志号遇难》。1875年12月6日，德国蒸汽客船"德意志号"在英格兰以东海域搁浅，多人在逃生时遇难。据称船上一名修女在遇难之际曾高喊"基督啊，基督啊，快些到来"。其时正值圣母无玷始胎日（12月8日）前夕。霍普金斯在诗中将她比作圣母马利亚，认为她的呼喊象征了耶稣基督的受孕。）

个体系是对他的生命体验的编码，因此他并无受到体系束缚或限制之感。他并未允许灵视抽象扩大到让自己看不到现实的程度。正如他在给斯特奇·穆尔（Sturge Moore）的信中所言："我总是努力用这样的想法分类来约束我的哲学……以使我对水的定义能够包括几朵浮萍、几条小鱼。我从未与那个赤条条的、名叫 H_2O 的可怜家伙谋面。"[1] 然而，他也清楚《灵视》的第一版有着许多缺陷和遗漏，于是着手准备用第二版来纠正这些错误。为了这一目的，他更加深入地阅读哲学，深深为其他将整个世界或是整个人类历史作为思考对象的人所吸引。他广泛地阅读伯格森、"深奥的麦克塔格特"[2]、康德、怀特海、胡塞尔、黑格尔、克罗齐、贝克莱和秦梯利（Giovanni Gentile），在历史哲学方面则阅读斯宾格勒、亨利·亚当斯、弗林德斯·佩特里（Flinders Petrie）、杰拉尔德·赫德（Gerald Heard）、阿诺德·汤因比、维柯以及其他许多作者。考虑到他早年的阅读习惯，若非出于将这些人的与自己的体系加以比较的目的，我们很难想象叶芝会阅读这些人中任何一位的著作。"我写诗，并阅读黑格尔，"他在 1927 年 6 月 23 日告诉莎士比亚夫人，"而我读得越多，就越是确信那些隐身之人（即《灵视》中的'信使'）知晓一切。"[3]1929 年 9 月 23 日，他再次给她写信谈到同一问题："四五年来的阅读让我

266

---

[1] 给斯特奇·穆尔的未发表信件，可能写于 1927 年或 1928 年，穆尔夫人收藏。
[2] "A Bronze Head"，LP, 67.（译按："深奥的麦克塔格特"指英国形而上学家约翰·麦克塔格特［John McTaggart Ellis McTaggart，1866—1925］）
[3] 未发表信件。

对形而上学有了一些了解，也让我有时间清理自己关于（自动书写）文本的无数理解错误。我对所有这些文本的真实性的信念同样增强了，这就算搞清楚了一点。"[1] 接下来一年的 12 月 28 日，他又写道："我有一种巨大的丰沛感，这样的感觉已经多年未有。乔治[2] 的鬼魂们教育了我。"[3] 他在 1929 年和 1930 年为《灵视》撰写的新序言呈现出更多关于他的阅读情况的证据，而他的正式证言更为明确：

> 有一天，格雷戈里夫人对我说："比起十年前，你现在有学问多了，你的论证也比从前有力得多"。我则以《塔堡》和《旋梯》作为证据，证明我的诗已经变得冷静而有力。我的这一变化得益于一种难以相信的体验。[4]

在序言中，他终于揭示了妻子对这本书的贡献。他用以包裹《灵视》第一版的传说外壳让人难以严肃看待它。此时，他对这本书已经有了更多信心，于是他用相当长的篇幅讲述了自动书写的发生缘由。[5] 事实的说服力不逊于任何虚构。他在这本书第一版中未能完

---

[1] 未发表信件。
[2] 即叶芝夫人。——译注
[3] 未发表信件。
[4] *A Vision* (1938), 8.
[5] 同上，8-25。（他曾考虑用于第二版的一条献辞很可能如下："献给我的妻子。她是这个令她厌倦的体系的创造者；正因为她，这些她永远不会阅读的篇章才有可能面世，而她接受这条献辞的条件是我要在一年时间里除了诗什么都不写。"）

全面对的另一个问题是：它到底是一本哲学著作还是一本神话著作？书中的陈述到底应该被视为字面意义上的事实还是虚构？他在信件和谈话中总是将这个体系称为自己的哲学，然而在第一版中，或许是出于胆怯，他将之称为神话。现在这些名词似乎都不够准确了；在一条写于 1928 年的笔记中，他已经开始向后来的那种描述努力，即将之称为"对经验的风格化整理，类似温德姆·刘易斯（Wyndham Lewis）画中的方块和布朗库希（Constantin Brancusi）雕塑作品中的卵形"[1]。

有人会问我是否相信这本书中的全部内容，而我不知道该如何回答。"相信"一词在他们所使用的意义上还属于我们这个时代吗？难道我能想象世界在彼，而我在此审视着它？除了这些想法，或是对它们的修正和拓展，我无法想到别的任何东西。在我用散文体或诗体写作时，这些念头必定是出现在某处的，尽管也许没有出现在文字中；它们必定影响着我对朋友和事件的判断；然而，别处还有许多象征体系，没有一个与我的完全相似。[2]

他已经有几首诗建基于这本书中更适合被称为神话的一面，吉拉尔

---

[1] *A Vision* (1938), 25.
[2] *A Packet for Ezra Pound* (Dublin, Cuala Press, 1929), 32 –33， 另参见 *A Vision* (1938), 24–25。

杜斯·坎布伦西斯、犹德瓦里斯人和迈克尔·罗巴蒂斯的故事便是一例，因此他并未完全废弃书中的神话，而是将之重写，以使它成为书中更为有机的组成部分。完整版被冠名为"迈克尔·罗巴蒂斯和朋友们的故事"，有一种仿佛仅仅是活泼不羁的意味，实际上却是一个有意模糊化了的幻想，其中的放浪行为象征着新文明的发端和旧文明的颓圮，而鸟儿筑巢的本能则证明了灵魂的不朽（正如亨利·莫尔的看法[1]）。于是，罗巴蒂斯从灵魂不朽为出发点，"兴致勃勃、以一种我所不能的独断和残忍"（叶芝语）[2]开始种种推论。他预言战争将会到来，却遭到谨慎的阿赫恩的责备：

　　（罗巴蒂斯说道：）"亲爱的猛禽，为战争做好准备，让你的子孙和与你有关的每一个都做好准备，因为无论一族还是一家，不经历战争，如何能成为莎士比亚所说的那颗'独一无二的亮星'[3]，如何照亮少年的道路？用温泉关之战来考验艺术、道德、习俗和思想；让富人和穷人彼此关照，如此他们才能在那里并肩站立。热爱战争，因为它的恐怖，因为信念可能为之改变，文明可能为之更新。我们渴求信念，却又缺乏信念。信念来源于震惊，并非渴求所能及。当一家人在鬼魂和恐怖之中发现完美者从不凋零，甚至连不完美者也不希望被打断，谁能

---

[1] Henry More: *An Antidote Against Atheism*.——译注
[2] 写给莎士比亚夫人的未发表信件，1939 年 9 月 13 日。
[3] 莎士比亚《皆大欢喜》第一幕第一场。——译注

抵挡那一家？在死亡的磨难中，信念才会不断复苏。"

阿赫恩说：

"就算面临下一次神圣之流的是各家各族，战争又有什么必要？他们不能以其他方式来发展自己的品格吗？"他还说了别的，但我没有听见……[1]

在努力澄清、充实和提升《灵视》中的象征的同时，叶芝的主要精力仍集中在弥合他的理论与现实生活之间的距离上。随着他的参议员任期于 1928 年结束，他意识到自己的演说所表达的并非心灵深处的想法，因此从未将它们刊印。他发现，《灵视》的问题在于，它要求读者做出的唯一举动只是接受它的种种象征，而关于如何将象征作为信条应用于生活的问题，它只给出了最泛泛的暗示。于是他开始考虑关于行为的问题，并苦苦思索行为的可能标准。如果他接受至福为循环的终结，永生就是一个可以接受的答案；然而，在《自我与灵魂的对话》以及别的一些散文体作品[2]中，他已经明确接受了永恒重生这种可能。因此，灵魂无法通过对重生之轮的永远超脱来得到至福。

---

[1] *A Vision* (1938), 52–53.

[2] 如他在初版的题献的结尾所言："……因为我有无穷的时间，于是我喃喃而语：'我从来都是他的一部分，或许没有逃脱的可能，只能像草根处的昆虫一样，一次又一次地遗忘然后复生。'然而我的喃喃并无恐惧，甚至近于狂喜。"参见 *A Vision* (1925), xiii。

当然，要回避这个新的困难，叶芝也许可以简单地将自己确立为永恒重生的诗人，正如尼采是永恒重生的哲学家。然而，这样一来，就意味着从凡人活动的众多方面中退出，而这些方面既是他感兴趣的，也是他的利益所在。因此，他为自己在结婚前已经开始构想、结婚后也不时提到的一种理论赋予了新的重要性，即灵魂应当努力臻于存在之统一。至于灵魂若是生于一个不可能实现存在之统一的相位，这样的努力是否还有效的问题，他在《灵视》并未给出答案；此时的他却认为努力会有一定的作用。他相信这种存在之统一曾经在过去达成——在文艺复兴时代。然而，他需要在爱尔兰历史中找到这样一个时期作为自己的典范，而文艺复兴并未在十五世纪至十七世纪的爱尔兰出现。

在这个节点上，叶芝开始把爱尔兰的十八世纪视为因特殊历史条件而推迟了的文艺复兴，以此解决自己面对的问题。当然，爱尔兰最接近存在之统一的阶段只能是斯威夫特、贝克莱、伯克和戈德史密斯（Oliver Goldsmith）出现的时代。"在斯威夫特的时代，"叶芝借其剧作《窗玻璃上的字迹》中一个角色之口说道，"有智识者的力量臻于巅峰；他们在社会中和这个国家里的地位从未如此重要。"[1] 无论是对 1922 年随着爱尔兰自由邦成立才进入成年的爱尔兰来说，还是对不久前才进入智识成熟期的叶芝来说，这就是存在之统一的典范，锚定于传统之中。而这也是对他的以下问题的回答：

---

[1] *Wheels and Butterflies*, 8–9.

"我们的想象力应该投向何物？"[1]凯思琳·妮·霍利亨这样的"人格化理想"已无法成为一个爱国者的奉献对象，而一个富于精力和激情之人这样简单化的面具也无法再让叶芝倾注精力。他们都必须奉献于那个由十八世纪提供的、更为具体也更为传统的镜像：

> ……我们不能再让一个人格化理想来塑造我们的生活；我们必须将所有力量奉献于一个真正存在之物。爱国主义是一种宗教，从未成为哲学……我（从斯威夫特和贝克莱那里）搜集材料，既为我的思考和创作，也为在我的信念和这个民族之间寻找共同之处；在那个从黑暗与困惑中逃离出来的爱尔兰世纪中，我寻找的是现代心智的自我发现及其本身的永恒形态的镜像。我也希望我们的十五世纪及至十七世纪可以成为这样清澈的镜子，但命运不允许我们如此。[2]

我们已经看见他的生活和创作的合流，也看见他一直努力将爱尔兰的困境等同于自己的困境。现在的叶芝想要的，是将生活、创作和国家熔铸为一个不可分割的整体。十八世纪爱尔兰人身上最吸引他的，是他们的激情与坚定。在斯威夫特那里，他发现的是一个其强烈情感以倾注于文学的方式获得了更大力量的作家。叶 270

---

[1] *Wheels and Butterflies*, 6.
[2] 同上，7 页。

芝一向担心自己的艺术（尤其是散文，因为他知道他的散文过于优雅悦人，难以产生斯威夫特式的效果）压抑了自己的情感，因此更为斯威夫特所打动。在贝克莱那里，他喜爱的是那个骄傲地站出来反对牛顿和洛克、写下"我们爱尔兰人不这样认为"[1]，并将"'最高的善'（summum bonum）和天堂的真实性"描述为"肉体愉悦"[2]的年轻人。至于后来成为克洛因主教的贝克莱，他要么钝化了自己年轻时的结论，要么未能将它们贯彻到底，因此不那么让叶芝青睐。他对伯克和戈德史密斯的兴趣不大：伯克"只有在激情洋溢的时候才勉强让人能够忍受"[3]；而他之所以能接受戈德史密斯，主要是因为"他欣悦于平凡生活中那些令其同代人受到惊吓的细节"[4]。叶芝之所以将四个人全都包括在自己的镜像中，是为了让它更坚实、更有分量。

从 1927 年开始，叶芝对这一十八世纪镜像的发现所产生的效果变得显著起来。在这一年，爱尔兰政治家凯文·奥希金斯[5]的遇

---

[1] Yeats, "Introduction", in J. M. Hone and M. M. Rossi, *Bishop Berkeley* (London, Faber, 1931), xv。随后他进一步描述了斯威夫特和贝克莱对他的影响："……我终于明白了一件从前只是模糊猜测到的事：这两个并肩而立、彼此呼应的形象——斯威夫特和贝克莱——与每一个感到自己有责任为思考现代爱尔兰的问题而深夜不寐的人都有关"，xvi。

[2] 同上，xxviii。

[3] Hone, 416n.

[4] "Introduction" to Hone and Rossi, *Bishop Berkeley*, xx.

[5] Kevin O'Higgins（1892—1927），爱尔兰政治家，曾任爱尔兰自由邦执行委员会（内阁）的司法部长和副主席，在爱尔兰内战之后曾主持对爱尔兰共和军的严厉镇压，在 1927 年 7 月 10 日遇刺身亡。——译注

叶芝：真人与假面

刺深深触动了叶芝。《血与月》(Blood and the Moon)便是对此事的有感而作；塔堡和旋梯等象征在这首诗中重归，却与从前有所不同。此时叶芝宣称这塔堡并不属于他一个人，也属于戈德史密斯、斯威夫特、贝克莱和伯克。

> 我宣布此塔为我的象征；我宣布
>
> 这盘曲、回转、螺旋上升的踏足梯是我的祖先之梯；
>
> 戈德史密斯、牧正[1]、贝克莱和伯克的足迹都曾到访。[2]

在接下来的几年中，叶芝频频提到这几位楷模。1929年，他翻译了斯威夫特的墓志铭；1930年，他写出了关于斯威夫特的杰出剧作《窗玻璃上的字迹》；1931年，他为霍恩和罗西的贝克莱传[3]写了序言，同年还写出了几篇文章（尽管不太成功），尝试以十八世纪为典范，确立一套他在信中称之为"智性民族主义"[4]的方案。作为他最喜爱的口号，存在之统一遭遇了越来越多来自**传统**的竞争。在对未来的想象中，他十分依赖过去，或者说十分依赖过去那个被他选中的世纪；他大谈斯威夫特关于国家如何在一人、少数人和众人之

271

---

[1] 即乔纳森·斯威夫特。斯威夫特曾任都柏林圣帕特里克教堂座堂主任牧师（dean，亦称牧正）。——译注

[2] CP, 273-274.

[3] J. M. Hone & M. M. Rossi, *Bishop Berkeley: His Life, Writings, and Philosophy.*——译注

[4] 写给莎士比亚夫人的未发表信件，1930年12月4日。

间取得平衡的政治理论[1]，大谈贝克莱的唯心主义。"那触及我的骄傲、似乎将我视为同族、似乎让我得以成为某种民族神话之一部分的人，他说出的思想看上去总是更真确，他表达的感情看上去也更深刻……"[2] 叶芝寻求的，是一种比导师和学徒关系更紧密的联盟。出于同一种想法，托马斯·曼对此曾有精准的描述：

> 古代的自我及其自我意识与我们的不同，不那么具有排他性，也没有那么精确的界定。可以说，它是从背后敞开的：从过去接受许多东西，又通过重复来使它们重获现在性。西班牙学者奥尔特加·伊·加塞特（José Ortega y Gasset）是这样说的：古代人在做任何事之前，都会先退后一步，就像斗牛士会在刺出致命一剑之前先向后跃出。他会在过去中寻找一种可以让自己像钻进潜水钟那样进入其中的模式；在如此获得伪装和保护之后，他才会着手处理面前的问题。因此，他的生命在某种意义上是一种重现，是一种拟古的态度。然而，构成神话生命的正是这种重现式的生命。亚历山大追随的是小米太雅德[3]的足迹；为凯撒作传的古代传记作者们则相信（不论是对是错）凯撒视

---

[1] 参见 Jonathan Swift, *A Discourse of the Contests and Dissensions between the Nobles and the Commons in Athens and Rome* 第一章。——译注

[2] *Wheels and Butterflies*, 8.

[3] Miltiades the Younger（约前 554—约前 489），古希腊将军，曾指挥雅典军队在马拉松战役（前 490）中击败波斯人。——译注

亚历山大为自己的榜样。然而这样的"模仿"蕴含的意义远比我们今天所理解的模仿要丰富。它是一种神话式的认同。[1]

不过，尽管叶芝表面上赞同现代爱尔兰与十八世纪爱尔兰之间的神话式认同，他并未完全倒向斯威夫特或贝克莱的智识化形象。他的关切在于另一种更深刻的信念，正如他在给斯特奇·穆尔的信中所言："我的全部艺术理论都系于一点——神话植根于大地。"[2] 回顾过去，他发现：将他引向爱尔兰农民和他们的故事、驱使他在爱尔兰的传说中（这些传说早在他的家族到来之前许多世纪就已众口相传）大量寻找主题的，正是神话的这一根源。这一点构成了叶芝1926 至 1933 年间的创作中最后一个仍有待我们审视的重要方面。我们会发现，"疯珍妮"系列抒情诗正是它的浓缩：诗中讲述者的视角完全是身体的、反智性的，也明显怀着反教权的敌意。在过去，叶芝诗作中鲜少如此显著地表达这一立场。"疯珍妮"系列的创作始于 1929 年，正值他感染马耳他热后的恢复期。当时他的体力已经大为衰弱，让他不得不在诗中赋予身体以超出从前的他所能允许的显著地位，以此来弥补无力感。他与"疯珍妮"一样，拒绝仅仅因为自己年老便从容思考，并在给莎士比亚夫人的信中写道："我到死也会是个罪人，也会在死去之前想起自己年轻时浪费掉的

272

[1] Thomas Mann, *Freud, Goethe, Wagner* (New York, Knopf, 1942), 34–35.
[2] Hone, 439.

每个夜晚。"[1] 此外，回想起在参议院发表关于离婚的演说时自己曾宣称"任何无视牧师或登记员的爱情都是不道德的"[2]，他也感到不安，想要表明自己的真实想法并非如此。在这些诗中，他希望寻找比传统道德更深的根基。有了"疯珍妮"这个名字，珍妮便可以像伊丽莎白时代的小丑那样畅所欲言——当然无须真正疯癫。

"疯珍妮"与主教交谈

我在路上遇见主教，

他和我说起许多事。

"这对乳房已经干瘪下垂，

那些血管定然就要干涸；

应该住在华美的宅院，

不要留在污秽的猪圈。"

"美丽和污秽本是同根，

美丽离不开污秽，"我高喊，

"我的朋友们已经死去，但这真理

无论坟墓还是床榻都无法否认；

它是我从身体的低贱

---

[1] 未发表信件，1932 年 1 月 3 日。

[2] "Introduction" to Hone and Rossi, *Bishop Berkeley*, xix.

和心灵的骄傲中所获知。"

"一个女人可以骄傲又自矜

——若她正热衷于爱情;

然而爱神已把他的宅院

扔进了粪坑秽池,

因为凡是未曾被撕裂的,

都难称统一或是完整。"[1]

然而,"疯珍妮"并不像她所表现出来的或者说叶芝给她披上的伪
装那样狂野,因为,正如最后两行所示,她与叶芝秉持同一种爱情
理论,将爱情既视为对立两端的冲突,也视为超脱对立、通向统一
和整全(或者——用一个她绝不会使用的词来说的话——通向至
福)的出口。她从未读过书,这让她的证言变得加倍可贵。尽管为
自己的特权而骄傲,她仍然被自己的创造者牢牢控制;此外,一旦
她的混乱开始妨害她的想象力,她的语言开始"变得让人难以忍
受",诗人便将她逐出诗行。[2]

　　控制取得了成功,然而其过程必定无比艰辛,而随着时间的流
逝,生活的湍流对诗人的冲击也愈演愈烈。《拜占庭》(Byzantium)写

---

[1] CP, 298.
[2] "我想把那个放荡的'疯珍妮'撵走,她的话已经变得让人难以忍受。"见叶芝
写给妻子的信,收录于 Hone, 424–425。

于 1930 年，诗中的场景与写于 1926 年的《航向拜占庭》大为迥异。在前一首诗里，肉体生命与精神生命泾渭分明，正如爱尔兰之于拜占庭，而到了后一首诗，怒火、人类血脉之沼、重重幻影和"被海豚划破、被锣声折磨的大海"汹涌而来，直要淹没拜占庭的大理石，却在那里最终被"皇帝的金匠们"驯服。叶芝在 1926 年之前开始创作的一首未完成作品《意象》（Images）也呈现了他与主题之间的角力——尽管当时他打算采用的是金色黎明的圣山阿比格诺斯而非拜占庭：

意　象

I

在阿比格诺斯山坡下

一群人因饮了神奇的酒浆

而恢复人形：天光照耀他们的眼睛，

未结束的战声敲击他们的耳鼓；

一个人摇头而笑，另一个人饮泣，

接着全都大笑起来，在笑声中发现

山脚下的幽暗山谷出于魔法——

那里荒原定要和路途作战 [1]，

---

[1] "荒原定要和路途作战"原文为 where wold must war on walk。有学者认为本书作者可能在辨认叶芝手稿字迹时出了错误，应为"那里狼与狼定要自相残杀"（Where wolf must war on wolf）。参见 Neil Mann，"'Images'：Unpublished Tableaux of Opposition"尾注 1（Deidre Toomey, ed. *Yeats and Women: Yeats Annual*, IX，MacMillan Academic and Professional Ltd. 1992, 319）。——译注

丰茂草丛生于污秽之血——

出于他们的想象，让他们将自己

困在其中，安于那里的甘苦之果；

然而风向突变，山谷呼号；

一个人以呼号呼应，然后一个接一个，

他们扑倒在地，朝那山谷匍匐而行。

心灵啊，当质疑这时刻，因为这些形体，

这些傻笑又呼号的形体，是贤者的父母。

拜占庭这一主要意象必定逐渐占据了上风。最终得以完成的诗作经常被视为对死后世界的呈现，而叶芝也希望这种解读能够成立；然而在他看来，更稳妥的办法是将"拜占庭"主要看作对创作一首诗这一行为的描述。大略等同于拜占庭皇帝的诗人[1]收拢大量混乱的意象，在创造过程中完全掌握它们。诗人本人也震惊于这种掌握，以致将自己想象力的创造视为超人之物。金鸟这一意象"比鸟或是

---

[1] 若将定稿的这一节与其初稿加以对比，我们就可以看出叶芝令人惊叹的转化力量：

　　当皇帝吵闹的士兵上床入睡，

　　最后那些被黑夜吞没，死去或是逃走，

　　当教堂的锣声和醉酒妓女

　　的歌声都归于沉寂——

　　云雾笼罩的沉寂，或是

　　被星光或月光照亮的沉寂，

　　我走在皇帝的塔上——

　　我所有的难题都已变得清晰悦人。

技艺之作更要神奇"，可以被理解为代表着一首诗；与叶芝的诗一样，鸟也会歌唱，或是类似冥界中代表重生的公鸡，代表了人的生命在轮回中的不断循环，或是蕴含着更巨大的荣耀——来自超越了轮回和"一切泥沼或血的胶葛"的永恒现实或至福。此前的叶芝从未如此完全地意识到创造行为中的惊人戏剧性：

拜 占 庭

白昼的种种不洁形象退去；

皇帝醉酒的士兵们上床入睡；

夜声渐歇，先是教堂的轰然锣鸣，

然后是夜行者的歌声；

星光或月光照耀的拱顶睥睨

凡人之所是。

一切不过是胶葛而已

不过是人类血脉的怒火与泥沼。

275　　我面前飘浮一个影子，人，或是幽灵，

说是人，更近于幽灵，说是幽灵，更近于影子；

因为哈得斯那尸布包裹的线轴

或可解开那缠绕的道路；

一张没有水分也没有呼吸的口

或许会将无声的众口召集；

我为那超人者欢呼；

我称之为生中之死、死中之生。

奇迹、鸟，或是金色的巧作，

说是鸟或巧作，更像是奇迹，

立于星光照耀的金枝，

能像哈得斯的公鸡那样啼鸣，

或者被月光激怒，身披不朽

金属的光华，高声嘲讽

平凡的鸟类或花瓣

以及一切泥沼或血的胶葛。

午夜，皇帝的石道上有火光飘忽，

无须柴薪哺喂，无须钢镰打火，

也不为风暴扰乱，是生于火的火，

生于血的灵魂来到其间，

一切怒火的胶葛便会离去，

消逝在舞中，

消逝在一种恍惚的、

烧不焦衣袖的火的痛苦中。

跨骑着海豚的泥血之躯，

灵魂鱼贯而来！工匠们截断潮水，

那些是皇帝的金匠！

舞场上的大理石

截断胶葛的苦痛怒火，

截断那些仍在孳生

新幻影的幻影，

那被海豚划破、被锣声折磨的大海。[1]

叶芝在这首对人类想象的伟大颂歌里区分了自己的两种诗歌形式，而这种区分在《踌躇》中得以执行。后者可以说是为他这一时期的创作画上句号的诗作。就像在《自我与灵魂的对话》中游移于重生和超脱诞生这两种立场之间一样，他在这里游移于自然和超自然两种主题之间。然而，他在《踌躇》（原题为《智慧》）中做出了最后选择，再一次选择此世而非彼世。"荷马，还有荷马未受洗礼的心灵，是我的榜样。"在1932年6月30日写给莎士比亚夫人的信中，叶芝从这个选择出发对自己的人生做了归纳：

> 我的时间都花在了校对上。我刚刚看完第一卷，也就是我的全部抒情诗，并且对自己感到大为震惊，因为它们都像是口语而非书面文字。我一直在说，这个能在两三个星期里（从那些随

276

---

[1] CP, 285-286.

手写下的内容中可以看出时间）把同样的事变换许多方式说出来的家伙到底是谁？我对老年的第一次非难出现在《荛相的漫游》（第一部分的最后），那时我还不到二十岁，而同样的非难还会出现在这本书的最后几页。从头到尾，武士都在批判圣徒，却并非没有犹疑。荛相对圣帕特里克——难道这就是唯一的主题？"那么，去你的吧，冯·胡格尔，哪怕你顶戴福泽。"[1]

然而，在六十七岁上，他仍在努力前进，想要从另一个角度来审视现实，而金匠们也并未失去将渣滓熔炼为纯金的力量。

---

[1] 未发表信件。（译按：最后一句出自《踌躇》[Vacillation]，其中冯·胡格尔[Friedrich von Hügel, 1852—1925] 是出生于奥地利的罗马天主教哲学家。）

第十八章　现实

> 他们在瓶颈里放了一个金塞。天哪，把它
> 拔出来！把现实放出来。
>
> ——奥义书（叶芝、普罗希特尊者[1]译）

> 我祈祷，
> 在所有树叶都凋落之后，
> 我还能冲进我的喜悦
>
> ——叶芝《鹭鸶蛋》

277　　叶芝在生命的最后几年中竭力想要把现实把握得更紧。当他回顾自己的生涯，他意识到许多"逃避"和"偏离"，也明白了自己为应对正面攻击而创造的那一套机制（尤其是在散文体作品和日常经验中）是多么复杂。在自我怀疑的时刻，就连《灵视》似乎也变成了一张巨大的保护性面具。就像梅尔维尔笔下的亚哈船长，叶芝有时会想要冲破一切面具。弗兰克·奥康纳曾将叶芝与其他人的关系描述为"一种迂回而巧妙的策略，与不存在的敌军展开复杂的周旋"[2]。诗人的朋友中很少有人知道：这个男人骄傲、咄咄逼人、仿佛掌握了永生之秘，其策略却是源自怯懦。不过，叶芝本人对此一

---

[1] Purohit Swami，即希里·普罗希特尊者（Shri Purohit Swami，1882—1941），一位印度教僧侣，以其对印度教经典的翻译和与叶芝的合作而在西方闻名。Swami 一词来自梵语，意为"尊者"或"大师"。——译注
[2] 弗兰克·奥康纳的文章手稿，由他本人收藏。

清二楚，并在 1933 年承认他对自己的羞怯已经有所克服，但"我仍在与它搏斗，也难以让自己摆脱这样的想法：羞怯是来自缺乏勇气，不是艺术问题，而是道德问题"。[1] 尽管近年来他说话已经更为直接，他仍然感到不满，觉得自己欺骗了自己的内心，用戏服和隐喻将它装扮了起来，而不是直接表达。此外，他还将自己的一部分个体性浸入民族主义事业、艾比剧院和参议院，又以内省和谨慎进一步背叛了它。现在他必须拆光这些脚手架，把自己曾经掩盖的东西袒露出来。有时他也会满足于认为他的真实自我都在诗中："我的性格与我本人几无相似之处，"他在一册手稿中写道，"以致成为我一生的阻碍。它影响了我的诗，我的真实自我，就像舞者的性格影响舞姿。"[2] 在过去，他通常会把他的写作归因于他的面具，然而此时他却认为面具只是他没有创造性的那部分平凡自我，时常屈服于习俗的要求。在另一些时候，就连他的诗，似乎也只是那个被他训练得使用怪异语言说话的狂信者的失败表达，只是一种陈腐的套话。1937 年 12 月 17 日，他在写到计划中的不定期刊物《在锅炉上》时提到："我必须把多年来累积的那些悦耳套话丢开，去寻找真理中的兽性、粗鄙和野蛮气质。"[3] 为了做到这一点，他第一次暴露了自己早年与父亲之间的争吵的激烈：

278

---

[1] *Letters to the New Island*, xii–xiii.

[2] Hone, 414.

[3] 写给埃塞尔·曼宁的未发表信件。这一封和本章中引用的其他写给曼宁小姐的信都由她本人收藏。

第十八章 现实

在十几岁的时候，我敬仰父亲胜过敬仰其他任何人；我从他那里学会了欣赏巴尔扎克，并将莎士比亚的一些篇章置于其他一切文学之上。然而，到了二十三四岁，我读到了罗斯金的《给那最后的人》[1]（这篇文章如今我一个字都不记得了），我们之间便爆发了争吵，因为父亲是约翰·斯图尔特·密尔的信徒。有一次，他将我推向一幅画，因为用的力气太大，让我的后脑撞破了玻璃。不过，我并不只是和父亲争吵，争吵的主题也并非只有经济问题。我无法接受任何一种支配性的意见。随后，我发现自己变得既粗野又厌烦（我并没有清晰的立场，而我的对手的立场千百年来一直在自我清晰化），我便创造出一种套话，让自己披上一种从容者的虚伪，老实说，外加一点恶意；现在看起来，除此之外我便无话可说。不过，我觉得我是成功了，我的朋友没有一个人知道我是个狂信者……然而，如果还有可能，我必须把我的套话丢开，必须在舌头被公牛踩住[2]之前对年轻人说话。[3]

他一再尝试将自我中那些彬彬有礼而肤浅虚伪的部分撕掉：

什么也不要留下，除了属于这赤裸灵魂

---

[1] 参见第八章。——译注

[2] 谚语"舌头上有头公牛"（to have an ox on the tongue）指因受到利诱等缘故而保持沉默。——译注

[3] *On the Boiler* (Dublin, Cuala Press, 1941), 14–15.

　　　　　　　　　　　　　　叶芝：真人与假面

的虚无，让所有能评判的人来评判

它是野兽，还是人。[1]

他在"所有梯级开始之地，/ 在心灵中肮脏的废品站里"[2]躺下。他挑 选新的模式；现在的他是泰门，是李尔，或是敲击墙壁"直到真理 听从他的呼唤"的布莱克[3]；他是小丑，是愚蠢而激情的人[4]，也是狂 野的[5]、疯狂的[6]老人。他梦见斯威夫特和帕内尔，梦见他们的生命被 愚蠢的世界劫持。在他最后的散文作品[7]中，叶芝将自己想象为一个 船上的半疯木匠，喜欢"爬上锅炉"，谴责自己的邻居。他想要回归 本原的激情，仿佛它们是构成世界的第一物质（prima materia）：

你以为可怕的是，情欲和怒火

竟向我的暮年殷勤献媚；

我年轻时，它们算不上什么祸殃；

如今还有什么能刺激我，让我歌唱？[8]

————————·

[1]《帕内尔的葬礼》（"Parnell's Funeral"，*A Full Moon in March*［London, Macmillan, 1935］, 45）。

[2]《驯兽的逃逸》（"The Circus Animals' Desertion"，LP, 81）。

[3]《一亩草地》（"An Acre of Grass"，LP, 17）。

[4] *A Full Moon in March*, 59.

[5]《狂野的老坏蛋》（"The Wild Old Wicked Man"，LP, 32）。

[6]《为何老人不可发疯》（"Why Should Not Old Men Be Mad?" LP, 76）。

[7] 即前文提到的《在锅炉上》。——译注

[8]《刺激》（"The Spur"，LP, 37）。

此处的"情欲"和"怒火"并非如一些批评家所言,是一个老人头脑发热时的好色和暴躁,而是纯粹的激情,如农夫生活一般自然而完整。为了契合题材,叶芝对自己的风格也大加删刈,直到仅余骨架;他还写出了关于克伦威尔、帕内尔和罗杰·凯斯门特[1]的谣曲,而这些谣曲远比他年轻时以茉尔·玛吉和吉利根神父为题材所写的那些更为真诚。叶芝用了整整一生,才得以成就这样的简洁风格。为了获得帮助,他与一些人建立了新的友谊,其中包括和他一样以生活的基本模式为想象素材的多萝茜·韦尔斯利、以谣曲作者的眼光审视生活的 F. R. 希金斯(F. R. Higgins)、其诗歌和其头脑一样可以突然爆发出耀眼光辉的玛戈·拉多克(Margot Ruddock)、拥有他一直追求的自然风格的埃塞尔·曼宁,还有以其温和而戏谑的现实主义风格吸引他的弗兰克·奥康纳。叶芝寻找年轻人来管理艾比剧院,并且,为了不被机器时代抛下,他还在 BBC 接受广播访谈。

在这段最后的岁月中,叶芝"劫掠、狂暴、根除,以便他能进入 / 现实的荒芜"[2],这暗示了某种希腊雕塑式的激烈。格雷戈里夫人于 1932 年 5 月去世,之后叶芝自己的健康也每况愈下,到了不喘气和频频休息就无法登上楼梯的地步。若非一个朋友在 1934

280

---

[1] Roger Casement(1864—1916),爱尔兰民族主义者、外交官,因策划 1916 年的爱尔兰复活节起义而被处死。——译注
[2]《须弥山》("Meru", *A Full Moon in March*, 70)。

叶芝:真人与假面

年初半开玩笑地向他提到能使人重获青春的施泰纳赫手术[1],叶芝或许无法在生命的最后几年中保持足够的体力以继续创作。叶芝深为激动,满怀希望。对这个在一生中一再重塑自己的人来说,再次焕发活力无论如何都有着巨大的吸引力。1934 年 5 月,一位杰出的伦敦外科医师为他做了手术;随后叶芝几乎立即爆发出多年未有的能量。他的健康状况仍然很不稳定,但他对病痛的态度却有了变化。在格雷戈里夫人去世后,他写出的诗体作品原本寥寥无几,只有一部相当呆板的戏剧《大钟楼上的国王》(*The King of the Great Clock Tower*)和一首哲理抒情诗《须弥山》(Mount Meru),然而在手术后,他却如脱缰之马一样写出了隐士瑞夫(Hermit Ribh)组诗,而这些短小的哲理歌谣足以跻身他的最佳作品之列。此外,在去世前他又写出了四部新戏剧(其中包括巅峰之作《炼狱》)和另一部诗集。

在以上所有作品中,"现实"都是一个关键词。它是诗人希望进入之境,在另一层意义上也是他必须理解之境。用 D. H. 劳伦斯(叶芝在这段时间愉快地读了他的作品)的话来说,他必须用自己的太阳神经丛[2]来说话,最终说出自己一直想要说出的东西。传统道德和一切传统态度都要抛开。叶芝的直率并非一直恰如其分。在这几年里,他有数次因为发现自己责备或赞扬错了人而感到尴尬,

---

[1] 参见本书开头的 1979 年版前言。——译注
[2] 即腹腔神经丛(celiac plexus),因其放射状又被称为太阳神经丛(solar plexus)。——译注

并不得不为此重写自己的诗。他有时也会故意夸张表达,《在锅炉上》便是一例。他的真诚有其荒谬的一面,却也驱使他或者说使他能够彻底厘清自己的想法。

在这些年里,他得出了自己对政治的最终结论。1933 年,他以一种糟糕的方式开始这一过程,与一帮爱尔兰法西斯分子略有瓜葛。这些人身穿蓝衫,一度似乎对德·瓦莱拉政府产生了威胁。他们的领袖是奥达菲[1]。正如前文说过的那样,叶芝曾与他会面,但只有一次,而不是很多次。从叶芝的信中我们可以看出,叶芝一开始就意识到奥达菲是个蛊惑人心而又毫无主见的人,但还希望他能发展出某种领袖特质,而奥达菲在这方面从未成功。最后,奥达菲率领一支爱尔兰部队离开,加入西班牙内战,为佛朗哥作战。到了这时候,叶芝和他的大部分同胞一样,已经彻底失望,并希望奥达菲不要以英雄的身份从西班牙归来。幸好,这位将军并未给西班牙长枪党[2]带去太多助力。

叶芝在这段时间经常身穿蓝衫出现,然而他从 1925 年或 1926 年起就习惯穿蓝衫,并且是出于审美而非政治的缘故。如果说他是从谁那里学来了这种穿法,那就是威廉·莫里斯。他与奥达菲

281

---

[1] 参见本书 1979 年版前言。——译注

[2] The Falange, 即西班牙国家工团主义进攻委员会长枪队(Falange Española de las Juntas de Ofensiva Nacional Sindicalista),系西班牙数个激进民族主义政党和组织组成的政治联盟。佛朗哥后来成为该党领袖,并使该党长期成为西班牙唯一政党。佛朗哥死后,长枪党于 1977 年正式解散。——译注

的短暂来往只能证明他们之间的分歧大于一致。叶芝想要的，是一个能支持存在之统一并将之转变为"一种规则，一种生活方式"，乃至一种"神圣戏剧"[1]的政党。1934年2月，尚未对那支志愿军完全失望的叶芝为奥达菲的部队写了几首行军歌，其中包括这样的几行：

> 何为平等？——不过是院中泥秽：
> 历史悠久的民族
> 其成长自上而下。[2]

然而，到了同年8月，他已经意识到自己的错误，并重写了这几首诗，以使它们无法用于歌唱。此外，为了证明自己先前的表达只是一时的看法，他又写了另一首诗，来体现自己对一切政治越来越多的失望：

> 如果教会和国家正是那些
> 在门前号叫的暴众，又该如何？[3]

---

[1] *The King of the Great Clock Tower, Commentaries and Poems* (Dublin, Cuala Press, 1934), 37.

[2] 《同一曲调的三首歌》（"Three Songs to the Same Tune"，*Spectator*, 152 (February 23, 1934), 80–84）。

[3] *A Full Moon in March*, 60.

第十八章　现实

1935 年，叶芝在谈话中仍旧支持教育良好阶层的专制统治，然而，随着法西斯主义和纳粹主义带来的恐惧日益增长，他停止了对任何现存统治方式的赞赏。有一次，他的朋友小说家埃塞尔·曼宁和恩斯特·托勒（Ernst Toller）曾劝说他采取一种对极权主义的决绝反对立场，请求他提名被纳粹党关押的奥西茨基为诺贝尔和平奖候选人。[1] 叶芝拒绝了，并在自辩的信件中暗示了自己对任何已知统治体系的失望：

> 不要想把我变成政客。哪怕在爱尔兰，我想我也不会再那么做了。随着现实感的加深（我想这也与年纪有关），我对政府的残忍的恐惧感也与日俱增。如果我按你们的想法去做，似乎就是认为一种统治方式比其他所有统治方式都更有责任，而那与我的信念不符。根据他们造成的牺牲者的数量，法西斯主义者、民族主义者、教士、反教权主义者都难逃罪责。我并未沉默，我用的是我唯一的武器，那就是诗。如果你手边有我的诗，就找出那首《再次降临》来看一看。它是我在十六年前还是十七年前写的，却预言了今日的状况。从那以后，我一再就同样的问题写诗……我并非冷漠，我的每一根神经都因眼下欧

---

[1] Ethel Mannin, *Privileged Spectator* (London, Hutchinson, 1939), 80-84。（译按：奥西茨基［Carl von Ossietzky, 1889—1938］，德国记者、作家、和平主义者，1935 年诺贝尔和平奖获得者。）

洲所发生的一切而恐惧颤抖——"纯真的仪式都被淹没"[1]。

他并未对自己的政治立场做出最终解释，直到写出《在锅炉上》（1938）。这部作品主要是一份关于政治尽皆无效的宣言。他宣扬优生学和个人主义，声称除此之外一切皆不足道：

> 我在爱尔兰参议院待了六年；我对别处的政治也并非无知，此外也有其他根据能证明我有一定的发言权。我要对那些将在此地建立统治的人说：如果爱尔兰再一次变得像一团熔蜡，就请掉转革命进程。先想一想，这个国家拥有多少能人志士，在不远的将来还将拥有多少，然后以这些人为基础来搭建你们的体系。你们如何找到这样的人并不重要，重要的是要找到他们。无论共和制、君主制、苏维埃制、社团国家（Corporate States）还是议会制，全都不值一提——正如雨果在提到其他某事时的评价，"抵不得上帝赐给红雀筑巢的一片草叶"。而我说的这些人——无论是六个还是六千个——才是爱尔兰的精髓，才是爱尔兰本身。[2]

可以想见，若是二战期间叶芝仍然在世，他对这场战争的问题不会

---

[1] 未发表信件，1936 年 4 月 7 日。（译按：最后一句出自《再次降临》，参见第十五章。）

[2] *On the Boiler*, 13.

有太多要说，可能仅仅会重复自己关于一战的一个不太正式的评论，只是以更强烈的确信来表达："我们不应赋予世界大战以过高

283 的现实性。"[1] 他在这一立场上或许会更加自信，因为他相信自己终于获得了"对现实的清晰把握"[2]，并且为此倾入了全部精力。

我们应该还记得，《灵视》曾经预言：1927 年之后，"人们将不再把神的观念与人的天才、以一切形式表现的人的创造力区分开来"[3]。就他关于现实的想法而论，在 1931 年下半年之前，叶芝所能找到的最近盟友是贝克莱，但贝克莱在上帝与人的想象和力量之间建立的联系并不像叶芝所应期待的那样紧密。然而，就在 1931 年，他在一个意想不到的领域找到了支撑。他结交了一位名叫希里·普罗希特的印度尊者，并了解到东方智慧文学普遍接受的一种观念："个体自我食用行动之果，与创造过去和未来的普遍自性乃是同一。"[4] 在其意识的巅峰时刻，脱离了行动的个体自我便会认识到它的这重身份。从这位印度僧侣为去除一切阻止人们获取这一知识的障碍付出的努力中，叶芝找到了自己的艺术家形象，即一个剔除一切不必要之物以求触及激情根基的人。他并非没有看出奥义书的主旨并不在此，但他所想象的，是一种东方与西方的调和。正如

---

[1] 《灵视》第一版手稿中的未发表笔记。
[2] 写给莎士比亚夫人的未发表信件，1933 年 2 月 21 日。
[3] 参见第十六章。——译注
[4] Shree Purohit Swami and Yeats, *The Ten Principal Upanishads* (London, Faber, 1937), 34.

他在给埃塞尔·曼宁的信中所言，"我想把自己投入非个人的诗中，以祛除我在爱尔兰的工作注入我灵魂中的苦痛、怒意和仇恨；我想写出最后一支歌，它应当甜美而充满喜悦，就像是欧洲的《薄伽梵歌》（the *Geeta*），或者不如说是我个人的《薄伽梵歌》，没有说教，纯粹的歌"。[1] 叶芝与普罗希特紧密联系长达四年，直到这位尊者于 1936 年返回印度。在结交期间，叶芝为尊者的自传、尊者的上师的部分自传和尊者对波颠阇利的《瑜伽经》（*Aphorism of Yoga*）的译注都写了序。1936 年，诗人还和这位僧侣共同前往马霍卡岛（Majorca），在那里翻译奥义书。

在这一友谊的鼓舞下，叶芝郑重考虑了将余生献给哲学诗的想法；1933 年和 1934 年，他已经写出了一批哲学诗，但对自己的理论的运用还不那么直接。在筹划牛津大学出版社请他主编的一部现代诗合集[2] 时，他诧异而又惊喜地发现，还有其他诗人探讨类似主题。他兴奋地阅读了多萝茜·韦尔斯利的《基体》（Matrix），其中有"精神、血肉、同为一体"（The spiritual, the carnal, are one）这样的句子，而他自己在不久前刚刚写出过"自然的与超自然的结合于完全相同的环"[3]。他在文集导言中不吝赞美的另一位诗人是特纳（Walter James Turner）；在特纳诗中他读到的是"我早已目睹月亮的

284

[1] 写给埃塞尔·曼宁的未发表信件，1935 年 6 月 24 日。
[2] 即《牛津现代诗集：1892—1935》（*The Oxford Book Of Modern Verse*, 1892 – 1935）。——译注
[3] 《瑞夫驳斥帕特里克》（"Ribh Denounces Patrick", *A Full Moon in March*, 63）。

上升与下落／却未意识到它只在我心中运动"。叶芝为找到同路人
而欣欣不已，并预言他们将会走得更远："灵魂必将成为它自身的
背叛者，以及解救者，将是唯一的行动，镜子将变成明灯。"[1]

因为这种对灵魂、自我或想象力（这几个词在叶芝那里可以
互换使用）的无处不在的信念，叶芝后期的许多诗作比从前更为
断然地肯定想象所创造的图景与真实的人和事件之间的事实同一
性。他喜欢讲弗兰克·哈里斯关于罗斯金捡起一只幽灵猫、打开
窗将它扔出窗外的故事。在《三月之望》《库胡林之死》《驯兽的
逃逸》以及其他作品中，他会将所有人物召集起来，仿佛要说，
这里就是我创造的宇宙，我在其中安放居民，让它和世界上一切
事物同样真实：

> 莫非那些让人爱憎的事
>
> 就是他们的唯一真实？
>
> 那站立在邮政局中，与皮尔斯
>
> 和康诺利在一起的，又是什么？
>
> ·　·　·　·　·
>
> 谁会想到库胡林，直到他
>
> 看似站立在他们站立之地？[2]

---

[1] Yeats, "Introduction", *Oxford Book of Modern Verse,* xxxii.
[2] *The Death of Cuchulain*, LP, 125–126.

叶芝：真人与假面

我的那部戏剧是否曾让

一些人走向英国人的枪口？[1]

当皮尔斯召唤库胡林到他身边，

是什么阔步穿过邮政局？[2]

并非只是象征有如人类，反过来，人也有如象征或是演员：　　　　285

来呀，所有演员，聚拢我身边，

来赞美一九一六年，

赞美那些来自剧场和美术馆

或是彩绘布景之前、

曾在邮政局里或是

市政厅周围战斗的人……

那天第一个中弹的人是谁？

是演员康诺利，

他死于市政厅附近；

他仪态翩然，嗓音美妙，

---

[1] "The Man and the Echo", LP, 83.

[2] 《雕像》（ "The Statue", LP, 57 ）。

只缺少随技艺增长的年岁，

但在后来，他或许会

成为彩绘布景之前

才华横溢的著名人物。[1]

人与其镜像密不可分，演员与其角色也密不可分；当我们谈到某个英雄行动中的**戏剧性**时，我们的语言不会比谈论其**现实性**时更有比喻性。叶芝并未摆脱他的象征，而是同样陷入其中；在其诗作《高谈》（High Talk）中，他将自己描述为马拉齐·高跷杰克（Malachi Stilt-Jack），声称高跷和他的身体一样，同为他的一部分，而在另一方面，又同为隐喻："都是隐喻，马拉齐、高跷，以及一切。"他所思考的和创造的一切都是他的一部分，与他的血肉同样真实。

尽管叶芝已经把人类想象的力量阐释得足够清楚，仍有一个问题有待回答。奥义书中，人的自我与普遍自性之间存在着何种联系？或者，用另一种方式来说，在人的全能之上存在着什么局限？例如，生与死之间的关系是什么？人与神之间的关系又是什么？叶芝曾说死亡是人的创造，但那不过是一时的反抗呼号；此时，正在编订《灵视》第二版的他对这个主题的思考远比从前丰富，他得出结论：生命与死亡、命运或神的关系恰似他的两个螺旋相互之间的关系。"在我看来，"他在给埃塞尔·曼宁的信中写道，"一切事物

286

---

[1]《给同一叠句配的三首歌》（"Three Songs to the One Burden"，LP, 54）。

　　　　　　　　　叶芝：真人与假面

都源于两种意识状态的冲突，即以对方之生为死、以对方之死为生的人或存在之间的冲突。生与死本身也不例外。"[1]

他鲜少将自己的思考推进到如此的深度。新版的《灵视》面世于1937年，大大加强了对第十三周期的强调——"它将让我们摆脱十二周期的时间与空间"[2]，而在1925年他对这一条原则几乎未加讨论。十三周期的想法似乎来自基督与十二门徒；而"第十三周期"这个名字尽管呆板得近于荒谬，却拥有神圣性的诸多特征。"所有得到解放的灵魂都居于其中"，叶芝说道。[3]

然而，直到全书最后几页，第十三周期的真正重要性才展现出来。在将《灵视》的象征最终完成并铸为一体之后，叶芝在此描述了他如何将自己绘入这象征之中——此时的叶芝很容易做到这一点，因为这个象征作为一种体系完全是个人化的，而作为个性的表达又是完全体系化的。他宣称，"我似乎应当无所不知……在这象征中发现一切"，随后又令人震惊地转向了一种神学：

> 然而什么都没有发生——尽管这一刻是对我的所有艰辛的回报。也许我已经太老了……随后我明白过来。我已经说完了所有可以说出的话。具体之事是第十三球体或者说第十三周期的责任，它存在于每个人，被每个人称为他的自由。毫无疑

---

[1] 未发表信件，1938年10月20日。
[2] *A Vision* (1938), 210.
[3] 同上。

问——因为它无所不能，无所不知——它知道它应该利用自己的自由来做什么，但它没有吐露其中的奥秘。[1]

直到此时，我们才意识到，在用了三百多页来构建一个体系之后，叶芝却在最后两页里树立起这个体系的反面。《灵视》中的所有决定论或半决定论遽然遭遇了这个有能力改变一切的第十三周期；自由意志、自由和神祇涌回这个宇宙中。对父亲和他自己的怀疑主义的反抗至此最终完成，尽管这并未让他投向任何教会。神将他的道注入了叶芝的心智，以无可逃避的方式：

287
于是我获得救赎的灵魂本身将会
理解一种更黑暗的知识，在仇恨中
背离人类关于神的一切思想，
思想是一件外袍，而灵魂是无法
被俗丽的廉价之物掩盖的新娘：
在对神的仇恨中，她也会潜近神。

当午夜钟声敲响，灵魂无法忍受
肉体的或是精神的虚饰。
在主赐予之前，她无从得到！

---

[1] *A Vision* (1938), 301–302.

在他展示之前，她无从观看！

在他让她知晓之前，她无从知晓！

若无他生于她的血中，她无从得生！[1]

回顾叶芝的创作，我们可以看出，这样一位神一直是呼之欲出的；无论是"永恒黑暗"还是"伟大的旅人"，都是他的前奏，然而，在此之前，他一直被尽可能无视，他的力量也一直被尽可能抑制。他是叶芝不愿相信又不得不相信的神。[2]

无论叶芝的意思是说第十三周期"无所不能"或是仅仅只能影响"具体之事"，他似乎都没有完全确定。我们可以看出，他在我们引自《灵视》的那一段中兼顾了两种立场。不论是哪一种可能，他的理论都受到其外延的严重干扰。由此产生的不安在他关于雪莱的一篇文章中部分表现出来。他在文中提到《被解放的普罗米修斯》的情节之所以缺乏一致性，是因为雪莱违背了他的理论，让魔神（Demogorgon）以可怕而非仁善的形象出现：

魔神让他的情节失去了一致性，也让对情节的解读变得不

---

[1] *A Full Moon in March*, 65–66.

[2] 叶芝在其最后的文章之一中发出了以下重要的评论："我以为深奥的哲学只能源于恐惧。深渊在我们脚下打开；承袭而来的信念、我们思想中的预设、莱昂内尔·约翰逊口中谈论的教父，全都坠入这深渊。无论是否愿意，我们都要提出古老的问题：现实是否存在于任何地方？神是否存在？灵魂是否存在？"（"Modern Poetry: A Broadcast", *Essays 1931 to 1936*, 21。另参见 *A Vision*［1938］, 301。）

可能。某种东西将它强行安插于此；一再迫使他平衡于噩梦和被想象得神奇超凡的欲望目标之间的，正是这种东西。[1]

叶芝的神同样扰乱了情节。当他在 1938 年 10 月写信告诉埃塞尔·曼宁说《灵视》是他的"公开哲学"，而他的"私人哲学"因为自己也只理解了一半而尚未发表时，他想到的无疑就是这一点。[2]如果叶芝的寿命再长一些，他很可能会尝试更正式地把神与人之间的关系象征化。

288　　　　然而，在叶芝引入其新神学、写于 1936 年到 1939 年他去世之间的两部戏剧中，这样的体系化并无必要。《鹭鸶蛋》（1936—1937）中的主人公是他写过的"最奇特、最狂野的生灵"[3]，明知故犯地犯下渎神之罪，强奸了鹭鸶之神的女祭司。神祇一直没有在舞台上出现，却在高潮时刻令人信服地以雷声昭示自己的存在。作为渎神的后果，主人公注定要死在一个愚人手上；然而主人公并未坐等这预言变成现实，而是与神力一直战斗到最后，并自杀而死。在叶芝的最后一部剧作《库胡林之死》（1938—1939）中，库胡林明知前去战斗很可能会送命，也怀疑这一次他的对手不是凡人组成的敌军，而是死亡本身；然而，尽管本可以避而不战，他仍旧没有退缩，而是在必然性面前高扬自己的个体性。这是一切已知与一切未知之间的

---

[1] "Prometheus Unbound", *Essays 1931 to 1936*, 57.
[2] 未发表信件，1938 年 10 月 9 日。
[3] 写给埃塞尔·曼宁的未发表信件，1935 年 12 月 9 日。

战斗；神本身成为凡人的敌人；无论他是保留自己原来的形态还是伪装成死亡或命运，都是这场最后战斗中的对手。正如叶芝在一首题为《人的四个时期》（The Four Ages of Man）的小诗中所言：

> 他曾与肉体战斗，
> 然而肉体胜出，走得趾高气扬。
>
> 他又与心灵较量；
> 纯真与平和都弃他而去。
>
> 然后他与头脑角力；
> 将骄傲的心抛在脑后。
>
> 现在他与神的战争开场，
> 当午夜钟声敲响，神将获胜。[1]

对神的战争是英雄主义的最高形式，也与叶芝作品中所有形式的英雄主义一样，将归于失败。

  诗人终于在自己的宇宙中为神腾出了地方，但午夜钟声却正在快速临近。到了 1937 年，呼吸和行走对他来说都已经太过艰难；尽

---

[1] *A Full Moon in March*, 68–69.

管此前他在想到死亡时心怀恐惧，此时却告诉妻子说自己已是生不如

死。他努力想要在法国南部恢复健康，然而，1938年冬末住在卡普

马丹（Cap Martin）时，他的病势变得十分沉重。1939年1月21日，

他写出了自己最后一首诗——《黑塔》（The Black Tower）。诗中的士

兵们明知（或者说事实上明知）国王再也不会回来，却仍坚守他的塔

堡，因为他们发誓如此。第二天，叶芝在一封给友人的信中说：

> 我很明白，我的时间不多了。我已经丢开了所有能丢开的
> 事，好让自己能说出必须说的话，而且我发现，我的表达也是
> "学习"的一部分。
>
> 再过两三个星期——写了许多诗以后我可以休息了，所以
> 我现在闲着呢——我就要开始写下我最重要的想法，以及对想
> 法的整理（我相信它能让我的研究大功告成）；我很愉快，也
> 觉得充满了先前曾经渴望的能量。看起来，我已经找到了自己
> 想要的东西。如果我要用一句话来概括一切，我会说："人可
> 以呈现真理，却无从理解真理。"我必须将它呈现出来，以使
> 我的生命完满。抽象并不是生命，与之不符的东西到处都是。
> 我们可以反驳黑格尔，却无法反驳圣徒，或是《六便士歌》。[1]

---

[1] 写给伊丽莎白·佩勒姆夫人（Lady Elizabeth Pelham）的信件，收于 Hone, 476。
我在参考了她保存的原件后修订了其中的错误。（译按：《六便士歌》[Song of
Sixpence] 是一首英国儿歌。）

圣徒的生命是转化为形象的生命，《六便士歌》同样也是从世界的缥缈不定中凝结而成的形象。这封信是叶芝对自己将经验转为象征的一生努力的最后辩护。写完这封信四天之后，他病情复发，但还是攒够了力气，向妻子口授了几处修订。之后，他便陷入昏迷，并于 1 月 28 日辞世。

叶芝已经给自己写好了诗体的墓志铭，墓穴则位于斯莱戈附近的德拉姆克利夫教堂墓地。然而由于当时的技术问题，他的遗体无法被运往爱尔兰。因此，根据他本人的提议，人们沿着漫长蜿蜒的高山公路，将遗体运往罗克布吕讷（Roquebrune）公墓暂时安葬。沿着盘旋道路上升的送葬过程便是对诗人笔下某个象征的最后一次使用。

他去世的消息并未立即公开，因此有一个花圈送达之时，葬礼已经结束，所有人都已离开。这个花圈来自同为象征主义者、同样强烈相信自然之物的詹姆斯·乔伊斯。[1]

---

[1] 在葬礼后不久赶到罗克布吕讷的艾伦·韦德（Allan Wade）向我提供了这一信息。

第十九章 结语

然而，然而，

这是我的梦？还是真实？

——叶芝《人随年岁长进》

290　　尽管叶芝在风格、手法和个性上做出了种种改变，他的一生仍旧展现了不寻常的韧性和一致性。从梦想用巫师魔杖控制世界的孩子，到高呼"我创造真实"[1]的老人，他一直努力讲述自己在少年时代构建的主题，并且日益成熟。

无论是孩提时身体上和性情上的孱弱，还是青年时的怯懦，都促使他浇灌自己在英雄主义自我投射方面的想象，直至让梦境远远超出现实。随后，他又以巨大的勇气和意志力努力成为自己梦想中的英雄，努力为爱尔兰注入一种英雄主义的氛围。他的惊人成就正在于他在这两种雄心上都取得了部分成功。

只有意识到他在启程时的准备是何等不足，我们才能明白他的成就到底有多么惊人。他的阅读不超出当时大多数年轻

---

[1] *The Death of Cuchulain*, LP, 117.

人的阅读范围，以莎士比亚和十九世纪诗人为主。他从父亲那里承袭了一些观念，或者说一些用来保护自己的态度，然而这些观念都相当危险：对政治的漠视，对激情、风格和个性的颂扬，还有对艺术的尊严和必要性的感觉。这些观念很容易让他迷失于无地，在一定程度上也使得他父亲一生徒劳。他用了许多年时间，才把握住父亲五色杂陈的评论中的要点：诗人的知识形式不同于牧师或科学家的知识形式。对一位潜在的诗人来说，他父亲的怀疑主义同样危险；他愤怒地反抗这种怀疑主义，却也深受其影响。他在进入成年之际并无宗教、伦理或是政治上的支撑，却依旧保持站立，因为他心中怀着对父亲和父亲那个时代的反抗情绪，怀着让这反抗变得尽可能决然和系统化的热望。

　　他很快披挂上了一层傲慢、激烈而又咄咄逼人的铠甲，然而，由于个人生活的失败——尤其是爱情的失败——困扰着他的信心，也由于他吸收了太多父亲的怀疑主义，他从未能够对自己怀有完全的确信。也许我们应当感激他没有变得更加确定，因为正是不确定性驱使他对时代和受众做出一定的妥协。若非如此，他很可能已经隐入个人世界，像十九世纪下半叶和二十世纪大部分诗人那样仅为一小群受众而写作。然而，叶芝迫切想要通过说服他人来建立对自己的信心，投入了他所不齿的世界，时而对它做出让步，时而尝试改变它，却总是对事物的现状发起反抗，又总是支持它们成就可能的状态。我们需要上溯到拉马丁[1]，才能找到另一个如此积极参与祖国事务的诗人，然而，不同于叶芝，拉马丁一直在文学创作与公共生活之间保持了距离。

类似叶芝所拥有的那种民族主义情感（激情在其中几乎是自明的）完全可能导致煽动风格，然而叶芝总能在变得如此过分之前抽身退步。他提出的理论认为"真理乃是至高之人的戏剧性表达"，而他也无法接受一种有失高贵的激情。激情的民族主义是好的，但它不应单单变成一种无力的英国恐惧症。蹩脚诗人就是蹩脚诗人，哪怕他是个爱尔兰人，因为品位同样可以与激情结合。

我们很难确定他对爱尔兰所抱有的确切期待，但他很可能想给祖国带来一种他自己同样缺乏的东西，即一种获得解放的、统一的个性，远离对力量和原则的不确定感，不再挣扎于过去的束缚。终其一生，叶芝都把个人问题理解为民族问题，又把民族问题理解为个人问题。面对他最害怕成为的那个自我，那个居于夹缝之中，对任何一方都无法确信的自我，他尽情倾吐不屑之情。多年来，中间立场一直都是他的主要攻击目标，无论它披上的伪装是怀疑主义、妥协、流行，还是中产阶级——从个体性的角度来看，这一切都是虚弱的，哪怕它们假扮成力量。要么成为梦想家，要么成为行动派的英雄人物，哪一种选择都好过成为在二者之间左右为难、举棋不

---

[1] 阿尔方斯·德·拉马丁（Alphonse Marie Louis de Lamartine，1790—1869），法国浪漫主义诗人、历史学家、政治家。——译注

定的弱者。

正因为在二者之间左右为难，叶芝有意放大了他的自我分裂感，以使自己可以在两种形象之间来回切换，而不是成为一个糟糕的混合体。在这一边，他构建出自己的梦境，又以仙灵故事为支撑来加固它们——后者是农民阶层的文学，尚未被那种已经侵害城市生活的疑惑沾染。此外，布莱克、神秘研究和直接灵视（尤其是能为他提供更多证人的群体灵视）也都先后为他提供支撑，最终使他转向心灵探索、哲学和东方宗教。在他看来，以上这些都很好地证明了梦境（这时他已将想象和意志纳入这个词的含义中）拥有超越和控制现实的力量。然而，只是证明梦境的力量而不去运用它是永远无法令他满足的；魔杖和圣书都必须在现实行动中证明它们的作用，震撼这个被怀疑主义笼罩的世界。他可以坦然地写下："我是一个秘契信徒吗？不，我是一个现实的人——我看见拉撒路的复生，也看见面包和鱼，我也用通常的方法测量，使用铅锤、线、水平仪，也测了温度，然而只是（在）纯粹的数学意义上。"[1]

因此，叶芝永远无法在梦境中找到藏匿之地，因为梦境或多或少都会在迂回之后通向行动。他尝试将它们作为一种宗教注入爱尔兰，先是通过他的神秘仪式和英雄城堡，后来又通过爱尔兰剧场——其原本的创立意图正是上演以神秘仪轨为主题的戏剧作品。他还有一个与此并行的期望，那就是让他的心上人（在他看来，她

---

[1] 写给埃塞尔·曼宁的未发表信件，1938 年 12 月 23 日。

就是种种梦境的汇聚之地）成为爱尔兰的圣女贞德。然而，在将这些观念注入现实的过程中，他与普通的男男女女有了接触，遭遇了普通的问题，以及种种繁琐的实际细节，不得不日日对现实做出妥协。他几乎是不情不愿地让自己站在了火线上。此外，他也对自己的梦想感到不满——它们的失败似乎并非因为失败不可避免，而是因为它们作为梦想本身就不合格。那个女子在他的梦中被想象为一位不可触及的女神，却嫁给了一名军官。他诗中的多彩之地褪去了颜色，成为空洞形象的国度。或许他忽略了什么，或许他犯了什么错误。他开始给予行动以更多赞美；他走出门去说服人群，俘获情人，以更直接的方式面对现实。他并未抛弃梦境，却将它们藏起来不让任何人看见。他必须变得野蛮，甚至要变得反浪漫——他转向其他不曾那样被神化的女子寻求慰藉，在艾比剧院挑衅庸众，指导剧院的现实事务，从自己的风格中剔除那些过于明显的、有梦境色彩的虚饰———言以蔽之，他似乎要摆脱自己的高跷。[1] 他必须与这个世界面对面战斗，向它，也向自己证明：梦想者也可以在它的规则中击败它。然而，这种行动者的生活在他眼里之所以可以忍受，仅仅是因为他把它当做了一种最高超的技艺。

　　因此，行动中的成功带来的回报永远只能是短暂的。在与现实角力的过程中，他一直寻找着关于自己梦想的确证；他像一个思乡

293

---

[1] "到了 1900 年，每个人都从高跷上下来了"，叶芝在《牛津现代诗集》（xi）中写道。就他本人而论，这个时间则是 1903 年。

的鬼魂一样，在伦敦每一场降神会上出没，想要证明奇迹（他将它们与梦境联系在一起）并非超乎寻常之事，每一个愿意用未被科学的怀疑态度污染的眼睛观看的人都能看见它。然而，尽管时常让自己暂时相信奇迹已在眼前发生，他总是很快又陷入怀疑。

最终，叶芝在婚姻中获得了一个足够大而又不至于脱离操纵的梦境（即便还算不上对超自然事物的完全确证），让他几乎达成对现实的奇迹式控制。以这样的"灵视"为武器，他得以比从前更完全地进入生活，而无需担心迷失自我。一切人类经验都是可控的；他甚至开始寻觅新的体验，用以确认自己的力量。不过，此时他的梦境已经不仅仅是梦境，而是成为了一种象征，一种"对体验的风格化整理"，一种对生命之流的呈现——既超越生命之流，又内在于其中。他必须让自己的梦境与一切可能发生之事联系起来，以使它变得坚不可摧。在发现生活无须太多删刈和推动就能与梦境嵌合之后，他便在这个经过风格化整理的世界中越陷越深，而这个世界的运转以他在家中找到的一种几何图案为基础。

此时梦境不再是一个美丽的桃源；《灵视》中的象征或许会因其一致性而带来慰藉，但它们并不美丽，也难以被称为桃源，因为它们代表的是现实，如果没有了现实便毫无价值。叶芝之所以采用象征主义手法，是因为他无法以其他方式写作；象征让他得以摆脱不确定感，也让他得以同时利用梦境和现实的优势。将自身纳入象征的做法则是一种自我保护，让他可以用直接的论证来应对怀疑论者，又用他搜集的离奇事实来应对现实主义者。他不崇奉任何一种他感受不到的写实主义信念；他获得了统一，也获得了解放。借用英格牧正[1]在另一语境中所说过的一句话来表述，象征是"怀疑主义与迷信的调和方式（modus vivendi）"[2]。这个象征不仅可以把人归类于一张图表，还以第十三周期为名，给神留出了一席之地。哪怕神代表着不可控制的力量，在被这样归类之后，也会变得可以控制。《灵视》第二版于 1937 年出版后，叶芝在给埃德蒙·杜拉克的信中写道："我不知道我的书对别人将意味着什么——也许什么都不是。对我来说，它是对世界的混沌无序的最后抵抗；我希望可以依靠这新的屏障再写作十年。"[3]

他耗费了巨大的精力，将自己的关注范围从怀疑主义和迷信转向了知识和信仰。他期待调和"灵性的事实与可靠的哲学"[4]。降神室必定被变成了某种科学实验室；他必须证明，自己在文化的边僻陋巷中所看见的，从根本上说正是那些伟大的哲学家和宗教人物一直在讲述的东西。他从未放弃将神话与事实糅合为一种新宗教（或者，照他的说法，一种新的、关于存在之统一的"神圣戏剧"）的希望。

---

[1] Dean Inge，即 William Ralph Inge（1860—1954），英国神学家，曾任伦敦圣保罗大教堂牧正（dean）。——译注

[2] W. R. Inge, "Roman Catholic Modernism", *Outspoken Essays* (London, Longmans, 1920), 170.

[3] 写于 1937 年的未发表信件，埃德蒙·杜拉克收藏。（译按：亦有作者称这封信写于 1925 年，参见 R. F. Foster, *W. B. Yeats: A Life II: The Arch-Poet 1915—1939*, Oxford Press, New York, 2003. p. 280。）

[4] 写给莎士比亚夫人的未发表信件，1926 年 3 月 4 日。

因此，在青春时代，叶芝拥有的是一座象牙之塔，然而由于忧虑邻人对这座塔的稳固性抱有不信任或怀疑之类的反对态度，他深入世界，带回寻常的建筑材料，用来替换塔上的每一块象牙。最终，这座塔变成了一座砖石建筑。他仍旧不够放心，又在塔内塞满支撑，而这些支撑都是来自外面世界中的象征。然而在他眼里，这座塔无论经历多少重建修整，仍然是他青春时代的那座象牙之塔：

> ……然而，说到底
>
> 还是那梦境本身让我着迷：
>
> · · · · ·
>
> 占据我全部的爱的，是演员和彩绘的舞台，
>
> 而不是他们所象征的那些。[1]

为了抵达这个位置，他不得不做出太多妥协。然而，我们无从寻觅那个让梦境消散、让现实登台的临界点的所在。

叶芝从未完全满足于自己的成就，这使得他的不安追寻一直延续到最后一刻。他清楚自己的象征手法部分源于怯懦和逃避，因此，哪怕是在技艺臻于巅峰之后，他仍旧担忧其中或许包含某种华而不实的成分。此外，他也在一些朋友身上看到了一种自然而然的现实洞察力，他却需要漫长的学习过程才能获得同等的能力。他也

---

[1]《驯兽的逃逸》（"The Circus Animals' Desertion"，LP, 81）。

可以用这样的信念来安慰自己——通过直接陈述绝无理解真理的可能，唯有借助象征一途；然而，与未能实现自然无邪的童真智慧这一失败相比，他的成功时常会显得不足。当多萝茜·韦尔斯利问及他是否为医治现代世界的痼疾找到了药方时，叶芝只能回答："哎，亲爱的，我没有办法，完全没有。"[1] 进入暮年之后，他对答案的寻找并没有比年轻时更容易。这也解释了他的最后一首诗——《黑塔》——中的情绪；那是一种英雄式的绝望。国王不会归来。

我们现在有理由追问：他所搭建的这个世界在多大程度上令他满意，又有多大的包容性？一些遗漏显而易见：叶芝诗中的人从来不会是政治动物，也几乎从无经济压力。诗人极少展现对穷困者和被压迫者的怜悯，并且蔑视逆来顺受的苦难[2]，因为那不符合他对全能之人的想象。他的诗纯然是关于个人的，而诗中的个人尽管会拥有某种来历不明的良心，却极少流露社会同情或是对道德法则的意识。

不过，在谈论这些缺陷的时候，我们已经偏离了重点。这个在赞美个人时从不吝惜他的歌声的人，是为了民众而写作。他希望他的诗被歌唱、谈论和阅读。他后期的诗作尤其是为一位伟大演说家的听众而写；他最青睐的手法莫过于反问——其效果有赖于演说者

---

[1] *Letters on Poetry from W. B. Yeats to Dorothy Wellesley*, 196.

[2] "……逆来顺受的苦难不应成为诗的主题"（Yeats, "Introduction", *Oxford Book of Modern Verse*, xxxiv.）。

对博取听众同情的信心。我们不可被他对修辞的抨击蒙蔽，因为就连西塞罗也会贬低自己的技艺。如果叶芝不曾确信自己是在为所有人发声，他的发声就不可能如此有力。他怒斥衰老，赞美爱情、感官生活和知识，谴责卑琐，颂扬高贵，因为他站在生命一边，也"站在魔鬼的阵营"[1]——比他自己意识到的程度更深。如果他戴上面具，他会让世界知晓，并在发现每个人都这样做之后才会让自己安下心来。就此而论，他与惠特曼正好相反。后者装出一副无话不说的姿态，实则隐藏极深。叶芝无法保守秘密。他从来不是布莱克那样既自我成长，又在很大程度上为自我而成长的个人主义者；他从来不能忘怀他的受众；他写作是为了被理解，他也期待认可。哪怕是为贵族的、秘传的受众创造的舞剧，他也努力尝试把它们修改得适合更公开的表演。他是一个出色的参与者和组织者（肖恩·奥卡西曾戏谑地称他为"伟大创立者"[2]），也是一个珍惜朋友、需要朋友的社交爱好者：他浸淫于尘世中，随后又设法掌控它。他书写

---

[1] "of the Devil's Party"，是布莱克在《天堂与地狱的联姻》（*The Marriage of Heaven and Hell*）中对弥尔顿的评价。——译注

[2] 叶芝曾积极参与的团体极多，并且负责了其中大多数的组织工作。以下是一份不完全名单：当代俱乐部（Contemporary Club）、都柏林秘术学会（Dublin Hermetic Society）、布拉瓦茨基会堂（Blavatsky Lodge）、青年爱尔兰学会（Young Ireland Society）、金色黎明（Golden Dawn）、爱尔兰文学会（Irish Literary Society）、作诗者俱乐部（Rhymers' Club）、国家文学会（National Literary Society）、爱尔兰秘契修道会（Irish Mystical Order）、晨星（Stella Matutina，金色黎明的衍生组织）、艾比剧院（Abbey Theatre）、自由邦参议院（Free State Senate）、明天（To-Morrow）、爱尔兰学会（Irish Academy）。

祖国的重要事件和人物，也曾任职于参议院。尽管他一直认为自己是一个被社会囚禁的反叛者，他却为自己建造监狱，从中逃离，然后再建造新的监狱。换言之，叶芝把闹市作为藏身之地，却在藏匿处挂上写着自己名字的牌匾，又加上了一个公共广播系统。

　　那么，如果说他的诗不能仅仅被理解为个人的或是神秘主义的，而应被理解为公共的，那它们的内容是什么？题材又是什么？他的诗作几乎都是抒情诗，就连他的诗剧也相当短。这种短小意味着他的大部分素材都是高度兴奋的时刻。叶芝在一篇关于巴尔扎克的文章中对这位小说家的描述同样也适合他自己："意志，或者说激情（那不过是盲目的意志），不是处于危机时刻，就是在接近危机时刻；其他的一切似乎要么被剔除了，要么变得神奇或暴烈，使得意志仿佛在无意间就可以超越自然。"[1] 叶芝让自己的全部诗作立足于情绪最为激烈的体验。他的诗中充满了奇迹，因为奇迹正是现实与梦境相遇之地。他笔下的奇迹都是关于**拥有**的奇迹，有时是情欲意义上的拥有，有时是神圣或艺术意义上的拥有。其中有整个存在的燃烧，有神的下降或人的上升；物质突然转化为精神，或是"那些神圣、高傲的脚 / 从象征的神龛中降下……/ 只为亵渎神圣，只为情人的良夜"[2]。其应答主题（counter-theme）则是剥夺，或拥有的失败，或被拥有，以及随之而来的悔恨哀伤。正如他在一封信中

---

[1] "Louis Lambert", *Essays* 1931 to 1936, 70.
[2] 《三月之望》（*A Full Moon in March*, 21）。

对自己的描述，他是"一名短跑选手"[1]，他的大部分诗作都是痉挛式的喷发。在《航向拜占庭》的早期版本中，叶芝以相当的篇幅描述了自己抵达圣城之前经历的漫长航程；然而，随着他对这首诗的不断改进，这段航程缩减到只剩下两行，

> 因此，我扬帆渡过诸海，
> 来到这神圣之城拜占庭。

而诗中的主要意象变成了对变化、对神灵附体的迷狂祈祷；整个图景向下沉降，不要求信仰，只要求情绪的反应。叶芝在其早期作品中曾努力游移于精神和理性之间，后来却意识到自己的错误："我多少次听见同时代的人谈论精神与理性的结合，然而结合并无可能，只有瞬息间的变化；正是在对这种类似舞台灯光突然'全灭'的变化的感知中，激情才能创造出它最强烈的效果。"[2]

在他诗中浮现的，是一个现代人，尽管他的名字可能是库胡林或纳伊斯。他会在两种错误选择之间走钢丝，会在一种内心的分裂中左右为难，也会受制于那些他既无法估算，也无法得到足够力量来掌控的超自然强力。即便他发出拥有无穷力量的呐喊，那也并非出于事实，而是不顾事实而发。因此，叶芝的作品充满了言外之

298

---

[1] 写给格雷戈里夫人的未发表信件，1921 年 10 月 19 日。
[2] AU, 403.

意——哪怕他貌似高声呼喊。每一首诗都是一个战场，处处都能听到枪声。

他与波德莱尔一样，"总是困于眩晕"（*toujours du vertige hanté*）[1]，然而将他的创作从简单的病史记录中拯救出来的，是一种引导着诗和诗人的庞大结构；每一次危机都未脱离掌握，每一首诗都有成年累月的积淀。他以诗人的形象出现，也以诗人的方式生活。他以自传、文章和公开演说的方式为自己所做的一切辩护，并巩固它们；他书写自己参与和开创的运动的历史，也为朋友作传，以使一切保持一致；他消除了一切随机的可能。他一再提出同样的问题，直到它们变得深刻：何为真理？何为真实？何为人？他的回答是象征式的，彼此之间却完全调和，因为它们都源于一个丰富而统一的意识。在他煎熬苦辛的一生中，叶芝不断突进，不断刺破，直到创造出一个比华兹华斯之后其他任何诗人的创造都更坚实的世界。少有诗人像叶芝一样觉得驾驭自己和自己的技艺竟是如此艰难，也少有诗人像他一样，在矛盾和挣扎中如此无畏地追求这种驾驭。

---

[1] 波德莱尔，《深渊》（Le Gouffre）。——译注

注释体例

本书注释分为两种。"译注"已标明，余为原注。原注使用了以下缩写：[1]

AU 叶芝,《自传》(W. B. Yeats, *Autobiographies* [London, Macmillan, 1926])

CP 《叶芝诗集》(W. B. Yeats, *The Collected Poems of* [London, Macmillan, 1933])

DP 叶芝,《人物》(W. B. Yeats, *Dramatis Personae* [London, Macmillan, 1936])

EM 约翰·巴特勒·叶芝,《早年回忆》(John Butler Yeats, *Early Memories* [Dundrum, Cuala Press, 1923])

FD 写于1916—1917年间的叶芝《自传》未发表初稿

---

[1] 译按，最后二项已在脚注中直接译为中文。

（Unpublished first draft of Yeats's Autobiographies, written in 1916—1917）

Hone 约瑟夫·霍恩，《W. B. 叶芝，1965—1939》（Joseph Hone, *W. B. Yeats, 1865-1939*［London, Macmillan, 1942］）

JBY, Letters (Hone) 约翰·巴特勒，叶芝，《写给其子 W. B. 叶芝及其他人的信件，1869—1922》（*John Butler Yeats, Letters to His Son W. B. Yeats and Others 1869-1922* ［London, Faber and Faber, 1944］. Joseph Hone, ed.）

LP 叶芝，《最后的诗和戏剧》（W. B. Yeats, *Last Poems and Plays*［London, Macmillan, 1940］）

ltr. 信件（letter）

unp. 未发表（unpublished）

除可能引起混淆之处，出自叶芝本人作品的条目都略去了他的名字。除非特别注明，所有未发表材料都属叶芝夫人所有。如注释所示，承蒙布拉瓦茨基会堂（伦敦）、贝尔法斯特中央博物馆、国家艺术学院（都柏林）和纽约公共图书馆慷慨提供此处收录的部分材料。

原版索引[①]

Abbey Theatre, 131–7, 166, 179, 183, 195, 277, 279, 292–3
Abiegnos, 95, 191–2
Abramelin, 96, 208
'Acre of Grass, An', quoted, 279
'Adam's Curse', 155–6
Adams, Henry, 265
'Adoration of the Magi, The', 122, 245
A. E. *See* Russell, George
'Aedh Gives His Beloved Certain Rhymes', 160
Aengus, 129
Africanus, Leo. *See* 'Leo Africanus'
Afterlife, 203, 205, 207–8, 234
Aherae, Owen, 86–8, 172, 187, 204, 219, 228, 235, 237–8, 267–8
Allingham, William, 110
'All Souls' Night', quoted, 239–40

'Among School Children', 254, 255–6, 258
Analogy, Butler's, 8, 10
'Anashuya and Vijaya', quoted, 71
Anti-self, 201–2, 209, 213, 217–18, 220–21, 229
Antithetical tincture, 226, 229
'Apologia addressed to Ireland in the coming days', 120–21
Aquinas, St. Thomas, 238
Aran Islands, 150–51
Arbois de Jubainville, Marie Henri d', 59
Aristocracy, J. B. Yeats on, 18; W. B. Yeats on, 180–81
Aristotle, 255
Armstrong, Laura, 36
Arnold, Matthew, 14, 22–3, 33, 58, 169

① "原版索引"中的页码对应本书页边的原版页码。

Arnold, Thomas, 23, 60
'At Galway Races', quoted, 185
At the Hawk's Well, 215–16, 218–19
Autobiographies (*see also* Notes), 2–3, 22, 167, 212–13, 219–20, 221, 239, 241–2, 298
Automatic writing, 197–8, 222, 224–5, 231, 233, 235, 266
'Autumn of the Flesh, The', 214
Axël, 92, 134

'Ballad of Moll Magee, The', 142, 279
Balzac, Honoré de, 2, 278, 297
Barrès, Maurice, 92
Baudelaire, Charles, 166; quoted, 89, 298
Bax, Clifford, 3
Beardsley, Aubrey, 75, 86, 143
Beatitude, 261, 264–5, 273
Beerbohm, Max, 75, 76
'Beggar to Beggar Cried', quoted, 212
Belfast, 8, 17, 180
Ben Luka, Kusta, 238
Bergson, Henri, 95, 265
Berkeley, Bishop George, 265, 269–71
Besant, Annie, 68, 69
Black and Tan war, 235–6, 239
'Black Tower, The', 289, 295
Blackwood, Algernon, 91
Blake, William, 110, 128, 189, 203, 217, 230, 239, 257, 279, 292; J. B. Yeats's interest in, 16, 28, 204; Yeats's edition of, 67, 97, 119–20;

mysticism of, 204; compared with Yeats, 296
Blavatsky, Helena Petrovna, 58–66, 79, 89, 94, 198; Yeats's meeting with, 64–5
Blavatsky Lodge, 64, 196
Blindness, The, 48
'Blood and the Moon', 270
Body of Fate, 229–30
Boehme, Jacob, 59, 67, 70, 203
Bois, Jules, 93, 96
Book of Irish Verse, A, 110
Boullan, Abbé, 93
Brahminism, 230
'Breasal the Fisherman', 263
British Broadcasting Corporation, 279
'Bronze Head, A', quoted, 265
Brooks, Van Wyck, 14, 210
Browning, Robert, 175
Burke, Edmund, 110, 115, 253, 269, 270
Burne-Jones, Edward, 52
Butler, Bishop Joseph, 8, 10
Butler, Samuel, 23
Butt, Isaac, 7
Byron, George Gordon, Lord (*see also Manfred*), 73–4
'Byzantium', 248, 273–5

Cambrensis, Giraldus, 237, 267
Carlyle, Thomas, 111, 182
Casement, Roger, 279
Castiglione, Baidassare, 180

Castle of the Heroes, 125, 129, 133, 195, 219, 243, 292
Castletown, Lord, 113
Cat and the Moon, The, 221
Cathleen Ni Houlihan, 51, 269
Cathleen Ni Houlihan, 135, 162, 179, 259
Catholicism, 37, 86, 92, 252–3
Catullus, 29, 144
Celtic Christmas, A, 182
Celtic Heathendom, 126
Celtic Twilight, The, 148, 150, 154; quoted, 120
Chatterjee, Mohini M., 44, 68
Chaucer, Geoffrey, 223, 230
Chavannes, Puvis de, 33
Chesterton, G. K., 14
'Chosen', 264
Christianity, 42, 58–9, 99, 122, 125, 131, 200, 208, 232, 248, 257
Church of Ireland, 40
'Circus Animals' Desertion, The', 284; quoted, 22, 169, 279
Civil war, in Ireland, 244–5, 246, 247
Clan na Gael, 125
'Coat, A', 138, 208
'Cold Heaven, The', 208; quoted, 169
Coleridge, Samuel Taylor, 44, 164
Communism, 232, 252, 282
Comte, Auguste, 16, 92
Conchubar, 170, 173, 187, 219
Cone. *See* Gyre
Confessions of a Young Man, 23

Connolly, James, 220–21
'Consolation, The', quoted, 185
Contemporary Club, 45
Coole Park, 160, 162, 172
'Coole Park, 1929', quoted, 171
Corot, Jean Baptiste, 33
Cosgrove, President W. T., 244
Countess Cathleen, 98, 105, 119, 130, 131, 136, 150, 195
Countess Kathleen and Various Legends and Lyrics, The, 97, 120–21
Courtier, The, 180
Craig, Gordon, 216
Crazy Jane, 271–3
'Crazy Jane Talks with the Bishop', 272
Creative Mind, 229–30
Croce, Benedetto, 265
Cromwell, Oliver, 279
Cronan, Mary, 34, 140
Crowley, Aleister, 96
Cuala Press, 181, 210, 217, 237
Cuchulain, 22, 170, 173, 186–7, 218–19, 233, 284, 288, 298
Cutting of an Agate, The, quoted, 150
Cycles, in Theosophy, 61–2, 70; in *A Vision*, 226–33, 239, 248, 251, 286–7

Daimon, 198–200, 203–4, 233, 239
Dance, 148, 216–17, 218, 256, 265, 278, 296
Dante, 201, 208, 209, 226, 240

Darwin, Charles, 27, 58
Davenport, Emma, 9
Davidson, John, 143
Davis, Thomas, 102, 108, 110, 115, 121
Death of Cuchulain, The, 23, 284, 288
'Dedication of "John Sherman and Dhoya"', 158
Deirdre, 170, 183, 186, 189; quoted, 164
Democracy, 232, 248, 252
Demogorgon, 287
'Demon and Beast', 258; quoted, 262
Demon Est Deus Inversus, 99, 127–8
Determinism, 230, 232–3, 286
De Valera, Eamon, 244, 280
De Vere, Aubrey, 48
Dhoya, 81, 158
'Dialogue of Self and Soul, A', 261, 268, 275
Diarmuid and Crania, 130, 151
Divine Comedy, The, 209, 226
Divorce, Yeats's speech on, 252–3, 272
'Dolls, The', 211
'Double Vision of Michael Robartes, The', 234
Dowden, Edward, 14, 19, 48, 63; letters of J. B. Yeats to, 12–13, 15, 166, 181–2; philosophy of, 14–15; Yeats's attack on, 48–9, 54
Dowson, Ernest, 86, 143, 144
Dr. Jekyll and Mr. Hyde, 75, 77
Dramatic theory. *See* Theatre

Dramatis Personae, quoted, 138, 249
Druidism, 122, 123, 159
Drumcliff, 7, 8, 289
Dublin Hermetic Society, 42–4, 54, 61
Dublin University Review, 45, 51, 61
Dubus, Edouard, 91
Duffy, Sir Charles Gavan, 108–9, 110, 114
Dulac, Edmund, 217, 237, 294

Early Memories (*see also* Notes), 7–9
'Easter, 1916', 220–21
Edain, 129
Eglinton, John (pseudonym of W. K. Magee), 29, 33, 76
'Ego Dominus Tuus', 201
Eighteenth century, 249, 269–71
Eliot, George, 49
Eliot, T. S., 218
Ellis, Edwin, 15, 119, 145
Emmet, Robert, 107, 115, 253
Enoch, 208
Epic of the Forest, The, 48
Equator of Wild Olives, The, 48
Erasmus Smith High School. *See* High School
Esoteric Buddhism, 43, 63
Esoteric Section, 66–9, 89
Essays, 1931 to 1936, quoted, 2–3, 144, 287, 297
Esthetes, 74–5, 100
Evangelicalism, 8–9, 16
Eve of St. Agnes, The, 209

Faculties, 229–30, 239
Fairies, 70, 102, 119, 292
Farr, Florence, 98, 100, 127, 133, 152, 182, 191
'Fascination of What's Difficult, The', 185
Fascism, 248–9, 252, 280–82
'Father Gilligan', 142, 279
Fay, Frank, 131, 152
Fay, William, 131
Feilding, Dr. Everard, 197
Fenollosa, Ernest, 216
Ferguson, Sir Samuel, 48, 110, 121
'Fish, The', quoted 263
Flournoy, 201
'For initiation of 7=4', 259
Fountain Court, 160
'Four Ages of Man, The', 288
Frazer, Sir James, 59
Freemasons, 90, 125
'Friends', 157, 206
'Friend's Illness, A', 185

Gael, The, 102
Gentile, Giovanni, 265
George, Lloyd, 244
'Gift of Harun Al-Rashid, The', quoted, 1, 246
God, 50, 70, 121, 203; in Theosophy, 60; in A Vision, 251–2, 258, 283; Yeats's final view of, 285–9, 294
Godolphin School, Hammersmith, 27
Godwin, William, 97

Goethe, Johann Wolfgang von, 3, 43, 52, 56
'Golden Bough, The', by J. M. Turner, 32, 259;
Golden Bough, The, by Sir James Frazer, 59
Golden Dawn, 89, 196, 199, 230; discussed, 94–100, and Maud Gonne, 106, 158, 159; and Blake, 119–20; Yeats's later work in, 190–92, 194; 259; and Mrs. Yeats, 222
Golden Helmet, The, 170
Goldsmith, Oliver, 269, 270
Golgonooza, 257
Gonne, Iseult. See Stuart, Mrs. Francis
Gonne, Maud, 47, 134–5, 149–50; quoted, 3; Yeats's love for, 82–7, 110–11, 112, 157–63, 165–6; meeting with Yeats, 103–5; and nationalism, 106, 107, 108, 109, 113, 114, 195, 220, 247; in Irish mystical order, 121–2, 125–6, 128; marriage, 163, 168–9, 172–3; effect of marriage on Yeats, 180, 182, 192; later friendship with Yeats, 197, 206, 212, 241–2, 255; Yeats's proposal to, 222; summary, 292–3
Gosse, Edmund, 3, 22, 177–9
Grattan, Henry, 110, 115, 253
Green Helmet, The, 170, 187
Green Helmet and Other Poems, The,

185, 205

Gregory, Lady Augusta (*see also* Notes), 1, 3, 174, 179–80, 187, 206, 209, 212, 235–6, 240, 258, 261; Yeats's letters to, 128, 156, 189, 242, 245; and Abbey Theatre, 130–31; writes plays with Yeats, 135, 152; Yeats's visits to, 150, 157, 160–62; quarrel with Yeats, 177–9; death of, 279, 280

Gregory, Robert, 177–8, 180, 234, 236

'Grey Rock, The', quoted, 205

Griffith, Arthur, 244

Guaïta, Stanislas de, 91–2, 97

Gwynn, Stephen, 182

Gyre, 231–2, 234, 236–7, 239, 242, 247, 265

Hail and Farewell, 212

Hanrahan, 150

Happy Hypocrite, The, 75

Harris, Frank, 284

Heard, Gerald, 265

Heather Field, The, 130

Heatherley's art school, 11, 12

Heaven, 61, 207–8, 236, 262

Hegel, G. W. F., 265–6, 289

'He Hears the Cry of the Sedge', quoted, 85

Henley, William Ernest, 79, 242

Hermetic Students of the Golden Dawn. *See* Golden Dawn

Herne's Egg, The, 277, 288

Herrick, Robert, 144

'He Thinks of His Past Greatness When a Part of the Constellations of Heaven', quoted, 85

Higgins, F. R., 279

High School, 28, 32

'High Talk', 285

Hodgson, Richard, 63–4

Homer, 250

Home Rule, 45, 103, 114

Hopkins, Gerard Manley, 50

Horniman, Annie, 131, 183, 189

'Host of the Air, The', quoted, 81

'Hosting of the Sidhe, The', quoted, 84

'Hour Before Dawn, The', 205

Hour-Glass, The, 135, 195

Howard, Reverend William. *See* John Sherman

Howth, 28, 36

Hugo, Victor, 89, 282

'Human Dignity', 263–4

Husserl, Edmund, 265

Huxley, Thomas Henry, 27, 33

Huysmans, Joris-Karl, 93

Hyde, Douglas, 47, 102, 110, 124, 130

Hyde-Lees, Georgie. *See* Yeats, Mrs. W. B.

Ideas of Good and Evil, 168

If I Were Four-and-Twenty, quoted, 42, 118, 241–2

'Images', 273–4

叶芝：真人与假面

Imagination, Yeats's theory of, 40, 70–71, 98, 166, 258, 261, 262

Immaturity, 78

Immortality, 43, 250–51, 267

Impressionists, 33, 138

'Indian Song, An, ' 55, 77

'Indian upon God, The', 51

Inge, Dean W. R., 294

'In Memory of Major Robert Gregory', 234

In the Seven Woods, 157; quoted, 163

Ireland (*see also* Irish Free State, Senate, *and* Nationalism), J. B. Yeats on, 18

'Irish Airman Foresees His Death, An', 234

Irish Free State, 244, 269

Irish Literary Society, 107, 110, 111, 132, 179–80

Irish mystical order, 106, 122–31, 166–7, 195, 196, 230, 292

Irish Parliamentary party, 7, 114

Irish Republican Brotherhood, 45, 111–12, 159

Irish Theatre Society, 159

Irving, Henry, 29

Isis Unveiled, 59

Island of Statues, The, 37–9, 41, 52, 104, 140

Ito, 217

James, William, 64

John Sherman, 82, 85, 86, 87, 136, 158

Johnson, Lionel, 5, 75, 86, 110, 143, 144, 148

Johnston, Charles, 42, 61, 63, 64

Joyce, James, 23, 75, 166, 289

Jubilee, Queen Victoria's, 113

Judwalis, 237, 267

Kabbalah, 89, 90

Kant, Immanuel, 43, 265

Karamazov, Ivan, 23

Keats, John, 110, 201, 209, 217

Khoung-fou-tseu, 195

King of the Great Clock Tower, The (play), 280, 284; quoted, 297

King of the Great Clock Tower, The, (volume), quoted, 278–9, 281, 287, 288

King's Threshold, The, 170, 173, 182–3, 186

Koot-Hoomi, 59, 71

'Lake Isle of Innisfree, The', 1, 84, 130, 142

Lamarck, Jean Baptiste, 58

Lamartine, Alphonse de, 291

Land of Heart's Desire, The, 84, 111, 119, 131, 135, 184

Landor, Walter Savage, 240

Lawrence, D. H., 280

Law Students' Debating Society, 11

Leda, 122, 248

'Leda and the Swan', 245–6

Le Gallienne, Richard, 143

Leighton, Frederic, 12
'Leo Africanus', 198–200, 202–5, 209, 233, 234
Letters to the New Island, quoted, 81, 140, 277
Lévi, Éliphas, 89, 95
'Lines Written in Dejection', 195
Locke, John, 270
Lombroso, Cesare, 222
London, Yeats's move to, 78–80; his headquarters, 110
Lough Key, 124, 130, 195, 210
Love and Death, 36
'Lover Tells of the Rose in His Heart, The', quoted, 84
Lucifer, 94

Macaulay, Thomas Babington, 28
MacBride, Major John, 163, 169, 170, 220–22
MacBride, Madame Maud Gonne. See Gonne, Maud
MacDonagh, Thomas, 220–21
Machen, Arthur, 91
Macleod, Fiona (see also Sharp, William), 77, 126, 128; Yeats's letters to, 56, 122, 132, 150, 154
McTaggart, John, 265
Magee, W. K. See Eglinton, John
Magi, 131, 190
'Magi, The', 203
Magic, 120, 239, 290; Yeats's childhood interest in, 29; and Golden Dawn, 89–101; and mysticism, 90; and literature, 93–4; defence of, 97–8
'Magic', Yeats's essay on, 93–4
Malachi Stilt-Jack, 285
Mallarmé, Stéphane, 56, 76, 93, 143, 165
Malta fever, 261, 272
'Man and the Echo, The', quoted, 284
Manannan, 53, 115
Manfred, 28, 29, 73–4
Mann, Thomas, 271
Mannin, Ethel, 279, 281–2, 286, 287
'Man Young and Old, A', 261, 262–4
Marriage, Yeats's, 222–5, 235
Martyn, Edward, 87, 130, 150, 151
Mask (see also Pose), 86, 182, 186, 211, 239; discussed, 174–9; later development, 189–90, 197, 199, 201–3; in plays, 222, 278; in A Vision, 216, 229–30, 231, 233, 240–41
'Mask, The', 174–5, 179
Masons. See Freemasons
Mathers, S. L. MacGregor, 95–6, 100, 126, 128, 150
Mathers, Mrs. S. L. M., 95, 126
'Meditations in Time of Civil War', 243; quoted, 246
Melmoth, Sebastian, 76
'Memory of Youth, A', 206
'Men Improve with the Years', quoted, 290
Merrill, Stuart, 100

'Meru', 280; quoted, 279

Metropolitan School of Art, 32–3, 51, 79

Michaelangelo, 250

'Michael Robartes Bids His Beloved Be at Peace', 149, 160, 165

Mill, John Stuart, 10, 12, 13, 16, 33

Millais, John Everett, 12

Milligan, Alice, 30

Milton, John, 17, 215, 252

Miracle, in Yeats's poetry, 220–21, 297; at Mirabeau, 197

Miracle plays, 131–2, 134–6, 221

'Miserrimus' (later re-titled 'The Sad Shepherd'), 55

Mitchel, John, 115

Monsieur Teste, 76

Moore, George, 23, 130, 133, 138, 150–52, 191, 212, 239

Moore, Thomas, 108, 110

Moore, Thomas Sturge, 265, 271

More, Henry, 90, 201, 216, 224, 267

Morice, Charles, 92

Morley, John, 181

Morris, William, 79, 104, 210, 215, 281; influence on Yeats, 116, 117, 139

Morya, 59, 71

Mosada, 37, 41, 50 *n.*, 172

'Mountain Tomb, The', 207

'Mourn — and then Onward', 103

Müller, Max, 59

Murray, Gilbert, 3

Mussolini, Benito, 248, 249

Myers, F. W. H., 64

Mysticism (*see also* Irish mystical order, Magic, *and* Occultism), 42, 66–7, 90, 97, 292

Naisi, 170, 173, 298

Nashe, Thomas, 5

Nationalism, Yeats's, 147, 241, 277; early interest, 45–51; organizational work, 102–17, 118–30, 135; later attitude, 195, 210, 220–21; final views, 270–71, 280–82; summary, 291–2, 296

National Literary Society, 107, 179–80

New Irish Library, 109

Newton, Sir Isaac, 270

Nietzsche, Friedrich, 181, 227, 268

'Nineteen Hundred and Nineteen', quoted, 236, 239

Nobel Prize, 244, 249, 254, 282

Noh drama, 217–18, 220

Nordau, Max, 60

'No Second Troy', quoted, 185

Objectivity, 226, 229–32, 248

O'Casey, Sean, 296

Occultism, 4, 40, 44, 58, 68, 71–2, 90–91, 131, 158, 204–5, 213, 241–2

Occult World, The, 62–3

O'Connor, Frank, 18, 279; quoted, 4, 56, 277

'O Do Not Love Too Long', 168

O'Duffy, General Eoin, 280–81
Oedipus Rex, 23, 173
O'Faolain, Sean, 18
O'Grady, Standish James, 48, 32, 184
O'Higgins, Kevin, 270
Oisin. See *Wanderings of Oisin*
Oldham, Charles Hubert, 45, 106
O'Leary, John, 97, 104, 114, 210; his nationalism, 46–7; as influence, 47–8, 102; work with Yeats, 106–11; letters to, 97–8, 142, 151
'On a Picture of a Black Centaur by Edmund Dulac', 223
On Baile's Strand, 169–70, 182, 186
'On Being Asked for a War Poem', quoted, 253
On the Boiler, 278, 279, 280, 282
Only Jealousy of Emer, The, 233
Oratory, 45, 168, 179, 296
Ormonde, Duke of, 180
O'Shea, Captain William, 103, 107
Ossietsky, Carl von, 287
Oxford Book of Modern Verse, 3, 284

Pan-Celtic Society, 108
Paracelsus, 59
Parnell, Charles Stuart, 45, 102–3, 106, 107, 112, 179, 205, 253, 279
'Parnell's Funeral', quoted 278
Patanjali, 3, 283
Pater, Walter, 74, 139, 148; quoted, 73
Patmore, Coventry, 50 *n.*
'Paudeen', 206

Pearse, Patrick, 102, 220–21, 284
Péladan, Sâr Joséphin, 91, 92–3
'People, The', 181 *n.*
Per Amica Silentia Lunae, 201–3, 208, 209, 213, 223, 225, 229, 239, 258
Personality, J. B. Yeats on, 15, 20–21, 210, 240, 251, 290; W. B. Yeats's theory of, 175, 210–11, 226, 239–40, 240–41, 248, 251, 290–91
Petrie, Flinders, 265
Phases of the moon, 226–31, 239–40, 241, 268
'Phases of the Moon, The', 227–9, 235
Pico della Mirandola, 90
Picture of Dorian Gray, The, 75
Plarr, Victor, 143
Plato, 28, 143 237, 253, 254, 255
Playboy of the Western World, The, 23, 179
Player Queen, The, 171–2, 174–7, 186, 189, 213, 215
Plotinus, 252, 253–4
Poems (1895), quoted, 98
Poems, 1899–1905, 188–9
Poems and Ballads of Young Ireland, 102
Poet, W. B. Yeats's view of, 5, 42, 170, 242, 261, 274, 298; J. B. Yeats on, 17, 19–21, 204, 210–11, 233, 290
'Poet and the Actress, The', 202
Poetry (magazine), 215

叶芝：真人与假面

Pollexfen family, 10, 17, 25, 77
Pollexfen, George (Yeats's uncle), 79
Pose (*see also* Mask), 173; Wilde's,
74–5, 77; Yeats's, 2, 77, 219, 224,
239, 240
Pot of Broth, The, 135–6
Pound, Ezra, 201, 214–17, 222, 240
'Preliminary Examination of the Script
of Miss X', 198
Pre-Raphaelitism, 100, 147, 149, 151;
in painting, 12–13, 32, 36, 52,
158–9; in poetry, 52
Presbyterian Church, 42
Primary tincture, 226, 229
Prometheus Unbound, 28, 287
Prose, Yeats's, 148–9, 150–54, 279
Psaltery, 152–3
Purgatory, 23, 280
Purohit, Shri, 283
Pythagoras, 255

Queen's University, Belfast, 244
Quinn, John, 168, 184, 219, 242

Reconcilement, symbolic, 129, 206–9,
213, 221, 224, 228, 235, 245–6
'Reconciliation', quoted, 163, 173
Reminiscences of Fenians and Fenianism,
46
Renaissance, 232, 234, 269
Responsibilities, 195, 204–8, 212–13;
quoted, 220–21
Reveries over Childhood and Youth,

22, 212–13, 219
Rhymers' Club, 143–5, 147, 205
Rhys, Ernest, 143
Rhys, John, 126
'Ribh Denounces Patrick', 284
Robartes, Michael, 100, 122, 172,
187, 204, 219, 228, 234, 235, 267;
discussed, 86–7, 237–8
Rolleston, T. W., 107
Roquebrune, 289
'Rosa Alchemica', 150, 153; quoted,
85–6, 122, 148

Shakespear, Mrs. Olivia (*see also* Notes),
121, 222, 245, 262, 266, 272, 276
Shakespeare, William, 17, 28, 173,
278, 290
Shanachie, The, 182
Sharp, William (*see also* Macleod,
Fiona), 76, 96, 126, 128, 132
Shaw, Bernard, 58, 242; compared
with Yeats, 78, 81; on Yeats, 111
Shelley, Percy Bysshe, 110, 217, 240,
262, 287; influence on Yeats, 28,
29, 30, 32, 33, 44, 97
'Shepherd and Goatherd', 234
Sherman, John. *See John Sherman*
Sinnett, A. P., 62, 63, 64
Sligo, 7, 17, 24, 26, 27, 83, 84, 102,
289; importance to Yeats, 25, 79,
82, 172
Socialism, 100, 115, 232, 252
Societas Rosicruciana in Anglia, 95

Society for Psychical Research, 63, 197

Socrates, 28

Solomon, 224, 239; seal of, 232

'Solomon and the Witch', 224

'Solomon to Sheba', 224

Sophocles, 250

Sordello, 215

Speckled Bird, The, 25

Spencer, Herbert, 29, 33, 59

Spengler, Oswald, 265

Spenser, Edmund, 30, 37

Sphere, 232 *n*. 2, 239, 264–5, 286

Spirit of the Nation, The, 108, 109

Spiritualism (*see also* Automatic writing *and* 'Leo Africanus'), 203–4, 211, 216, 225, 233, 293; early interest, 65; later work with, 196, 209, 239; in poems, 205

Sprengel, Anna, 95

'Spur, The', quoted, 279

'Statues, The', quoted, 284

Steinach operation, 280

Steiner, Rudolf, 222

Stevenson, Robert Louis, 75, 76

'Stories of Michael Robartes and His Friends', 267–8

'Stream and Sun at Glendalough', quoted, 99

Strong, Eugénie, 248

Strong, L. A. G., 240

Stuart, Mrs. Francis, 222, 233

Style, J. B. Yeats on, 13–14, 138–9,
210, 290; W. B. Yeats's, 138–56, 183–5, 188–9, 194; later development, 213–14, 215–16, 223, 279

Subjectivity, 229, 230, 231–2, 248; defined, 226

Swedenborg, Emanuel, 67, 70, 203, 216

Swift, Jonathan, 110, 111, 253, 269, 270, 271, 279

Symbolism, 134, 135, 169; Yeats's early use of, 52–3, 55–7, 165–6; in Theosophy, 67, 69–70; later development, 190, 205–208, 211, 213, 228, 235–7, 256–9; in *A Vision*, 231, 239, 241–4, 252, 265; summary, 289, 293–5, 298

Symbolist Movement in Literature, The, 143

Symons, Arthur, 56, 87, 143–4, 150–51, 160

Synge, John Millington, 1, 23, 130, 137, 151, 173

'Tables of the Law, The', 190, 258

Tagore, Rabindranath, 224

Tale of a Town, The, 151

Taylor, J. F., 108–10, 114

Theatre (*see also* Abbey Theatre *and* individual plays), 23, 105, 130–37; early playwriting, 28, 33, 34–7; plays of middle period, 169–73, 186–7, 189–91; masks, 176–7;

later dramatic theory, 215–19; later plays, 221, 270, 280, 288; summary, 292–3

Theosophical Society. *See* Theosophy

Theosophy, 42, 58 *et sqq.*, 89, 124–5, 222; doctrines of, 60–63, 66–7, 69–72, 96, 230

Thirteenth Cycle, 230, 286–7, 294

Thoor Ballylee, 242–4

'Those Dancing Days Are Gone', quoted, 3

'Three Beggars, The', 205, 207

'Three Hermits, The', 205

'Three Marching Songs', quoted, 281

'Three Songs to the One Burden', quoted, 285

'To a Poet ...', 185–6

'To a Shade', quoted, 205

Toller, Ernst, 281

To-morrow, 249–51

'To My Heart, Bidding It Have No Fear', 145–7, 165

Tone, Wolfe, 112, 114, 115

'To the Rose upon the Rood of Time', 140, 165

Tower, 242, 244, 270, 287, 294–5

Tower, The, 244, 266

'Tower, The' (poem), 253–5

Toynbee, Arnold, 265

Travelling Man, The, 135

Trinity College, 9, 32, 41 43, 51, 181, 244

Turgenev, Ivan, 23

Turner, J. M., 32, 259

Turner, W. J., 284

'Twelve Poems for Music', 261

Twenty-Five, 179

Twenty-Five Years: Reminiscences, 212

'Two Titans, The', 49–51, 53, 70, 85

'Two Trees, The', quoted, 163

Tynan, Katharine (*see also* Notes), 47, 48, 55, 65, 102, 196, 212; letters to, 25–6, 29, 41, 51–2, 53, 54, 79, 80, 104, 131, 165; on Yeats, 54–5, 87–8, 96

Ulysses, 23

'Under the Round Tower', 234

Unicorn from the Stars, The, 191

Unity of Being, 239–42, 245, 268, 270, 281, 294

Unwin, T. Fisher, 109

Upanishads, 277, 283

'Upon a Threatened House', quoted, 185

'Vacillation', 275–6; quoted, 99

Valéry, Paul, 76; quoted, 164

Veasey, Harley Cyril, 27

Verlaine, Paul, 199

Vernon, Diana, 149–50, 159–60, 169, 182, 206

Vico, Giovanni Battista, 266

Victoria, Queen, 113, 220

Villiers de l'Isle-Adam, 2, 92

Vision, A, 71, 258; quoted, 66, 82, 167, 224, 260; discussed, 226–42; later development, 247–54, 264–9, 277, 283, 285–8; summary, 293–4
Vivien and Time, 34–6, 37, 41

Waley, Arthur, 217
Wanderings of Oisin, The, 41, 48, 50, 70, 85, 98, 276; discussed, 51–6; style of, 139–40, 149
Watts, George Frederick, 12
Weekes, Charles, 42
Wellesley, Dorothy, 141–2, 279, 284, 295
Westcott, Dr. W. Wynn, 95
Wheels and Butterflies, quoted, 169, 261, 262, 269–70
Where There Is Nothing, 135–6, 191, 235
Whistler, James Abbott McNeill, 74
Whitehead, Alfred North, 265
Whitman, Walt, 16, 296
'Why Should Not Old Men Be Mad?' quoted, 279
Wilde, Oscar, 73–5, 76, 77, 78, 79, 242; Yeats on, 139
'Wild Old Wicked Man, The', 279
Wild Swans at Coole, The (volume), 235
'Wild Swans at Coole, The', 221, 235
Will, 229, 233, 297
Wind Among the Reeds, The, 147, 154–5, 162

Winding stair, 242–3, 261, 270, 289
Winding Stair, The, 266
'Wisdom of the King, The', 83
Woburn Buildings, 87, 143, 160
Woodman, Dr. William R., 95
Words upon the Window-Pane, The, 270
Wordsworth, William, 215, 298
Wreidt, Mrs., 198
Wright, Claude Falls, 42, 63, 64
Wright, Judge, 36

Yeats, Elizabeth, 104, 210
Yeats, Henry (W. B. Yeats's great-uncle), 10
Yeats, Jack Butler, 210
Yeats, John Butler, 7, 84, 104, 166, 193, 213; education, 8–11; scepticism, 9–11, 77, 196, 239, 286, 290; marriage, 10; studies painting, 11–13, 36; search for a style, 13, 138–9; influence on son, 13–14, 27, 28, 36, 129, 226; theory of personality and art, 15, 19–21, 56, 240, 251, 290; view of the poet, 17, 19–20, 204, 233, 290; on Ireland, 18; political and economic theory, 18; as *paterfamilias*, 24; educates son, 26, 27; preference for dramatic poetry, 28; on occultism, 66–7, 97, 118–19; poverty, 80; literary advice to son, 80–81; son's letters to, 87; remonstrates with son, 181; on

叶芝：真人与假面

son's conservatism, 181–2; letter on Blake's mysticism, 204; later relation to son, 210–13; death of, 244

Yeats, Lily, 104, 210

Yeats, Susan Pollexfen (mother of W. B. Yeats), 10; described, 24; suffers stroke, 80

Yeats, Rev. William Butler (W. B. Yeats's grandfather), education and character, 7; evangelicalism, 8–10; and Butler's *Analogy*, 9–10; J. B. Yeats on, 11–12

Yeats, William Butler, different pictures of, 1–2; his myth-making, 2–3; father's influence, 13–14, 20–21. Childhood: pattern of filial revolt, 22–3; unhappiness, 25; education, 26–7; Godolphin School, 27; religious leanings, 26–7; interest in science, 27; returns to Ireland, 28; High School, 28–9; early verse, 30–33; art school, 32–3; meets Russell, 33; early plays, 34–40; theory of dreams and imagination, 39–40. Early occultism: Dublin Hermetic Society, 42–4. Early nationalism: O'Leary, 46–8; attack on Dowden, 48–9; 'The Two Titans', 49–51; leaves art school, 51; *Wanderings of Oisin*, 51–5; early symbolism, 54–7. Theosophical activities:

reads *Esoteric Buddhism*, 63; joins Blavatsky Lodge, 64; Esoteric Section, 66–70; forced to resign, 69; effect of Theosophy on, 69–72. Sense of divided self, 73, 77–88; timidity, 78–9; unhappiness in London, 79; *Dhoya* and *John Sherman*, 81–3; effects of meeting with Maud Gonne, 82–6; Robartes and Aherne, 85–6; change in personality, 87–8. Joins Golden Dawn, 89; belief in magic, 93, 97–8; symbolic visions with Mathers, 96–7; initiation into inner order, 99; chiliastic prophecies, 100–101. Nationalist work: minor efforts, 102; attitude towards Parnell, 103; meeting with Maud Gonne, 104; work with her, 106; founds Irish literary societies, 107; quarrels with extremists, 108–10; work in London, 110; writes *Land of Heart's Desire*, 111; joins Irish Republican Brotherhood, 111; Wolfe Tone centennial, 112–15; Jubilee, 113; speech at Wolfe Tone banquet, 114–15; New York speech on Irish Utopia, 116. Search for unity, 118–20; edition of Blake, 119–120; 'Apologia', 120–21; Irish mystical order, 121–5; rites for, 125–8; failure, 128–9. Irish theatre movement: outline, 130–31; theory of miracle plays, 131–3; religious conception of theatre, 133–4; plays to 1903, 134–7; alters plans, 136–7. Development of style: Pre-Raphaelite influence, 139–40; seeks simplicity, 140–41; theory of composition by opposites, 141–2; two early ballads contrasted, 142–3; Rhymers' Club, 143–5; methods of composition illustrated, 145–7; two prose styles, 148–9; elaborate verse, 149–50; seeks simplicity in peasant speech, 150–52; collaborates with George Moore, 151–2; with Lady Gregory, 152; new prose style, 152–3; change in verse, 154–6. Love affairs: obsession with Maud Gonne, 157–63; affair with Diana Vernon, 160–61; poems to Maud Gonne, 160–61; Lady Gregory's kindness, 161–2; tuberculosis, 162; Maud Gonne's marriage, 163. Defects of early poetry, 164–7; inadequate symbols, 165–7; rebellion against his past, 167; changing theories of art and personality, 168–9; plays, 168–74; theory of mask, 175–7; quarrel with Lady Gregory, 177–9; public activities, 179; snobbery, 180–81; quarrel with family, 181; ends asceticism, 182–3; sexual theme, 182–3; changing style,

184–5; weaknesses of plays, 186–7. Efforts to remake himself, 188–9; *Player Queen*, 189–90; Golden Dawn work, 190–92; reconciliation with Maud Gonne, 192; self-criticism, 193–4; decline of inspiration, 194–5; spiritualism, 196–7; investigates miracle, 197; automatic writing, 197–8; 'Leo Africanus', 198–200, 203–5; 'Ego Dominus Tuus', 201; *Per Amica Silentia Lunae*, 201–3; 'The Poet and the Actress', 202; increased use of metaphor, 204–7; symbolic reconcilement, 207–8. Family sense, 209–10; changed relation with father, 210–11; desire for marriage, 211–12; starts *Autobiographies*, 212–13; religious system, 213; new statement of method, 213–14; Ezra Pound, 214–17; change in style, 215; Noh plays, 216–217; new dramatic theory, 218–19; continues *Autobiographies*, 219–20; use of miracles, 220–21; marriage, 222. Effect of marriage, 224; automatic writing, 224–5; lunar phases, 226–8; Four Faculties, 229–30; gyres, 231–2; degree of Yeats's belief, 233; effect of *Vision* on verse, 233–7; prepares prose book, 237–8; increased strength,

叶芝：真人与假面

239–240; Unity of Being, 241–2; symbolic convergence of life and work, 242–3. New honours, 244; bitterness, 244–7; Senate work, 247; attempts to prophesy, 247–9; attitude to Mussolini, 248–9; *To-Morrow* controversy, 250; belief in immortality, 251–2; divorce speech, 252–3; 'The Tower', 254–5; 'Among School Children', 255–6; 'Sailing to Byzantium', 256–60; Health, 261; change in lyric attitude, 261–2; effect of *Vision* on lyrics, 264–5; reading, 265–6; development of *Vision*, 267–8; eighteenth-century Ireland, 268–271; Crazy Jane poems, 271–4; 'Byzantium', 274–5; summary of his themes, 276. Final attempt to conquer timidity, 277–9; ballads, 279; Steinach operation,

280; political statements, 280–82; O'Duffy, 280–81; association with Purohit Swami, 283; *Oxford Book of Modern Verse*, 284; theory of imagination, 284–5; final view of God, 285–8; last plays, 288; 'The Black Tower', 289; death, 289. Summary and final estimate, 290–98

Yeats, Mrs. W. B. (*née* Georgie Hyde-Lees), 168, 182, 194, 231, 239, 240, 249, 266; marriage, 222–5

Yellow Book, The, 143

Young Ireland (movement), 107, 108, 109

Young Ireland (society), 47, 106, 132, 158

'Your Pathway', 158

Zambuca, Mademoiselle, 67

Zola, Émile, 33

图字：09-2018-1174 号

图书在版编目（CIP）数据

　　叶芝：真人与假面/（美）理查德·艾尔曼
（Richard Ellmann）著；曾毅译. — 上海：上海译文
出版社，2020.12
　　书名原文：Yeats: The Man and the Masks
　　ISBN 978-7-5327-8603-9

　　Ⅰ.①叶… Ⅱ.①理… ②曾… Ⅲ.①叶芝（Yeats，
William Butler 1865-1939）—传记 Ⅳ.①K835.625.6

　　中国版本图书馆CIP数据核字（2020）第268218号

叶芝：真人与假面

[美]理查德·艾尔曼 著　曾　毅 译
责任编辑/顾　真　装帧设计/周伟伟

上海译文出版社有限公司出版、发行
网址：www.yiwen.com.cn
200001　上海福建中路193号
上海中华商务联合印刷有限公司印刷

开本 889×1194　1/32　印张 16.5　插页 5　字数 294,000
2021 年 7 月第 1 版　2021 年 7 月第 1 次印刷
印数：0,001—5,000 册

ISBN 978-7-5327-8603-9/I·5304
定价：98.00 元